Kohlhammer

**Grundwissen Soziale Arbeit**

Herausgegeben von Rudolf Bieker

Band 17

Ansgar Marx

# Mediation und Konfliktmanagement in der Sozialen Arbeit

Verlag W. Kohlhammer

Dieses Werk einschließlich aller seiner Teile ist urheberrechtlich geschützt. Jede Verwendung außerhalb der engen Grenzen des Urheberrechts ist ohne Zustimmung des Verlags unzulässig und strafbar. Das gilt insbesondere für Vervielfältigungen, Übersetzungen, Mikroverfilmungen und für die Einspeicherung und Verarbeitung in elektronischen Systemen.

1. Auflage 2016

Alle Rechte vorbehalten
© W. Kohlhammer GmbH, Stuttgart
Gesamtherstellung: W. Kohlhammer GmbH, Stuttgart

Print:
ISBN 978-3-17-026032-0

E-Book-Formate:
pdf: ISBN 978-3-17-026033-7
epub: ISBN 978-3-17-026034-4
mobi: ISBN 978-3-17-026035-1

Für den Inhalt abgedruckter oder verlinkter Websites ist ausschließlich der jeweilige Betreiber verantwortlich. Die W. Kohlhammer GmbH hat keinen Einfluss auf die verknüpften Seiten und übernimmt hierfür keinerlei Haftung.

# Vorwort

Mit dem so genannten „Bologna-Prozess" galt es neu auszutarieren, welches Wissen Studierende der Sozialen Arbeit benötigen, um trotz erheblich verkürzter Ausbildungszeiten auch weiterhin „berufliche Handlungsfähigkeit" zu erlangen. Die Ergebnisse dieses nicht ganz schmerzfreien Abstimmungs- und Anpassungsprozesses lassen sich heute allerorten in volumigen Handbüchern nachlesen, in denen die neu entwickelten Module detailliert nach Lernzielen, Lehrinhalten, Lehrmethoden und Prüfungsformen beschrieben sind. Eine diskursive Selbstvergewisserung dieses Ausmaßes und dieser Präzision hat es vor Bologna allenfalls im Ausnahmefall gegeben.

Für Studierende bedeutet die Beschränkung der akademischen Grundausbildung auf sechs Semester, eine annähernd gleich große Stofffülle in deutlich verringerter Lernzeit bewältigen zu müssen. Die Erwartungen an das selbständige Lernen und Vertiefen des Stoffs in den eigenen vier Wänden sind deshalb deutlich gestiegen. Bologna hat das eigene Arbeitszimmer als Lernort gewissermaßen rekultiviert.

Die Idee zu der Reihe, in der das vorliegende Buch erscheint, ist vor dem Hintergrund dieser bildungspolitisch veränderten Rahmenbedingungen entstanden. Die nach und nach erscheinenden Bände sollen in kompakter Form nicht nur unabdingbares Grundwissen für das Studium der Sozialen Arbeit bereitstellen, sondern sich durch ihre Leserfreundlichkeit auch für das Selbststudium Studierender besonders eignen. Die Autor/innen der Reihe verpflichten sich diesem Ziel auf unterschiedliche Weise: durch die lernzielorientierte Begründung der ausgewählten Inhalte, durch die Begrenzung der Stoffmenge auf ein überschaubares Volumen, durch die Verständlichkeit ihrer Sprache, durch Anschaulichkeit und gezielte Theorie-Praxis-Verknüpfungen, nicht zuletzt aber auch durch lese(r)freundliche Gestaltungselemente wie Schaubilder, Unterlegungen und andere Elemente.

*Prof. Dr. Rudolf Bieker, Köln*

## Zu diesem Buch

Vor ungefähr zwanzig Jahren, als ich meine Lehrveranstaltungen zum Scheidungsrecht vorbereitete, fiel mir Mediation geradezu vor die Füße. Schnell erkannte ich, das ist genau die Methode, die ich schon lange mehr unbewusst als bewusst gesucht habe. Als Rechtsanwalt vertrat ich bis dahin Parteien, die davon überzeugt waren, Recht zu haben, und ich sollte ihnen zu ihrem Recht verhelfen. Das führte häufig zu einer Schwarz-weiß-Malerei. Am Ende entschied das Gericht über Recht und Unrecht. Mediation hingegen ist eine universelle Methode der Konfliktlösung, die Interessen und Emotionen der Kontrahenten ernst nimmt und auf einen fairen Ausgleich der Interessen zielt; ein Paradigmenwechsel, der Autonomie und Selbstverantwortung der Parteien stärkt und ihnen keine Lösung vorgibt, sondern sie auf dem Weg zu einer Einigung begleitet.

Später, als Rechtsprofessor in der Ausbildung von Sozialarbeitern, verbrachte ich mein erstes Forschungssemester in den USA und erfuhr, dass dort Mediation als Instrument der Konfliktbearbeitung von weiten Teilen der Gesellschaft nachgefragt wurde und in zahlreiche soziale Arbeitsfelder eingezogen ist. Davon waren wir in Deutschland noch weit entfernt. Seit Beginn der 1990er Jahre, als die Mediationsbewegung Deutschland erreichte, etablierte sich eine neue Streitkultur, an der die Soziale Arbeit wesentlichen Anteil hat, z. B. in Schulen, in Erziehungsberatungsstellen, in Jugendämtern, in sozialen Einrichtungen allgemein. Davon handelt dieser Band, von den Einsatzgebieten und Konzepten von Mediation und Konfliktmanagement in sozialen Arbeitsfeldern.

Wenn Sie das Buch durchgearbeitet haben, sollen Sie als Studierende der Sozialen Arbeit oder der Sozialpädagogik bzw. als praktizierende Sozialarbeiter/innen erfahren haben, was es heißt, Konflikte konstruktiv zu lösen, und wie Sie die aufgeführten Methoden in Ihr Arbeitsfeld integrieren können.

Der Band ist aufgebaut wie ein Gebäude, durch dessen Räume man schreitet. Das Fundament bilden die Konflikttheorien (Kap. 1), auf dem die tragenden Mauern aufbauen, die Grundsätze konstruktiver Gesprächsführung (Kap. 2) sowie eine Darstellung der Mediationsmethode (Kap. 3). Das Foyer, durch das man eintritt, sind die kindlichen Konflikte, ihre Bedeutung für die Persönlichkeitsentwicklung und die Prinzipien einer sinnvollen Konfliktpädagogik (Kap. 4). Von dort führen verschiedene Türen in Räume des Konfliktmanagements in sozialen Arbeitsfeldern, etwa Trennung und Scheidung, Schule, Seniorenarbeit, Gesundheitswesen oder soziale Organisationen (Kap. 5). Die letzte Tür am Ende des Flures öffnet sich zum Berufsbild eines Mediators/einer Mediatorin (Kap. 6).

Eingeflossen sind meine langjährigen Erfahrungen als Ausbilder von Mediatoren/innen sowie als Praktiker der Arbeits- und Scheidungs-Mediation und Leiter des *iko-Instituts für Konfliktlösungen* (www.iko-info.de).

Für ihre hilfreiche Unterstützung möchte ich mich bei meinen Mitarbeiterinnen Jennifer Schmidt und Natalie Boggasch bedanken. Wertvolle Recherchen zu Konflikten im Kindesalter haben Studierende des Projekts „Mediation und Konfliktmanagement" an der Ostfalia Hochschule durchgeführt, Anne Junga,

Melanie Feuerschütte, Sina Mielenz, Anne-Kathrin Ternité und Rosa Schreier. Vielen Dank!

Auf Ihre Leseranregungen freue ich mich (a.marx@ostfalia.de). Nun wünsche ich Ihnen eine gewinnbringende Lektüre.

Wolfenbüttel und Unawatuna im Sommer 2015
*Prof. Dr. Ansgar Marx*

# Inhalt

Vorwort zur Reihe ............................................................ 5

Zu diesem Buch .............................................................. 7

Abkürzungsverzeichnis ....................................................... 11

1 Konflikte als Entwicklungspotenzial ...................................... 13
   1.1 Sichtweisen und Definitionen ........................................ 13
   1.2 Das Oktagon der Konflikttypen – Konfliktanalyse ..................... 16
   1.3 Eskalation von Konflikten ........................................... 24
   1.4 Strategien im Umgang mit Konflikten ................................. 27
   1.5 Sichtbares und Unsichtbares ......................................... 31
   1.6 Übung: Eigenes Konfliktverhalten .................................... 33
   1.7 Was bedeuten ADR und ODR? ........................................... 34
   1.8 Das Besondere an der Mediation ...................................... 38

2 Grundlagen konstruktiver Gesprächsführung ................................ 39
   2.1 Die klientenzentrierte Gesprächsführung nach Carl Rogers ............ 39
   2.2 Aktives Zuhören nach Thomas Gordon ................................. 44
   2.3 Die fünf Axiome nach Paul Watzlawick ................................ 46
   2.4 Die vier Seiten einer Nachricht nach Schulz von Thun ................ 48
   2.5 Die vier Grundformen der Abwehr nach Virginia Satir ................. 51
   2.6 Gewaltfreie Kommunikation nach Marshall Rosenberg ................... 53
   2.7 Lösungs- und Ressourcenfokussierung nach Steve de Shazer ............ 54
   2.8 Kommunikations- und Fragetechniken .................................. 56
   2.9 Übung .............................................................. 65

3 Die Methode der Mediation ................................................ 68
   3.1 Historische Entwicklung ............................................. 68
   3.2 Lage der Mediation in Deutschland ................................... 71
   3.3 Definition, Merkmale, Prinzipien .................................... 74
   3.4 Rolle des Mediators/der Mediatorin .................................. 79
   3.5 Sachgerechtes Verhandeln – Das Harvard-Konzept ...................... 81
   3.6 Die Win-win-Formel .................................................. 85
   3.7 Phasen-Modelle der Mediation ........................................ 87
   3.8 Das Neun-Phasen-Modell .............................................. 89
   3.9 Stile und Varianten ................................................. 100
   3.10 Übungen ........................................................... 104

4 Prinzipien einer konstruktiven Konfliktpädagogik ......................... 106
   4.1 Entstehung kindlicher Konflikte und ihre Bedeutung für die
       Persönlichkeitsentwicklung ......................................... 108

|  |  |  |
|---|---|---|
| 4.2 | Konfliktformen | 109 |
| 4.3 | Aggression und Gewalt | 112 |
| 4.4 | Konflikterfahrung und sozialer Hintergrund | 115 |
| 4.5 | Soziale und emotionale Kompetenzen | 117 |
| 4.6 | Prinzipien einer konstruktiven Konfliktkultur | 125 |
| 4.7 | Modelle zur Konfliktbearbeitung und zum Erwerb sozial-emotionaler Kompetenzen im Elementarbereich | 134 |

**5 Mediation in der Sozialen Arbeit** ... **143**
- 5.1 Konfliktsphären in sozialen Arbeitsfeldern ... 145
- 5.2 Konfliktmanagement in Behörden und sozialen Organisationen ... 146
- 5.3 Trennungs- und Scheidungs-Mediation ... 158
- 5.4 Mediation bei Familienkonflikten ... 166
- 5.5 Schulmediation ... 171
- 5.6 Täter-Opfer-Ausgleich ... 179
- 5.7 Elder Mediation – Mediation im späten Lebensalter ... 185
- 5.8 Mediation im Gesundheitswesen ... 190
- 5.9 Konfliktmanagement bei Mieter- und Nachbarschaftsstreit ... 197
- 5.10 Interkulturelle Mediation ... 201
- 5.11 Kommunale Mediationszentren ... 210

**6 Berufsbild Mediation** ... **216**
- 6.1 Mediation als Beruf ... 216
- 6.2 Rechtliche Grundlagen ... 218
- 6.3 Berufliche Standards für Mediatoren ... 224
- 6.4 Der zertifizierte Mediator ... 227
- 6.5 Die Weisheit eines Mediators ... 228

**Literaturverzeichnis** ... **229**

**Anhang**
**Europäischer Verhaltenskodex für Mediatoren** ... **238**

**Stichwortverzeichnis** ... **242**

# Abkürzungsverzeichnis

| | |
|---|---|
| a. a. O. | am angegebenen Ort |
| Abb. | Abbildung |
| ADR | Alternative Dispute Resolution |
| AGG | Arbeitsgerichtsgesetz |
| AmkA | Amt für multikulturelle Angelegenheiten |
| AmtsBl. | Amtsblatt |
| ArbGG | Arbeitsgerichtsgesetz |
| AS | Alternative Streitbeilegungsstellen |
| BAFM | Bundesarbeitsgemeinschaft Familienmediation |
| BATOA | Bundesarbeitsgemeinschaft Täter-Opfer-Ausgleich e. V. |
| BetrVG | Betriebsverfassungsgesetz |
| BGB | Bürgerliches Gesetzbuch |
| BGBl | Bundesgesetzblatt |
| BKiSchG | Bundeskinderschutzgesetz |
| BKK | Betriebskrankenkasse |
| BM | Bundesverband Mediation |
| BMeV | Bundesverband Mediation e. V. |
| BMJV | Bundesministerium der Justiz und für Verbraucherschutz |
| BMM | Bensberger Mediations-Modell |
| BMWA | Bundeverband für Mediation in Wirtschaft und Arbeitswelt |
| BRAK | Bundesrechtsanwaltskammer |
| Bsp. | Beispiel |
| bspw. | beispielsweise |
| BtMG | Gesetz über den Verkehr mit Betäubungsmitteln |
| bzw. | beziehungsweise |
| ca. | circa |
| CfM | Centrale für Mediation |
| CL | Collaborative Law |
| DV-Mobbing | Dienstvereinbarung bei Mobbing und Schikane |
| ebd. | ebenda |
| etc. | et cetera |
| FamFG | Familienverfahrensgesetz – Gesetz über das Verfahren in Familiensachen und in den Angelegenheiten der freiwilligen Gerichtsbarkeit |
| FamRZ | Zeitschrift für das gesamte Familienrecht mit Betreuungsrecht, Erbrecht, Verfahrensrecht, öffentlichem Recht |
| ff. | folgende [Seiten] |
| GFK | Gewaltfreie Kommunikation |
| GG | Grundgesetz |
| ggfs. | gegebenenfalls |
| GOÄ | Gebührenordnung der Ärzte |

| | |
|---|---|
| Hg. | Herausgeber |
| HIIK | Heidelberger Institut für Internationale Konfliktforschung |
| HKÜ | Haager Kindesentführungsübereinkommen |
| i. V. m. | in Verbindung mit |
| IKPL | „Ich kann Probleme lösen" |
| JGG | Jugendgerichtsgesetz |
| JVA | Justizvollzugsanstalt |
| Kap. | Kapitel |
| KHG | Gesetz zur wirtschaftlichen Sicherung der Krankenhäuser und zur Regelung der Krankenhauspflegesätze |
| KJHG | Kinder- und Jugendhilfegesetz (SGB V III) |
| KMS | Konfliktmanagementsysteme |
| m. E. | meines Erachtens |
| MedG | Mediationsgesetz |
| MIKK e. V. | Mediation bei internationalen Kindschaftskonflikten e. V. |
| nafcm | National Association for Community Mediation |
| ODR | Online Dispute Resolution |
| OS | Online-Streitbeilegung |
| RDG | Rechtsdienstleistungsgesetz |
| s. u. | siehe unten |
| SGB | Sozialgesetzbuch |
| SGG | Sozialgerichtsgesetz |
| sog. | sogenannte |
| StGB | Strafgesetzbuch |
| StPO | Strafprozessordnung |
| TOA | Täter-Opfer-Ausgleich |
| TRC | Truth and Reconciliation Commission |
| u. a. | unter anderem |
| u. E. | unter Einschränkung |
| usw. | und so weiter |
| VerwGG | Verwaltungsgerichtsgesetz |
| vgl. | vergleiche |
| VwGO | Verwaltungsgerichtsordnung |
| z. B. | zum Beispiel |
| ZKJ | Zeitschrift für Kindschaftsrecht und Jugendhilfe |
| ZKM | Zeitschrift für Konfliktmanagement |
| ZMediatAusbV | Zertifizierte-Mediatoren-Ausbildungs-Verordnung |
| ZPO | Zivilprozessordnung |

# 1 KONFLIKTE ALS ENTWICKLUNGSPOTENZIAL

**Was Sie in diesem Kapitel lernen können**

Streit, Auseinandersetzungen und persönliche Differenzen fordern uns heraus und rufen regelrecht nach konstruktiver Konfliktbearbeitung. Wegen ihrer Mehrdimensionalität ist neben Intuition auch Fachwissen gefragt, um Konflikte sinnvoll anzugehen und zu lösen. Dieses Kapitel zeigt Ihnen Ansätze zur Analyse von Konflikten sowie Strategien im Umgang mit Konflikten und erläutert ein weites Spektrum alternativer Konfliktbearbeitungsmethoden.

## 1.1 Sichtweisen und Definitionen

*„Der Sinn von Konflikten besteht darin, vorhandene Unterschiede zu verdeutlichen und fruchtbar zu machen." (Schwarz 2001, 16)*

### 1.1.1 Die zwei Seiten der Münze

Wo Menschen zusammen wohnen, arbeiten, in Beziehungen leben, Geschäftskontakte pflegen – überall entstehen unweigerlich Konflikte. Unterschiedliche Vorstellungen, Bedürfnisse, Wünsche, Erwartungen und Positionen treffen aufeinander. Trotzdem sind wir auf freundschaftliche Kontakte, ein funktionierendes soziales Netzwerk, kollegialen Umgang, auf eine positive Partnerschaft angewiesen.

Die meisten von uns haben, wenn sie sich Konfliktsituationen vorstellen, negative Assoziationen. Es liegt wohl daran, dass wir alle bereits unangenehme und schmerzhafte Erfahrungen mit Auseinandersetzung und Streit gemacht haben. Konflikte lösen Harmonie und Sicherheit auf und werden oft unter hoher emotionaler Belastung ausgetragen. Gefühle wie Wut, Ärger, Angst und Schuld sind bekannte Begleiter (Funk/Malarski 1999, 9). Ungelöste Konflikte in der Familie oder am Arbeitsplatz können zu psychischen und psychosomatischen Krankheiten führen. Das musste ich bei zahlreichen Mediationen erleben. Erst die Krankheitssymptome ließen bei einigen Klienten den Leidensdruck so ansteigen, dass sie sich zu einer Mediation entschlossen.

Andere wiederum empfinden Konflikte als anregend oder stimulierend. Das müssen nicht unbedingt notorische „Streithanseln", „Besserwisser", Choleriker oder Personen wie die Romanfigur Michael Kohlhaas sein. Ein engagierter Anwalt, ein Vollblutpolitiker streiten gern, sonst hätten sie ihre Berufung verfehlt. Der Sieg nach einer ausgeklügelten Taktik, Erfolg in einer Debatte lösen ein Hochgefühl aus. Manche Menschen brauchen eine Prise Streit, um sich lebendig zu fühlen. Das Schaubild in Tabelle 1.1 soll die beiden Seiten eines unbearbeiteten und eines bearbeiteten Streits verdeutlichen.

**Tab. 1.1:** Die zwei Seiten der Münze

| Ein unbearbeiteter Streit kann | Ein bearbeiteter Streit kann |
| --- | --- |
| Probleme verdecken | Probleme aufzeigen |
| Kommunikation erschweren | Kommunikation fördern |
| Zur Resignation führen | Fortschritt herbeiführen |
| Motivationsverlust auslösen | Neue Perspektiven eröffnen |
| Zu Ignoranz führen | Interesse anregen |
| Lernprozesse blockieren | Veränderungen auslösen |
| Beziehungen auflösen | Beziehungen festigen |
| Zu Verletzungen führen | Selbsterkenntnis anregen |
| Adäquate Lösungen verhindern | Kreativität stimulieren |
| Energie binden | Energie freisetzen |
| Zu einem Tunnelblick führen | Neue Horizonte öffnen |

In seinem ausgesprochen kenntnisreichen Werk über Konfliktmanagement führt Gerhard Schwarz in den „Sinn von Konflikten" ein und stellt Aspekte ihrer Sinnhaftigkeit heraus (Schwarz 2001, 16 ff.). Für ihn bearbeiten Konflikte Unterschiede, entfalten Komplexität und garantieren Veränderung. Sie können Gemeinsamkeit und die Einheit einer Gruppe herstellen und u. U. auch Bestehendes erhalten (ebd.). Insofern versuchen wir uns in diesem Lehrbuch der Mehrdimensionalität von Konflikten zu stellen und schließlich eine positive Sicht auf Konflikte zu gewinnen, die deren Sinnhaftigkeit und deren Entwicklungspotenzial als Ausgangspunkt nehmen.

### 1.1.2 Begriffsklärung

Der Begriff Konflikt hat seinen Ursprung im Lateinischen. Das Verb „*confligere*" bedeutet „zusammentreffen, kämpfen". Wenn auch ein Konflikt in seiner härtesten Form Kampf oder Krieg versinnbildlicht, verstehen wir den Konfliktbegriff weitaus differenzierter.

Einerseits unterscheiden wir zwischen intrapersonalen und interpersonalen Konflikten. Ersterer spielt sich in einem Individuum ab, etwa Entscheidungsschwierigkeiten. Letzterer bezieht sich auf Konflikte zwischen Individuen, Gruppen, Organisationen oder Staaten. Das sind eher formale, weniger inhaltliche Unterscheidungsmerkmale.

Wie bei den meisten Termini existieren zahlreiche Definitionsansätze. Zur Übersichtlichkeit beschränken wir uns auf zwei wesentliche Definitionsebenen, den sozialen und den politischen Konflikt. Nahezu die gesamte deutschsprachige Literatur bezieht sich auf die differenzierte Definition des sozialen Konflikts nach Glasl.

### Definition: Sozialer Konflikt nach Friedrich Glasl

*„Sozialer Konflikt ist eine Interaktion zwischen Aktoren (Individuen, Gruppen, Organisationen usw.), wobei wenigstens ein Aktor eine Differenz bzw. Unvereinbarkeiten im Wahrnehmen und im Denken bzw. Vorstellen und im Fühlen und im Wollen mit dem anderen Aktor (den anderen Aktoren) in der Art erlebt, dass beim Verwirklichen dessen, was der Aktor denkt, fühlt oder will eine Beeinträchtigung durch einen anderen Aktor (die anderen Aktoren) erfolgt."* (Glasl 2011, 17)

Negativ ausgedrückt bedeutet dies, dass es nicht ausreicht, wenn zwei Parteien unterschiedliche Vorstellungen, Wahrnehmungen oder Interessen haben. Es muss immer noch die Komponente der subjektiven Beeinträchtigung durch die andere Seite hinzukommen.

Auf einer höheren Ebene ist der politische Konflikt angesiedelt, wobei wir uns auf die anerkannte Definition des Heidelberger Instituts für Internationale Konfliktforschung stützen.

### Definition: Politischer Konflikt nach dem Heidelberger Institut für Internationale Konfliktforschung

*„Unter einem politischen Konflikt versteht das HIIKeine Positionsdifferenz hinsichtlich gesamtgesellschaftlich relevanter Güter – den Konfliktgegenständen – zwischen mindestens zwei maßgeblichen direkt beteiligten Akteuren, die mittels beobachtbarer und aufeinander bezogener Konfliktmaßnahmen ausgetragen wird, welche außerhalb etablierter Regelungsverfahren liegen und eine staatliche Kernfunktion oder die völkerrechtliche Ordnung bedrohen oder eine solche Bedrohung in Aussicht stellen."* (Heidelberger Institut für Internationale Konfliktforschung, www.hiik.de)

Im Rahmen eines dynamischen Konfliktmodells unterscheidet das HIIK fünf Intensitätsstufen politischer Konflikte: „Disput, gewaltlose Krise, gewaltsame Krise, begrenzter Krieg und Krieg." Das Unterscheidungsmerkmal ist die Intensität physischer Gewalt, wie der Einsatz von Waffen und Soldaten, das Ausmaß der Zerstörung und der Todesopfer (HIIK).

Es wäre jedoch zu kurz gegriffen, nur zu verstehen, aus welchen Komponenten soziale und politische Konflikte bestehen; viel wichtiger ist es, die Bedingungen für ein friedliches gesellschaftliches Miteinander zu erfassen und anzustreben. Hat der Mensch nicht ein Grundbedürfnis nach Frieden und Gerechtigkeit? Insoweit haben Konfliktforschung und Friedensforschung zwar komplementäre Blickwinkel, dennoch verfolgen sie ähnliche Ziele, nämlich den Globus durch Erkenntnis und Intervention friedlicher zu gestalten.

Ein prominenter Vertreter der Friedensforschung, Dieter Senghaas, hat mit seinem bekannten „Zivilisatorischen Hexagon" eine Architektur des friedlichen

Zusammenlebens in und zwischen Staaten entwickelt und sechs voneinander abhängige Bedingungen aufgeführt.

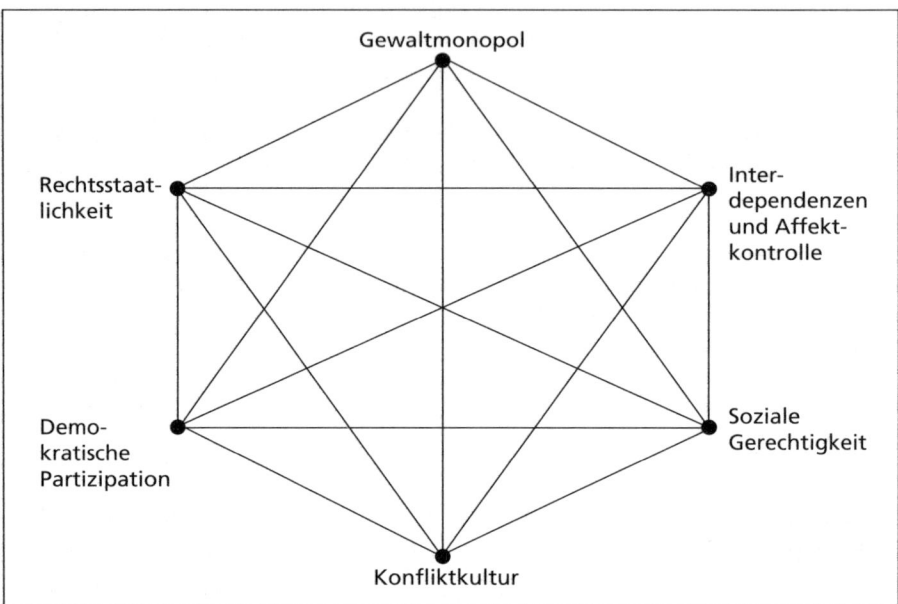

**Abb. 1.1:** Das zivilisatorische Hexagon nach Senghaas

Senghaas sieht nicht nur soziale Gerechtigkeit, demokratische Prinzipien oder Rechtsstaatlichkeit sowie das Gewaltmonopol des Staates als Fundamente eines Zivilisierungsprozesses an, sondern erwähnt ausdrücklich den Aufbau einer „Konfliktkultur". Wir verstehen darunter die zunehmende Fähigkeit der Bürger, ihre Auseinandersetzungen interessen- und konsensorientiert auszutragen, wobei dies nicht als Zustand, sondern als anhaltender Prozess gemeint ist.

## 1.2 Das Oktagon der Konflikttypen – Konfliktanalyse

Tragende Säule einer erfolgreichen Konfliktvermittlung ist eine immer wieder aktualisierte Analyse der Konfliktursachen und die Entwicklung wirksamer Gegenstrategien, um den Konflikt zu entschärfen. Die meisten Konflikte haben nicht nur eine, sondern ein ganzes Bündel von Ursachen, die in jeder Fallkonstellation in besonderer Weise miteinander verwoben sind. In der Regel spielen Beziehungsprobleme im Verhältnis der Parteien untereinander eine nicht zu unterschätzende Rolle. Eine vordringliche Funktion eines Konfliktmanagers ist es, im Zusammenspiel mit den Kontrahenten die zentralen Konfliktursachen zu erkennen und diese aktiv zu anzugehen.

Während er die Interaktion der Parteien beobachtet, sucht der Vermittler Problemzonen zu entschlüsseln, wie unzureichende Kommunikation, Beziehungskonflikte, Uneinigkeit über Tatsachen, divergierende Interessen, Machtgefälle oder unterschiedliche Wertmaßstäbe (Moore 2003, 61 ff.). Indem er mögliche Interventionsstrategien entwirft und erprobt, testet der Konfliktbearbeiter seine Hypothese von den zentralen Konfliktursachen.

Zur Identifizierung möglicher Konfliktursachen hat Moore eine Übersicht *(conflict map)* entwickelt, die eine hilfreiche Orientierung bei der Klassifizierung möglicher Konflikte abgeben kann. Er unterscheidet zwischen Konflikten, die (1) auf divergierenden Interessen, (2) auf Beziehungskonflikten, (3) auf strukturellen Konflikten, wie ungleichen Macht- und Besitzverhältnissen, (4) auf Wertedifferenzen, wie religiöser oder politischer Einstellung, oder (5) auf unterschiedlicher Interpretation von Information beruhen können (ebd.). Ein Vermittler hat zum Beispiel zwischen den Streitparteien ein gravierendes Kommunikationsdefizit erkannt. Er hat beobachtet, dass eine Partei die andere kaum ohne Unterbrechung aussprechen lässt und ständig das Thema gewechselt wird. Er stellt die Hypothese auf, eine Ursache des Konflikts bestehe darin, dass die Parteien nicht in der Lage sind, konstruktiv miteinander zu kommunizieren. Er wird versuchen, produktive Kommunikationsmuster einzuführen. Dabei schlägt er den Parteien Regeln vor, in diesem Fall, nicht zu unterbrechen, bis eine Partei ausgesprochen hat, und sich jeweils auf ein Thema zu konzentrieren.

Eine etwas abgewandelte Landkarte möglicher Grundmuster und Ursachen von Konflikten hat Gamber in seinem Buch „Konflikte und Aggressionen im Betrieb" entwickelt (Gamber 1995, 17). Er unterscheidet zwischen (1) Zielkonflikten, (2) Bewertungs-/Wahrnehmungskonflikten, (3) Rollenkonflikten, (4) Verteilungskonflikten sowie (5) Beziehungskonflikten.

Was in beiden Modellen fehlt, ist die Betrachtung persönlicher Konflikte, die ebenso wie Beziehungskonflikte fast immer eine Rolle spielen. Unter persönlichen Konflikten verstehen wir Charaktermerkmale, Wahrnehmungs- und Reaktionsmuster eines Individuums, die seine Persönlichkeit prägen und häufig im Zusammenspiel mit anderen zu ähnlichen Konfliktmustern führen. Beispielsweise wurde jemand in seiner Sozialisation ständig bevormundet und hat dadurch ein Autoritätsproblem entwickelt. Später im Arbeitsprozess legt sich derjenige häufig mit Vorgesetzten an.

Aus diesen beiden Modellen sowie eigener langjähriger Erfahrung haben wir das Oktagon der Konflikttypen erarbeitet, das wir unseren Mediatorenausbildungen zugrunde legen.

# 18 Konflikte als Entwicklungspotenzial

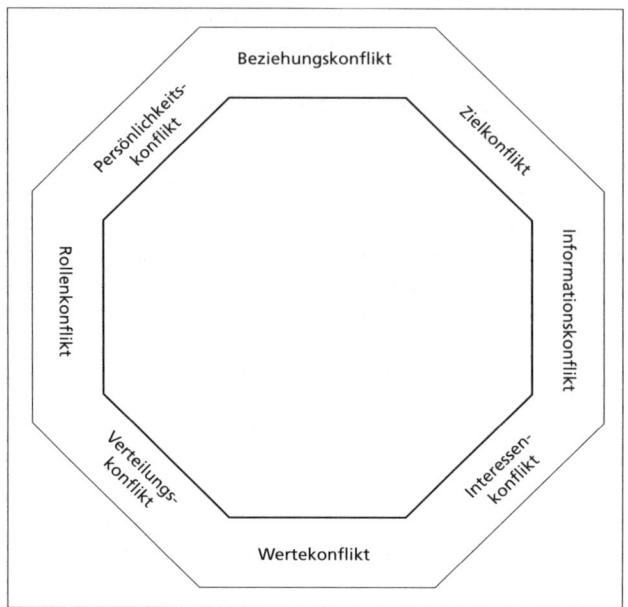

**Abb. 1.2:** Das Oktagon der Konflikttypen

**Beziehungskonflikte**

Nahezu jeder Konflikt hat eine Sach- und eine Beziehungsebene. Dem Kapitel zu den Grundlagen der Gesprächsführung werden wir entnehmen, dass eine Kommunikation ohne Beziehungsebene nicht denkbar ist (siehe Kap. 2.3, 2.4). Deswegen haben wir den Beziehungskonflikt an den Ausgangspunkt unseres Modells gerückt. Beziehungskonflikte ergeben sich häufig aufgrund unterschiedlicher Persönlichkeitsstrukturen – forsche Person versus zurückhaltende Person –, unterschiedlicher Wertevorstellungen – Geld versus gute Beziehung –, Verstimmungen, negativer Vorerfahrungen, negativer Wahrnehmung des Anderen, unterschiedlicher Kommunikationsmuster oder unzureichender Kommunikation.

*Beispiele:*
- Frau Milton kann Herrn Tempus nicht leiden, weil sie sich ständig beobachtet und kritisiert fühlt.
- Herr Mahler stört sich an dem mürrischen Gesichtsausdruck und der abweisenden Art von Herrn Gutdorf.
- Frau Geiger kann es ihrem Mann nicht verzeihen, dass er während ihrer Ehe wechselnde Freundinnen hatte.

*Interventionsmöglichkeiten*
Einen Beziehungskonflikt zu übergehen, führt unweigerlich zum Scheitern auf der Sachebene. Hilfreich ist das Spiegeln von Emotionen durch den Vermittler,

um die Beziehungsebene transparenter zu machen. Danach empfiehlt es sich, die Parteien eine Situation schildern zu lassen, in der die gestörte Beziehung zum Tragen kam. Es wird sich herausstellen, dass jede Person eine eigene Version und Wahrnehmung der Situation hatte. Die divergierenden Versionen kann man stehenlassen, ohne nach einem „richtig oder falsch", „schuldig oder unschuldig" zu suchen. Das lässt sich mit einer anderen Situation wiederholen, wobei es einen Durchbruch geben kann, wenn Person A Person B spiegelt und umgekehrt (Perspektivenwechsel).

Bei unterschiedlichen Kommunikationsmustern können klare Gesprächsregeln nützlich sein, etwa: nicht unterbrechen, zeitliches Limit setzen oder Wort erteilen. Möglicherweise sind getrennte Sitzungen notwendig.

**Zielkonflikte**

Von einem Zielkonflikt spricht man, wenn Kontrahenten divergierende Absichten oder Ziele verfolgen. Die Ziele und Absichten brauchen nicht unbedingt unvereinbar sein.

*Beispiel:*
Ein typischer Zielkonflikt war der Bau des neuen unterirdischen Bahnhofs in Stuttgart – „Stuttgart 21". Die Deutsche Bahn, ein Firmenkonsortium und die damalige Landesregierung strebten eine Modernisierung, eine Verkürzung der Fahrzeit sowie Umsatz und Gewinn an. Dabei sollte der ursprüngliche oberirdische Kopfbahnhof in einen unterirdischen Durchgangsbahnhof umgewandelt werden. Die Protestbewegung hingegen wandte sich in zahlreichen Demonstrationen gegen den Umbau. Sie kritisierte die fehlende demokratische Legitimation, eine unzureichende Bürgerbeteiligung, mangelnde Wirtschaftlichkeit, eine mögliche Gefährdung des Mineralwasservorkommens sowie übergangenen Denkmalschutz. Nach anhaltenden Protesten kam es zu einem Schlichtungsverfahren durch den ehemaligen Politiker Heiner Geißler, der Ende 2010 einen Kompromissvorschlag vorlegte. Der sah eine Kombination aus einem Kopf- und einem Durchgangsbahnhof vor. Das Verwaltungsgericht Stuttgart bewertete den Schlichterspruch jedoch als nicht bindend. Im Jahr 2012 ließ die neue Landesregierung eine Volksabstimmung zu, wobei die Befürworter einer öffentlichen Teilfinanzierung des Projektes überwogen. Letztlich haben der Prozess der Schlichtung und die Bürgerbeteiligung eine Trendwende zugunsten der Befürworter bewirkt.

*Interventionsmöglichkeiten*
Zielführend ist es, hinter den divergierenden Zielen ebenso nach vereinbarten Interessen und nach kompatiblen Lösungen zu suchen. Übertragen auf das Beispiel „Stuttgart 21" hieße dies etwa: Wie lassen sich Umwelt-, Denkmalschutz- und Einsparinteressen mit Modernisierungsinteressen vereinbaren?

**Informations- und Wahrnehmungskonflikte**

Gerüchte, Fehlinformation, falsche Interpretationen, mangelndes Hintergrundwissen und unterschiedliche Wahrnehmungsmuster sind häufige Ursachen für Informations- und Wahrnehmungskonflikte. Oftmals hängt die Wahrnehmung einer Situation davon ab, welchen Standpunkt man vertritt.

*Beispiele:*
- Das Ehepaar Tiersch bestellt bei einem Fliesenleger graue Bodenfliesen für ihre Küche. Als die Fliesen geliefert werden, stellt sich heraus, dass sie sich ein helleres Grau vorgestellt haben.
- Herr Meister bucht per Internet einen Strandurlaub mit seiner Familie in Nordwijk ann Zee. Als sie im Hotel eintreffen, sehen sie ein Atomkraftwerk hinter dem nächsten Dünenkamm. Erholung haben sie sich anders vorgestellt.

*Interventionsmöglichkeiten*
Wenn Parteien sich vorschnell ein Bild von der Faktenlage gemacht haben, hilft es, durch extensives Fragen zunächst ausreichende Fakten zu sammeln, die eine Beurteilung der Situation zulassen. Missverständnisse können so geklärt werden. Bewerten die Parteien einen Sachverhalt unterschiedlich, kann der Rat von Experten (Baugutachter, Steuerberater, KFZ-Gutachter etc.) sinnvoll sein. Stellt sich heraus, dass die Kontrahenten ein und dieselbe Situation unterschiedlich wahrgenommen haben, sollte der Konfliktmanager anregen, die divergierenden Wahrnehmungen gegenseitig stehenzulassen und zu tolerieren.

**Interessenkonflikte**

Als Interessen bezeichnen wir Bedürfnisse, Wünsche und Befürchtungen. Es ist das, was den Menschen antreibt und ihn von anderen unterscheidet. In Kapitel 3 werden wir uns noch näher mit der Abgrenzung von Interessen und Positionen befassen. Bei der Konfliktbearbeitung werden wir nahezu immer auf grundlegende menschliche Bedürfnisse wie Gesundheit, Sicherheit, Zugehörigkeit, Anerkennung, Schutz oder Selbstentfaltung stoßen. Der Konfliktmoderator sollte sich und den Parteien bewusst machen, dass hinter divergierenden Interessen sowohl nicht kompatible wie kompatible Bedürfnisse stehen. Ähnlich wie bei Zielkonflikten werden die Interessen der Kontrahenten sichtbar gemacht und wird nach ausgleichbaren Ansätzen gesucht.

*Beispiel:*
Frau Bertram möchte, dass die gemeinsamen Kinder nach der Trennung bei ihr leben. Dahinter steht das Bedürfnis, dass sie nicht mit dem Vater und seiner neuen Freundin zusammen leben. Herr Bertram hingegen will den Kindern nach der Trennung ein guter Vater sein.

*Interventionsmöglichkeiten*
Den Fokus der Parteien von ihren Positionen auf ihre Interessen lenken und ihnen deutlich machen, dass es keine optimale Lösung geben, sondern ein Ergebnis angestrebt wird, mit dem die Parteien zufrieden sein können. Diverse Lösungsoptionen entwickeln und nach Fairnesskriterien suchen. Zuweilen kann auch ein „Kuhhandel" hilfreich sein.

**Wertekonflikte**

Besonders brisant sind Konflikte, bei denen unterschiedliche Werte, Normen, moralische oder ethische Einstellungen sowie Lebensstile aufeinandertreffen. Dabei können religiöse oder säkulare Haltungen eine Rolle spielen. Unterschiedliche kulturelle Hintergründe haben Menschen geprägt, und es trifft etwa eine patriarchalisch strukturierte Familie auf eine modern emanzipierte Familie. Werte verleihen dem Menschen Stabilität, und bei der Konfliktbearbeitung wollen und werden wir sie in ihren Grundfesten nicht verändern. Vielmehr geht es um den Aufbau von Toleranz und nicht um Verhaltensänderung. Wer, wie der ehemalige US-amerikanische Präsident Bush, von der „Achse des Bösen" spricht, impliziert gleichzeitig, der Westen gehöre zur „Achse des Guten". Solch bipolares Denken schlägt alle Türen zu und bereitet militärischer Intervention den Boden. Das desaströse Ergebnis des zweiten Irak-Krieges ist der Weltgemeinschaft bekannt.

*Beispiel:*
Als vor einigen Jahrzehnten ein afrikanisches islamisches Land aus der französischen Kolonialherrschaft entlassen wurde, sollte dies mit einem feierlichen Bankett einheimischer und französischer Delegationen begangen werden. Bei der Vorbereitung der Feierlichkeit konnten sich das islamische und das französische Gremium nicht auf die Tischsitten einigen. Für die Franzosen war ein Festessen ohne Wein undenkbar; für die islamische Delegation wäre der Weinausschank einem religiösen Frevel gleichgekommen. Das gemeinsame Bankett drohte zu scheitern, bis sich die Delegationen auf das übergeordnete Ziel „gemeinsame Feierlichkeit" besannen. Sie einigten sich darauf, dass in einem abgeschlossenen Nebenraum den Franzosen Wein ausgeschenkt wurde.

*Interventionsmöglichkeiten*
Den Parteien sollte zugestanden werden, ihre Werte zu behalten. Gleichzeitig sollte der Mediator auf gegenseitige Toleranz hinarbeiten. Um zu einem Ergebnis des Konflikts zu gelangen, sollte nach übergeordneten Werten gesucht werden, die beide Parteien teilen.

**Verteilungskonflikte**

Am Arbeitsplatz werden Konflikte häufig um Ressourcen ausgetragen, etwa wenn die Verteilung von Mitteln als ungerecht erlebt wird. Dabei muss die Mittelzuwendung nicht unbedingt objektiv ungerecht sein; entscheidend ist das subjektive Empfinden von Benachteiligung. Der eigentliche innere Konfliktauslöser kann jedoch mangelnde Anerkennung oder Zuwendung sein (Gamber 1995, 21). Meiner Erfahrung nach ist der Wunsch nach Anerkennung häufiges Antriebsmoment für betriebliche Konflikte.

*Beispiel:*
Seitdem Frau B. neu in die Abteilung von Frau A. aufgenommen wurde, fühlt sich Frau A. vom Abteilungsleiter nicht mehr ausreichend wertgeschätzt und finanziell entlohnt. Eigentlich sollte sie in diesem Halbjahr eine Lohnerhöhung bekommen. Jetzt ist das Halbjahr fast verstrichen, und der Abteilungsleiter scheint sich nicht mehr an sein Versprechen zu erinnern.

*Interventionsmöglichkeiten*
Zunächst ist es wichtig, sich und den Parteien einen genauen Überblick über die Verteilung der Ressourcen zu verschaffen. Die Parteien müssen dazu bereit sein,

die notwendigen Informationen beizubringen. Objektive Ungerechtigkeiten sollten danach ausgeglichen werden. Bei einem Mangel an psychologischer Zuwendung sollten die Parteien aufgefordert werden, ihre gegenseitige Wertschätzung auszudrücken.

**Rollenkonflikte**

Die meisten Menschen gehören für gewöhnlich einer Vielzahl von Gruppen an (Familie, Paar-Beziehung, Arbeitsgruppe, Vereine, Freundes- oder Bekanntenkreis). Gruppen bieten ihren Mitgliedern Orientierung und Identität. Gleichzeitig wird von jedem Gruppenangehörigen ein bestimmtes Rollenverhalten erwartet. Dies kann leicht zu inneren Konflikten führen, besonders dann, wenn ein häufiger Rollenwechsel stattfindet. Oft ist es die Angst vor neuen Erwartungen, die einen inneren Konflikt auslöst (Gamber 1995, 23 f.).

> *Beispiele:*
> - Frau Dannemann ist seit vielen Jahren Mitglied im Alpenverein. Nachdem der Vorstand aus Altersgründen ausgeschieden ist, soll sie Vorstandsvorsitzende werden und den Verein professionalisieren. Sie fühlt sich für diese Aufgabe nicht ausreichend vorbereitet.
> - Herr Windhorst ist Abteilungsleiter bei einem großen Wohlfahrtsverband. Nun soll er in Indien ein Waisenhaus errichten. Er ist sich unsicher, ob er sich auf dieses Abenteuer einlassen soll.

*Interventionsmöglichkeiten*
Aufgabe des Konfliktmoderators ist es, die Parteien aus der Rollenunsicherheit herauszuführen. Dazu ist es essenziell, die Anforderungen an die Rolle detailliert zu definieren. Weiterhin sollte erfragt werden, welche persönlichen und sonstigen Mittel benötigt werden, um die Rolle funktionsgerecht auszufüllen.

**Persönlichkeitskonflikte**

Viele Menschen erkennen im Laufe ihres Lebens, dass sie in häufig wiederkehrende Konfliktmuster hineingeraten. Sie haben etwa Schwierigkeiten, sich in eine Gruppe zu integrieren, oder müssen immer den Ton angeben. Diese sich ähnlich wiederholenden Charakteristika hängen oft mit unbewältigten Konstellationen in der Kindheit zusammen. Nun ist es nahezu unmöglich für einen Moderator, solche Muster zu erkennen, zumal er die Konfliktparteien meist nur kurzfristig kennt. Dennoch kann es Hinweise von Familienangehörigen in einer Familien-Mediation oder von Kollegen in einer Arbeitsmediation geben. Da es nicht Aufgabe eines Konfliktmanagers oder eines Mediators ist, Menschen zu ändern, kann es dennoch hilfreich sein, den Parteien Raum zu geben, diese Merkmale anzusprechen.

> *Beispiel:*
> Die alleinstehende Frau Theissen bekommt gelegentlich Besuch von Freundinnen oder Freunden in ihrem attraktiven Ferienhaus. Nach einigen Tagen des Zusammenlebens kommt es zu Spannungen mit den Besuchern, da sie sich, wie Frau Theissen findet, nicht in den täglichen Ablauf einfügen können.

*Interventionsmöglichkeiten*
Ein Moderator kann die Partei(en) auffordern, Situationen zu schildern, in denen ähnliche Probleme aufgetreten sind, und das Augenmerk auf den Wiederholungscharakter richten. Danach wird er nach Situationen fragen, in denen diese Probleme nicht aufgetreten sind. Daraus kann mit Hilfe der Partei(en) der Ansatz einer Lösung entwickelt werden.

Zum Schluss dieses Abschnitts „Konflikttypologie und Analyse" soll eine Volkserzählung ein ungewöhnliches Missverständnis illustrieren, das schließlich in einen heftigen Streit mündete (Informationskonflikt). Der Yoruba-Stamm hat eigens die mythische Figur Eshu, den „Verwirrungsstifter", erschaffen, die es geradezu darauf anlegt, Zwist durch gezielte Missinformation zu säen.

**Verwirrung: Erzählung, Yoruba-Stamm, West Afrika (aus Marx 2012, 27)**
Es waren einmal zwei Farmer, die bestellten zwei gegenüberliegende Felder, die durch eine Straße getrennt waren. Seit ihrer Kindheit waren sie gute Freunde. Während sie so vor sich hin arbeiteten, scherzten sie über die Straße hinweg.
   Eines Tages erschien Eshu, Gott des Schicksals, Liebhaber der Verwirrung, in dem Dorf und beobachtete, wie die zwei Bauern sich grüßten und Freundlichkeiten miteinander austauschten. Er wollte ein bisschen Spaß haben und beschloss, die friedliche Stimmung zwischen den Freunden zu erschüttern. Er setzte sich einen eleganten Hut auf, zog seinen silbern glänzenden Sonntagsanzug an und stolzierte mit stilvollem Schwung die Straße hinauf. Den Hut hatte er zuvor auf einer Seite rot, auf der anderen Seite schwarz angemalt.
   Sobald er außer Hörweite gelangt war, verließen die beiden Männer gleichzeitig ihre Arbeit. Einer sagte: „Hast Du diesen außergewöhnlich eleganten Mann mit dem silbernen Anzug und dem roten Hut gesehen, der gerade die Straße entlangging?". Im selben Atemzug fragte der andere: „Hast Du diesen unglaublich gut gekleideten Mann mit dem schwarzen Hut gesehen, den ich gerade sah?". In kürzester Zeit verwandelten sich die freundlichen Fragen in einen heftigen Streit, schließlich in eine Prügelei. Während sie sich rauften, schrien sie: „Er hatte einen roten Hut!" oder „Nein, der Hut war schwarz!".
   Endlich erschöpft kehrten sie in düsterem, feindseligem Schweigen zu ihren Feldern zurück. Kaum, dass sie sich wieder an ihre Arbeit gemacht hatten, kehrte Eshu zurück und ging noch schwungvoller die Straße hinunter. Sofort sprangen die Männer wieder auf. „Entschuldige, lieber Freund. Du hattest Recht, der Kerl trägt einen schwarzen Hut!" Im gleichen Moment sagte der andere: „Ich entschuldige mich für meine Blindheit. Der Hut ist wirklich schwarz, genau wie Du sagtest." Und im Handumdrehen stritten und rauften sich die beiden wieder. Während sie sich prügelten, riefen sie dieses Mal: „Ich hatte Unrecht!" und „Nein, ich hatte Unrecht!".
   Die Leute aus dem Dorf hörten das Schimpfen und Schreien und kamen herbeigelaufen. Ausgerechnet die zwei dicken Freunde waren in eine Schlägerei verwickelt. Schließlich wurden die beiden Streiter von den Dorfbewohnern zum Dorfältesten geführt, demgegenüber beide ihre Geschichte berichteten und auf ihrer Sicht der Dinge beharrten. Der Älteste war sprachlos: Welch' Verwirrung! Zwei Männer streiten, entschuldigen sich, dann streiten sie darüber, wer sich entschuldigen darf.
   Daraufhin erschien Eshu und schritt zweimal durch die Versammlung. Schließlich sprach er: „Streit und Verwirrung zu stiften, ist mein liebster Zeitvertreib."

## 1.3 Eskalation von Konflikten

Wer an dem Rad dreht, braucht sich nicht zu wundern, wenn ein Streit eskaliert. Die Metapher „Eskalation" ist ursprünglich ein militärischer Terminus, der die Steigerung eines Konflikts versinnbildlicht und von dem französischen Wort *„escalier"* (Treppe) stammt. Eine Konfliktdynamik kann sich stufenförmig bis zur körperlichen Gewalt aufschaukeln. Zweitrangig ist der Ort der Austragung, ob in der Familie, in der Schule, am Arbeitsplatz, im öffentlichen Raum, bei Demonstrationen oder zwischen Staaten. Konflikte eskalieren durch Interaktion der Beteiligten. Durch Deeskalationstechniken kann eine Spirale der Gewalt in vielen Fällen angehalten oder unterbrochen werden. Um Sicherheit zu gewinnen und um wirksame Interventionsstrategien zu erlernen, werden gerade für Mitarbeiter in der Jugendhilfe oder Polizeibeamte Deeskalationstrainings angeboten.

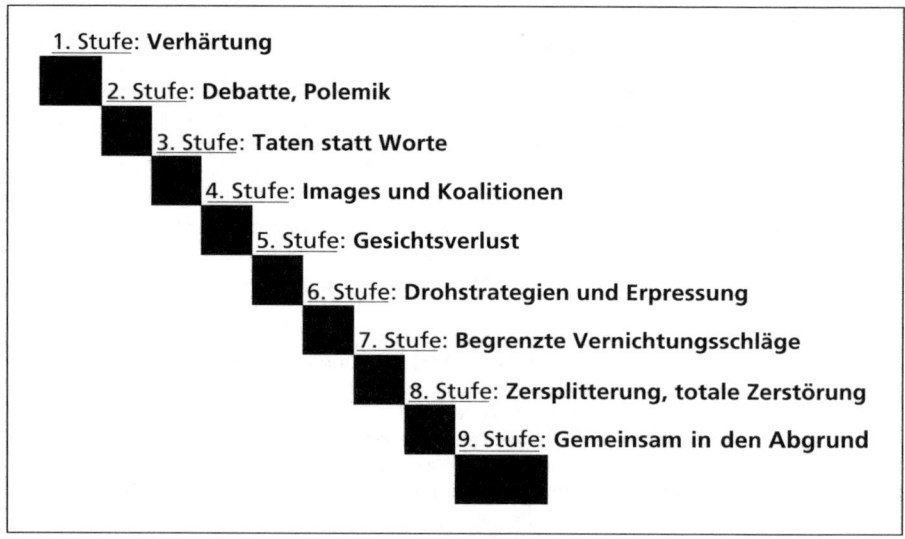

**Abb. 1.3:** Das Stufenmodell der Eskalation nach Friedrich Glasl (2011, 236 f.)

Das im deutschsprachigen Raum bekannteste Modell zur Eskalation von Konflikten stammt von dem österreichischen Konfliktforscher Friedrich Glasl. Er stellt den Eskalationsprozess als stufenförmige Abwärtsbewegung zu immer regressiveren und primitiveren Formen des Streits dar. Sein Modell besteht aus neun absteigenden Stufen, die schließlich in den Abgrund führen (siehe Abb. 1.3).

*1. Stufe: Verhärtung*
Die Konfliktparteien zeigen sich verstimmt über einen mehr oder minder schweren Anlass.

*Beispiele:*
- Der andere vergaß zu grüßen.
- Man fühlt sich übersehen, übergangen, nicht genug beachtet.
- Ein Arbeitskollege raucht ständig, führt Privatgespräche am Telefon.
- Ein Vorgesetzter trifft Entscheidungen, ohne seine Mitarbeiter rechtzeitig zu informieren, oder er unterlässt eine vom Mitarbeiter erwartete Entscheidung.

Es entstehen Spannungen, die Kommunikation zwischen den Parteien verkrampft sich. Die Missstimmung ist noch im Gespräch lösbar.

*2. Stufe: Debatten, Polemik*
Nun wird der Konflikt „auf den Tisch gebracht". Die Konfliktparteien treten in einen offenen Streit, wobei zunächst jede Partei auf der eigenen Meinung beharrt und die Argumente der anderen nicht gelten lassen will. Das Reden geschieht auf der Bühne, um Punkte gegenüber dem anderen zu gewinnen. Eine Debatte von dieser Art löst den Konflikt nicht. Eine sachliche Auseinandersetzung könnte aber die Auseinandersetzung an dieser Stelle beenden oder zumindest entschärfen.

Oder aber der Konflikt wird „unter den Tisch gekehrt". Häufig wird die Debatten-Stufe übersprungen. Eine offene Auseinandersetzung findet nicht statt.

*3. Stufe: Taten statt Worte*
Die Spannungen zwischen den Konfliktparteien werden größer. Es fällt immer schwerer, das eigentliche Problem anzusprechen. Man geht sich aus dem Weg. Die gegnerische Konfliktpartei wird zunehmend „mit anderen Augen gesehen". Zuvor Verbindendes wird verdrängt, und Trennendes wird umso mehr hervorgehoben.

*Beispiel:*
In den Augen der Eltern wird die Lehrerin immer ungerechter – für die Lehrerin erscheinen die Eltern immer undurchschaubarer und feindseliger.

Mit Reden kommt man nicht weiter. Der andere wird vor vollendete Tatsachen gestellt. Sofern es nicht möglich ist, der anderen Konfliktpartei aus dem Weg zu gehen, können erste körperliche Krankheitssymptome auftreten: Übelkeit, Kopfschmerzen, Bauchschmerzen, Herzrasen, gesteigerte Reizbarkeit und Ähnliches.

*4. Stufe: Images und Koalitionen*
Die Spannungen zwischen den Kontrahenten nehmen zu. Um sich psychisch zu entlasten, versuchen die Konfliktparteien, Verbündete für ihre jeweilige Sichtweise des Konflikts zu gewinnen. Dritte werden dann, gewollt oder ungewollt, zu Beteiligten des Konflikts. Die Parteien versuchen, ihr jeweiliges Image aufzupolieren und den anderen in eine negative Rolle zu drängen.

*5. Stufe: Gesichtsverlust*
Die Konfliktparteien haben sich von Dritten Rückendeckung verschafft. Nach Phasen der Selbstzweifel sehen sie sich in ihrem Standpunkt bestätigt. Nun, da

sie zu neuem Selbstbewusstsein gelangt sind, besteht die Neigung, in der Phantasie Strategien auszuarbeiten, wie man den Konfliktgegner unter Druck setzen und sich selbst gegen erwartete Angriffe wirksam schützen kann. Es besteht der Eindruck, den Gegner durchschaut zu haben. Er hat in der eigenen Wahrnehmung sein Gesicht verloren und wird als ganze Person in Frage gestellt. Der Gegner wird dämonisiert, und gleichzeitig wird das Selbstbild idealisiert.

*6. Stufe: Drohstrategien und Erpressung*
Auf dieser Stufe wird der Konflikt zum alles beherrschenden Thema: Er bestimmt die Wahrnehmungen, Gedanken, Gefühle der Beteiligten. Die Konfliktparteien erweisen sich als immer weniger kooperationsbereit. Sie neigen dazu, Druck auszuüben und die Ziele der anderen Partei zu sabotieren, etwa durch Behinderungen, Intrigen, Gerüchte, Verweigerungen. Die Parteien sprechen gegenseitige Drohungen aus, z. B. das Einschalten der Presse. In ritualisierten Arbeitskämpfen wird mit Streik und Aussperrung gedroht. Art und Intensität der Gewaltanwendung bleiben noch begrenzt.

*7. Stufe: Begrenzte Vernichtungsschläge*
Die Konfliktparteien neigen zunehmend zu paranoiden Wahrnehmungs- und Deutungsmustern. Dem Gegner werden noch schlimmere Absichten unterstellt, als man selbst hat. Eine ungeschickte Äußerung, ein Formfehler oder eine Verschlechterung der eigenen Situation, die als Werk des Gegners aufgefasst wird, kann eine Wendemarke in der Konfliktentwicklung bilden. Der Konflikt tritt nun in eine neue Dimension. Der anderen Seite wird keine menschliche Qualität mehr zuerkannt. Der aufgestaute Hass auf den anderen kann sich als Zerstörungsakt entladen.

*8. Stufe: Zersplitterung, totale Zerstörung*
Auf dieser Stufe kommt es zur offenen Sabotage und Behinderung der gegnerischen Ziele, mit der Absicht, die Machtbasis des Gegners zu zerstören. Außerdem ereignen sich massive Angriffe auf dessen Person, wobei auch tatsächliche oder vermeintliche Verbündete der Gegenpartei nicht ausgenommen werden. Der Gegner wird paralysiert, zersplittert oder verwundet. Exzessive Gewalt wird noch zurückgehalten, nicht um den Gegner zu schonen, sondern um der Gefahr der Selbstvernichtung zu entgehen.

*9. Stufe: Gemeinsam in den Abgrund*
In dieser Phase ist alles Bestreben der Konfliktparteien daraufhin ausgerichtet, den Gegner, wenn nicht physisch, so doch psychisch, beruflich oder gesellschaftlich zu zerstören, auch auf die Gefahr hin, dass man selbst in gesundheitlicher, materieller oder sozialer Hinsicht massive Nachteile davonträgt. Die „Zerstörungsmaschinerie" erfährt eine solche Dynamik, dass sie sich nicht mehr eingrenzen lässt. Die einzige Genugtuung besteht in der Vernichtung des Gegners, auch wenn sie gemeinsam auf den Abgrund zusteuern.

(vgl. Glasl 2011, 234 ff.; Gamber 1995, 19 ff.)

Zusammenfassend lässt sich sagen, dass das Eskalationsmodell von Glasl auf unterschiedliche Konfliktarten angewandt werden kann, seien es Scheidungsfälle, Streit am Arbeitsplatz oder zwischenstaatliche Auseinandersetzungen. Es beschreibt, wie sich Parteien in einer bestimmten Phase verhalten. Im Rahmen einer Mediation liefert es dem Mediator ein brauchbares Instrument, um Dynamik, Verhärtung und mögliche Lösungsaussicht eines Konflikts einschätzen zu können. Entgegen der verbreiteten Ansicht, dass Konflikte nur bis Stufe 6 mit der Mediationsmethode lösbar sind, konnten wir schon bis Stufe 8 positive Ergebnisse erzielen. In diesen hocheskalierten Fällen greift jedoch nur eine ausgesprochen direktive Haltung des Mediators (siehe Kap. 3.9).

## 1.4 Strategien im Umgang mit Konflikten

Tief in uns sitzen archetypische Reaktionsmuster auf Konflikte: Angriff und Verteidigung, Flucht oder Totstellen. Unser Verhalten entspricht meistens entweder einer direkten Anwendung dieser Archetypen, ihrer Verfeinerung oder einer zivilisierten Form davon.

Als zivilisatorische Variante von Angriff und Verteidigung kann das Gerichtsverfahren verstanden werden, das auf klaren und objektiven Prinzipien basiert und das Willkür weitestgehend ausschalten soll. Diese große Errungenschaft demokratischer Rechtsstaaten gewährt Sicherheit und Gerechtigkeit, hat jedoch auch seine negativen Seiten. Der Gerichtsprozess ist für den betroffenen Laien wenig transparent und produziert hohe Kosten, da meist professionelle Unterstützung durch Rechtsanwälte nötig ist. Auch klammert er die kommunikative und emotionale Ebene völlig aus. Kritiker des gerichtlichen Streitverfahrens bemängeln, dass am Ende häufig eine oder gar beide Parteien als Verlierer den Gerichtssaal verlassen.

Konfliktvermeidung als humane Variante des Sich-Totstellens kann Raffinesse ausdrücken, aber auch auf einem angstbesetzten Unterlegenheitsgefühl beruhen. Vermutlich ist Vermeidung das am häufigsten praktizierte Reaktionsmuster auf Konflikte. Der Konflikt wird zwar nicht gelöst, da er unter der Oberfläche weiter schwelt, gleichzeitig wird jedoch eine Konfrontation und Eskalation umgangen.

Der Glaube an die Macht des Schicksals, wie er sich durch viele asiatische Kulturen und Religionen zieht, allen voran Hinduismus, Buddhismus und Taoismus, wird von unserer westlichen Kultur belächelt, die am treffendsten mit Präsident Obamas Wahlkampfmotto „Yes, we can!" umschrieben werden kann. Die Vorstellung „alles ist machbar" ist die Triebfeder für Fortschritt und bessere Lebensbedingungen. Gleichzeitig steckt in ihr ein nicht zu unterschätzendes destruktives Potenzial, man denke an die von der Industrie verursachten Umweltkatastrophen. Im Kontrast dazu steht eine asiatische Gelassenheit, die in der folgenden chinesischen Geschichte zum Ausdruck kommt und die manchem Streithahn zu einem harmonischeren Leben verhelfen könnte.

> **Erzählung von Lui An, China: „Der Bauer und sein Pferd" (aus Marx 2012, 30)**
> Das Pferd eines Bauern war eines Tages davongelaufen. Der Bauer versuchte sein Bestes, aber er konnte es nicht mehr einfangen. Als sein Nachbar dies sah, eilte er zu ihm und sagte: „Was für ein Pech! Jetzt hast du kein Pferd mehr, um dein Holz zu transportieren." Der Bauer blickte in die Ferne, wo nur noch eine Staubwolke zu sehen war, und sagte: „Ob Pech oder Glück ... wer weiß?"
> Am nächsten Tag kam das Pferd zurück und brachte eine wunderschöne wilde Stute mit, die ihm auf den Feldern gefolgt war. Als der Nachbar die beiden Pferde im Stall des Bauern sah, sagte er: „Was für ein Glück für dich! Du musst froh sein!" Und wieder sagte der Bauer: „Ob Glück oder Pech ... wer weiß?"
> Am nächsten Tag versuchte der Sohn des Bauern, die wilde Stute zu zähmen. Die Stute aber warf den Jungen ab, schlug nach ihm aus, und seine Beine brachen an mehreren Stellen. Der Bauer eilte hinzu, und als er seinen schwerverletzten Jungen nach Hause trug, sah es der Nachbar, lief zu ihm und sagte: „Oh, was für ein Pech für dich! Es muss sehr schlimm für dich sein." Der Bauer, mit Tränen in den Augen, blickte auf und sagte: „Ob Pech oder Glück ... wer weiß?"
> Einige Zeit später brach im Land ein Krieg aus. Alle kriegstauglichen jungen Männer wurden zum Militär eingezogen. Der Bauer, der um seinen hinkenden Sohn den Arm gelegt hatte, und sein Nachbar standen an der Straße, als eine Kolonne nach der anderen in Richtung Schlachtfeld marschierte. Der Nachbar wischte sich eine Träne aus dem Auge, als er seinen beiden Söhnen nachwinkte, die mit stolzem Schritt in den Krieg marschierten. Er fasste den Bauern am Ärmel und sagte: „Nun sag! Was für ein Glück für dich! Dein Sohn ist zu Hause geblieben. Du musst froh sein!". Und wieder seufzte der Bauer: „Ob Glück oder Pech ... wer weiß?"

**Sechs Arten im Umgang mit Konflikten**

Aufgrund unserer Erfahrung und aus dem Studium der Literatur haben wir verschiedene Strategien identifiziert, wie Personen auf Konflikte reagieren. Welche Art sie anwenden, geschieht eher unbewusst als bewusst und hängt stark mit ihrer Persönlichkeit zusammen. Ein schüchterner Mensch wird es wohl vorziehen, einen Streit zu vermeiden; eine Kämpfernatur wird alles daran geben, sich durchzusetzen und die Auseinandersetzung zu seinen Gunsten zu entscheiden. Und noch eines wird deutlich: Wenn ein Schüchterner und ein Kämpfer ohne den Puffer einer dritten Instanz aufeinandertreffen, ist der Kämpfer klar im Vorteil, da er weniger rücksichtsvoll agieren wird.

Die aufgeführten Strategien wie Vermeiden, Machtkampf, Nachgeben, Kompromiss, Kooperation und das Aufsuchen staatlicher Autorität sind keine abschließende Aufzählung, sondern eher Anhaltspunkt, um sich eigenes Konfliktverhalten bewusst zu machen und die Aktionen anderer einschätzen zu lernen. Außerdem wollen wir davon absehen, die Strategien grundsätzlich zu bewerten, denn jede birgt Vor- und Nachteile und sollte bewusst und situationsbedingt eingesetzt werden. Es kann durchaus sinnvoll sein, nachzugeben, wenn einem an der Sache nicht viel liegt. Oder das Aufsuchen staatlicher Autorität (Polizei) in einer bedrohlichen Lage ist der richtige Weg, um nicht in eine gewalttätige Auseinandersetzung zu geraten.

*1. Vermeiden*
Beim Vermeiden einer Auseinandersetzung wird von einer oder allen Streitparteien versucht, den Konflikt auszuhalten oder zu umgehen. Es erfolgt keine Konfrontation. Man geht sich aus dem Weg. Die zwischenmenschliche Beziehung und etwaige gemeinsame Interessen der Konfliktparteien leiden. Das kann zur Folge haben, dass sich der soziale Konflikt ausweitet und er eskaliert. Da keine aktive Bearbeitung des Konfliktes erfolgt, wird keine Konfliktlösung erzielt. Grundlegendes Vermeidungsverhalten kann Symptom einer psychischen Störung sein, neue Lernerfahrungen verhindern und doppeldeutiges Verhalten signalisieren. Nach außen freundlich, nach innen angespannt und voller Groll.

In Abhängigkeit von dem jeweiligen Konflikt kann es natürlich auch von Vorteil sein, eine Auseinandersetzung zu vermeiden. Man muss nicht jeden Fehdehandschuh aufgreifen, der einem entgegengeworfen wird, besonders wenn man weiß, dass man diese Person nicht mehr wiedersehen wird. Ein schönes Beispiel sind die kleinen Scharmützel auf der Autobahn. Der eine fährt dicht auf und betätigt die Lichthupe. Daraufhin tritt der Vorausfahrende auf die Bremse. Beide ärgern sich und liefern sich anschließend ein Duell mit ihren Karossen.

*2. Machtkampf/Durchsetzen*
Eine oder alle Konfliktparteien versuchen durch Macht, Zwang oder Druck, den Konflikt zu ihren eigenen Gunsten zu entscheiden. Die Beziehung zu dem Konfliktgegner, gemeinsame Interessen, eine kooperative Konfliktbearbeitung sowie eine demokratische Konfliktlösung bleiben unberücksichtigt. Die Parteien kämpfen, bis „der Schwächere" nachgibt. Der Ausgang des sozialen Konflikts ist abhängig von dem individuellen Machtgefälle und dem Durchsetzungsvermögen der Gegner. Machtkämpfe sind nicht nur ein Phänomen zwischen „Alphatieren" in Politik und Wirtschaft, sondern alltägliche Begebenheit.

*Beispiele:*
- In der Familie: Die Tochter hat ihre Hausaufgaben nicht gemacht. Die Eltern verhängen daraufhin Hausarrest.
- In der Schule: Ein Schüler ist unaufmerksam und stört den Unterricht. Der Lehrer wehrt sich mit einem Eintrag ins Klassenbuch und vergibt eine schlechte Note.
- Am Arbeitsplatz: Ein Mitarbeiter hält die Pausenzeiten nicht ein. Der Vorgesetzte verhängt eine Abmahnung.
- Im Verkehr: Ein Autofahrer überzieht die angegebene Zeit auf der Parkuhr. Die Politesse missachtet seine Entschuldigung und verhängt ein Strafmandat.

Unser Alltag ist, wie wir sehen, voller Machtausübung, die zuweilen durch Ordnungsvorschriften legitimiert, zuweilen auch durch das persönliche Machtgefälle der Beteiligten gesteuert wird. Es ist demzufolge unvermeidbar, sich mit dem Phänomen der Machtausübung – aktiv oder passiv – zu konfrontieren. Gebote und Verbote halten unsere Gesellschaft zusammen und bewahren uns vor einem Abgleiten in Anarchie. Dennoch sollte das Ziel lauten: so wenig Macht wie nötig und so viel Interessenausgleich wie möglich.

*3. Nachgeben*
Es gibt verschiedene Gründe, sich für die „Strategie" des Nachgebens zu entscheiden. Konfliktparteien können durch Nachgeben Unterlegenheit oder Schwäche, aber auch taktisches Verhalten („der Klügere gibt nach") ausdrücken. Nachgeben kann bei den Streitparteien sowohl Unzufriedenheit als auch eine positive Bewertung hervorrufen. Unzufriedenheit wegen der gezeigten „Schwäche", eine „positive" Einschätzung wegen der „einfachen" Konfliktlösung.

*4. Einen Kompromiss suchen*
Kompromissbereites Verhalten erleichtert eine Konfliktlösung. Es ist die Voraussetzung, um aufeinander zuzugehen. Lassen sich die Parteien schnell auf einen Kompromiss ein, kann dies ein „fauler" Kompromiss sein, den eine oder beide Parteien später bereuen. Fisher, Ury und Patton (2014, 33 ff.) warnen in ihrem „Harvard-Konzept" vor allzu unbedachten Kompromissen, ohne dass sich die Parteien vorher auf subjektive oder objektive Fairnesskriterien geeinigt haben. Eine Kompromisslösung beschreitet eher einen „Mittelweg" und muss nicht unbedingt effizient sein. Gemeinsame Interessen stehen nicht im Mittelpunkt. Der Ausgang zivilgerichtlicher Prozesse ist m. E. oft durch unter Druck ausgehandelte Kompromisse gekennzeichnet. Die dortigen Vergleichsverhandlungen sind eher durch eine Risikoanalyse des Gerichts als durch einen fairen Interessenausgleich geprägt. Das Ergebnis einer Kompromisslösung kann sowohl positiv als auch negativ für die jeweiligen Konfliktparteien ausfallen.

*5. Konsenssuche durch Kooperation*
Durch Betonung einer kooperativen Einstellung versuchen die Parteien eine gemeinsame Lösung zu erreichen. Der Erhalt der zwischenmenschlichen Beziehung und gemeinsame Interessen stehen im Zentrum der Aufmerksamkeit. Durch ihre kooperative Haltung haben die Streitparteien auf Entwicklung, Verlauf und das endgültige Ergebnis des Konflikts Einfluss. Zur kooperativen Konfliktlösungsstrategie gehören konsensorientiertes Verhandeln und Mediation. Wenn jedoch nur eine Partei kooperativ, die andere eher gewinnorientiert vorgeht, kommt es zu Einbußen bei der kooperativen Partei.

*6. Aufsuchen staatlicher Autorität, Recht und Gesetz*
Sieht eine Partei sich nicht in der Lage, ihre Interessen ohne fremde Hilfe durchzusetzen, wird die Autorität einer dritten Instanz in Anspruch genommen. Die Polizei- oder Ordnungsbehörde wird eingeschaltet, ein Rechtsanwalt wird mit einem Klageverfahren beauftragt, oder eine Strafanzeige wird gestellt. Die Durchsetzung einer Rechtsposition wird angestrebt. Der Erhalt der zwischenmenschlichen Beziehung tritt in den Hintergrund. Gerechtigkeit soll durch die Justiz nach objektiven Regeln wiederhergestellt werden. Das ist originäre Aufgabe staatlicher Behörden und oftmals Ultima Ratio. Der Staat besitzt das Gewaltmonopol, und die Polizeibehörden sollen die Bürger vor Gefahren schützen und die Strafverfolgung sicherstellen.

## 1.5 Sichtbares und Unsichtbares

An früherer Stelle haben wir herausgestellt, dass ein Konflikt nicht nur aus einer Ursache besteht, sondern aus diversen Aspekten zusammengesetzt ist. Für den Moderator gilt es bei der Analyse, eine multifaktorielle Sichtweise zu entwickeln. So besitzt jeder soziale Konflikt mindestens eine Sachebene und eine Beziehungsebene. Auf der Sachebene sind eher die rationalen überprüfbaren Punkte angesiedelt, wie Inhalte, Ziele, Informationen, Regeln, Ressourcen, Vorgaben etc. Die Beziehungsebene wird durch Emotionen, Wahrnehmungen, Wertehaltungen, persönliche Vorbehalte oder innere Konflikte bestimmt.

Auf der Sachebene können sich die Parteien meist noch relativ gut verständigen, besonders wenn es um Konflikte am Arbeitsplatz geht. Ziele lassen sich definieren, Ressourcen lassen sich messen, Regeln lassen sich nachlesen. Die Beziehungsebene liegt jedoch häufig in einer Tabuzone. Die eigenen Gefühle gehen niemanden etwas an, Animositäten spricht man nicht aus, innere Konflikte bleiben verborgen.

Beide Ebenen beeinflussen sich gegenseitig. Besonders eine gestörte Beziehungsebene wirkt sich auf der Sachebene negativ aus. Vernünftige Entscheidungen werden dann nahezu unmöglich. Unserer Erfahrung nach sind gerade bei Arbeitskonflikten Themen wie mangelnde soziale Anerkennung, fehlender respektvoller Umgang oder unfaires Verhalten Antriebsmomente für Beziehungsstörungen.

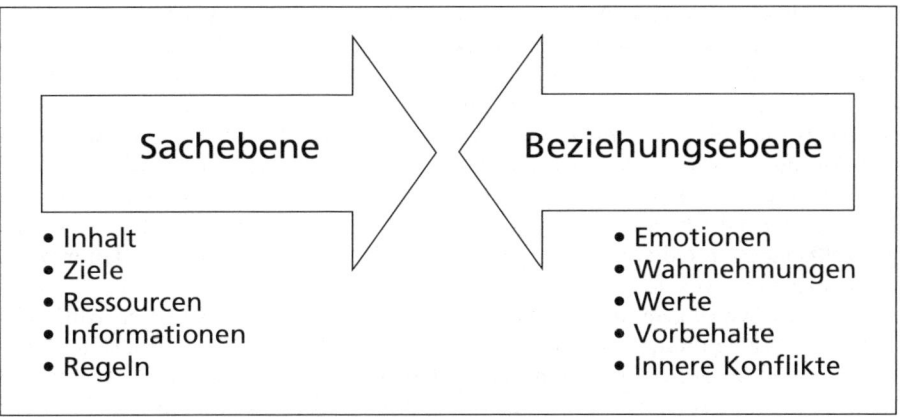

**Abb. 1.4:** Sachebene und Beziehungsebene

Gerhard Schwarz (2001, 48) geht in seinem Modell der drei Ebenen der Kommunikation noch einen Schritt weiter und unterscheidet zwischen einer rationalen, einer emotionalen und einer sozial-strukturellen Komponente. Auf der rationalen Ebene geht es um ein bestimmtes definierbares Problem, wobei in unserer westlichen Kultur die wissenschaftlich-rationale Sichtweise überwiegt. Die emotionale Dimension entspricht am ehesten in unserem Modell der Beziehungsebene, d. h. asymmetrische Gefühle der Parteien überwiegen. Die sozial-strukturelle Komponente hängt primär von der Funktion bzw. dem Status einer Person ab. So macht es einen Unterschied, ob man in der Rolle des Vorgesetzten oder des Untergebenen auftritt (ebd., 49 ff.).

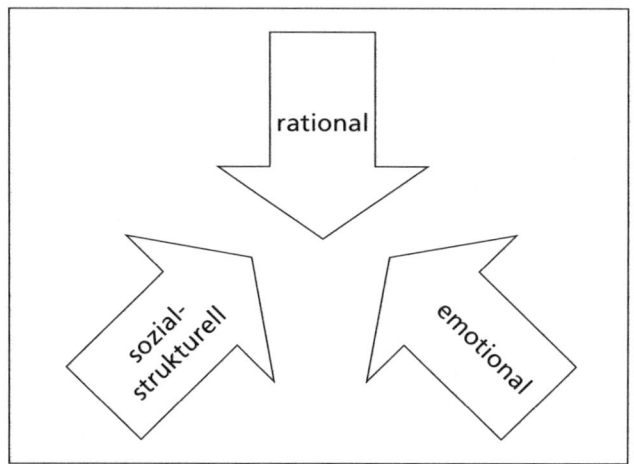

**Abb. 1.5:** Die drei Ebenen der Kommunikation nach Gerhard Schwarz

In der Theorie zur zwischenmenschlichen Kommunikation wird immer wieder auf das sog. Eisberg-Modell Bezug genommen, das in zahlreichen Varianten existiert. Dieses metaphorische Bild illustriert anschaulich, dass sich weite Bereiche psychischer Aktivitäten im Unbewussten oder Unsichtbaren zutragen, wohingegen die Spitze des Eisbergs, das Bewusste oder Sichtbare, gewissermaßen symbolisch über die Wasserfläche ragt. Das Modell basiert letztlich auf der Theorie von Siegmund Freud zur Struktur der Psyche, die er in Ich, Es und Über-Ich aufteilt. Es und Über-Ich agieren im Verborgenen, beeinflussen jedoch ganz überwiegend die zwischenmenschliche Kommunikation und damit auch die Bearbeitung von Konflikten.

Für einen Konfliktmoderator bedeutet dies, dass er in den verbalen Äußerungen, dem Schlagabtausch der Kontrahenten, zunächst wenige sichtbare Komponenten der Auseinandersetzung wahrnimmt. Erst im Laufe der Vermittlung kann er durch Beobachtung und gezieltes Fragen zu unsichtbaren Aspekten des multidimensionalen Konflikts vordringen.

Die Theorie des Unbewussten und Bewussten oder des Unsichtbaren und Sichtbaren wirft unweigerlich die Frage auf, wie weit der emotionale unbewusste Bereich bearbeitet werden muss, um zwischen den Parteien zu einer zufriedenstellenden und dauerhaften Einigung zu gelangen. Eine endgültige Antwort wird es nicht geben. Jedenfalls eines ist gewiss: Die emotionalen und unbewussten Anteile des Konflikts dürfen nicht ausgeklammert werden. Je stärker es auf die Beziehung der Parteien ankommt, etwa bei Familienkonflikten oder bei Konflikten im Team, umso mehr werden die emotionalen Anteile angesprochen werden müssen. Bei primär inhaltlich-rationalen Konflikten, etwa im Wirtschaftsleben, werden die emotionalen Komponenten häufiger eine untergeordnete Rolle spielen.

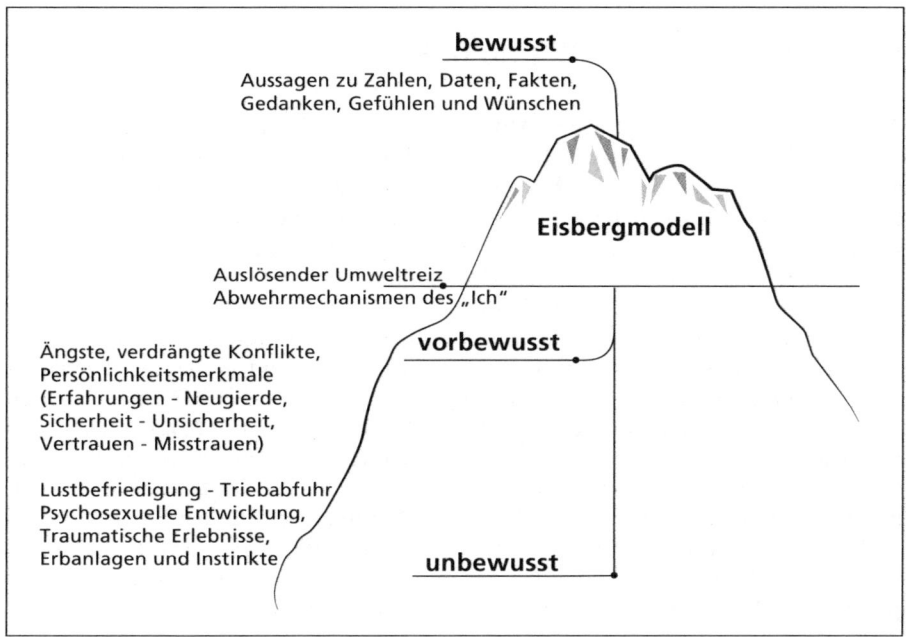

**Abb. 1.6:** Eisbergmodell des Bewusstseins (Bodo Wiska, Berlin, nach Ruch/Zimbardo 1974, 366)

## 1.6 Übung: Eigenes Konfliktverhalten

Anhand der folgenden Übung sollen Sie einmal Ihr eigenes Verhalten in Konfliktsituationen analysieren. Bitte beantworten Sie die Fragen.

**Eigenes Konfliktverhalten**

- Denken Sie an die letzte ernsthafte Auseinandersetzung mit einer anderen Person, die Sie emotional stark beansprucht hat. Das kann eine Situation in der Partnerschaft, am Arbeitsplatz, im Studium, im geschäftlichen oder in einem anderen Bereich gewesen sein. Skizzieren Sie die Situation in Stichworten.
- Welche Emotionen, welche Einstellung gegenüber Ihrem Kontrahenten und welches Verhalten haben Sie an sich beobachtet?
- Beschreiben Sie die Kommunikation zwischen Ihnen und Ihrem Kontrahenten.
- An welchen Punkten waren Sie mit dem Verlauf der Auseinandersetzung zufrieden, an welchen unzufrieden?

> • Was würden Sie künftig an Ihrer Kommunikation und Ihrem Konfliktverhalten gerne ändern?

## 1.7 Was bedeuten ADR und ODR?

Alternative Dispute Resolution (Abk.: ADR) ist ein Begriff, der in den USA in den 1970er Jahren geprägt wurde und so viel bedeutet wie „Alternative Konfliktlösung". Die alternativen Methoden, die damit gemeint sind, grenzen sich von dem staatlichen Justizsystem ab, das Bürgern, Unternehmen und Institutionen vorwiegend den streitigen Gerichtsprozess als Konfliktlösungsmodell zur Verfügung stellt. Nun sind eine Gerichtsverhandlung und das anschließende Urteil nicht per se negativ behaftet, wird doch nach genauen Regeln Recht gesprochen. Damit erfüllt ein Spruch des Gerichts eine Befriedungsfunktion. Dennoch ist der Ruf nach alternativen Konfliktbearbeitungsmethoden im Zuge der Partizipationsbewegung in der US-amerikanischen Bevölkerung und bei Wissenschaftlern laut geworden. Die Unzufriedenheit mit der Justiz hängt mit hohen Gerichts- und Rechtsanwaltskosten, der langen Verfahrensdauer und mangelnder Selbstbestimmung der Parteien zusammen. In den USA kennt man kein Instrument vergleichbar der deutschen Prozesskostenhilfe, das einkommensschwachen Privatpersonen den gleichen Zugang zu Gericht eröffnen soll. Ausgangspunkt war die sog. Pound Conference 1976 in Minnesota, bei der interessierte Bürger, Wissenschaftler und Juristen nach neuen Wegen der Streitbearbeitung suchten.

### 1.7.1 ADR-Verfahren

Mittlerweile wird eine Fülle von ADR-Verfahren weltweit eingesetzt, zu denen u. a. gehören: Verhandeln, Mediation, Schlichtung, Schiedsgerichtsverfahren, neutrale Gutachten, Kooperative Rechtspraxis, Ombudsleute und Versöhnung. Da zu manchen Verfahren noch keine gängige deutsche Übersetzung existiert, werden die englischen Begriffe in Klammern aufgeführt.

*Verhandeln (negotiation)*
Die Teilnahme an einem beiderseitigen oder mehrseitigen Verhandlungsprozess ist freiwillig, erfolgt lediglich zwischen den Parteien und wird von keinem dritten Moderator begleitet (siehe Kap. 3.5).

*Mediation (mediation)*
Bei einer Mediation werden die Parteien von einem neutralen Dritten (Vermittler) begleitet, der ihre Kommunikation erleichtert, sie zu einer Einigung führt, jedoch keine Lösungen vorgibt (siehe Kap. 3).

*Schlichtung (arbitration)*
Das Instrument der Schlichtung ist in Deutschland vorwiegend aus dem Bereich des Tarifvertragsrechts bekannt. Wenn die Tarifparteien – Arbeitgeberverbände

und Gewerkschaften – zu keiner Einigung im Tarifstreit gelangen, bemühen sie einen Schlichter. Der legt einen Schlichterspruch vor, der nicht verbindlich ist. Wenn die Tarifparteien mit dem Vorschlag des Schlichters nicht einverstanden sind, verhandeln sie entweder weiter, oder ein Arbeitskampf mit Streik und ggfs. Aussperrung beginnt. In zahlreichen Branchen sind Schlichtungsstellen eingerichtet: Banken, Versicherungen, Energiewirtschaft, öffentlicher Personenverkehr, Arzthaftungsfragen etc.

*Ombudsleute (ombudspersons)*
Eine Unterform der Schlichtungsstellen sind die Ombudsleute, die ursprünglich Beschwerden von Bürgern gegenüber der Verwaltung annahmen (Hirsch 2013, 15). Heutzutage ist es ihre Aufgabe, Streitigkeiten zwischen Bürgern und Organisationen oder Unternehmen unparteilich zu schlichten. Im Sozialbereich besteht die Institution „Ombudsmann" in Justizvollzugsanstalten sowie in der Kinder- und Jugendhilfe. In der Privatwirtschaft sind sie bei Banken, Versicherungen, Energieversorgungsunternehmen, in der Immobilienbranche, bei der Schufa, der Deutschen Bahn oder der Anwaltschaft tätig.

*Schiedsgerichtsverfahren*
Ein Schiedsgericht ist ein privates Gericht, auf das sich die Parteien in einer Schiedsvereinbarung geeinigt haben (vgl. Pörnbacher/Wortmann 2012, 144). Das Schiedsverfahren ist eine Alternative zur staatlichen Gerichtsbarkeit, dennoch wirkt der Schiedsspruch vom Prinzip her wie ein Gerichtsurteil. In Deutschland ist das typische Schiedsgerichtsverfahren in der Zivilprozessordnung (§§ 1025 ff. ZPO) geregelt, d. h. wiederum staatlich reglementiert. Bekannt sind die Sportgerichtsbarkeit, die Schiedsstellen von Krankenkassen und Krankenhäusern (§ 114 SGB V) sowie die Schiedsstellen der Träger der Sozialhilfe (§ 80 SGB XII).

*Neutrale Gutachten (neutral expertise)*
Viele Konflikte werfen komplexe technische Fragen auf, die ohne einen Gutachter kaum zu lösen sind. Wenn sich ein Bauherr und ein Bauunternehmer über eingehaltene Bauvorschriften streiten, wenn im Automobilbereich die Leistungsfähigkeit eines Motors in Frage steht oder zwischen Mieter und Vermieter die Fläche einer Mietwohnung unterschiedlich bemessen wird – überall wird ein Sachverständiger benötigt, der diese Streitfrage fachlich beurteilen kann. Gutachter werden häufig zur Unterstützung des Gerichts eingesetzt. Viel zu wenig wird von der Möglichkeit eines neutralen Gutachters als ADR-Maßnahme im Vorfeld eines Gerichtsverfahrens Gebrauch gemacht (Greger 2013, 43, 46). Neutrale Gutachten werden im Wirtschaftsrecht, Baurecht, Versicherungsrecht oder bei Vertragsstreitigkeiten eingesetzt und in Deutschland als Schiedsgutachten bezeichnet (ebd., 45).

*Kooperative Rechtspraxis (collaborative law)*
Das erst in den letzten Jahren entstandene ADR-Instrument „Collaborative Law – CL", übersetzt „Kooperative Rechtspraxis", ist eine außergerichtliche Konfliktbearbeitungsmethode, die mit einem Team von Experten arbeitet. Im Trennungs- und Scheidungsbereich werden Eltern und Kinder von je zwei Rechtsan-

wälten, zwei parteiischen Coaches und einem neutralen Kinderspezialisten unterstützt (vgl. Schweizerischer Verein für Collaborative Law). In anderen Konfliktfeldern treten andere Fachteams zusammen. M. E. ist das Verfahren durch die involvierten Experten zu aufwändig und kostenintensiv und wird sich vermutlich in Deutschland nicht durchsetzen.

*Versöhnung (conciliation)*
Eine in meinen Augen zu wenig beachtete ADR-Methode ist „Conciliation oder Reconciliation", zu Deutsch „Versöhnung oder Aussöhnung". Anders als primär lösungsorientierte Modelle, wie Schlichtung oder Mediation, steht die Heilung von Beziehungen bei der Versöhnung im Fokus. Reconciliation wird in Friedensprozessen eingesetzt, um (ehemals) feindliche Gruppen oder Individuen miteinander in persönlichen Kontakt zu bringen und auf ein Vergeben hinzuwirken. Berühmt war die von Bischof Desmond Tutu in der südafrikanischen Nach-Apartheid-Ära geleitete und von Nelson Mandela berufene „Truth and Reconciliation Commission-TRC". Deren Aufgabe war die Aufklärung der Verbrechen, die während der Apartheid verübt wurden. Täter und Opfer wurden miteinander konfrontiert und dem reuigen Täter wurde vergeben. Ein viel beachtetes Zitat stammt von Pumla Gobodo-Maikizela, einem Mitglied der Kommission:

> „*Gerichte ermutigen Menschen, ihre Schuld zu bestreiten. Die Wahrheitskommission lädt sie ein, die Wahrheit zu sagen. Vor Gericht werden Schuldige bestraft, in der Wahrheitskommission werden Reuige belohnt.*" *(Gobodo-Maikizela 2006)*

Die aufgeführten ADR-Instrumente sind nicht abschließend gemeint. Wir konnten uns lediglich auf die wichtigsten konzentrieren. Es wird deutlich, dass jedes Verfahren seinen eigenen Standort im ADR-System besitzt.

### 1.7.2 Online Dispute Resolution (ODR)

Im Zuge der Digitalisierung unserer Welt werden Kontakte und Geschäfte immer mehr ins Internet verlagert. Es ist daher nicht verwunderlich, dass Konfliktbearbeitung ebenso im Internet stattfindet. Dafür wurde eigens der Begriff Online Dispute Resolution (ODR) geschaffen (vgl. Bollen/Kollenhof-Bruning 2011, 74). Ein gutes Beispiel für die Notwendigkeit und Wirksamkeit von ODR ist das Modell von eBay. Bei eBay sollen ca. 60 Mio. Streitigkeiten zwischen Käufern und Verkäufern pro Jahr aufkommen, wobei bisher einige Millionen durch das ODR-Tool gelöst wurden (ebd., 76).

> *Beispiel ODR bei eBay:*
> Einer der häufigsten Streitpunkte beim E-Commerce sind Klagen des Käufers, dass er ein Produkt bestellt und bezahlt hat, dieses aber nicht geliefert wurde oder anders ausschaut als auf der Website beschrieben. Eine Online-Mediation würde folgendermaßen ablaufen:
>
> • Der Käufer füllt ein Online-Beschwerdeformular auf der Website aus.

- Das System leitet die Beschwerde an den Verkäufer weiter. Beide Parteien bekommen Gelegenheit, ihre Sicht der Dinge zu beschreiben und Lösungen vorzuschlagen.
- Die Parteien versuchen, den Streit direkt auf der Online-Plattform beizulegen.
- Funktioniert das nicht, wird ihnen ein Online-Mediator zugewiesen.

Nach Angaben von eBay wird mit diesem System eine Erfolgsquote von 80–85 % erreicht. (Vgl. ebd., 76)

Mittlerweile wird Online Dispute Resolution auch für Scheidungen und Arbeitskonflikte angeboten. Da es in diesen Feldern nicht nur um Fakten, sondern vorwiegend um Beziehungen geht, halte ich die traditionelle Face-to-face-Mediation für die weitaus geeignetere Konfliktbearbeitungsmethode, selbst wenn die Einigungsrate der Online-Mediation gute Werte hervorbringen mag.[1]

### 1.7.3 Die Europäische ADR-Richtlinie und die ODR-Verordnung

Um den Europäischen Binnenmarkt zu intensivieren und um Verbrauchern, die Waren und Dienstleistungen im In- und Ausland bestellen, ein schnelles und kostengünstiges Konfliktlösungsinstrument zur Verfügung zu stellen, hat die EU mit einer Richtlinie über alternative Streitbeilegung, der sog. ADR-Richtlinie vom Mai 2013, reagiert. Bis Mitte 2015 sollen die Mitgliedsstaaten, also auch Deutschland, flächendeckend alternative Streitbeilegungsstellen (AS) einrichten. Gleichzeitig verabschiedete der europäische Gesetzgeber eine Verordnung über Online-Streitbeilegung, die sog. ODR-Verordnung. Die Bezeichnung ist irreführend, da die ODR-Richtlinie nicht die Online-Dispute-Resolution im Fokus hat, sondern vielmehr eine interaktive Internetseite schaffen will, die Informationen über außergerichtliche Streitbeilegung und die örtlichen Streitbeilegungsstellen enthält (vgl. Interview mit G. Rühl, 2013, unter www.bundesregierung.de; vgl. Hayungs 2013, 86 ff.).

Die ADR-Richtlinie 2013/11/EU des Europäischen Parlaments und des Rates über alternative Streitbeilegung in Verbraucherangelegenheiten (AmtsBl. EU 2013 Nr. L 165 S. 63 vom 21. Mai 2013) erfasst Streitigkeiten über Verpflichtungen aus Kauf- oder Dienstverträgen zwischen Verbrauchern und Unternehmern, die online oder offline abgeschlossen wurden. Die ADR-Richtlinie will erreichen, dass flächendeckend in der gesamten Union alternative Streitbeilegungsstellen (AS-Stellen) für Kauf- und Dienstvertragskonflikte eingerichtet werden. Die ADR-Verfahren – etwa im Rahmen einer Mediation, Schlichtung oder anderer außergerichtlicher Verfahren – sollen in maximal 90 Tagen beendet werden. Die Tätigkeit der AS-Stellen soll für den Verbraucher kostenfrei oder gegen eine Schutzgebühr erfolgen (vgl. www.mediationaktuell.de).

Mit der Verordnung (EU) Nr. 524/2013 über die Online-Streitbeilegung in Verbraucherangelegenheiten (AmtsBl. EU 2013 Nr. L 165 S. 1; ODR-VO – On-

---

1 Nach einer Studie der Universität Tilburg und Juripax erreichten Online-Scheidungs-Mediationen eine Einigungsquote von 76 %, siehe Bollen/Kollenhof-Bruning 2011, 76.

line Dispute Resolution-Verordnung) will die EU eine eigene und von ihr finanzierte Plattform für die Online-Streitbeilegung (OS-Plattform) schaffen.

Eine interaktive Website soll als zentrale Anlaufstelle für Verbraucher und Unternehmer zur außergerichtlichen Beilegung von Konflikten aus Online-Geschäften installiert werden. Verbraucher bzw. Unternehmer können ihre Beschwerde über ein Online-Formular einreichen und werden an die zuständige AS-Stelle weitergeleitet. Dort erfolgt auf Wunsch der Parteien die Streitbeilegung, ob online oder persönlich bleibt offen (vgl. www.mediationaktuell.de).

## 1.8 Das Besondere an der Mediation

Im Vergleich zu ausgewählten gerichtlichen und außergerichtlichen Konfliktbearbeitungsmodellen soll anhand der Kriterien Prozess- und Ergebniskontrolle, Kosten sowie rechtliche Wirkung die Mediationsmethode dargestellt werden. Tabelle 1.2 zeigt, dass mit Mediation ein hohes Maß an Verbindlichkeit, eine Reduzierung der Kosten und eine weitgehende Selbstbestimmung der Parteien erreicht werden kann.

**Tab. 1.2:** Das Besondere an der Mediation

|  | Verhandeln | Mediation | Schlichtung | Gerichtsverhandlung |
|---|---|---|---|---|
| **Prozesskontrolle** | Die Parteien kontrollieren direkt | Die Parteien teilen die Kontrolle mit dem Mediator | Der Schlichter und die Rechtsanwälte kontrollieren | Der Richter und die Rechtsanwälte kontrollieren |
| **Kontrolle der Parteien über das Ergebnis** | völlige Kontrolle | völlige Kontrolle | keine Kontrolle | keine Kontrolle |
| **Kosten für die Parteien** | minimal | relativ gering | mittlere Kosten | erhebliche Kosten |
| **Rechtliche Wirkung** | verbindlich, jedoch modifizierbar, wenn beide Seiten einer Veränderung zustimmen | verbindlich, jedoch modifizierbar, wenn beide Seiten einer Veränderung zustimmen | verbindlich oder unverbindlich, je nach vorheriger Einigung | verbindlich, jedoch können Rechtsmittel eingelegt werden |

📖 *Weiterführende Literatur*

Glasl, F. (2011): Konfliktmanagement: Ein Handbuch für Führungskräfte, Beraterinnen und Berater, 10. Auflage, Bern/Stuttgart.
Schwarz, G. (2001): Konfliktmanagement, Konflikte erkennen, analysieren, lösen, 5. Auflage, Wiesbaden.

# 2 GRUNDLAGEN KONSTRUKTIVER GESPRÄCHSFÜHRUNG

**Was Sie in diesem Kapitel lernen können**

*Konstruktive Gesprächsführung* gehört zu den *Schlüsselkompetenzen* der Praxis sozialer Arbeit und will erlernt werden. Konflikte sind unvermeidbar und treten in unterschiedlicher Intensität und Ausprägung in Gesprächen immer wieder auf. Die Fähigkeit, kooperativ und wertschätzend zu kommunizieren und gleichzeitig für die eigenen Interessen einzustehen, wird nicht nur von Führungskräften, sondern ebenso von Mitarbeitern im Team sowie in der Einzelfallhilfe gefragt. Gleichzeitig bilden die Grundlagen konstruktiver Gesprächsführung das Fundament eines erfolgreichen Konfliktmanagements sowie der Mediationsmethode. Gesprächsführungskompetenz beinhaltet daher zwangsläufig Konfliktbearbeitungskompetenz.

Das Herstellen eines förderlichen Gesprächsklimas setzt ein großes Maß an Selbstbeobachtung voraus. Verhaltensweisen, wie der Ausdruck von Toleranz gegenüber anderen Sichtweisen, genaues Zuhören und Empathie, Wahrnehmung eigener Gedanken und Gefühle sind hilfreiche Komponenten. Um ergebnisorientiert kommunizieren zu können, wird zusätzlich Kompetenz im Strukturieren und Leiten von Gesprächen gefordert.

*Elementare Kommunikationsmethoden* wurden von bekannten Wissenschaftlern wie Schulz von Thun, Rogers oder Thomas Gordon entwickelt. Damit werden wir Sie in diesem Kapitel vertraut machen:

- Die Komponenten klientenzentrierter Gesprächsführung nach Rogers
- Die vier Seiten einer Nachricht nach Schulz von Thun
- Aktives Zuhören nach Thomas Gordon
- Gewaltfreie Kommunikation nach Marshall Rosenberg
- Lösungs- und Ressourcenfokussierung nach de Shazer
- Kommunikations- und Fragetechniken

## 2.1 Die klientenzentrierte Gesprächsführung nach Carl Rogers

Die nichtdirektive oder klientenzentrierte Gesprächsführung ist ein Beratungskonzept des amerikanischen Psychotherapeuten Carl R. Rogers. Rogers zählt mit dem von ihm entwickelten Persönlichkeitsmodell zu den Begründern der Humanistischen Psychologie. Diese betont die Einzigartigkeit jedes Menschen sowie das innere Bedürfnis nach konstruktiver Veränderung und Selbstverwirklichung (Weinberger 2004, 23). Aus einer Fülle von Wahlmöglichkeiten kann und muss jeder selbstverantwortlich das jeweils Passende wählen. Menschlichkeit und Lebenssinn werden im täglichen Handeln verwirklicht. Angestrebt werden innere Freiheit und Selbstbewusstsein (Gührs/Nowak 1991, 22 f.). Vertreter der Humanistischen Psychologie haben ein grundsätzliches Vertrauen in die positiven selbstregulierenden Kräfte des Menschen. Persönliche Erfahrungen werden als Erkenntnisquelle angesehen (Köllner 1996, 29 f.).

Eine Besonderheit des nichtdirektiven Ansatzes ist es, von Ratschlägen, Ermahnungen, Erklärungen und Interpretationen abzusehen (Weinberger 2004, 22). Der Berater nutzt Methoden wie das Erkennen und Interpretieren der verbal und nonverbal ausgedrückten Gefühle. Dies soll den Klienten unterstützen, sich seiner Einstellungen und Gefühle bewusster zu werden und auf diese Weise an Einsicht und Selbstverständnis zu gewinnen. Der Klient wird auf diese Weise ermutigt, über seine Probleme zu sprechen (Rogers 1995, 115 ff.). Das Gespräch soll dem Klienten gehören und ihm Gelegenheit zum freien Sprechen bieten (ebd., 118 f.). Hier steht der Klient als unabhängiges Individuum mit seinen Fähigkeiten im Mittelpunkt, welche er im geschützten Rahmen besser verstehen lernt. Durch die Gespräche ändern sich letztendlich Einstellung und Verhalten (Weinberger 2004, 22). Der Beratende unterstützt als Klärungs- und Entscheidungshelfer, zeigt Einfühlung und Verstehen (Miller 2000, 124). Hierzu wiederholt oder klärt er Äußerungen des Klienten oder nutzt Neudefinitionen wie Reframing. Bei dieser Art von Gesprächsführung – im Gegensatz zur direktiven Beratung – spricht der Klient mehr als doppelt so viel wie der Berater (Rogers 1995, 115 ff.).

Ziel ist es, das Selbstwertgefühl des Klienten zu fördern und seine Eigeninitiative zu aktivieren. Der Gesprächsverlauf geht vom Gesprächspartner aus und wird durch den Berater lediglich hörend, sehend, fühlend und verstehend, also *nicht lenkend* begleitet (Köllner 1996, 46). Auf diese Weise wird dem Streben nach Selbstverwirklichung und Autonomie der zu Beratenden nachgekommen (Miller 2000, 124). Zudem lernen die Menschen auch mit künftigen Problemen besser umzugehen, weil sie an Einsicht gewinnen und die Erfahrung gemacht haben, ihre Probleme bereits einmal selbst gelöst zu haben (Rogers 1995, 118 f.).

Im Laufe seiner Arbeiten beschäftigte sich Rogers mit den Bedingungen, die Einstellungs- und Verhaltensänderungen seitens des Klienten begünstigen. Da der Begriff „nichtdirektiv" teilweise als „nicht aktiv" missverstanden wurde, verwendete er später den Begriff „klientenzentriert", welcher den Klienten und dessen Potenzial hervorhebt (Weinberger 2004, 23).

Als Bestandteil der Humanistischen Psychologie sieht die klientenzentrierte Gesprächsführung von einer rein biologisch-mechanischen Betrachtungsweise des Menschen ab und bewertet Erfahrungen höher. Entwicklung geschieht nur in Interaktion mit Menschen und ihrer sozialen Umwelt, die jeweils individuell verarbeitet werden. Der Einzelne trifft Entscheidungen und trägt die volle Verantwortung hierfür (Gührs/Nowak 1991, 22 f.).

Kennzeichnend für den klientenzentrierten Ansatz ist der Verzicht auf Interpretationen, Ratschläge oder fertige Lösungen (Weinberger 2004, 33). Direkte, subjektiv geprägte Antworten des Beraters auf Klientenfragen werden weitgehend vermieden. Um das eigene Nachdenken des Klienten zu fördern und Abhängigkeit zu vermeiden, werden stattdessen Techniken wie das Zurückspiegeln der Frage des Klienten angewandt (Köllner 1996, 23 f.). Das Vorgehen orientiert sich primär an der Person, ihren Ressourcen und ihrem Veränderungspotenzial (Weinberger 2004, 33). Der Klient wird dabei unterstützt, sich konstruktiv mit seinen Schwierigkeiten auseinanderzusetzen und auf diese Weise selbst eine Lösung seiner Probleme zu entwickeln (ebd., 35).

Aus beruflichen Erfahrungen sowie umfangreichen empirischen Untersuchen entwickelte Rogers *drei Kernelemente*, die für die menschliche Kommunikation und damit auch für jegliche Konfliktbearbeitung förderlich sind, wenngleich diese in der Praxis nicht immer vollständig verwirklicht werden können: *Echtheit, Einfühlung und Akzeptanz* (Miller 2000, 71). Dem Klienten soll mit „unbedingter positiver Beachtung" bzw. „bedingungsloser Annahme", d. h. vorurteilsfrei und wertfrei begegnet werden (Köllner 1996, 20). Dadurch, dass der Gesprächspartner ernst genommen und mit Einfühlungsvermögen verstanden wird, soll ein freies, offenes, angstfreies Reden ermöglicht werden (ebd., 39).

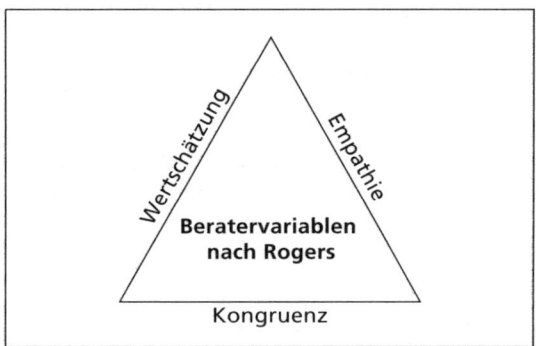

**Abb. 2.1:** Beratervariablen nach Rogers

### Die Haltung der Wertschätzung/Akzeptanz

Jeder Mensch, ob jung oder alt, sehnt sich nach Wertschätzung und Anerkennung, ob in der Familie, in der Freundesgruppe, im Beruf, im Verein, im Sport oder in der Nachbarschaft. Zugehörigkeit, sozial akzeptiert zu sein, eine Aufgabe zu übernehmen, sind essenzielle menschliche Bedürfnisse. Kinder brauchen die Wertschätzung ihrer Eltern genauso wie sie die Annahme ihrer Persönlichkeit durch ihre Pädagogen brauchen; daneben sind sie auf Freundschaften angewiesen, um sich anerkannt zu fühlen.

> **Wertschätzung/Akzeptanz**
> Wertschätzung, auch als Akzeptanz, Achtung und Respekt bezeichnet, meint, dass andere nicht bewertet oder beurteilt und sie ebenso mit ihren Fehlern akzeptiert werden (Rogers 1995, 52). Wertschätzung ist ein Grundbedürfnis des Menschen und Grundlage einer Intervention im Konfliktgeschehen.

Mittlerweile wissen wir, dass gerade die Akzeptanz eines Menschen starkes Entwicklungspotenzial entfalten und ihm helfen kann, aus seiner Misere heraus zu wachsen. Dies findet u. a. Ausdruck in dem wegweisenden Buch „Familienkonferenz" von Thomas Gordon:

> *„Wenn ein Mensch imstande ist, einem anderen gegenüber echte Annahme zu empfinden und sie ihn spüren zu lassen, besitzt er die Fähigkeit, dem anderen ein mächtiger Helfer zu sein. Seine Annahme des anderen, so wie er ist, stellt einen wichtigen Faktor in der Pflege einer Beziehung dar, in der der andere Mensch wachsen, sich entfalten, konstruktive Veränderungen durchmachen, seine Probleme lösen lernen, sich psychologischer Gesundheit nähern, produktiver und schöpferischer werden und seine ganzen Möglichkeiten verwirklichen kann."* (Gordon 2010, 41)

Die „Haltung der Wertschätzung" ist somit ein essenzieller Bestandteil konstruktiver Konfliktbearbeitung. Der Gesprächspartner soll mit seinen Gedanken, Gefühlen und Wünschen angenommen werden. Akzeptanz bedeutet, die Individualität des Gesprächspartners zu schätzen. Dies geschieht u. a. durch die Spiegelmethode „Verbalisieren emotionaler Erlebnisinhalte", bei der Äußerungen, Gefühle, Einstellungen, Haltungen und Ziele dem Klienten gespiegelt werden (ebd., 57f.). Wertschätzung, Akzeptanz und emotionale Wärme werden durch aufmerksames Zuhören, nicht nur mit dem Ohr, sondern auch unter Berücksichtigung des Nonverbalen durch Sehen und Fühlen, Gesten der Aufmerksamkeit und Zuwendung (Körper- und Kopfhaltung, Mimik, Handbewegungen) bekundet.

### Empathie (Einfühlendes Verständnis)

Das Verstehen des Gegenübers ist ein wichtiger, wenn auch schwierig zu erfüllender Bestandteil von Kommunikation und Konfliktbearbeitung.

> **Empathie**
> Empathie als Grundhaltung ist der Versuch, die Emotionen, die subjektive Wirklichkeit und die Wertewelt des anderen zu begreifen und sich in ihn hineinzuversetzen.

Verständnis kann nie vollständig erreicht werden, da wir nicht mit dem Gegenüber identisch sind. Man versteht einen Menschen umso mehr, je mehr man sich auf seine Wirklichkeit einlässt, ohne den Kontakt zu sich zu verlieren (Miller 2000, 86). Gelingt es dem Konfliktbearbeiter, dem Klienten Verständnis zu vermitteln, fühlt sich der Klient angenommen. Er wird ermutigt, freier über sich zu sprechen (Köllner 1996, 57f.).

Der Berater versucht, sich in die Situation des Klienten zu versetzen und seinen sogenannten „inneren Bezugsrahmen" zu erfassen (ebd., 20). Durch einfühlendes, wertfreies Verstehen soll die Perspektive des anderen verstanden werden (Rogers 1995, 52). Das bedeutet, zu überlegen, was in ihm vorgeht, wo er steht und wo er hinwill, wie er sich im Augenblick fühlt. Dies teilt der Berater dem Klienten mit (Köllner 1996, 20). Durch die Rückmeldung lernt der Klient, seine Erlebniswelt und deren Bedeutungen besser wahrzunehmen, und kann so neue und produktive Lösungswege erkennen. Daraus resultiert, dass er Konflikte besser selbst lösen kann; dies schafft wiederum Selbstvertrauen (Köllner 1996, 39).

**Kongruenz (Echtheit/Authentizität)**

Carl Rogers unterstreicht in seinen Arbeiten die Freiheit, man selbst zu sein und sich weiterzuentwickeln. Das Selbst beinhaltet Werte, Eigenschaften und Beziehungen des Menschen, die ganz individuell zu ihm gehören. Dabei strebt laut Rogers das Selbst danach, zueinander passende Erfahrungen zu machen, d. h. konsistent zu sein, so dass im Idealfall Kongruenz zwischen Selbst und Erfahrung herrscht.

> **Kongruenz**
> Kongruenz wird auch als Echtheit oder Authentizität bezeichnet (Rogers 1995, 52). Kongruenz entsteht, wenn Selbsterleben und Selbstkonzept bzw. Verhalten und Erleben übereinstimmen. Stimmen inneres Erleben und äußeres Verhalten nicht überein, ist man „unecht" und spielt etwas vor. Stimmen inneres Erleben und Ausdruck jedoch überein, bezeichnet man dies als „Authentizität" (Plate 2013, 52).

Inkongruenz kann zu psychischen Spannungen führen, die ggf. nicht aufgehoben werden können, so dass durch Neustrukturierung des Selbst psychische Fehlanpassungen entstehen (ebd., 51 f.). Echtheit und Kongruenz spielen im Konfliktgespräch eine wichtige Rolle. Es ist quasi nicht möglich, dies völlig zu erreichen (Köllner 1996, 87).

Der Konfliktbearbeiter muss ein hohes Maß an Selbstkongruenz aufweisen, d. h. es soll kein Widerspruch zwischen Fühlen und Sagen entstehen (ebd., 29). Echtheit bedeutet jedoch nicht, alle Gedanken und Gefühle zu äußern. Es gilt der Grundsatz, alle geäußerten Gedanken und Gefühle sollten echt sein (ebd., 88). Durch die Echtheit des Beraters wird ein vertrauensvolles Verhältnis begünstigt (ebd., 29).

> Während eines Gespräches soll mit „einem Ohr" auf den Klienten gehört werden, mit dem anderen auf sich selbst. „Mit einem Auge" wird auf den Klienten geschaut, mit dem anderen auf sich. (ebd., 87)

> **Negative Kommunikation: Was Sie vermeiden sollten!**
> Im Sinne einer nichtdirektiven, klientenzentrierten Gesprächsführung in Konfliktsituationen sollte vermieden werden:
> 
> - *Dirigieren, Erteilen von Ratschlägen; Mahnen oder Befehlen; fertige Lösungen vorlegen*
> - *Moralisieren bzw. Werturteile aussprechen.* Werden negative Werturteile ausgesprochen, fühlt sich der Klient minderwertig, bekommt Schuldgefühle oder Angst. Dies hat zur Folge, dass er sich entweder zurückzieht oder angreift.

Wird einmal Lob ausgesprochen, braucht der Klient auch weiterhin Lob. Durch Lob kann Manipulation erfolgen
- *Debattieren*, rechthaberische Streitgespräche führen
- *Dogmatisieren*, also Aussagen von nicht hinterfragbarer Autorität verbreiten
- *Bagatellisieren*, also Gefühle des Gesprächspartners herunterzuspielen, etwa beim Trösten oder Ermutigen. Der Klient fühlt sich nicht verstanden oder von oben herab behandelt
- *Generalisieren*, d. h. Verallgemeinerungen benutzen
- *Diagnostizieren*, also vorschnell eine endgültige Diagnose aussprechen
- *Einseitige Interpretation*. Gefährlich ist es, wenn der Berater zu früh interpretiert – der Klient fühlt sich nicht verstanden
- *Projizieren*, also von eigenen Erfahrungen, Gedanken oder Gefühlen auf den anderen schließen
- *Rationalisieren*: logisch-intellektuell vorgehen und die Gefühlswelt missachten
- *Monologisieren*: den anderen durch zu vieles Reden aus den Augen verlieren
- *Emigrieren*: abschalten, abwehren und Gleichgültigkeit
- *Einseitig identifizieren*: die nötige Distanz verlieren
- *Abstrahieren*: zu allgemein und abstrakt bzw. wissenschaftlich reden
- *Sich fixieren*: in einer festgelegten Rolle verharren
- *Externalisieren*: Randprobleme ins Zentrum stellen
- *Examinieren*: ausfragen
- *Umfunktionieren*: das Gespräch in eine andere Richtung lenken (Köllner 1996, 106 ff., nach Weber 1991, 40 ff.)
- *Ironie, Sarkasmus und Zynismus* (Miller 2000, 70)
- *Hektik*, das Bestreben, das Gespräch antreiben zu wollen

## 2.2 Aktives Zuhören nach Thomas Gordon

Thomas Gordon, ein Schüler Rogers, hat das aktive Zuhören für das partnerzentrierte Gespräch entwickelt (Plate 2013, 54). Aktives Zuhören übersteigt aufmerksames Zuhören. Dem Sender wird mittels Zuhörtechniken zurückgespiegelt, was verstanden wurde (Knechtel 2003, 102). Für einen Mediator ist aktives Zuhören eines der wichtigsten Werkzeuge seines Methodenkoffers, wie wir später noch sehen werden.

Thomas Gordon vertritt die These, dass eine Person (Sender) die während einer Kommunikation etwas vermittelt, die verbale Botschaft häufig verschlüsselt. Mit der Technik des aktiven Zuhörens entschlüsselt der Angesprochene (Empfänger) die verschlüsselte (emotionale) Botschaft des Senders. Er gibt dem Sender eine Rückmeldung. Kommunikation kann nach Gordon nur erfolgreich verlaufen, wenn der Empfänger zeigt, dass er den Sender akzeptiert.

Der Gesprächspartner erfährt volle Aufmerksamkeit, dennoch bleibt der Zuhörer aktiv. Darüber hinaus umfasst aktives Zuhören auch, widersprüchliche Aussagen gegenüberzustellen oder bei Unklarheiten durch Wiederholung von Schlüsselwörtern nachzufragen. Bei längeren Gesprächspausen etwa kann nach den Gefühlen des Sprechers gefragt werden. Dies hilft ihm, sich seiner Empfindungen bewusst zu werden und sich zu öffnen. Aktives Zuhören unterstützt den

Sprecher, sich über sich selbst klar zu werden. Dieses offensichtliche Interesse an dem Sprecher wiederum unterstützt den Weg der Konfliktlösung.

Wenn der Gesprächspartner ohne Unterbrechung redet, können Methoden des aktiven Zuhörens benutzt werden, um den Sender mit dem Hinweis zu unterbrechen, dass man kurz zusammenfassen möchte, damit nichts Wichtiges verlorengeht (ebd., 103).

Das aktive Zuhören umfasst drei Ebenen:

1. *Türöffner:* Auf der *nonverbalen und paraverbalen Ebene* wird die ungeteilte Aufmerksamkeit durch Türöffner („Hm", „ähm", „ja", „boah"), Mimik und Gestik (Nicken, Blickkontakt ohne zu fixieren, Lächeln, zugewandte Haltung) verdeutlicht.
2. *Paraphrasieren/Spiegeln:* Um zu überprüfen, ob das, was der Sender gesagt hat, beim Empfänger wie beabsichtigt angekommen ist, eignet sich das *Paraphrasieren, d.h. das Spiegeln der Gesprächs- und Gefühlsinhalte* (Knechtel 2003, 102). Kernaussagen werden zusammengefasst, um dem Gegenüber zu vermitteln, *was* verstanden wurde und *dass* etwas verstanden wurde. Es wird nachgefragt, ohne zu bohren, Assoziationen mitgeteilt, aber auch Rückmeldungen gegeben. Der Gegenüber hat jederzeit die Möglichkeit, etwas zu korrigieren oder zu ergänzen (Plate 2013, 53 f.). Missverständnisse können so schnell aufgedeckt werden. Darüber hinaus verlangsamen Wiederholungen das Gespräch, so dass die Gesprächspartner mehr Zeit zum Nachdenken haben und in Kontakt treten können (Knechtel 2003, 104). Paraphrasieren trifft das Grundbedürfnis nach Akzeptanz, und der Gesprächspartner fühlt sich wahrgenommen. Es hilft, genau zu verstehen. Darüber hinaus hilft die Spiegelung des Gesagten dem Sender bei der Selbstüberprüfung (Gührs/ Nowak 1991, 38).

---

**Wie funktioniert das Paraphrasieren/Spiegeln in der Praxis?**
Ein Konfliktvermittler/Mediator bedient sich im Konfliktgespräch fortwährend der Technik des Paraphrasierens/Spiegelns. Dies beinhaltet eine konstruktive Wiedergabe des Geäußerten durch den Vermittler,

- um Missverständnisse zu klären,
- um eine bessere Verständigung zu erreichen,
- um den Prozess zu verlangsamen.

Der Vermittler gibt eine *Rückmeldung* zu den Ausführungen seines Gesprächspartners,

- ohne eigene Bewertung,
- ohne eigene Kommentare,
- ohne eigene Ratschläge,
- ohne kritische Bemerkungen,
- ohne Partei zu ergreifen.

Der Vermittler teilt mit, welche Inhalte und Emotionen er dem Gesagten entnommen hat. *Mögliche Einleitungen:*

- „Ich habe bei Ihnen herausgehört ..."
- „Darf ich mal kurz zusammenfassen? ..."
- „Ich möchte mich noch einmal vergewissern, dass ich Sie richtig verstanden habe..."

*Beispiel:*
*Klient:* „Eigentlich arbeiten wir schon lange als Kollegen zusammen. Aber in letzter Zeit kritisiert sie mich ständig, mäkelt an meiner Ordnung und beschwert sich über meine laute Stimme beim Telefonieren. Nichts kann ich ihr mehr recht machen."
*Vermittler:* „Wie ich Sie verstehe, haben Sie mit Ihrer Kollegin einen Konflikt über unterschiedliche Ordnungsvorstellungen und Arbeitsweisen."

3. *Empathisches Zuhören:* Auf der dritten Ebene geht es um das *Verbalisieren emotionaler Inhalte,* also das Spiegeln der mitschwingenden Gefühle des Senders (Gührs/Nowak 1991, 54). Hierzu ist besonderes Einfühlungsvermögen nötig (Knechtel 2003, 103). Der Klient wird bei der Selbstexploration unterstützt, ihm wird bewusst, was in ihm vorgeht, und er erfährt Klarheit. Gespiegelt wird kurz, konkret, möglichst exakt, hierbei wird sich auf das Hier und Jetzt bezogen. Spiegeln bedeutet jedoch nicht automatisch Zustimmung. Der Klient kann den Äußerungen des Beraters zustimmen oder sie ablehnen (Köllner 1996, 57 f.).

*Beispiele:*
- „Das klingt so, als würden Sie sich jetzt alleine gelassen fühlen."
- „Wenn Sie das erzählen, sieht man Ihre Augen vor Freude leuchten."
- „Wenn ich Sie so höre, waren Sie anfangs voller Tatendrang, und jetzt fühlen Sie sich eher matt."

## 2.3 Die fünf Axiome nach Paul Watzlawick

Watzlawick, Beavin und Jackson erweiterten den Kommunikationsbegriff. Ihre Forschungen fokussierten sich nicht nur auf die Mitteilungen als solche, sondern beleuchteten die Interaktion der Gesprächspartner sowie deren Beziehung. Sie entwickelten fünf berühmte Axiome (nicht mehr weiter begründbare Aussagen) (ebd., 18 f.):

1. Man kann nicht nicht kommunizieren.
2. Jede Kommunikation hat einen Inhalts- und Beziehungsaspekt.
3. Kommunikation ist immer Ursache und Wirkung.
4. Menschliche Kommunikation bedient sich analoger und digitaler Modalitäten.
5. Kommunikation ist symmetrisch oder komplementär.

Das *erste Axiom* lautet „Man kann nicht nicht kommunizieren". Sowohl nonverbale als auch verbale Kommunikation werden zum Verhalten gezählt. Jedes Verhalten weist wiederum Mitteilungscharakter auf. Und man kann sich nicht nicht verhalten. Allerdings muss nicht zwangsläufig jedes Verhalten als Kommunikation aufgefasst werden. Neben dem Sender braucht es auch einen Zweiten, also einen Empfänger, der das Verhalten als Kommunikation beobachtet, zwischen Mitteilung und Information unterscheidet und diese zum Verstehen zusammenzieht. Man kann sagen: Auch Schweigen erzählt etwas über den Schweiger und seine Beziehung zu seinem Gegenüber. Ebenso ist die Weigerung eines der Kontrahenten, sich dem Konfliktlösungsprozess zu stellen, eine wichtige Mitteilung, die sich mit etwas Geschick, Respekt und Empathie ändern lässt. Dahinter könnten z. B. tiefe Verletzung oder die Angst stehen, überrumpelt zu werden.

Das *zweite Axiom* trifft die zentrale Aussage, dass jede Kommunikation, jede Mitteilung einen Inhalts- und Beziehungsaspekt beinhaltet, wobei der Beziehungsaspekt den Inhalt bestimmt bzw. festlegt, wie der Inhalt aufzufassen ist. Der Beziehungsaspekt wird selten explizit ausgedrückt, sondern schwingt eher im Hintergrund mit. Der Inhalt einer Mitteilung besteht sowohl aus Information als auch aus einem Hinweis, wie der Sender die Mitteilung verstanden wissen möchte. Bezogen auf den Prozess der Konfliktbearbeitung heißt dies: Eine blockierte Beziehung kann eine inhaltliche Lösung der Auseinandersetzung geradezu unmöglich machen. Zuerst muss der Beziehungsaspekt adressiert und zumindest gelockert werden, um sinnvoll auf der Sachebene arbeiten zu können.

Das *dritte Axiom* meint, dass die Beziehung durch die Interpunktion der Kommunikationsabläufe seitens der Partner bedingt wird. Durch häufiges Interagieren zwischen Kommunikationspartnern entwickeln sich charakteristische Muster bzw. eine eigene Struktur.

*Beispiel:*
Bei einem Ehepaar hat sich ein Muster herausgebildet, indem der eine bestimmt und der andere zuhört. Es lässt sich jedoch nicht feststellen, ob der Bestimmer mit dem Bestimmen angefangen hat oder der Zuhörer mit dem Zuhören. Beide sehen sich jeweils als Reagierende. Der Bestimmer meint, dass er deswegen die Dinge in die Hand nimmt, weil der andere so passiv ist. Der Zuhörer meint, dass ihm nichts übrig bleibt, weil der andere schon seit jeher den Ton angibt.

Das Zusammenziehen einzelner Verhaltenseinheiten (Zuhören bzw. Bestimmen) wird als Interpunktion bezeichnet. Unterschiedliche Interpunktionen können zu unterschiedlichen Bedeutungen führen (ebd., 20 ff.). So passiert es, dass ein Gesprächspartner jeweils den anderen als Verursacher für sein Verhalten verantwortlich macht. Da *Kommunikation kreisförmig* verläuft, ist es schwierig, den Beginn einer Kommunikationsstörung zu entdecken (Knechtel 2003, 46).

Das *vierte Axiom* behandelt digitale und analoge Kommunikation. Auf der analogen Ebene befinden sich die para- und extraverbalen, nonverbalen Anteile von Sprache wie Lautstärke, Sprechgeschwindigkeit, Tonhöhe, Mimik, Gestik, Intonation etc. Sie geben Auskunft über den inneren Zustand des Mitteilenden, haben also auch Einfluss auf die Beziehungsebene (Plate 2013, 24). Digitale Kommunikation bezieht sich auf den Austausch durch Sprache bzw. die spezielle Abfolge von Buchstaben, die Worte einer Sprache. Sie ist gekennzeichnet durch eine logische Syntax, welche eindeutige Kommunikation ermöglicht. Der Inhalt einer Nachricht wird digital übermittelt (Knechtel 2003, 46).

Beide Elemente sind miteinander verbunden, da „was wir sagen und wie wir etwas sagen" zusammengehören. Der Inhalt kann durch Worte ausgedrückt werden, wie diese zu verstehen sind, wird durch analoge Merkmale ausgedrückt, wie etwa bei Ironie (Plate 2013, 24). Hier passt das Sprichwort: „Worte können lügen." Ein Konfliktvermittler sollte demnach auf Gestik, Mimik, Intonation der Konfliktparteien achten, um sich ein vollständigeres Bild von der Situation machen zu können.

Das *fünfte Axiom* besagt, dass zwischenmenschliche Kommunikationsabläufe entweder symmetrisch oder komplementär verlaufen. Das hängt davon ab, ob die Beziehung der Gesprächspartner durch Gleichheit oder Unterschiedlichkeit gekennzeichnet ist (Knechtel 2003, 47). Mitteilungen derselben Art bezeichnet man als „symmetrisch", wobei das Verhalten der Gesprächspartner spiegelbildlich ist und sie nach Gleichheit streben. Mitteilungen unterschiedlicher Art bezeichnet man als komplementäre Interaktion (Plate 2013, 27). Die Verhaltensweisen der Partner ergänzen sich gegenseitig (Knechtel 2003, 47). In langjährigen Arbeits- oder Partnerbeziehungen haben sich häufig komplementäre Verhaltensweisen ausgeprägt.

*Beispiel für eine komplementäre Interaktion:*
Ein Mitarbeiter handelt und entscheidet sofort, während der Kollege zunächst lange überlegt, abwägt, andere Sichtweisen einholt, bevor er agiert. Diese Beobachtung ist für einen Konfliktlösungsprozess wichtig. Denn beide Kontrahenten brauchen unterschiedliche Zeitspannen für eine Entscheidung.

*Beispiel für eine symmetrische Interaktion:*
Der eine Nachbar kauft sich einen Porsche Carrera S, um den anderen zu zeigen, was für ein toller Hecht er ist. Ein anderer Nachbar gibt mit seiner neu erworbenen Harley Davidson Fat Boy an. Hier kann es zu einer Spirale gegenseitigen „Wettrüstens" kommen, die zunächst einen versteckt-stillen, dann handfesten Nachbarschaftsstreit auslösen kann.

## 2.4 Die vier Seiten einer Nachricht nach Schulz von Thun

Nahezu immer lässt die Äußerung eines Sprechers – Nachricht des Senders – Spielraum für Spekulationen offen. Was Menschen wirklich meinen, wird erst durch Entschlüsselung der Nachricht deutlich sowie durch Beachtung der mitschwingenden nonverbalen Signale (Miller 2000, 32).

*„Es passiert häufig, dass der Sender etwas meint und etwas anderes sagt. Der Empfänger hört und/oder sieht etwas und versteht und fühlt etwas anderes, als der Sender beabsichtigte." (Knechtel 2003, 9)*

Die Kommunikationsmodelle von Schulz von Thun sollen für Kommunikationsprozesse sensibilisieren. Sie bieten Orientierungshilfe bei der Analyse von (problematischer) Kommunikation und machen es möglich, im Bedarfsfall Metakommunikation zu führen und somit ggf. Probleme zu klären (Plate 2013, 58). In Ergänzung zu Watzlawicks Unterscheidung zwischen Inhalts- und Beziehungsaspekt fügt Schulz von Thun den Selbstkundgabe- und Appellaspekt hinzu (Knechtel 2003, 48).

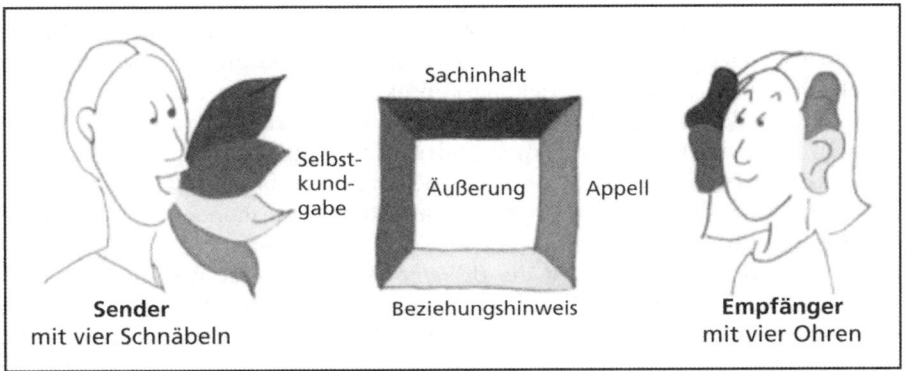

**Abb. 2.2:** Die vier Seiten einer Nachricht (nach http://www.schulz-von-thun.de/index.php?rex_img_type=bild_gross_textbereich&rex_img_file=bild3.jpg)

Schulz von Thun geht davon aus, dass jede Kommunikation bzw. jede Äußerung vier Ebenen beinhaltet: *Sachinhalt, Appell, Beziehung und Selbstkundgabe* (ebd., 58). Darüber hinaus wird zwischen Sender und Empfänger unterschieden. Der Sender, welcher die Äußerung tätigt, kommuniziert immer auf vier Ebenen, wohingegen der Empfänger immer mit vier „Ohren" hört (Plate 2013, 58). Auch wenn Nachrichten Informationen auf allen vier Ebenen enthalten, werden normalerweise nicht alle Aspekte gleichermaßen wahrgenommen. Vielmehr geht Schulz von Thun davon aus, dass Menschen meist eine Seite bevorzugt wahrnehmen (Knechtel 2003, 49).

Die Botschaften können explizit, also ausdrücklich formuliert oder implizit vorhanden sein. Bei Letzterem werden durch Interpretation des Nonverbalen oder Paraverbalen oder des Kontexts oder im Raum schwebender Erwartungen auf die implizite Botschaft geschlossen. Welches der vier Ohren aktiv ist, bestimmt auch, wie die Äußerung verstanden wird (Plate 2013, 61).

Die Art und Weise, wie Menschen kommunizieren, wird bestimmt durch die Art der Beziehung, die innere Verfassung der Gesprächspartner, das Gesprächsthema, und die Rahmenbedingungen, den Anlass des Gesprächs, mögliche Konsequenzen, Ort, Zeit usw. (Knechtel 2003, 51). Auf der Meta-Ebene wird die Äußerung zusätzlich qualifiziert. Hierzu zählen die Art der Formulierung, Mimik, Gestik, Tonfall, Stimmung, Kontext der Situation oder Rollenerwartungen, Abmachungen, Versprechen, Selbst- und Fremdbild und Beziehung (Plate 2013, 61).

Menschen interpretieren Botschaften so, dass sie zu ihrem Selbstbild passen und etwa ein negatives Selbstbild bestätigt wird. Somit entstehen leicht Missverständnisse, und Empfänger reagieren auf einen Aspekt, den der Sender gar nicht gemeint hatte. Die Reaktion des Empfängers hängt davon ab, mit welchem Ohr die Nachricht wahrgenommen wurde (Knechtel 2003, 49).

Die *Sachebene* umfasst die Fakten und Inhalte einer Aussage. Eine reine Sachbotschaft ist klar und enthält alle für das Verständnis nötigen Informationen. Sie dient der Klärung der Faktenlage, dazu, neue Informationen zu geben, der Einführung einer rationalen Ebene. Darüber hinaus wird sie genutzt, um Informationen gemäß dem aktiven Zuhören zusammenzufassen. Sachkommentare dienen u. a. dazu, einen Konflikt nach emotionaler Klärung zu versachlichen. Problematisch ist es, wenn Beziehungskonflikte versachlicht werden, indem sie nicht auf der Beziehungsebene ausgetragen werden. Wenn die Sachebene bevorzugt wird, um das Gesicht zu wahren, oder keine Gefühle offenbart werden, um keine Angriffsfläche zu bieten, führt das bei einer Konfliktklärung in eine Sackgasse. Das Sach-Ohr des Empfängers kann Fakten heraushören sowie Wahrheit und Relevanz beurteilen.

Die einflussreichste Ebene ist die *Beziehungsebene*, da sie bestimmt, ob und wie die Sachebene verstanden und verarbeitet wird. In jeder Äußerung schwingt eine Beziehungsbotschaft mit, nämlich wie der Sprecher die Beziehung sieht (Wir-Botschaft genannt) und wie der Sprecher den Gesprächspartner sieht (Du-Botschaft). Ist die Beziehung zwischen zwei Personen indifferent, die Beziehungsebene somit nicht geklärt, kann dies implizit oder explizit in die Kommunikation einfließen und eine sachorientierte Kommunikation verhindern (Plate 2013, 62 ff.). Gerade Schwierigkeiten mit der Beziehungsebene bieten Konfliktpotenzial.

Manche Menschen reagieren sensibel auf Beziehungsbotschaften, Beziehungsangebote und persönliche Grenzen. Bei niedrigem Selbstwert besteht allerdings die Gefahr, in Äußerungen häufig Stellungnahmen zur eigenen Person hineinzuinterpretieren.

Die *Selbstkundgabe-Ebene* umfasst mitschwingende Selbstoffenbarungen. Sie kann gezielt als Selbstdarstellung eingesetzt werden, um einen bestimmten Effekt zu erzielen bzw. um auf eine bestimmte Weise gesehen zu werden. Sie dient der Selbstaufwertung oder dem Aufbau einer Fassade, etwa um sozial erwartete Eigenschaften zu demonstrieren. Bei der Selbstoffenbarung teilt der Sprecher mit, wie es ihm geht und wie er zum Thema steht. Dies kann absichtlich oder unabsichtlich geschehen (ebd., 64 f.). Die Ebene kann vom Sender benutzt werden, um Mitleid zu erregen oder um sich in den Mittelpunkt zu stellen. Indem er einen Einblick gibt, wird er persönlich sichtbar und bietet Kontakt an. Er zeigt seine Stärken und Schwächen und versteckt sich nicht hinter einer Fassade (Miller 2000, 27).

Da Selbstkundgabe auch angreifbar macht, betonen Menschen oft die Eigenschaften, die im jeweiligen Umfeld erwartet und belohnt werden. Allerdings wird somit die eigene Person verleugnet. Wer auf der Selbstkundgabe-Empfänger-Ebene sensibel ist, findet schnell heraus, was der Sender über sich selbst mitteilt bzw. wie es dem Gesprächspartner „wirklich geht". Übersensibilität führt allerdings zu stark diagnostischem Hören (Plate 2013, 65 ff.). Aussagen mit Betonung der Beziehungsseite können allerdings auch dazu missbraucht werden, um jemanden in Abhängigkeit zu halten oder psychisch zu erpressen (Miller 2000, 37).

Selbstoffenbarung hat einen großen Stellenwert, wenn ein klärendes Gespräch geführt werden soll, wenn persönliche Hintergründe wichtig sind oder sich der andere leicht angegriffen fühlt (Plate 2013, 65 ff.).

Die *Appell-Ebene* wird genutzt, um Einfluss auf das Verhalten anderer zu nehmen. Appelle können implizit oder explizit geäußert werden. Sie dienen dazu, das Gespräch in Richtung eines Verhaltens oder eines gewünschten Endzustandes zu bringen oder durch klare Anweisungen ein Ziel zu erreichen. Ein Appell kann abgestuft erfolgen, einerseits als Empfehlungen oder als Anweisung oder Befehl. Eine mildere Form besteht in der Äußerung von Wünschen oder Erwartungen. Appelle sind angebracht bei einem Wissensvorsprung, wenn die Beziehung dies erlaubt und wenn je nach Situation zwischen Empfehlung und Anweisung gewechselt werden kann. Unangebracht sind Appelle, wenn andere freiwillig und eigenständig mitarbeiten sollen, die Status-Beziehung unklar ist oder der Appell auf eine Gefühlsänderung abzielt. Sensible Appell-Ohren können Wünsche zwischen den Zeilen herauslesen. Übersensible Appell-Ohren neigen zu vorauseilendem Gehorsam oder unterstellen anderen manipulierendes Verhalten (ebd., 69 f.). Die Appellseite kann dazu missbraucht werden, den moralischen Zeigefinger zu erheben oder jemanden zu vereinnahmen. Gleichzeitig ist es wichtig, jemanden zu warnen, um ihn zu schützen. Es kann als Zeichen des Vertrauens gesehen werden, wenn Wünsche mitgeteilt werden (Miller 2000, 37).

Meist betont der Sender eine der vier Ebenen besonders (wenngleich die anderen Seiten immer mitschwingen). Dies kann ein Appell mit Aufforderung sein oder eine Selbstoffenbarung. Trotzdem muss der Schwerpunkt oder der beabsichtigte Aspekt nicht grundsätzlich richtig beim Empfänger ankommen. Insofern wird Kommunikation als „das Ergebnis eines dynamischen und kreativen Prozesses" verstanden, „der nicht den Absichten der einzelnen Personen folgen muss" (Plate 2013, 59).

Im Konfliktbearbeitungsprozess ist es hilfreich, Kommunikation in die vier Ebenen zu „übersetzen". So wird es möglich, etwa aus einem Vorwurf eine Bitte herauszuhören oder aus einer Anschuldigung einen Hilferuf, womit weitaus besser umgegangen werden kann. Durch das Übersetzen wird vermieden, alles auf sich zu beziehen und somit Distanz zu erlangen. Gleichzeitig unterstützt sie den Vermittler, die Wirklichkeit des Senders zu begreifen und ihn zu verstehen (Miller 2000, 52).

## 2.5 Die vier Grundformen der Abwehr nach Virginia Satir

Die Arbeiten von Virginia Satir gelten noch heute als wegweisend in der Familientherapie. Sie konzentrierte sich nicht nur auf den einzelnen Klienten, sondern untersuchte seine Rolle innerhalb des gesamten Familiensystems. Psychische Probleme wurden von ihr nicht als isoliertes Phänomen des Einzelnen betrachtet, vielmehr bezog sie das Rollengeflecht der ganzen Familie mit ein. Damit brach sie das Tabu der Psychotherapie der 1950er Jahre, lediglich die Einzelperson zu therapieren.

*„Ich glaube daran, dass es das größte Geschenk ist, das ich von jemandem empfangen kann, gesehen, gehört, verstanden und berührt zu werden. Das größte Geschenk, das ich geben kann, ist es, den anderen zu sehen, zu hören, zu verstehen und zu berühren. Wenn dies geschieht, entsteht Beziehung."* (Virginia Satir)

Daneben hat sich Virginia Satir intensiv mit Kommunikation im Familiensystem befasst. Sie entwickelte das Modell der vier Grundformen der Abwehr in der Kommunikation:

1. *Ablenken:* Ein Abwehrmanöver ist das Ablenken. Im Gespräch lenkt die betroffene Person von ihren Gefühlen, Bedürfnissen und den Selbstwert bedrohenden Themen ab. Die kritische Situation wird einfach ignoriert. Sie ist zwiegespalten: Zwar fühlt sie sich einsam und sucht Kontakt, aber meidet ihn, aus Angst vor Gefühlen und engerem Kontakt. Sie weist eine unbestimmte Körperhaltung sowie eine schwankende Stimme auf, Worte haben wenig Bezug zum vorherigen Thema. Da das Kommunikationsmuster auch vergnügliche Züge aufweist, reagieren andere zunächst oft amüsiert. Die Person hofft so, von anderen gemocht oder akzeptiert zu werden, auf Dauer führt dies aber zu Ärger, Verwirrung oder Rückzug (Plate 2013, 37).
2. *Anklagen:* Der Ankläger will als stark betrachtet werden und sucht Fehler bei anderen, attackiert sie. Er steht unter Druck und schützt sich vor Angriffen, um seinen Status zu sichern (ebd.). Andere geraten so in Rechtfertigungszwang oder werden eingeschüchtert. Der Ankläger strebt ungeduldig danach, gehört zu werden. Körperhaltung und Worte sind fordernd und aggressiv. Die Person äußert nicht existente Zusammenhänge und stellt Behauptungen auf. Längerfristig gesehen wird diese Person gemieden (ebd., 38).
3. *Beschwichtigen:* Der Beschwichtiger handelt vermeintlich ausgleichend, damit die andere Seite nicht wütend wird und die Beziehung harmonisch gehalten wird, um zu gefallen. Dabei werden eigene Bedürfnisse vernachlässigt, auf eine gegensätzliche Meinung verzichtet oder sich entschuldigt. Im Inneren fühlt sich die Person wertlos und ausgeliefert. Sie ist im Selbstwertgefühl vom Zuspruch anderer abhängig. Charakteristisch sind eine unterwürfige Körperhaltung sowie eine leise, weinerliche und gedrückte Stimme. In der Wortwahl gibt es keine Forderungen, viele Einschränkungen und Konjunktive. Mitmenschen reagieren mit Mitleid, Schuldgefühlen, Hilfsbereitschaft, aber auch verärgert oder verachtend.
4. *Rationalisieren:* Beim Rationalisieren wird eine bedrohliche Situation versachlicht, emotionale Anteile werden nicht beachtet. Die Person möchte keine Fehler machen und wirkt beherrscht. Im Inneren fühlt sie sich verletzlich, daher kontrolliert sie ihre Gefühle. Ihre Körperhaltung wirkt eher steif, die Stimme

monoton. Es wird eine abstrakte Sprache mit Fremdwörtern verwendet, die eher kompliziert und stets sachlich ist. Persönliches wird nicht angesprochen oder als irrelevant abgetan. Mitmenschen reagieren gelangweilt. Da kein echter persönlicher Kontakt zustande kommt, wenden sie sich ab (ebd., 39). Antrieb für dieses Verhaltensmuster ist häufig Angst vor dem Verlust der Beziehung infolge des Konflikts. Oder es wird befürchtet, dass sich die andere Seite rächen wird, dass die Gefühle des anderen verletzt werden oder sich dieser belästigt fühlt (ebd., 38).

In einem Konfliktgespräch sollten diese möglichen Abwehrtypen beachtet werden, um nicht in dasselbe Kommunikationsmuster zu verfallen oder dieses noch zu verstärken.

## 2.6 Gewaltfreie Kommunikation nach Marshall Rosenberg

Beim Aufbau einer konstruktiven Konfliktkultur sind im Wesentlichen zwei Kommunikations- und Konfliktbearbeitungsmethoden wegweisend. Das sind zum einen die Mediationsmethode, zum anderen die Gewaltfreie Kommunikation.

Neben Elementen der Mediation als Methode der Konfliktvermittlung sowie dem Aktiven Zuhören als Gesprächsform und einer wertschätzenden Grundhaltung kommt der Gewaltfreien Kommunikation eine zentrale Funktion beim Aufbau einer konstruktiven Konfliktkultur zu. Die Begegnung des Gegenübers auf gleicher Augenhöhe, das Unterlassen von Be- oder Verurteilungen des Konfliktpartners und das Vermeiden von Forderungen an den anderen sind dabei ebenso bedeutsam wie das Herstellen und Einhalten persönlicher Grenzen.

Die Gewaltfreie Kommunikation (GFK) wurde von Marshall Rosenberg zur Klärung von Konflikten in unterschiedlichen gesellschaftlichen Bereichen entwickelt. Als klinischer Psychologe war er auf der Suche nach einer wirkungsvollen Methode, Menschen bei inneren und äußeren Konflikten weiterzuhelfen (vgl. Holler 2010, 35).

> *„Die GFK gründet sich auf sprachlichen und kommunikativen Fähigkeiten, die unsere Möglichkeiten erweitern, selbst unter herausfordernden Umständen menschlich zu bleiben."* (Rosenberg 2002, 18)

Schwerpunkt der GFK ist die Änderung des sprachlichen Ausdrucks und der Art des Zuhörens. Dadurch können Gefühle und Bedürfnisse anderer besser wahrgenommen und zum Ausdruck gebracht werden. Es wird Wertschätzung, Aufmerksamkeit und Empathie erzeugt (vgl. ebd., 19). Beurteilungen und Wertungen haben keinen Platz. Dabei spielt die Wortwahl eine große Rolle. Die Sprache der GFK wird eingesetzt, um ein Konfliktgespräch auf Augenhöhe zu führen. Eine Auseinandersetzung mit Schuldzuweisungen und Beurteilungen verschärfen den Konflikt nur. Um das zu vermeiden, stellt Rosenberg vier Komponenten der GFK auf, die den sprachlichen Konfliktklärungsprozess wie einen roten Faden begleiten (vgl. ebd., 19 ff.; Holler 2010, 64 ff.):

**Das Vier-Komponenten-Modell der GFK**

1. *Beobachtungen:* Beim ersten Schritt liegt der Kern darin, sich frei von Bewertung und Kritik zu machen, d. h. die Beobachtungen und Wahrnehmungen sollen dem anderen ohne Bewertung oder Beurteilung mitgeteilt werden. Wertneutrale Mitteilungen erfolgen entweder durch das Beschreiben von Handlungen oder das Formulieren von Tatsachen. Darüber hinaus sollen Vorwürfe und das hartnäckige Festhalten an Positionen vermieden werden, um überhaupt mit dem Gegenüber ins Gespräch zu kommen und einen Dialog entstehen zu lassen.
2. *Gefühle:* Als Nächstes werden die Gefühle der Beteiligten in Worten ausgedrückt, z. B. die, die durch Beobachtung von Handlungen hervorgerufen wurden. Von Bedeutung ist, Gefühle sinngemäß von Gedanken und Vermutungen zu unterscheiden und bestehende Gefühle nicht durch Interpretation oder Diagnosen zu ersetzen.
3. *Bedürfnisse:* Beim dritten Schritt richtet sich der Blick auf die Bedürfnisse, auch die, die hinter einem Gefühl stehen. Die Benennung der Bedürfnisse erfolgt in der GFK ohne Schuldzuweisung.
4. *Bitten:* Beim letzten Schritt geht es um die Erfüllung der Bedürfnisse. Da die Anliegen bzw. Bitten der Kontrahenten sehr spezifisch sind, bedürfen sie einer klaren und positiven Formulierung. Zudem machen positive Formulierungen das Verhandeln über reale Lösungen einfacher. Konkrete Handlungsschritte helfen dabei, die Anliegen der Beteiligten in den Alltag umzusetzen, um nachhaltig für die Beteiligten eine Besserung zu erreichen.

Am Beispiel der Gewaltfreien Kommunikation erkennen wir, dass zu den essenziellen Komponenten einer gelingenden Gesprächsführung die *Wahrnehmung und der Ausdruck der Gefühle* sowie das *Benennen der Bedürfnisse und Interessen* der Konfliktpartner sowie eine *wertschätzende Grundhaltung* gehören.

## 2.7 Lösungs- und Ressourcenfokussierung nach Steve de Shazer

Der lösungsorientierte Ansatz ist auf den amerikanischen Psychotherapeuten Steve de Shazer zurückzuführen, der das Konzept der lösungsorientierten Kurzzeittherapie entwickelte. Er rückte nicht das Problem in den Mittelpunkt, sondern die für eine Lösung des Problems vorhandenen Ressourcen (AWO Bezirksverband Braunschweig o. J.). De Shazer lenkt in seinem Therapieansatz den Blickwinkel vom Problem auf die Lösung. Er sagt:

„Probleme sind Probleme, weil sie aufrechterhalten werden. Sie werden einfach dadurch zusammengehalten, dass man sie als ‚Probleme' beschreibt."

„Menschen haben oft Schwierigkeiten, den Versuch, ein Problem zu lösen, aufzugeben, weil sie ‚im Innersten' an dem Glauben festhalten, dass eine Erklärung sowohl möglich als auch unerlässlich ist, um ein Problem wirklich zu lösen. Lösungen zu Problemen werden oft übersehen, weil sie wie bloße

*Vorspiele aussehen. Wir suchen letztendlich nach Erklärungen, in dem Glauben, dass eine Lösung ohne Erklärung irrational ist, und erkennen nicht, dass die Lösung selbst ihre beste Erklärung ist". (de Shazer 2002, 27)*

In der Kurzzeittherapie konzentriert sich der Therapeut von Beginn an auf das, was der Klient schon macht, und zwar erfolgreich macht. Dadurch wird eine Kooperation entwickelt und gefördert. Der Therapeut entwickelt eine Intervention, die vom Klienten nur verlangt, fortzufahren, etwas zu tun, was einer Lösung dient.

Der lösungsorientierte Ansatz zielt darauf ab, weder das Problem noch den Gesprächsanlass zu dramatisieren. Auf diese Weise grenzt sich die Lösungsfokussierung von der Problemsicht des Klienten ab (Sparrer 2007, 16). Der Fokus wird vom Problem immer wieder auf mögliche Lösungen gelenkt (Hennig/Ehinger 2012, 94). Gemeinsam werden Lösungsperspektiven und Schritte zur Problemreduzierung erarbeitet. Im Gespräch wird darauf geachtet, das Problem nur so viel zu beachten, wie es nötig ist, um Lösungsschritte zu entwickeln, empfohlen wird 20 % Problem- und 80 % Lösungsanteil (ebd., 32). Der lösungsorientierte Ansatz legt Wert auf Sprache und Fragetechniken (ebd., 94). Der Klient kann Hoffnung schöpfen, dass es Lösungen gibt, er entdeckt, was bereits an Lösungen vorhanden ist, er erinnert sich an seine Ressourcen, er erhält viel Wertschätzung vom Berater und schöpft Kraft, er bekommt ein klares Bild davon, wohin es aus seiner Sicht gehen soll. Durch die sogenannte Wunderfrage (siehe auch Kap. 2.8.5) wird Sehnsucht nach der Lösung geweckt.

---

**Die Wunderfrage**
„Angenommen, es würde eines Nachts, während Sie schlafen, ein Wunder geschehen, und ihr Problem wäre gelöst. Wie würden Sie das merken? Was wäre anders? Wie wird Ihr Ehemann davon erfahren, ohne dass Sie ein Wort darüber zu ihm sagen?"

---

Die Wundersequenz fragt direkt nach Zielen, und dies entlockt regelmäßig Beschreibungen konkreter und spezifischer Verhaltensweisen. Der Weg, möglichst bald in eine positive Zukunft zu blicken, hat sich als sehr effiziente Methode erwiesen, um dem Klienten bei der Definition seiner Ziele zu helfen und ihn damit in die Lage zu versetzen, zu beschreiben, wie sie erkennen, wann das Problem gelöst ist.

Bei der *Ressourcenorientierung* stehen die Kompetenzen und Potenziale der Adressaten und ihres Umfeldes, die zur Bewältigung der Probleme aktiviert werden können, im Zentrum des Interesses – nicht die Defizite. Es wird davon ausgegangen, dass die Adressaten am besten wissen, was sie brauchen, welche Ziele sie verfolgen und welche individuellen Schritte gegangen werden sollen (Möbius 2010, 15).

Ressourcenorientiertes Arbeiten ist mittlerweile fester Bestandteil der Konfliktbearbeitung. Auch in vielen Leitbildern der Sozialen Arbeit ist Ressourcenorientierung als Handlungsgrundlage zu finden. Es wird sich von Defizitorientierung und Problemsicht entfernt, vor dem Hintergrund des Wissens und der Erfahrung, dass eine Defizitorientierung in der Praxis wenig erfolgreich und häufig für beide Seiten frustrierend ist (Jeschke 2010, 51).

Ressourcen werden als Kraftquellen bezeichnet, die dem Klienten zur Verfügung stehen oder von ihm aktiviert werden können. Ressourcen sollen unterstützend wirken und einen Beitrag zu einer besseren Alltagsbewältigung leisten. Sie lassen sich unterteilen in individuelle Ressourcen, wozu persönliche Kompetenzen, Talente, Fähigkeiten zählen, soziale Ressourcen, das sind soziale Netzwerke und professionelle Unterstützungssysteme, sowie materielle Ressourcen (finanzielle Unterstützung, Einkommen, Wohnraum etc.) (Möbius 2010, 14).

Durch entsprechende Fragen wird die Aufmerksamkeit auf Ressourcen gerichtet. Um auf Ressourcen aufmerksam zu machen, wird gefragt, was gegenwärtig gut läuft und nicht geändert werden braucht, welche besonderen Fähigkeiten der Gesprächspartner hat, was andere an ihm schätzen, was ihm Freude bereitet. Es wird entdeckt, dass etwas gut läuft, Potenziale werden ins Bewusstsein gerückt, der Glaube an eigene Fähigkeiten wird gestärkt, Hoffnung wird geschöpft (Sparrer 2007, 25). Der Klient wird respektvoll behandelt. Die Grundeinstellung der Ressourcenorientierung geht davon aus, dass jeder Mensch und sein Umfeld trotz aller Defizite über Ressourcen und Stärken verfügen, mit denen bereits vergangene Krisen bewältigt wurden (Hennig/Ehinger 2012, 31), auch wenn er diese momentan nicht wahrnimmt und nutzen kann. Die Veränderung wird durch die Wiederentdeckung von Stärken sowie durch kleine, gemeinsam erarbeitete Schritte erreicht (Hamm.de 2011, Lösungs- und ressourcenorientierte Beratung).

## 2.8 Kommunikations- und Fragetechniken

Von einem Konfliktbearbeiter werden persönliche und fachliche Fertigkeiten erwartet, die Kommunikation, die Modalitäten der Verhandlung und das Umfeld so zu gestalten, dass es den Konfliktparteien schließlich gelingt, einen Konsens zu finden. Generell wird auf das Erlernen der notwendigen Kommunikations- und Verhandlungstechniken während einer Mediatorenausbildung großen Wert gelegt.

Störungen in der Kommunikation sind in den meisten Fällen ein Antriebsmoment für Konfliktparteien, einen Vermittler aufzusuchen, um in der Verhandlung weiterzukommen. Kommunikationshindernisse können extreme Forderungen einer Partei, heftiges Ausagieren von Emotionen, mangelnde Bereitschaft zum Zuhören, eine negative Einstellung zum Gegenüber und zahlreiche andere Gründe sein. Um einen produktiven Verhandlungsprozess in Gang zu setzen, gehören Kommunikationsfertigkeiten zur essenziellen fachlichen Kompetenz eines Mediators.

Wie wir dem Abschnitt über die klientenzentrierte Gesprächsführung (2.1) entnommen haben, ist eine der wichtigsten Eigenschaften eines Mediators, genau und konzentriert zuhören zu können. Aufmerksames Zuhören erfasst, wie dort erwähnt, nicht nur das gesprochene Wort, sondern auch die Aufnahme non-verbaler Botschaften und das Verständnis für zugrunde liegende Interessen und Emotionen. Beim Zuhören verschafft der Mediator den Parteien Raum, sich auszudrücken und gehört zu werden. Daneben ist genaues Zuhören wesentlich, um ausreichende Informationen zu erhalten. Geduldiges Zuhören signalisiert den Konfliktparteien, weiter zu berichten. Mit den gewonnenen zusätzlichen Informationen gewinnt der Konflikt wie ein Puzzle vor dem Auge des Mediators allmählich an Deutlichkeit.

Als aktiver Zuhörer dient der Mediator den Parteien als Rollenvorbild. Er wird sie ermuntern, sich gegenseitig anzureden sowie den Ausführungen des Verhandlungspartners – ohne zu unterbrechen – Aufmerksamkeit zu schenken. Insoweit modelliert der Mediator konstruktive Verhaltensmuster der Konfliktparteien.

Eine bewährte Methode, um Emotionen einer Partei zu identifizieren und zu analysieren, ist das *aktive Zuhören (active listening)* nach Gordon (siehe Kap. 2.2). Aktives Zuhören ist die zentrale Kommunikationstechnik in der Mediation, indem der Mediator eine verbale Botschaft entschlüsselt, wobei er die offensichtlichen oder verborgenen Emotionen des Sprechers in eigenen Worten ausdrückt und so den Sprecher mit dem emotionalen Inhalt seiner Aussage konfrontiert *(reframing)*. Der Sprecher erkennt seine Emotionen sozusagen in einem Spiegel, wenn der Mediator sie korrekt wiedergibt. Der Sprecher bekommt danach die Gelegenheit, den gespiegelten Inhalt seiner Gefühle zu verifizieren.

*Beispiel:*
*Sprecher:* „Ich habe fünf Jahre gebraucht, bis ich mit meinem Geschäft schwarze Zahlen geschrieben habe. Nun soll ich das Geschäft verkaufen, um meine Frau auszubezahlen."
*Mediator:* „Das Geschäft ist ein wichtiger Teil von Ihnen geworden, und bei einem Verkauf sehen Sie ihre Existenz bedroht."

Aktives Zuhören versichert dem Sprecher, dass er tatsächlich gehört wurde, dass der Ausdruck von Emotionen akzeptiert wird, erlaubt dem Mediator und dem Sprecher, die dahinter liegenden Emotionen zu verstehen, und erfüllt die psychologische Funktion, Spannungen abzubauen.

Während des Verhandlungsprozesses achtet der Vermittler darauf, den Lauf des Gesprächs von Nebenschauplätzen auf die substanziellen Streitgegenstände zu lenken. Um die Diskussion zu versachlichen, Informationen zu präzisieren und der Verhandlung klare Konturen zu geben, unterstützt er die Parteien durch Techniken, wie durch Ordnen, Gruppieren und Strukturieren von Gedanken und Ideen. Oder er gliedert einen komplexen Verhandlungsgegenstand in Teilaspekte auf *(fractionating)*.

Zur Sammlung und Klärung von Daten und Informationen werden Fragetechniken, wie offenes, fokussiertes und klärendes Fragen eingesetzt.

Die oben dargestellten Kommunikationsweisen sind generell Inhalt einer Mediatorenausbildung. Sie erlauben es dem Mediator, den Kommunikationsprozess zu steuern und durch schwierige Phasen zu manövrieren. Gleichzeitig sollen sie die Disputanten anregen, ihre eigenen Fähigkeiten zu erweitern und Konflikte selbstständig zu lösen.

Auf den nächsten Seiten werden über die dargestellten Methoden konstruktiver Gesprächsführung hinaus weitere Kommunikationstechniken, wie Ich-Botschaften, Reframing, Perspektivenwechsel sowie Fragetechniken, erläutert.

### 2.8.1 Ich-Botschaften

Ich-Botschaften ermöglichen es dem Sprecher, Kritik und negative Gefühle gegenüber der anderen Seite zu äußern, ohne unnötige Spannungen aufzubauen oder zu verletzen. Verärgerung, Enttäuschung oder Resignation werden ausgedrückt, dem Gegenüber transparent gemacht und nicht ignoriert. Kritik wird nicht als absolute Wahrheit präsentiert, sondern als persönliche Sichtweise.

Thomas Gordon favorisiert Ich-Botschaften. Du-Botschaften werden häufig als destruktiv oder blockierend erlebt. Letztere sind durch Verben wie „befehlen, anleiten, warnen, drohen, moralisieren, belehren, kritisieren" etc. gekennzeichnet. Sie schaden der Beziehungsebene (Plate 2013, 67 f.). Miller weist darauf hin, dass der Sender es nicht in der Hand hat, ob Du-Botschaften als Beschreibung, Rückmeldung, Vorwurf, Kritik oder Bewertung aufgefasst werden. Sie können ganz anders ankommen, als vom Sender beabsichtigt (Miller 2000, 58 ff.).

Miller gibt zu bedenken, dass das Senden von Ich-Botschaften noch keine Konflikte löst. Dennoch steigern Ich-Botschaften die Chancen für einen gelungenen Dialog (ebd., 63). Indem die dahinter verborgenen Wünsche formuliert werden, erhöht sich die Wahrscheinlichkeit, dass diese angenommen werden.

Ich-Botschaften implizieren, dass von sich selbst gesprochen wird und was das aus eigener Sicht problematische Verhalten auslöst. Dabei bezieht sich die Beschreibung des Verhaltens auf eine konkrete Situation. Auf Verallgemeinerungen wird verzichtet, da diese eine Abwehrhaltung provozieren (Knechtel 2003, 101 f.). In emotional aufgeladenen Gesprächen fällt es Menschen oft schwer, bei sich zu bleiben. Schnell richtet sich der Blick auf das Gegenüber, Menschen verlieren den Kontakt zu sich, und die Selbstwahrnehmung entgleitet. So kommt es schnell zu Verhärtungen des Konflikts, Verletzungen und Eskalation (Miller 2000, 22).

Eine Ich-Botschaft beinhaltet nach Gordon die Elemente Verhalten, Gefühle und Wirkung. Zuerst wird das anstößige Verhalten geschildert, danach die damit einhergehenden Gefühle und zuletzt die Wirkung des Verhaltens auf sich (Plate 2013, 68). Letztlich finden wir diese Prinzipien ebenso in der Gewaltfreien Kommunikation (Siehe Kap. 2.6) wieder.

*Charakteristika von Ich-Botschaften*

- Ich-Botschaften zielen darauf, die eigene Sichtweise mitzuteilen, ohne die andere Seite zu verletzen oder zu brüskieren.
- Spannungen in der Kommunikation sollen abgebaut werden.
- Die andere Seite erhält Gelegenheit, die Wirkung ihres Verhaltens besser einzuschätzen.

- Wünsche oder Kritik werden dem Gegenüber ohne vorwurfsvolle Haltung deutlich gemacht.

*Bestandteile von Ich-Botschaften*
- Das positive oder negative Verhalten der anderen Seite beschreiben.
- Die dadurch ausgelösten Gefühle oder Gedanken darstellen.
- Begründen, warum man sich über das Verhalten freut oder es problematisch findet.
- Den Wunsch nach Verstärkung des positiven bzw. Veränderung des negativen Verhaltens ausdrücken.

*Beispiel:*

*Du-Botschaft*
„Immer redest du hinter meinem Rücken schlecht über mich. Wenn wir uns begegnen, tust du ganz freundlich, und wenn ich mich dann umdrehe, ziehst du über mich her."

*Ich-Botschaft*
„Neulich habe ich wieder von einem Kollegen gehört, dass du kritisiert hast, ich führe lange Telefonate und lasse die Arbeit liegen. Das ärgert mich, wenn du hinter meinem Rücken über mich sprichst. Bitte wende dich direkt an mich, wenn dir an meinem Verhalten etwas nicht gefällt."

## 2.8.2 Reframing

Der Begriff Reframing leitet sich von dem englischen Begriff „frame" (Rahmen) ab. Durch das Reframing stellt der Gesprächsführer eine Aussage in einen neuen Kontext. Der Rahmen des Problems wird gewechselt. Es entstehen neue Zusammenhänge und Perspektiven der subjektiven Wirklichkeit.

Reframing ist ein wirkungsvolles Instrument der Konfliktbearbeitung, indem generalisierende Aussagen, destruktive Zuschreibungen oder Du-Botschaften umgewandelt werden. Durch geschicktes Formulieren wird dem Gesprächspartner eine neue Sichtweise des Problems eröffnet. Eine lösungsorientierte Perspektive wird aufgezeigt. Reframing kann durch unterschiedliche Interventionstechniken erreicht werden:

- Eine Forderung hinter dem Ärger identifizieren
- Bedürfnisse hinter einer Enttäuschung formulieren
- Beschuldigungen in Forderungen wandeln
- Pauschale Aussagen konkretisieren
- Den Blickwinkel von der Vergangenheit auf die Zukunft richten
- Zugrunde liegende Interessen hinter den Positionen herausarbeiten
- Konstruktiv umformulieren
- Perspektivenwechsel

*Beispiele:*
*Klientin:* „Nie kann ich mich auf ihn verlassen. Heute redet er mal so, morgen mal wieder anders."

*Gesprächsführer:* „Können Sie das mal näher beschreiben? Welche Situationen meinen Sie genau?"
Durch Nachfragen pauschale Aussagen konkretisieren oder:
*Gesprächsführer:* „Wie stellen Sie sich einen verlässlichen Umgang miteinander für die Zukunft vor?"
Blickwinkel von der Vergangenheit auf die Zukunft richten

### 2.8.3 Konstruktiv Umformulieren

Negative Aussagen über den Konfliktpartner schreiben Kritik und einen bestimmten Sachverhalt fest. Meist ist damit ein Vorwurf verbunden. Aus dem abschätzig formulierten Material filtert der Vermittler die konstruktiven Inhalte heraus. Das positive Umformulieren durch den Vermittler soll eine Richtung für Veränderungen aufzeigen.

**Charakteristika**

- Hinter der negativen Kritik sucht der Vermittler nach dem positiven Bedürfnis.
- Der Vermittler fokussiert den Blickwinkel der Parteien auf das berechtigte Anliegen.
- Verletzende Aussagen der Parteien werden dadurch entschärft.

*Beispiel:*
Der Vermittler erkennt in der negativen Kritik das berechtigte Anliegen und benennt dies:
*Klient:* „Wenn Sie mir das Auto überlässt, ist kein Sprit mehr im Tank, und der Aschenbecher quillt vor Kippen über."
*Vermittler:* „Sie wünschen sich bei der Übergabe des Autos eine ausreichende Tankfüllung und geleerte Aschenbecher. Möchten Sie das regeln?"

### 2.8.4 Perspektivenwechsel

Manche Konflikte haben sich über einen längeren Zeitraum aufgeschaukelt, und die andere Seite wird nur noch negativ wahrgenommen. Die Emotionen sind verhärtet, die Kommunikation ist abgebrochen. Ursachen können tiefsitzende oder auch subjektiv empfundene Verletzungen sein. Ein Perspektivenwechsel kann in solch einer Situation Wunder wirken. Diese Technik wird vom Mediator während der Konfliktbearbeitung eingesetzt, wenn die Parteien auf ihrer subjektiven Sichtweise des Konflikts beharren. Dies wird deutlich, wenn sie Unverständnis für die Emotionen und Sichtweise der anderen Seite ausdrücken. Mit dem Instrument des Perspektivenwechsels werden die Parteien angehalten, sich in die Gegenseite hineinzuversetzen.

Diese Technik dient der Klärung von Emotionen, dem gegenseitigen Verständnis und der Überwindung einer einseitigen Betrachtungsweise des Konflikts. Die eigene Sichtweise wird relativiert und der anderen Seite das Recht auf eine eigene Sicht zugebilligt.

**Vorgehensweise**

*Stuhltausch:* Die Parteien werden gebeten, die Stühle zu tauschen und in der Ich-Form die Gefühle und Gedanken der anderen Seite zu schildern. Der Mediator holt sich zuvor das Einverständnis der Parteien ein. Der Stuhltausch muss freiwillig erfolgen.

*Doppeln:* Die Technik des Doppelns eignet sich zur Klärung von Emotionen und Interessen, wenn es einer oder mehreren Parteien Schwierigkeiten bereitet, die eigenen Gefühle auszudrücken.

- Der Mediator bittet um Erlaubnis, die Emotionen und Interessen der Parteien wiedergeben zu dürfen.
- Er tritt hinter einen Klienten und teilt die vermuteten Emotionen und Interessen dem Gegenüber in der Ich-Form mit.
- Er bittet die Person, für die er gesprochen hat, um Zustimmung oder Korrektur.
- Grundsätzlich doppelt der Mediator auch die andere Partei.

Die Geschichte „Die gestohlene Axt" soll den Prozess subjektiver Wahrnehmung illustrieren. Die eigene Phantasie konstruiert eine Realität, die für den Beobachter vollkommen real zu sein scheint, in Wahrheit jedoch ein Produkt der eigenen verzerrten Wahrnehmung ist.

> **Die gestohlene Axt (Marx 2012, 9; nach einer Geschichte von Lieh Tzu, China)**
> Ein Holzfäller ging eines Morgens hinaus, um Feuerholz zu schlagen. Er schaute nach seiner Lieblingsaxt und erschrak, als er sah, dass sie nicht an ihrem Platz lag. Er suchte verzweifelt zwischen den Holzstapeln, hinter seinem Haus und in seinem Schuppen, aber nirgends konnte er sie finden.
> Der Holzfäller wurde immer unruhiger, je länger er vergeblich suchte. Dann erspähte er aus den Augenwinkeln den Sohn seines Nachbarn, der in der Nähe des Holzschuppens stand. Der Holzfäller starrte zu dem Jungen hinüber und dachte bei sich: „Sieh nur, wie er um den Schuppen herumlungert, wie er unruhig von einem Fuß auf den anderen stapft und die habgierigen Hände in den Hosentaschen versteckt. Und sein schuldbewusster Blick! Ich kann es zwar nicht beweisen, aber er muss meine Axt gestohlen haben!" Der Holzfäller kochte vor Wut und schwor bei sich, dass er es ihm heimzahlen werde.
> Am nächsten Tag stolperte der Holzfäller über seine Axt, die neben einem Stapel Feuerholz lag. „Jetzt erinnere ich mich!", rief er, „Genau hier habe ich sie liegenlassen, als ich mit dem Holzhacken fertig war!". Als er den Sohn des Nachbarn das nächste Mal sah, schaute er den Jungen scharf an und musterte ihn von Kopf bis Fuß. „Wie merkwürdig", dachte er. „Irgendwie hat der Junge von heute auf morgen seine schuldbewusste Miene verloren."

### 2.8.5 Fragetechniken

Fragen zielen nicht nur auf Informationen. Fragen bekunden vielmehr Interesse am Gesprächspartner. Gezielte Fragen ermutigen den Gesprächspartner zum

Fortfahren. Fragen leiten und strukturieren eine Gesprächsführung (Schulz et al. 2006, 8). Allerdings sollten Fragen nicht als Trommelfeuer kommen, da sonst der Eindruck eines Verhörs entsteht (Hennig/Ehinger 2012, 51).

**Wichtigste Fragearten**

*Offene Fragen* beginnen in der Regel mit einem W-Fragewort: *wer, wie, was, weshalb, warum, wozu, wo, wann, worüber*. Sie lassen viele Antwortmöglichkeiten zu (Schulz et al. 2006, 8). Sie lassen sich in mehrere Subtypen unterteilen:

- *Kenntnisfrage:* „Was wissen Sie über das Thema?"
- *Informationsfrage:* „Was wurde an dem Auto repariert?"
- *Rück-/Gegenfrage:* „Wie meinen Sie das?"
- *Motivationsfrage:* „Was sagen Sie zu seinem Vorschlag?"

In der Regel ermöglichen offene Fragen einen „echten" Dialog, da der Gesprächspartner in seinen Antwortmöglichkeiten nicht eingeschränkt wird. Offene Fragen dienen zur Präzisierung von Sachverhalten, Gedanken und Gefühlen. Sie lassen sich ebenfalls gut einsetzen, wenn Äußerungen des Gesprächspartners unklar sind (Hennig/Ehinger 2012, 93). Sie geben dem Partner die Möglichkeit, zu reflektieren und neue Perspektiven zu finden (ebd., 51).

*Geschlossene Fragen* lassen nur eingeschränkte Antwortmöglichkeiten zu: *ja/ nein, vielleicht, eventuell, mal sehen*, und beginnen mit einem Verb oder Hilfsverb: *Haben Sie schon ...?* (Schulz et al. 2006, 8). Es handelt sich hierbei um sog. *Entscheidungsfragen*, die meistens äußerst knapp beantwortet werden. Sie führen zu schnellen Entscheidungen, lassen nur eine eingeschränkte Sichtweise zu und setzen einseitige Schwerpunkte (ebd., 19 f.). Geschlossene Fragen eignen sich, um wichtige Informationen einzuholen oder um einem wortkargen Gesprächspartner Aussagen zu entlocken (Birkenbihl 2014, 179). Auch hier gibt es verschiedene Subtypen:

- *Alternativfrage:* „Trinken Sie lieber Kaffee oder Tee?"
- *Suggestivfrage:* – „Sind Sie nicht auch der Meinung, dass wir einen Makler beauftragen sollten?"
- *Ja-Frage* – Suggestivfrage, bei der grundsätzlich eine positive Antwort erwartet wird, denn nur durch sie kann sich der Gefragte positiv darstellen: „Sind Sie mit Ihrer Leistung zufrieden?" Ist ein gutes Gehalt wichtig für Sie?"
- *Rhetorische Fragen:* Keine echten Fragen, da sie durch ihre Form die vom anderen erwartete Antwort bereits vorwegnehmen.
- *Angriffsfrage:* „Ist das schon alles?"
- *Kontrollfrage:* „Haben Sie noch Fragen zu ... ?"

In einem konstruktiven Gespräch sollten mehr offene als geschlossene Fragen gestellt werden. Suggestivfragen, rhetorische Fragen und Ja-Ketten sollten vermieden werden. Dem Gesprächspartner soll genug Zeit gelassen werden, über die Frage nachzudenken und sie zu beantworten (Schulz et al. 2006, 19 f.). Offene Fragen helfen dabei, den anderen zu einer echten Meinungsäußerung zu bewegen, da er nicht in Versuchung kommt, einfach nur zuzustimmen (Birkenbihl 2014, 179 f.).

Die Fragetechnik beeinflusst die Antwort. Schlecht gestellte Fragen, z. B. nicht konkret oder unpersönlich („man"), können zu Antworten führen, die an der Absicht des Fragenden vorbeizielen (Schulz et al. 2006, 20).

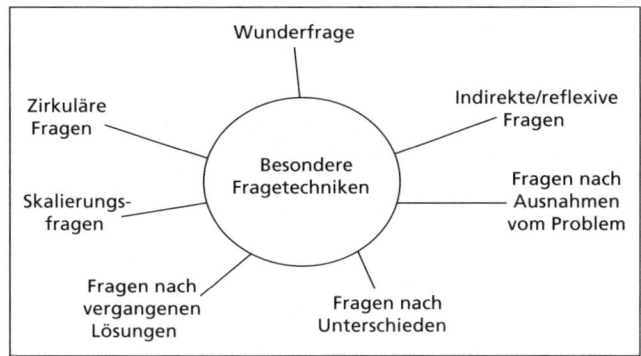

**Abb. 2.3:** Besondere Fragetechniken

Statt direkten Fragen eignen sich im Gespräch manchmal *indirekte oder reflexive Fragen*, etwa „Ich überlege mir gerade, ob ..." oder „Ich frage mich, ob ..." (Sacher 2008, 100).

*Zirkuläres Fragen* ist eine Frageform aus der systemischen Familientherapie, die weg vom Ursache-Wirkungs-Prinzip führt. Durch diese Frageform wird ebenso die Beziehungsebene angesprochen. Um zirkuläre Fragen zu beantworten, muss der Klient einen inneren Suchprozess durchlaufen. Die Antwort wird jeweils mit einfühlendem Verstehen aufgegriffen, damit der Klient sich damit weiter auseinandersetzen kann (Weinberger 2004, 106).

> *Beispiel:*
> „Was glauben Sie, Frau Müller, was fühlt Ihre Tochter, wenn Sie hört, dass sie versetzungsgefährdet ist?"

*Skalierungsfragen* stammen aus dem lösungsorientierten Ansatz. Der Gesprächspartner wird gebeten, sein Befinden in einer bestimmten Situation, an einem Tag oder im Verlauf einer Woche auf einer Skala von 1–10 einzuschätzen, wobei 1 „schlecht" und 10 „sehr gut" meint. Die Skala ist Ausdruck des eigenen Erlebens und erlaubt es, das eigene Befinden genauer wahrzunehmen. Die Skala macht Fortschritte deutlich und betont jeden noch so kleinen Schritt (ebd., 107). Werden die 1 oder 2 genannt, wird mit sog. Copingstrategien (Bewältigungsstrategien) gearbeitet („*Wie schaffen Sie es, dennoch zu mir zu kommen.*" „*Wie bewältigen Sie diese schwierige Lage?*"). Die Bedeutung der jeweiligen Einschätzung wird hinterfragt. Der Weg hin zur 10 wird in einzelne Schritte unterteilt (Jeschke 2010, 59 f.).

*Fragen nach Ausnahmen vom Problem* helfen, Lösungen in der Gegenwart sowie in der Vergangenheit zu finden (Sparrer 2007, 57 f.). Kein Problem tritt rund um die Uhr auf oder beherrscht den gesamten Alltag. Hierzu zählt auch die *Frage nach vergangenen Lösungen* – „*Wie wurden ähnliche oder vergleichbare Probleme in der Vergangenheit gelöst?*" Die Frage nach Ausnahmen weist auf viele Ressourcen hin, über die sich der Klient nicht bewusst war. Das Gespräch über Ausnahmen weckt die Zuversicht, die derzeitigen Probleme lösen zu können (Jeschke 2010, 59 f.).

*Beispiele:*
- „Gibt es Zeiten, in denen Ihr Problem nicht auftritt?"
- „Können Sie sich an Zeiten erinnern, in denen Sie bereits Ihr Ziel erreicht hatten?"
- „Hatten Sie schon einmal Teile ihres Zieles erreicht?" „Wann?"

Fragen nach Ausnahmen sollten mit *Fragen nach Unterschieden* kombiniert werden. Auf diese Weise werden Ausnahmesituationen zur Konstruktion neuer Lösungen nutzbar gemacht (Sparrer 2007, 57 f.).

*Beispiel:*
„Wie haben Sie das damals gemacht?" „Was war in der damaligen Situation anders?"

Die sog. *Wunderfrage* (siehe Kap. 2.7) stammt ebenfalls aus dem Werkzeugkoffer des lösungsorientierten Ansatzes. Die Wunderfrage zielt auf eine Zukunft ab, in der das Problem gelöst sein wird. Der Gesprächspartner wird aufgefordert, sich vorzustellen, über Nacht wäre ein Wunder geschehen und das Problem, um das es geht, wäre gelöst. Er wird gefragt, was dann anders sei, woran er merken würde, dass das Problem gelöst sei. Durch die Frage wird die problembeladene Realität verlassen. Der Gesprächspartner stellt sich die Zukunft möglichst konkret ohne das Problem vor, das Neue gewinnt an Gestalt, wird konkret benannt und gefühlsmäßig erlebt (Weinberger 2004, 107).

*Beispiele:*
- „Jetzt wachen Sie morgen früh wieder auf und jemand sagt Ihnen, dass ein Wunder passiert ist, woran könnten Sie das bemerken?"
- „Was wäre anders? Und was wäre noch anders? Gibt es etwas, was Sie dann anders tun? Oder tauchen Gedanken auf? Oder empfinden Sie anders?"

Zunächst wird unspezifisch gefragt, was nach dem Wunder anders ist. Der darauf folgende Teil der Wunderfrage beschäftigt sich mit den Reaktionen anderer auf das Wunder.
„Bemerkt jemand außer Ihnen das Wunder? Und wer? Und woran? Und was vermuten Sie, wie er oder sie auf Ihr Wunder reagiert?" (Sparrer 2007, 53 ff.)

In dem Gesprächspartner lässt die Wunderfrage ein starkes Bild entstehen, für das es sich lohnt, sich anzustrengen, Ressourcen zu aktivieren. Durch die Frage eröffnen sich reale Handlungsmöglichkeiten in Richtung „positiver Zukunft". Zudem wird Zuversicht geweckt, die Hoffnung auf Veränderung steigt, und die

Bereitschaft zur aktiven Mitwirkung wird gestärkt (Jeschke 2010, 58). Sie hilft, die Problemtrance zu durchbrechen und an eine Lösung zu glauben (Weinberger 2004, 107).

### 2.8.6 Umgang mit schwierigen Gesprächssituationen

Kommunikationssperren entstehen durch Wechselwirkung zwischen Sender und Empfänger. Hinter Äußerungen stehen häufig starke Emotionen, die beim Empfänger als Anschuldigungen, Vorwürfe, Entwertungen etc. ankommen. Der Angesprochene reagiert dann oft mit Angriff (Brüllen, Aggressionen) oder Flucht (Schweigen, Rückzug) (ebd., 68).

Ein Konfliktmanager oder Mediator sollte – auch wenn es schwerfällt – als Reaktion mit Neutralität reagieren. Andernfalls verkompliziert sich die Konfliktsituation, wenn der Vermittler unbewusst mit Abwehr oder Unverständnis reagiert. Dies könnte eine konstruktive Beziehung zwischen Angreifer und Mediator stören, so dass der Vermittler die Person „verliert". Der Angriff kann Ausdruck von Unsicherheit oder Furcht sein. Wer Verständnis demonstriert, kann die negative Energie im Idealfall umlenken. Ein Konfliktmanager kann sich in der Situation fragen: *„Was braucht der Angreifer gerade?"*. Hilfreich ist es, physisch zwischen den Konfliktparteien zu stehen und den Angriff durch ruhiges überlegtes Verhalten zu parieren und die Attacke nicht persönlich zu nehmen.

Jeder Mensch hat das Bedürfnis, sein Selbstwertgefühl aufrechtzuerhalten oder zu erhöhen. Um es zu schützen, reagieren Menschen mit Abwehrmanövern (Knechtel 2003, 43) oder mit Stress geladenen Kommunikationsmustern (Plate 2013, 35 ff.). Chaotische Kommunikationsmuster sind Ausdruck von Stress. Das kann als sprunghaftes Reden, Vergesslichkeit, Fahrigkeit, rote Flecken am Hals, starke Emotionen zum Ausdruck kommen. Sinnvoll kann es sein, die Beobachtung respektvoll mitzuteilen und nach den Gründen zu fragen. Auch eine Pause kann die Spannung abbauen.

Schweigen oder Gesprächspausen haben oft ihre Ursache in Kontakt- oder Redehemmungen, Angst und Scham. Gesprächspartner trauen sich nicht, über private Angelegenheiten zu sprechen, oder schämen sich. Weiterhin können sich ungünstige äußere Umstände, wie eine schlechte Sitzordnung oder Lärm, hinderlich auf ein Gespräch auswirken (Köllner 1996, 20). Die beratende Person sollte eine Gesprächspause aushalten und Gelassenheit ausstrahlen (ebd., 22). Wenn sich eine Person durch den Kontrahenten blockiert fühlt, können Einzelgespräche den positiven Effekt haben, dass die Gesprächshemmung abgebaut wird.

## 2.9 Übung

**Szenario: Seniorenzentrum**

Der 74-jährige Rentner Herr Wuttke hatte einen Schlaganfall. Er ist danach auf einen Rollstuhl angewiesen, und sein Sprachvermögen ist stark eingeschränkt.

Er bekommt das Geschehen um ihn herum zwar mit, aber es scheint so, dass er auch geistig eingeschränkt ist. Aufgrund der Schwerstpflegebedürftigkeit wird der Ehefrau nahegelegt, ihn in einem Seniorenzentrum unterzubringen. Sie hat ein schlechtes Gewissen, sieht aber ein, dass sie mit der Pflege ihres Mannes zu Hause überfordert wäre.

Sie leidet stark unter der Veränderung. Sie besucht ihn jeden Tag und hat genaue Vorstellungen, wie er dort versorgt werden soll. Herr Wuttke scheint zufrieden zu sein. Frau Wuttke ist ständig unzufrieden mit dem Personal: Können die jungen Altenpflegerinnen ihren Mann überhaupt richtig versorgen? Sie kontrolliert, ob die Zahnbürste feucht ist, ob das Mundwasser benutzt wurde. Sie kontrolliert die Wäschestücke und beklagt ständig, dass etwas fehlt. Sie glaubt nicht, dass ihr Mann so viel Wäsche benötigt. Sie meint, ihr Mann würde nicht zu Gruppenangeboten geholt werden.

Mittwochs ist Besprechung des Wohnbereichsteams. Deshalb wird Herr Wuttke erst später zum Kaffee in seinen Rollstuhl gesetzt. Dafür hat Frau Wuttke kein Verständnis. Es kommt zu einem *Konfliktgespräch* zwischen Frau Wuttke und dem Wohnbereichsleiter Herr Müller.

**Aufgabe**

- *Beteiligte*: zwei Personen als Partnerübung oder drei Personen mit einem zusätzlichen Beobachter.
- *Dauer*: ca. 40 Minuten
- *Durchführung*:
  - Gesprächspartner A übernimmt die Rolle der Beschwerdeführerin, Frau Wuttke; Gesprächspartner B die Rolle des Zuhörenden, Herr Müller. Führen Sie das Gespräch zunächst als übliches Wortgefecht. Frau Wuttke beklagt sich, Herr Müller verteidigt sich (ca. 10 Minuten).
  - Kurze Reflexion.
  - Nun soll B (Herr Müller) einige Elemente der konstruktiven Gesprächsführung anwenden. Das Gespräch beginnt noch einmal. Herr Müller nimmt die Haltung der Wertschätzung und Empathie ein. Er geht zum aktiven Zuhören über. Herr Müller hat die Aufgabe, seiner Gesprächspartnerin deutlich zu machen, dass er ihr zugewandt ist und sich in sie hineindenken und -fühlen kann. Er wendet die Technik des Paraphrasierens/Spiegelns an (Kap. 2.2). Negative Zuschreibungen formuliert er konstruktiv um und spiegelt die dahinter stehenden Bedürfnisse (Kap. 2.8.3) (ca. 20 Minuten). Wenden Sie auch bewusst lösungsorientierte Fragetechniken an (Kap. 2.8.5).
  - Reflexion: Wie unterscheidet sich ein „Wortgefecht" von einem konstruktiven Konfliktgespräch? Was haben Sie gelernt, und was wollen Sie künftig in Ihre Gesprächsführung integrieren?

📖 *Weiterführende Literatur*

Birkenbihl, V. F. (2014): Kommunikationstraining. Zwischenmenschliche Beziehungen erfolgreich gestalten, 34. Auflage, München.
Gordon, T. (2010): Familienkonferenz, 49. Auflage, München.
Plate, M. (2013): Grundlagen der Kommunikation. Gespräche effektiv gestalten, Göttingen [u. a.].
Rosenberg, M. (2012): Gewaltfreie Kommunikation – Eine Sprache des Lebens, 9. Auflage, Paderborn.
Weinberger, S. (2006): Klientenzentrierte Gesprächsführung. Lern- und Praxisanleitung für psychosoziale Berufe, Weinheim und München.

# 3 DIE METHODE DER MEDIATION

**Was Sie in diesem Kapitel lernen können**

Mediation ist eine universelle Methode, um Konflikte konstruktiv zu lösen. Ein neutraler Dritter (Mediator/in) hilft den Streitparteien, gescheiterte Verhandlungen wieder aufzunehmen und sich zu einigen. Es geht um einen Ausgleich der Interessen. Vermieden wird, dass sich eine Partei auf Kosten der anderen durchsetzt. In den meisten Fällen wird eine funktionierende Zusammenarbeit am Arbeitsplatz wieder ermöglicht, Geschäftsbeziehungen werden erhalten oder familiäre Verhältnisse geregelt.

Dieses Kapitel macht Sie mit elementaren Grundlagen der Mediationsmethode vertraut:

- Merkmale, Prinzipien und Grenzen der Mediation
- Rolle und Haltung der Mediatorin/des Mediators
- Die Phasen des Mediationsverlaufs
- Sachgerechtes Verhandeln nach dem Harvard-Konzept

## 3.1 Historische Entwicklung

Die Mediationsmethode in Deutschland lässt sich praktisch als Import einer humanistischen Methode aus den USA begreifen. Dort hat man schon seit den 1970er Jahren überaus positive Erfahrungen gemacht. Daraufhin wurde in mehr als der Hälfte der US-amerikanischen Bundesstaaten in streitigen Sorge- und Umgangsrechtsverfahren Mediation obligatorisch vorgeschaltet, bevor ein Gericht den Fall annimmt. Kommunale und private Mediationszentren, die meist Fördergelder erhalten, betreiben in großem Umfang Konfliktmanagement in Nachbarschafts- und Mietstreitigkeiten, Scheidungsangelegenheiten oder in Wirtschaftssachen. Davon sind wir in Deutschland, solange Mediation nicht öffentlich gefördert wird, noch weit entfernt.

Deutschland geht seit den 1990er Jahren seinen eigenen Weg, und mittlerweile hat sich Mediation als fester Bestandteil des Justizsystems, der betrieblichen Konfliktbearbeitung und der Sozialarbeit etabliert. Seit 2012 ist Mediation auch in Deutschland gesetzlich verankert, und es wird zertifizierte Mediatoren geben, die Konfliktvermittlung – wie heute schon – außerhalb und innerhalb des Gerichtssystems anwenden.

Konfliktlösung durch Mediation ist nicht erst eine Errungenschaft der Moderne. Ihre kulturhistorischen Wurzeln reichen zurück bis ins antike China, in japanisches Gewohnheitsrecht, afrikanisches Brauchtum und im westlichen Kulturkreis in die Evangelien des Neuen Testaments. Ihr Merkmal ist die Unterstützung der Streitparteien durch einen Dritten bei der Suche nach einer kooperativen Beendigung des Disputs. Mediation ist geradezu eine „*archetypische Konfliktlösungsform"* (Mähler/Mähler 1995, 15). Der Streit wird nicht von einer äußeren Instanz entschieden, wie bei Gericht, sondern der Vermittler führt die Parteien zu einer Einigung, die von den Streitparteien gemeinsam akzeptiert und getragen wird.

In *China* hat Mediation vom Altertum bis zur heutigen Volksrepublik als Hauptinstrument, Konflikte beizulegen, überlebt. Die philosophische Basis legte die Lehre des Gelehrten Konfuzius (um 551–479 v. Chr.), wonach Harmonie und Eintracht übergeordnete Werte menschlichen Zusammenlebens sind. Zur Wiederherstellung und Wahrung des Friedens seien moralische Überzeugung und ein kooperativer Einigungsprozess probate Mittel, Auseinandersetzungen zu beenden. Die Verfolgung einseitiger Interessen oder äußerer Zwang hingegen würden einer harmonischen Beziehung langfristigen Schaden zufügen (Folberg/Taylor 1984, 1 f.).

Ebenso *Japan* schaut auf eine lange Tradition zurück, Streitigkeiten durch Mediation und Schlichtung zu beenden. Die Vermittlerrolle wurde von Dorfführern wahrgenommen. In der heutigen Geschäftswelt zeichnet sich japanischer Verhandlungsstil immer noch durch seine Wertschätzung persönlicher Beziehungen und die Pflege eines versöhnlichen Umgangs miteinander aus (Kovach 1994, 18 f.).

*Afrikanisches Brauchtum*, besonders die Sitte des Kpelle-Stammes in Liberia, Dorf- oder Nachbarschaftsversammlungen *(moot)* einzuberufen, um einen Streit zwischen Dorfmitgliedern zu beenden, inspirierte vor nicht langer Zeit den Aufbau kommunaler Konfliktvermittlungszentren in den USA (Goldberg/Green/Sander 1985, 4). Forschungen von Kulturanthropologen nach Mechanismen der Streitbeilegung in anderen Kulturen gaben hier maßgeblichen Anstoß (Danzig 1973, 46). Bei diesen Dorfversammlungen tritt ein Dorfältester als Vermittler zwischen den Streitparteien auf.

Auch die *arabische Kultur* hat im Mittleren Osten und in Nordafrika eine Vermittlungstradition hervorgebracht, die als *wasta* (arabisch: Mitte, Mittler) bezeichnet wird. Diese Mediationsform wird in der westlichen Literatur kaum wahrgenommen, obwohl sie als informelle Konfliktbewältigungsstrategie bis heute praktiziert wird und in der Bevölkerung hohe Wertschätzung genießt. Besonders bei Auseinandersetzungen zwischen Familienclans nach Unfällen, körperlichen Übergriffen und Ehrverletzungen wird mit Hilfe eines Mittlers Kompensation für die Verletzung und die Wiederherstellung der Ehre ausgehandelt, nicht zuletzt, um eine Eskalation des Konflikts zu verhindern (Cunningham/Sarayrah 1993).

Im Laufe der Jahrhunderte haben religiöse Einrichtungen wie Kirchen, Tempel und Moscheen Mittlerfunktionen für eine friedliche Streitbeendigung zwischen ihren Mitgliedern eingenommen. Der örtliche Geistliche, Priester, Rabbi oder Mullah wurde eingeschaltet, vorwiegend in Familienkonflikten, um den Parteien Rat zu erteilen, wie sie ihr Verhältnis wieder tragfähig neu organisieren können (Moore 2003, 19 ff.).

Als Quellentext für Mediation im Neuen Testament wird auf den ersten Korintherbrief des Apostels Paulus verwiesen (Kapitel 6, Verse 1–4). Danach legte

Paulus den Mitgliedern seiner Gemeinde nahe, Auseinandersetzungen nicht vor einem weltlichen Gericht auszutragen, sondern in der Gemeinde selbst zu lösen. Ethisch betrachtet steht Mediation im Einklang mit christlichen Grundwerten wie Vergebung und Versöhnung (Folberg/Taylor 1984, 3).

> **Ho'oponopono – traditionelle Konfliktlösung in Hawaii (nach Augsburger 1992, 213 ff.)**
> Konfliktbewältigung hat in der hawaiianischen Kultur religiösen und therapeutischen Charakter. Der Ho'oponopono-Brauch, ein tradierter Mediationsprozess, reflektiert die hohe Wertschätzung der Harmonie zwischenmenschlicher Beziehungen. Das Bild eines verknoteten Fischnetzes dient als Metapher, um zu symbolisieren, wie Mitglieder einer Großfamilie miteinander verwoben sind. Wird an einer Seite des Netzes gezogen, sind alle Teile betroffen. Das Netz lässt sich nur wieder in Ordnung bringen, indem jeder einzelne verheddderte Strang vorsichtig gelöst und zur Ursache des Problems vorgedrungen wird.
> Damit das Ho'oponopono seinen Zweck erfüllen kann, müssen sich sämtliche Familienmitglieder einfinden und bereit sein, zur Lösung des Konflikts beizutragen. Die Eröffnungsphase beginnt mit einem Gebet. Der Vermittler, ein Dorfältester, identifiziert den zugrunde liegenden Konflikt und wählt einen Aspekt nach dem anderen zur Diskussion aus. Während der Aussprache wird jeder Teilnehmer aufgefordert, seine Emotionen mitzuteilen, ohne andere zu verletzen.
> Nach der Diskussion wird um Bekenntnisse, Vergebung und Befreiung nachgesucht. Schließlich fasst der Vermittler die Ergebnisse zusammen, bestätigt die Stärke der Familie und ihre dauerhafte Verbindung und erklärt die Beendigung des Konflikts mit dem Hinweis, dass das Problem nie wieder aufgebracht werden darf. Mit einem gemeinsamen Festmahl, zu dem jeder etwas beigetragen hat, wird die Wiederkehr harmonischer Beziehungen gefeiert.

**USA**

Die gegenwärtige Mediationsbewegung in den Vereinigten Staaten von Amerika wurde von zwei historischen Strömungen maßgeblich beeinflusst. Das waren zum einen informelle Wege der Streitbeilegung, die innerhalb kultureller oder religiöser Gemeinden eingesetzt wurden und noch werden. Diese haben ihren Ursprung bei diversen Einwanderergruppen, wie Chinesen, Juden oder den frühen Quäkern (Kovach 1994, 19 f.). Richtungsweisend war zudem das Vermittlungskonzept in Auseinandersetzungen zwischen Arbeitnehmern und Arbeitgebern, das 1913 durch Schaffung eines Arbeitsministeriums und die Einführung des „Beauftragten für Versöhnung" (*commissioner of conciliation*) gesetzlich fixiert wurde (ebd., 19 f.).

Im Zuge wachsender Kritik am herkömmlichen formalistischen, kostenintensiven und schwerfälligen Gerichtsverfahren wandte sich Ende der 1960er Jahre das öffentliche Interesse alternativen Formen der Konfliktbeilegung zu. Als Geburtsstunde der gegenwärtigen Mediationsbewegung wird die Pound-Konferenz im Jahr 1976 genannt (ebd., 21; Breidenbach 1995, 12). Die Teilnehmer der Konferenz, Richter, Rechtsanwälte und Professoren, beleuchteten die Gründe für die Unzufriedenheit der amerikanischen Bevölkerung mit der Justiz. Ein Produkt der Konferenz war die Gründung von sog. Nachbarschafts-Rechts-Zentren

*(Neighbourhood Justice Center)* mit öffentlichen Fördermitteln. Diese Zentren bieten bei Alltagskonflikten kostenlosen Mediationsservice oder erheben lediglich geringe Gebühren. Sie wurden mittlerweile in zahlreichen Bundesstaaten im Rahmen kommunaler oder gerichtlicher Programme zur alternativen Konfliktlösung *(alternative dispute resolution)* institutionalisiert (Moore 2003, 25).

Am dynamischsten ist die Praxis der Mediation in den USA in dem Bereich des Familienrechts bei Ehescheidungen und Sorgerechtskonflikten expandiert. In den 1970er Jahren begannen einige Familiengerichte damit, streitige Sorge- und Umgangsfälle an sog. Versöhnungsgerichte *(conciliation court)* abzugeben, um die Eltern zu befähigen, ein einvernehmliches Sorgekonzept zu entwickeln. Nachdem eine hohe Einigungsquote erzielt und die Erfolgsbilanz positiv bewertet wurde, werden seit 1980 in Kalifornien auf gesetzlicher Grundlage *(Senate Bill 961)* streitige Sorge- und Umgangsfälle zunächst einer obligatorischen Mediation zugewiesen, bevor gegebenenfalls ein streitiges Gerichtsverfahren eingeleitet wird (Ricci 1992, 169). Dieses Modell hat mittlerweile in der Mehrzahl der US-amerikanischen Bundesstaaten Schule gemacht (Saposnek 1998, 14). Heutzutage lässt sich die Praxis der Familien-Mediation in den USA als Drei-Säulen-Modell charakterisieren. Ein Pfeiler besteht in der gerichtsverbundenen *(court connected)* Mediation durch Conciliation Courts, ein anderer Teil der Konfliktvermittlung wird von freien Praxen (Rechtsanwälte, Therapeuten, Sozialarbeiter) geleistet, und ein drittes Standbein bilden kommunale Dienstleistungen, etwa durch Nachbarschafts-Rechts-Zentren oder kommunale Mediationszentren.

Inzwischen hat sich die Methode der Mediation in den USA als komplementäre Konfliktlösungsstrategie neben dem traditionellen justizförmigen Verfahren mit beachtlichem Erfolg etabliert. Sie ist keine isolierte Erscheinung der jüngeren Rechtsgeschichte, sondern Bestandteil eines ganzen Systems alternativer Formen der Konfliktregelung, für die sich der Begriff *Alternative Dispute Resolution (ADR)* eingebürgert hat (Breidenbach 1995, 11 ff.). Darunter versteht man eine Gruppe von Verfahren, durch die Konflikte, Streitigkeiten und Fälle außerhalb der herkömmlichen streitigen Gerichtsverfahren gelöst werden. Zu diesen alternativen Konfliktlösungsmechanismen zählen Verhandlungstechniken, Mediation, Schlichtung, Fall-Evaluation durch Experten, private Gerichtsbarkeit sowie die Einrichtung des Ombudsmanns (Goldberg/Green/Sander 1985, 8 f.). In diesem Sektor bewegen sich noch einige neuartige Ansätze im Experimentierstadium, so dass es sich lohnen wird, die künftige Entwicklung in den USA auch weiterhin wachsam zu verfolgen.

## 3.2 Lage der Mediation in Deutschland

Ernsthaftes Interesse an der Mediationsmethode entwickelte sich in Deutschland in den späten 1980er Jahren, angestoßen durch einen Vortrag von Proksch während einer Tagung der Evangelischen Akademie Arnoldshain (1988) (Mähler/Mähler 1995, 17). Es schlossen sich einige Beiträge an, die Mediation einer breiteren Fachöffentlichkeit zugänglich machten (Proksch 1989; 1990). In der Folge bildeten sich eine Reihe von interdisziplinären Arbeitskreisen, die zur fachlichen Profilierung und Verbreitung der Methode beitrugen. Die ersten Ausbildungsprogramme unter Anleitung amerikanischer Trainer fanden 1989 statt (Breidenbach 1995, 273; Mähler/Mähler 1995, 17). Zunehmend wurde das Thema Mediation Gegenstand von Vorträgen, Arbeitsgruppen und Diskussionen. In den Anfängen konzentrierte sich die öffentliche Wahrnehmung auf das Segment Familien- und Scheidungs-Mediation.

**Mediatorenverbände**

Eine wichtige Etappe auf dem Weg zur professionellen Anerkennung der Familien-Mediation in Deutschland bildete 1992 die Gründung der *Bundesarbeitsgemeinschaft Familien-Mediation* (BAFM). Die BAFM versteht sich als Informations- und Koordinationsforum der regionalen Arbeitskreise mit den Arbeitsschwerpunkten Professionalisierung, Qualifizierung und Vernetzung (www.bafm-mediation.de). Als Resultat der Debatte um Qualitäts- und Qualifikationsstandards legte die BAFM Richtlinien zur Berufsausübung und zur Ausbildung von Familien-Mediatoren vor.

Etwa gleichzeitig konstituierte sich der *Bundesverband Mediation* im Jahre 1992 als Pionier und Motor der Mediationsbewegung in Deutschland. Der Verband gibt eine eigene Zeitschrift, das „Spektrum der Mediation", heraus, vertritt den weitaus größten Teil der deutschen Mediatoren und ist in allen Mediationsbereichen präsent (www.bmev.de).

Einige Jahre später – 1996 – wurde der *Bundesverband Mediation in Wirtschaft und Arbeitswelt* gegründet. Diese Organisation versteht sich primär als Vertreter der Wirtschaftsmediatoren und bezweckt, die Mediation vor allem in deutschen Unternehmen, Organisationen sowie in der öffentlichen Verwaltung bekannter zu machen (www.bmwa-deutschland.de).

War das Verhältnis der Bundesverbände in den Anfangsjahren eher von Konkurrenz geprägt, kooperieren sie heute auf breiter Basis und veranstalten seit 2012 einen gemeinsamen Mediationskongress. Der Vollständigkeit halber soll erwähnt werden, dass neben diesen drei Bundesverbänden noch einige weitere Organisationen mit dem Schwerpunkt Mediation und Konfliktmanagement ins Leben gerufen wurden.

**Anwendungsgebiete**

Parallel zu der wachsenden Zahl von ausgebildeten Familien-Mediatoren etablierte sich die Mediationsmethode zunehmend in der Praxis. Vorwiegend familienrechtlich orientierte Rechtsanwälte entdeckten die Vorzüge der Mediation (Mähler/Mähler 1997; Henssler/Schwackenberg 1997). Daneben wird Trennungs- und Scheidungs-Mediation von Angehörigen psychosozialer Berufe in freien Praxen ausgeübt.

Neben der Trennungs- und Scheidungs-Mediation etabliert sich Mediation in Deutschland als kooperative Konfliktlösungsmethode in anderen Bereichen, wie etwa bei Teamkonflikten, in und zwischen Unternehmen, in der Schule oder bei

Umweltstreitigkeiten. In den letzten Jahren hat sich zunehmend das Modell der *gerichtsnahen Mediation* durchgesetzt, wobei streitige Prozesse ausgesetzt und auf freiwilliger Basis eigens ausgebildeten Richtermediatoren zum Aushandeln einer Vereinbarung mit den Parteien übertragen werden.

### Gesetzliche Verankerung der Mediation – Mediationsgesetz 2012

Als „Meilenstein zur Verbesserung der Streitkultur in Deutschland" (Justizministerium) wurde das Mediationsgesetz gefeiert, das am 26.7.2012 in Kraft getreten ist. Mit diesem Gesetz realisierte Deutschland endlich die Umsetzung einer EU-Richtlinie zur Mediation in Zivil- und Handelssachen (2008/527/EG). Mit gerade neun Paragrafen ist das Mediationsgesetz eines der kürzesten Gesetze überhaupt und folgt der Maxime „So viel Gesetz wie nötig, so wenig Gesetz wie möglich". Gleichzeitig wurden Mediationsklauseln in zahlreiche Verfahrensordnungen eingeführt, wie die Zivilprozessordnung (ZPO), das Familienverfahrensgesetz (FamFG), das Arbeitsgerichtsgesetz (AGG), das Sozialgerichtsgesetz (SGG) sowie das Verwaltungsgerichtsgesetz (VerwGG). Damit wird Mediation als ernst zu nehmende Alternative zum streitigen Gerichtsprozess sichtbar gestärkt. Parteien müssen etwa im Familien- oder im Zivilverfahren angeben, ob sie bereits einen Mediationsversuch unternommen haben und ob einem solchen Verfahren Gründe entgegenstehen (§ 23 Abs. 1 S. 2 FamFG, § 253 Abs. 3 Nr. 1 ZPO). Eine möglichst frühe Weichenstellung zur Mediation soll erreicht werden. Schon das Bundesverfassungsgericht hat 2007 festgestellt, in einem Rechtsstaat sei grundsätzlich eine einverständliche Lösung einer richterlichen Streitentscheidung vorzuziehen (Marx 2014, 223).

Die fachliche Qualität des Mediationsverfahrens soll durch Schaffung eines *Zertifizierten Mediators* gesichert werden (§§ 5 u. 6 MedG). Das Bundesjustizministerium ist ermächtigt, *Ausbildungsrichtlinien* (Verordnung) zum zertifizierten Mediator zu erlassen (§ 6 MedG). Neben der Mediation, die primär von freien und zertifizierten Mediatoren durchgeführt wird, soll weiterhin gerichtsinterne Streitschlichtung durch Güterichter im sog. „Güterichtermodell" möglich sein.

Zu kurz gekommen ist allerdings die Kostenförderung der Mediation für einkommensschwache Bürger. Dazu sieht das Mediationsgesetz keine der Prozesskostenhilfe vergleichbare Unterstützung vor. Dies wird von den Mediationsverbänden einhellig kritisiert und sollte von dem Gesetzgeber nachgebessert werden. Letztlich sind erhebliche Einsparungen im Justizsektor möglich, die in eine „Mediationskostenhilfe" fließen könnten.

### Anwaltsmediatoren

Die *Anwaltschaft* hat inzwischen Mediation als zusätzliche Dienstleistung und komplementäres Geschäftsfeld entdeckt. Mit einem juristischen Background lässt sich die Methode in relativ überschaubarer Zeit erlernen. In der Regel akzeptieren die Rechtsanwaltskammern eine 90-stündige Ausbildung mit einem bestimmten Inhaltskatalog, damit ein Anwalt den Titel „Anwaltsmediator" führen darf. In jedem Fall ist der Rechtsanwalt gehalten, seine Rolle klar zu definieren.

Entweder er tritt als Parteivertreter auf oder als Mediator. Gegenüber einem Mandanten kann er nicht beide Rollen ausüben.

**Sozialarbeiter und Vertreter psychosozialer Berufe als Mediatoren**

Ebenso soziale Berufe haben Mediation als unverzichtbares Handwerkszeug in ihrem Methodenkoffer entdeckt. Mediation im Sozialbereich wird vorwiegend im Zusammenhang mit Trennung und Scheidung, Konfliktlotsen-Programmen an Schulen, dem Täter-Opfer-Ausgleich (TOA), in der Altenhilfe, im Gesundheitswesen sowie zunehmend bei der Bearbeitung innerbetrieblicher Konflikte eingesetzt. Zahlreiche Mitarbeiter aus dem Sozialbereich haben sich als Mediatoren ausbilden lassen (Trenczek 2010, 2 f.). Das Mediationsgesetz sieht eine 120-stündige Ausbildung zur Zertifizierung als Mediator vor (Kap. 6.4).

## 3.3 Definition, Merkmale, Prinzipien

*Einführendes Beispiel: Streit in einer JVA*
Im Freizeitraum einer Justizvollzugsanstalt stehen zwei Männer voreinander, getrennt durch einen Tisch, und brüllen sich lautstark an. Sie beschimpfen sich heftig, und der Streit steht offenbar kurz vor einer handgreiflichen Auseinandersetzung.
Der diensthabende Vollzugsbeamte greift ein, um den Streit zu beenden und um ein Handgemenge zu vermeiden. Er ruft die beiden Kontrahenten zur Disziplin. Er wirkt kraft seiner Autorität, verkörpert durch seine Uniform. Er droht den beiden Männern mit Disziplinarmaßnahmen, konkret mit einer Freizeitsperre oder Einzelarrest. Dies scheint Wirkung zu zeigen, und die Männer rücken voneinander ab. Damit scheint, zumindest vordergründig, Schlimmeres verhindert und der Streit beendet.

Ein in Mediation geschulter Konfliktvermittler würde jedoch weitergehen: Nachdem sich die Kontrahenten etwas beruhigt haben, würde er beide zu einem Gespräch bitten. Bei einem späteren Treffen würde er fragen, ob die Kontrahenten bereit sind, über den Vorfall zu sprechen und zu klären, was zwischen beiden vorliegt. Er würde mit ihnen einige Grundregeln für das Gespräch vereinbaren. Er würde jeden einzelnen bitten, nacheinander seine Version des Geschehenen zu schildern. Der Mediator würde die Hauptbotschaft jeder Aussage zusammenfassen, um den Sprecher zu bestätigen und Verständnis für beide Parteien zu signalisieren. Mit dieser einfachen Methode bringt der Mediator jeden Kontrahenten dazu, dem anderen zuzuhören. Er erfährt von jeder Partei deren subjektive Wahrnehmung des Geschehens. Gleichzeitig gibt er zu verstehen, dass er beide Parteien annimmt und akzeptiert. Schon mit dieser einfachen Prozedur kann ein Teil des Konfliktpotenzials neutralisiert werden.

Mediation ist eine Alternative zu gesellschaftlich etablierten Konfliktlösungsmechanismen, wie Urteilen und Schlichten, und betont im Gegensatz zu diesen die Selbstbestimmung der Streitparteien.

> **Definition**
> Ziel einer Mediation ist es, mit Unterstützung eines neutralen Dritten (Mediator) auf freiwilliger Basis eine konsensfähige Lösung der streitigen Punkte zu erreichen. Dabei ist es Aufgabe des Mediators, die Verhandlungen der Parteien zu erleichtern und nicht etwa eine Entscheidung des Konflikts zu treffen (Kievel/Knösel/Marx 2013, 550).

Mediation ist ein außergerichtlicher Prozess, der die Emotionen und Interessen der Parteien ernst nimmt und kreativ nach Lösungsoptionen sucht. Indem die Selbstverantwortung der Parteien in den Mittelpunkt gestellt wird, geht Mediation ressourcen- und selbstwertorientiert vor.

Der Begriff „Mediation" ist ein eingedeutschter englischer Terminus *(„mediation")* mit seinem Ursprung in der lateinischen Sprache. Das englische Wort „mediation" wird mit „Vermittlung" übersetzt, und der „mediator" ist demzufolge ein „Vermittler" zwischen den Disputanten. Schon die Ableitung der Wortbedeutung legt nahe, dass die Funktion des Vermittlers (Mediator) eine zentrale Rolle im Mediationsprozess einnimmt. Anders als ein Richter, der urteilt, oder ein Schlichter, der den Konflikt durch einen Schlichterspruch beendet, entscheidet der Mediator den Streit nicht. Ein Mediator ist kein Entscheider, sondern er strukturiert und erleichtert die Kommunikation und Verhandlung der Parteien und führt sie zu einer selbstbestimmten Vereinbarung (Lowry/Harding 1997, 2:2).

Gegenüber streitig ausgetragenen Gerichtsprozessen hat Konfliktlösung durch Mediation zahlreiche Vorteile. Das Mediationsverfahren wird nicht durch Prozessrecht, materielles Recht und Beweislastfragen starren Strukturen unterworfen, sondern es sind die Parteien selbst, die Gestaltung der Verhandlung und Ergebnis in der Hand behalten. Damit wird gleichzeitig die emotional belastende Unsicherheit über den Ausgang des Verfahrens, die den meisten Gerichtsprozessen anhaftet, reduziert (ebd., 6:4).

Anders als bei Gericht stehen nicht Fragen nach Recht und Unrecht im Vordergrund, sondern das Zentrum der Aufmerksamkeit dreht sich um die Suche nach einer gemeinsamen Lösung, die den Interessen der Streitparteien gerecht wird. Mediation erhebt den Anspruch, keine Gewinner und Verlierer zu produzieren, sondern Gewinner auf beiden Seiten zu ermöglichen. „Mediation is a win-win process" (Folberg/Taylor 1984, 10). Es hat sich außerdem erwiesen, dass eine Einigung, die auf gemeinsamer Übereinkunft beruht, langfristig tragfähiger ist als eine von außen verordnete Entscheidung.

Immer wieder in den USA zugunsten der Mediation vorgetragene Argumente sind Kosten- und Zeitspareffekte, die bei den dortigen schwindelerregenden Anwaltshonoraren und der kampfbetonten Rechtskultur nicht zu unterschätzen sind (Allen/Mohr 1997, 34 ff.).

Es soll jedoch nicht der falsche Eindruck erweckt werden, ein justizförmiges Gerichtsverfahren berge nur Nachteile. Mediation soll demgegenüber als komplementäres Verfahren betrachtet werden. Das folgende Schaubild verdeutlicht, dass die Austragung eines Streits vor Gericht zahlreiche positive sowie kritische Aspekte enthält.

**Tab. 3.1:** Kritische und positive Aspekte streitiger Gerichtsverfahren (Marx 2013, 43)

| Kritische Aspekte | Positive Aspekte |
| --- | --- |
| • Das Ergebnis liegt in den Händen Dritter (Rechtsanwälte, Richter).<br>• Das Verfahren ist für Laien kaum durchschaubar.<br>• Das Ergebnis ist schwer vorhersehbar.<br>• Erhebliche Rechtsanwalts- und Gerichtskosten.<br>• Meist langwieriger und nervenaufreibender Prozess.<br>• Die emotionale Seite des Konflikts wird vernachlässigt.<br>• Keine Harmonie der Beziehungen, sondern die Durchsetzung einer Rechtsposition wird angestrebt.<br>• Die Kommunikation der Parteien wird nicht gefördert.<br>• Juristen sprechen und schreiben eine unverständliche Sprache. | • Das Ergebnis lässt sich an objektiven Kriterien messen.<br>• Es handelt sich um ein rechtsstaatliches Verfahren.<br>• Gerichtsentscheidungen sind in der Rechtsmittelinstanz überprüfbar.<br>• An die Qualifikation der Richter werden höchste Maßstäbe gelegt.<br>• Urteile lassen sich durch Zwangsvollstreckung durchsetzen.<br>• Einkommensschwachen wird bei Erfolgsaussicht Prozesskostenhilfe gewährt.<br>• Es ist bequem, die Durchsetzung seiner Rechte an einen Rechtsanwalt zu delegieren.<br>• Ein Gerichtsverfahren wird nach genauen Regeln durchgeführt. |

Die Methode der Mediation will bei den Parteien einen Lernprozess in Gang setzen, indem sie deren Kommunikations- und Kooperationsfähigkeit stärkt und sie mit einem Modell für künftige Konfliktlösungen vertraut macht. Die ursprünglich vielleicht feindselige Haltung zwischen den Parteien wird in eine kooperative Einstellung transformiert, die sich Sachfragen zuwendet. Mediation zielt darauf, Interessen und Bedürfnisse der Parteien – auch verborgene – zu entschlüsseln und verschiedene Lösungsoptionen zu entwickeln, wodurch ein kreativer Prozess zur Formulierung einer Einigung angestoßen wird (Lowry/Harding 1997, 6:5).

Ein wesentlicher Grundsatz in Theorie und Praxis der Mediation ist die *Neutralität des Mediators*. In den fachlichen Standards der Berufsvereinigungen in den USA und in Deutschland werden Neutralität und Unparteilichkeit als Schlüsselbegriffe zur ethischen Orientierung der Mediationspraxis gebraucht. Inhalt und Unterscheidungsmerkmale dieser Prinzipien sind Gegenstand umfangreicher Debatten gewesen. Eine allgemein akzeptierte Sichtweise ist in der Verfahrensordnung des BMWA (§ 2 VO) niedergelegt, wonach Neutralität und Allparteilichkeit die Beziehung des Mediators zu seinen Klienten charakterisieren soll. Als Mediator darf er nicht tätig werden, wenn er eine Partei in derselben Angelegenheit vorher schon beraten hat. Außerdem hat er weisungsungebunden zu agieren (Bundesverband Mediation in Wirtschaft und Arbeitswelt e. V. 2012, Verfahrensordnung § 2).

Berufsethisch ist er angehalten, seine Tätigkeit in einem Fall abzubrechen, sofern Anzeichen auf einen möglichen Interessenkonflikt hindeuten, der das Verhalten des Mediators beeinflussen kann. Die allparteiliche Haltung des Mediators impliziert, dass er keine Partei im Laufe der Mediation bevorzugt. Allparteilichkeit bedeutet, dass der Mediator alle Streitparteien gleichermaßen unterstützt, eine gemeinsame Vereinbarung zu erreichen.

### 3.3.1 Prinzipien der Mediation

Der Mediationsprozess unterliegt fünf Prinzipien (siehe Abb. 3.1), auf die sich die Mediatorenverbände national und international grundsätzlich verständigt haben. Teilweise ergeben sich diese ebenso aus dem Mediationsgesetz sowie dem Europäischen Code of Conduct for Mediators.

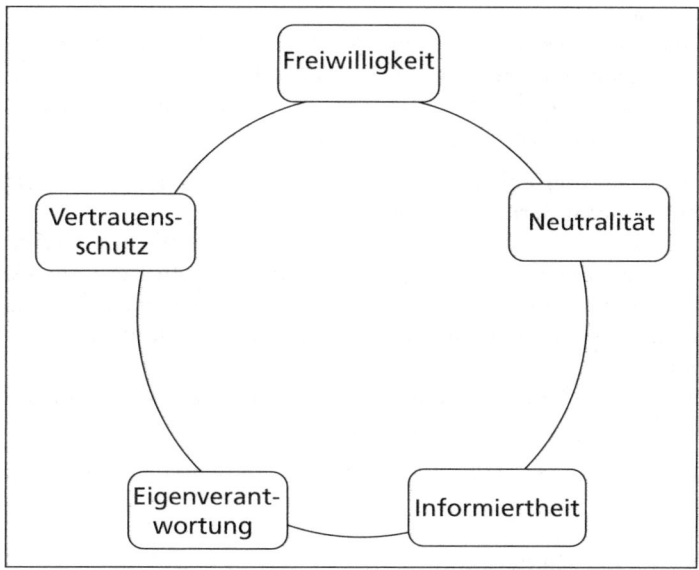

**Abb. 3.1:** Prinzipien der Mediation

*Freiwilligkeit*
Die Parteien nehmen freiwillig am Mediationsverfahren teil und können die Mediation jederzeit beenden (§ 2 Abs. 2 u. 5 MedG). Die Vereinbarungen beruhen auf dem freien Willen der Parteien. Ebenso kann der Mediator die Mediation abbrechen, wenn er etwa der Einschätzung ist, dass es zu keiner Einigung kommen wird (§ 2 Abs. 5 MedG).

*Neutralität*
Mediation erfordert eine neutrale/allparteiliche Haltung des Mediators. Er ist allen Parteien gleichermaßen verpflichtet, und er engagiert sich für die Interessen aller Kontrahenten, ohne einen zu bevorzugen. Er achtet auf ein faires Verfahren und eine faire Vereinbarung. Er darf nicht für eine Partei vorher in derselben Sache tätig gewesen sein, und er muss alle Umstände offenlegen, die seine Neutralität gefährden könnten (§ 3 Abs. 1 u. 2 MedG).

*Informiertheit*
Mediation setzt die Bereitschaft der Parteien zur Offenlegung aller relevanten Fakten voraus. Jede Partei muss ausreichend Gelegenheit erhalten, eine Entscheidung auf der Grundlage ausreichender Sachinformation zu treffen (vgl. Bundes-Arbeitsgemeinschaft für Familien-Mediation e. V. 2008, Grundsätze 2.3.3).

*Eigenverantwortung*
Parteien müssen in der Lage sein, ihre Interessen zu vertreten. Mediation basiert auf der Eigenverantwortung und Selbstständigkeit der Parteien (ebd., Grundsätze 2.3.2). Dem steht jedoch nicht entgegen, dass die Parteien Interessenvertreter (Anwälte oder rechtliche Betreuer) hinzuziehen.

*Vertrauensschutz*
Alle Informationen werden vertraulich behandelt. Der Mediator ist gesetzlich zur Verschwiegenheit verpflichtet (§ 4 MedG). Das gilt für alles, was dem Mediator oder anderen in die Durchführung der Mediation eingebundenen Personen bekannt geworden ist. Ausgenommen davon sind

- die Offenlegung der erzielten Vereinbarung, wenn dies zur Umsetzung oder Vollstreckung erforderlich ist (§ 4 Ziff. 1 MedG),
- die Offenlegung aus vorrangigen Gründen der öffentlichen Ordnung (ordre public). Gemeint sind Verstöße gegen Grundrechte, etwa um eine Gefährdung des Wohles eines Kindes oder eine schwerwiegende Beeinträchtigung der physischen oder psychischen Integrität einer Person abzuwenden (§ 4 Ziff. 2 MedG), oder
- wenn es sich um Tatsachen handelt, die offenkundig sind oder ihrer Bedeutung nach keiner Geheimhaltung bedürfen.

Der Mediator informiert die Parteien zum Umfang seiner Schweigepflicht.

### 3.3.2 Grenzen der Mediation

Natürlich ist Mediation kein Allheilmittel und unterliegt Grenzen. Nicht jeder Konflikt oder jede Partei sind für den Mediationsprozess geeignet. Mediation ist nicht angebracht, wenn ein Beteiligter geistig, seelisch oder körperlich so beeinträchtigt ist, dass seine Verhandlungsfähigkeit in Frage steht. Körperliche Gewalt, insbesondere Gewalt in der Familie, Einschüchterungen, Drohgebärden oder extremes Kontrollverhalten eines Teilnehmers sind ernst zu nehmende Gegenanzeigen. Personen, die unter Drogen- oder Alkoholeinfluss stehen oder die aus anderen Gründen in ihrer geistigen Präsenz eingeschränkt sind, sind keine akzeptablen Kandidaten für einen konstruktiven Mediationsprozess (Allen/Mohr 1997, 54). Es ist ebenfalls absehbar, dass eine Mediation zum Scheitern verurteilt ist, wenn eine Partei nicht verhandlungsbereit ist oder Mediation aus sachfremden Gründen eingesetzt wird, etwa um Zeit zu gewinnen. Ebenso sind eigene Interessen des Mediators am Ausgang des Verfahrens, persönliche oder wirtschaftliche Bindungen zu einer Partei kontraindiziert.

## 3.4 Rolle des Mediators/der Mediatorin

*"Ein Mediator ist ein Konfliktvermittler. Er ist Brückenbauer, der den Dialog zwischen den Parteien initiiert und fördert. Er ist Katalysator für Konfliktregelungen. Er motiviert und unterstützt die Konfliktparteien, selbst eine einvernehmliche und befriedigende Konfliktregelung zu finden."* (Proksch 1998, 8)

Der Mediator moderiert die Verhandlung. Er schafft dazu einen Rahmen, eine geschützte Umgebung. Er gibt den Konfliktparteien die Möglichkeit, ihre Meinungen und Emotionen zum Ausdruck zu bringen. Er ist bestrebt, ein Machtungleichgewicht auszugleichen. Er setzt sich für Interessen und Belange aller Parteien ein. Mit dem Wiederaufbau des Dialoges zwischen den Parteien hat er auch ein weitergehendes Ziel. Er will nämlich die Fähigkeit der Betroffenen zur Selbsthilfe zu stärken.

**Der/die Mediator/in**

- ist verantwortlich für den Lauf der Verhandlungen, die Parteien für deren Inhalt;
- fördert die Dialog-, Kooperations- und Gestaltungsfähigkeit der Kontrahenten;
- strukturiert den Verhandlungsprozess mit dem Ziel, eine konsensuale Übereinkunft zu erreichen;
- sorgt für das Einhalten getroffener Grundregeln;
- nimmt Interessen, Bedürfnisse und Ängste der Parteien ernst, bewertet und urteilt nicht;
- ist neutral und setzt sich für die Belange aller Parteien ein (Allparteilichkeit);
- achtet darauf, dass ein Machtungleichgewicht ausgeglichen wird;
- geht ergebnis- und zukunftsorientiert vor und fördert eine realisierbare Vereinbarung.

Von einem Mediator werden persönliche und fachliche Fertigkeiten erwartet, das Vermittlungsverfahren, die Modalitäten der Verhandlung und das Umfeld so zu gestalten, dass es den Konfliktparteien schließlich gelingt, einen Konsens zu finden. Generell wird auf das Erlernen der notwendigen Kommunikations- und Verhandlungstechniken während der Mediatiatorenausbildung großen Wert gelegt.

Störungen in der Kommunikation sind in den meisten Fällen ein Antriebsmoment für Konfliktparteien, einen Mediator aufzusuchen, um in der Verhandlung weiterzukommen. Kommunikationshindernisse können extreme Forderungen einer Partei, heftiges Ausagieren von Emotionen, mangelnde Bereitschaft zum Zuhören, eine negative Einstellung zum Gegenüber und zahlreiche andere Gründe sein. Um einen produktiven Verhandlungsprozess in Gang zu setzen, gehören Kommunikationsfertigkeiten zur essenziellen fachlichen Kompetenz eines Mediators.

Eine der wichtigsten Eigenschaften eines Mediators ist es, genau und konzentriert zuhören zu können. Aufmerksames Zuhören erfasst nicht nur das gesprochene Wort, sondern auch die Aufnahme non-verbaler Botschaften und Verständnis für zugrunde liegende Interessen und Emotionen. Beim Zuhören verschafft der Mediator den Parteien Raum, sich auszudrücken und gehört zu werden. Daneben ist genaues Zuhören wesentlich, um ausreichende Informationen zu erhalten. Geduldiges Zuhören signalisiert dem Klienten, weiter zu berichten. Mit den gewonnenen zusätzlichen Informationen gewinnt der Konflikt wie ein Puzzle vor dem Auge des Mediators allmählich an Deutlichkeit.

Als genauer Zuhörer dient der Mediator den Parteien als Rollenvorbild. Er wird sie ermuntern, sich gegenseitig anzureden sowie den Ausführungen des Verhandlungspartners – ohne zu unterbrechen – Aufmerksamkeit zu schenken. Insoweit modelliert der Mediator konstruktive Verhaltensmuster der Konfliktparteien.

Eine bewährte Methode, um Emotionen einer Partei zu identifizieren und zu analysieren, ist das aktive Zuhören *(active listening)*, das wir weiter vorne schon ausführlicher behandelt haben (siehe Kap. 2.2). Er ist weiterhin im interessengeleiteten Verhandeln nach dem Harvard-Konzept geschult (siehe Kap. 3.6), dem Herzstück der Mediation. Er wendet Kommunikationstechniken, wie „Konstruktives Umformulieren, Reframing, Perspektivenwechsel oder Ich-Botschaften (siehe die Ausführungen in Kap. 2), an.

Während des Vermittlungsprozesses achtet der Mediator darauf, den Lauf der Verhandlung von Nebenschauplätzen auf die substantiellen Streitgegenstände zu lenken. Um die Diskussion zu versachlichen, Informationen zu präzisieren und der Verhandlung klare Konturen zu geben, unterstützt der Mediator die Parteien durch Techniken wie durch Ordnen, Gruppieren und Strukturieren von Gedanken und Ideen. Oder er gliedert einen komplexen Verhandlungsgegenstand in Teilaspekte auf *(fractionating)* (vgl. Moore 2003, 228).

Zur Sammlung und Klärung von Daten und Informationen werden Fragetechniken wie offenes, fokussiertes und klärendes Fragen eingesetzt (siehe Kap. 2.6). Und schließlich ist der Mediator bestrebt, die Diskussion der Parteien von der Vergangenheit auf die Zukunft zu lenken, indem er lösungsorientiert vorgeht (siehe Kap. 2.7).

Diese Kommunikationstechniken (siehe Kap. 2) sind generell Inhalt jeder seriösen Mediatorenausbildung. Sie erlauben es dem Mediator, den Kommunikationsprozess zu steuern und durch schwierige Phasen zu manövrieren. Gleichzeitig sollen die Disputanten angeregt werden, ihre eigenen Fähigkeiten zu erweitern, Konflikte selbstständig zu lösen. Welche fachlichen und persönlichen Fähigkeiten einem „Super-Mediator" im Zweifelsfall abverlangt werden, soll eine, wenn auch vielleicht nicht ganz ernst gemeinte, Aufzählung von Christopher Moore veranschaulichen:

**Funktionen eines Mediators**
- Der *Gesprächsführer*, der die Kommunikation initiiert oder effektivere Kommunikation ermöglicht, wenn sich die Parteien bereits im Gespräch befinden.
- Der *Trainer*, der Neulinge oder Unerfahrene sowie unvorbereitet Verhandelnde im Verhandeln schult.

- Der *Legitimator*, der allen Parteien hilft, das Recht anderer, mit in das Verhandeln einbezogen zu werden, zu erkennen.
- Der *Strukturierende*, der eine Vorgehensweise vermittelt und oftmals dem Verhandlungsprozess formal vorsitzt.
- Der *Ressourcen Mobilisierende*, der den Parteien verfahrenstechnische Unterstützung gibt und sie an auswärtige Experten und Ressourcen (z. B. Rechtsanwälte, technische Experten) verweist, die ihnen eventuell ermöglichen, die für sie akzeptablen Lösungsoptionen zu vermehren.
- Der *Erforscher des Problems*, der die Streitenden befähigt, ein Problem aus zahlreichen Perspektiven heraus zu untersuchen, unterstützt bei der Identifizierung der Streitpunkte und Interessen und sucht nach für beide Seiten befriedigenden Möglichkeiten.
- Der *Vertreter der Realität*, der dabei behilflich ist, ein sinnvolles und durchführbares Übereinkommen zu erarbeiten, und der Parteien, die extreme und unrealistische Ziele verfolgen, herausfordert und hinterfragt.
- Der *Sündenbock*, der manchmal einen Teil der Verantwortung oder der Schuld für eine unpopuläre Entscheidung, in welche die Parteien trotzdem bereit sind einzuwilligen, übernimmt. Dies ermöglicht es ihnen, ihre Integrität zu wahren und, wenn nötig, die Unterstützung anderer Beteiligter zu gewinnen.
- Der *Leiter*, der die Initiative ergreift, um das Verhandeln mit verfahrenstechnischen oder bei gegebenem Anlass mit inhaltlichen Anregungen voranzubringen.

(nach Christopher W. Moore 2003)

## 3.5 Sachgerechtes Verhandeln – Das Harvard-Konzept

Mediation ist in erster Linie ein Verhandlungsprozess. Die Auseinandersetzung zwischen den Parteien verläuft meist wenig bewusst und ist häufig geprägt von archaischen Reaktionsmustern wie Vergeltung, gegenseitiger Verletzung oder dem Beharren auf Eigeninteressen. Juristische Instanzen, wie Gerichte und Rechtsanwälte, orientieren sich traditionell an einem Verhandlungsmuster, das Rechtspositionen der Parteien als Maßstab für den Ausgang des Verteilungsdisputs zugrunde legt.

Bei der Mediation hingegen steht der Verlauf der Verhandlung im Mittelpunkt des Disputs. Die Verhandlung als solche unterliegt bestimmten Prinzipien und soll ein faires, selbstbestimmtes, interessengeleitetes und auf Informiertheit beruhendes Ergebnis hervorbringen. Die eigentliche Aufgabe des Mediators ist es, gewissermaßen als Moderator, den Verhandlungsverlauf zu strukturieren und die Einhaltung der Verhandlungsmodalitäten zu garantieren. Der Mediator gestaltet entscheidend den Prozess der Verhandlung und ihm müssen die prägenden Faktoren bewusst sein. Ein Training in Verhandlungsmethoden ist unverzichtbare Grundqualifikation für einen Mediator.

### 3.5.1 Verhandlungstheorie

In der Verhandlungstheorie werden diverse Verhandlungsmethoden unterschieden, indem die Methoden mit ihren charakteristischen Eigenschaften in Kontrast gesetzt werden. Als primäre Grundtypen gelten folgende Verhandlungsmuster:

- zuteilendes *(distributive)* oder im Gegensatz dazu integratives Verhandeln;
- positionsbezogenes *(positional)* oder im Gegensatz dazu sachbezogenes *(principled)* Verhandeln (Kovach 1994, 118).

Dem *distributiven oder linearen Verhandlungsmuster* liegt die Annahme zugrunde, dass die Ressourcen, die es zu verteilen gilt, feststehen. Der „Kuchen" ist begrenzt. Mehr für den einen bedeutet weniger für den anderen. Das Resultat wird als Nullsummenspiel bezeichnet. Dies mündet häufig in einen konkurrenzbetonten, feindseligen Verhandlungsstil. Dieses Verhandlungskonzept wird im Rahmen einer Mediation vermieden.

Im Gegensatz dazu sucht die *integrative Verhandlungsmethode* zunächst einmal zahlreiche Lösungsmöglichkeiten (Optionen) herauszuarbeiten. Der Auswahlprozess findet erst in einem späteren Schritt statt. Da die Interessen der Parteien nicht unbedingt kontrovers sein müssen, werden Vereinbarungen angestrebt, die beide Seiten zufriedenstellen. Der „Kuchen" wird sozusagen vergrößert. Es wird Raum für Kreativität geschaffen. Die Parteien begreifen sich als Partner auf der Suche nach einer gemeinsamen Problemlösung, was einen kooperativen Umgang miteinander fördert.

*Positionsbezogenes Verhandeln (positional bargaining)* wird dadurch charakterisiert, dass die Parteien sich auf Positionen festlegen, sich mit ihnen identifizieren, an ihnen festhalten und gegen Angriffe verteidigen. Die zugrundeliegenden Interessen werden nicht transparent, sondern durch Positionen verdeckt. Die Kontrahenten kleben meist an ihren Positionen, und der Verhandlungsprozess wird blockiert. Gewinner der Auseinandersetzung wird meist derjenige, der den härteren Verhandlungsstil ausübt und sich durch Konfrontation und Unbeugsamkeit auszeichnet. Der Verhandlungspartner, der einen weicheren Verhandlungsstil pflegt, etwa weil er der Konfrontation ausweichen oder eine freundschaftliche Beziehung erhalten will, geht meist als Verlierer hervor.

In Konflikten, die nicht unbedingt in juristische Auseinandersetzungen übergehen müssen, werden häufig Rechtspositionen als Verhandlungspositionen herangezogen. Dabei werden von den Verhandelnden Rechtsansprüche als Verteilungsmaßstab zugrunde gelegt. Die Kontrahenten unterwerfen sich Recht und Gesetz als Entscheidungskriterium, wobei die subjektiven Interessen häufig verborgen bleiben. Insofern lässt sich ein Streit um Rechtspositionen prinzipiell als positionsbezogenes Verhandeln klassifizieren.

Die Verhandlungsmethode, die von nahezu allen Mediationsschulen in den USA favorisiert wird, ist die sogenannte *Methode des sachbezogenen Verhandelns (principled negotiation)*, die im „Harvard Negotiation Project" entwickelt wurde. Die Methode ist in dem Grundlagenwerk von Fisher, Ury & Patton, *Getting to Yes, Negotiating an Agreement Without Giving in,* ausführlich dargestellt und ebenfalls in einer sorgfältigen deutschen Übersetzung erschienen:

*Fisher, Ury & Patton, Das Harvard-Konzept: Sachgerecht verhandeln – erfolgreich verhandeln*. Das Werk gilt inzwischen als Klassiker der Mediationsliteratur und ist auch als Hörbuch verfügbar.

Bei der Mediation steht der Verlauf der Verhandlung im Zentrum. Mediation bedient sich einer Verhandlungsmethode, die an der Harvard Universität in den 1970er Jahren von dem *Völkerrechtsprofessor Roger Fisher* und dem *Anthropologen William Ury* entwickelt wurde. In Deutschland ist diese Methode auch unter dem Namen „*Harvard-Konzept*" bekannt – als ob es nur ein Harvard-Konzept gäbe. Unter Fachleuten heißt sie „*Methode des sachbezogenen Verhandelns*" oder in der ursprünglichen englischen Version „*principled negotiation*". Das Ziel des Harvard-Konzepts ist es, auf ein Ergebnis hinzuarbeiten, das auf gegenseitigem Nutzen und auf fairen Prinzipien beruht. Die Methode propagiert dabei einen humanen und respektvollen Umgang mit dem Verhandlungspartner, gleichzeitig aber einen harten Verhandlungsstil in der Sache.

Die Methode des sachbezogenen Verhandelns enthält Elemente des integrativen Verhandelns und grenzt sich von den geläufigen harten oder weichen Verhandlungsstilen ab. Sachfragen werden nach ihrer Bedeutung und nach ihrem Sachgehalt entschieden und nicht in einem Prozess des Feilschens. Das Ziel ist es, auf ein Ergebnis hinzuarbeiten, das auf gegenseitigem Nutzen und auf fairen Prinzipien beruht. Die Methode propagiert dabei einen humanen und respektvollen Umgang mit dem Verhandlungspartner, gleichzeitig aber einen harten Verhandlungsstil in der Sache. Sie verzichtet auf Tricks und Imponiergehabe (Fisher/Ury/Patton 2014, 25). Die Autoren räumen mit dem Dogma auf, dass es bei einem Streit grundsätzlich einen Gewinner und einen Verlierer geben muss, dass der Kuchen, den es zu verteilen gilt, begrenzt sei. Vielmehr streben sie ein Verhandlungsergebnis an, von dem beide Parteien profitieren *(win-win)*. Die Methode des sachbezogenen Verhandelns beruht auf fünf Prinzipien, die sich auf alle denkbaren Verhandlungsgegenstände anwenden lassen:

### 3.5.2 Die Prinzipien des Harvard-Konzepts

1. „*Menschen:* Menschen und Probleme getrennt voneinander behandeln!
2. *Interessen:* Nicht Positionen, sondern Interessen in den Mittelpunkt stellen!
3. *Möglichkeiten:* Vor der Entscheidung verschiedene Wahlmöglichkeiten entwickeln!
4. *Kriterien:* Das Ergebnis auf objektiven Entscheidungsprinzipien aufbauen!
5. *BATNA:* Die „Beste Alternative" zur Verhandlungsübereinkunft entwickeln!"

(Fisher/Ury/Patton 2014, 39, 149)

Wegen der elementaren Bedeutung für die Mediatorenausbildung und um das „Harvard-Konzept" nicht zu verwässern, haben wir Kernsätze des Verhandlungsmodells zusammengestellt. Die angegebenen Seitenzahlen beziehen sich auf die deutsche Ausgabe: Fisher/Ury/Patton 2014.

### 1. Menschen und Probleme getrennt voneinander behandeln

- Um Emotionen nicht mit der objektiven Sachlage zu vermischen, sollte das menschliche Problem abgelöst und getrennt behandelt werden (52).
- Es ist nicht sinnvoll, das „Problem Mensch" durch Zugeständnisse in der Sache zu lösen (52).
- Zuerst sollten die eigenen Emotionen und die Emotionen der Verhandlungspartner erkannt und verstanden werden (62).
- Emotionen sollten ausgedrückt und deren Berechtigung anerkannt werden (65).
- Die Gegenseite sollte Gelegenheit bekommen, „Dampf abzulassen" (65).
- Das Problem angehen und nicht den Menschen (74).
- Den Verhandlungspartner am Ergebnis beteiligen, indem er in den Verhandlungsprozess einbezogen wird. Eine Vereinbarung wird erleichtert, wenn sich beide Parteien als Urheber der Ideen verstehen (59 f.).

### 2. Auf Interessen konzentrieren, nicht auf Positionen

- „Das Grundproblem bei einer Verhandlung liegt nicht in gegensätzlichen Positionen, sondern im Konflikt beiderseitiger Nöte, Wünsche, Sorgen und Ängste (Interessen)" (77).
- „Hinter gegensätzlichen Positionen liegen sowohl gemeinsame und ausgleichbare Interessen als auch sich widersprechende" (79).
- Fast immer werden die Beteiligten nicht nur von einem, sondern von mehreren Interessen angetrieben (85).
- „Wenn Sie wollen, dass die andere Seite Ihre Interessen würdigt, fangen Sie damit an, dass Sie ganz offensichtlich die Interessen der anderen würdigen" (90).
- „Auch wenn es möglicherweise nicht klug ist, sich auf Positionen zu versteifen, ist es jedenfalls klug, an seinen Interessen festzuhalten" (94).
- Erfolgreiches Verhandeln erfordert sowohl Härte in der Sache als auch offenen und sanften Umgang mit dem Menschen (94 f.).

### 3. Entscheidungsmöglichkeiten (Optionen) zum beiderseitigen Vorteil entwickeln

- Die Suche nach der einzig richtigen Lösung behindert Kreativität. Es lohnt sich, über eine ganze Palette möglicher Lösungen nachzudenken. Es sollte nach Möglichkeiten für gegenseitigen Nutzen gesucht werden (40, 100 f.).
- „Will ein Verhandlungspartner bei einer Übereinkunft seine Eigeninteressen wahren, muss er sich um eine Lösung bemühen, die auch die Interessen der anderen umfasst" (101).
- Entwicklung kreativer Optionen durch Brainstorming oder das Problem aus der Perspektive verschiedener Experten und Deutungsschemata beleuchten (103 ff., 113).
- Den „Kuchen vergrößern" – nach Vorteilen für beide Seiten suchen. Gemeinsame Interessen sind bei der Herstellung von Übereinkünften hilfreich. Gemeinsame Interessen sollten ausdrücklich benannt und als gemeinsame Ziele dargestellt werden (116 ff.).

- Der Gegenseite die Entscheidung erleichtern – versuchen, sie mit einer Option zu konfrontieren, die möglichst schmerzlos ist (123).
- „Drohungen helfen nicht. Positive Angebote sind viel effektiver" (126).

*4. Das Ergebnis auf objektiven Beurteilungskriterien aufbauen*

- Die Beilegung von Differenzen auf der Basis des bloßen Willens kann hohe Verluste verursachen (129).
- „Je stärker Kriterien der Fairness, der Effektivität oder der wissenschaftlichen Sachbezogenheit in die Verhandlungen einbezogen werden, umso wahrscheinlicher wird am Ende ein vernünftiges und faires Resultat gelingen" (130).
- „Objektive Kriterien müssen unabhängig vom beiderseitigen Willen sein" (134).
- „Verhandeln mit Hilfe objektiver Kriterien":
  a) Den Streitfall zur gemeinsamen Suche nach objektiven Kriterien umfunktionieren.
  b) Selbst vernünftig argumentieren und gegenüber sachlichen Argumenten offen sein.
  c) Niemals Druck nachgeben, sondern sich nur sinnvollen Prinzipien beugen (137).
  d) Gegebenenfalls einen neutralen Dritten die vorgeschlagenen Kriterien auf Objektivität und Sachbezogenheit überprüfen lassen (140).

*5. Die „beste Alternative" zur Verhandlungsübereinkunft entwickeln*

- „Primär hängt Verhandlungsstärke davon ab, wie attraktiv die Optionen bei einem Scheitern der Verhandlungen sind" (156).
- Für den Fall des Scheiterns der Verhandlungen verschiedene Optionen bereithalten und die „beste Alternative" auswählen (157 f.).
- „Je stärker die Bereitschaft ist, Verhandlungen auch scheitern zu lassen, umso machtvoller lassen sich die eigenen Interessen als Grundlage für eine Übereinkunft präsentieren" (159).

## 3.6 Die Win-win-Formel

Eingangs hatten wir festgestellt, dass ein Vorgehen orientiert an Positionen oder rechtlichen Anspruchsgrundlagen fast immer einen Gewinner und einen Verlierer produziert. Ein Zivilprozess vor Gericht wird durch den Richter ohne Zweifel nach Recht und Gesetz entschieden. Richter und Rechtsanwälte suchen nach einer Anspruchsgrundlage im Gesetz, und wenn der Kläger mit seinem bewiesenen Vortrag die Anspruchsgrundlage erfüllt, wird er den Prozess gewinnen. Kann er den Beweis nicht erbringen, wird er den Prozess verlieren. Insofern sind zivilrechtliche Klagen darauf angelegt, einen Gewinner und einen Verlierer hervorzubringen. Ein Rechtsanwalt wird alles in seiner Macht stehende unternehmen, um das für seinen Mandanten günstigste Ergebnis zu erzielen. Das bedeutet, er unterstützt seinen Mandanten argumentativ und versucht die Gegenseite zu demontieren. Letztlich führt das zu einer Schwarz-weiß-Malerei, und das Gericht versucht aus diesem Gemenge, die Wahrheit herauszufiltern. Aber die Wahrheit hat viele Gesichter. Legen wir die Erkenntnisse der Konflikttheorie zugrunde, existieren grob vereinfacht drei Konfliktbearbeitungsstrategien oder besser ausgedrückt drei Lösungsfolgen:

**Tab. 3.2:** Konfliktbearbeitungsstrategien

| **Win-lose-Strategie** | *Einer gewinnt, einer verliert!* |
|---|---|
| **Lose-lose-Strategie** | *Am Ende verlieren beide!* |
| **Win-win-Strategie** | *Alle Seiten gewinnen!* |

Mediation reklamiert für sich, ein Modell zu sein, das Streitparteien kooperativ zu einer gemeinsamen Lösung führt. Das Ziel ist, dass alle Seiten gewinnen. Es wird mit der *Win-win-Strategie* gearbeitet.

> *Beispiel für ein Win-win-Ergebnis:*
> Eine befreundete Mediatorin in den USA berichtete folgenden Fall. Sie hatte bei einer Firma eine Dachreparatur in Auftrag gegeben. Dabei musste das Dach vollständig abgedeckt werden. Als alle Ziegel entfernt waren, war das Dach über Nacht offen, und es zog ein Gewitter auf. Es regnete in Strömen, und der Parkettboden im Wohnzimmer wurde feucht und fleckig. Es lag ein eindeutiges Verschulden des Dachdeckers vor. Eigentlich hätte die Bauherrin von ihm den Austausch des Parkettbodens verlangen können. Das wäre für die Firma eine sehr teure Reparatur geworden. Im Laufe der Verhandlungen kristallisierte sich eine Art Kuhhandel heraus, bei dem beide Parteien gewannen. Die Dachdeckerfirma war gleichzeitig auch eine Tischlerei, die Fenster herstellte, und die Hausbesitzerin benötigte einige neue Fenster. Sie einigten sich, dass die Firma neue Fenster liefert und installiert und die Hausbesitzerin das Parkett reinigt und einige bleibende Flecken toleriert. Unterm Strich bekam die Geschädigte neue Fenster, und der Dachdecker hatte erhebliche Kosten gespart.

Wir erkennen, das Ergebnis eines Konflikts hängt entscheidend von der Grundhaltung der Streitenden ab. Ein weiterer wesentlicher Faktor ist, ob beide Parteien bestrebt sind, Konflikte konstruktiv zu bewältigen. Welche Merkmale zeichnen diese drei Konfliktbearbeitungsstrategien aus?

*Win-lose-Strategie*
Bei der Win-lose-Strategie geht jede Partei davon aus, im Recht zu sein, die andere Seite im Unrecht. Dies wird dadurch untermauert, indem der andere in ein schlechtes Licht gerückt wird. Oft wird „schmutzige Wäsche gewaschen", um die eigene Position zu stärken. Als Resultat entsteht ein Nullsummenspiel: Was dem einen zugeschlagen wird, wird dem anderen abgezogen. Ist der Verlierer mit dem Ergebnis unzufrieden, besteht die Wahrscheinlichkeit, dass er sich rächt oder die Lösung unterläuft (vgl. Beltz/Siegrist 1995).

*Lose-lose-Strategie*
Die Lose-lose-Strategie wird dadurch charakterisiert, dass sich die Gegner gegenseitig vollkommen ablehnen. Sie kämpfen mit dem Ziel, den anderen zu vernichten. Sie fügen sich gegenseitig erheblichen Schaden zu, bis einer nicht mehr weiterkämpfen kann (vgl. ebd.).

*Win-win-Strategie*
Die Win-win-Strategie zeichnet sich dadurch aus, dass die andere Partei nicht abgelehnt wird, sondern beide Seite gemeinsam nach einer für alle zufriedenstellenden Lösung suchen. Es geht dabei um einen fairen Ausgleich der Interessen, der auf einem Konsens beruht. Keine Seite möchte sich auf Kosten der anderen Seite bereichern.

Eine Weisheitsgeschichte aus China will die verschiedenen Grundhaltungen bei einer Problemlösung illustrieren:

> **Himmel und Hölle: Anekdote aus China (aus Marx 2012, 53)**
> Ein Mann bat darum, einmal Himmel und Hölle besuchen zu dürfen. Als er in der Hölle ankam, sah er zu seinem Erstaunen, dass die Leute dort vor einem riesigen Bankett um einen großen runden Tisch saßen, auf dem die köstlichsten Speisen aufgetürmt waren. Was für ein Festmahl! „Vielleicht war die Hölle doch nicht so schlecht ...!"
> Aber als er sich die Speisenden genauer ansah, stellte er fest, dass sie alle, trotz der Speisen, die vor ihnen standen, hungerten. Jeder von ihnen hatte Stäbchen in den Händen, die zwei Meter lang waren! Es war unmöglich, das Essen mit diesen langen Stäbchen zum Mund zu balancieren. Niemandem von ihnen gelang es, auch nur einen Bissen in den Mund zu bekommen. Was für eine Hölle, vor einem solchen Bankett zu sitzen und keinen einzigen Bissen davon kosten zu können.
> Danach wurde der Mann in den Himmel geführt. Zu seinem großen Erstaunen saßen auch hier die Menschen vor dem gleichen Bankett. Auch im Himmel hatten alle zwei Meter lange Stäbchen erhalten! Dennoch saß hier jeder glücklich am Tisch und genoss die köstlichen Speisen. Die Bewohner des Himmels nämlich benutzten ihre zwei Meter langen Stäbchen, um sich gegenseitig zu füttern.

## 3.7 Phasen-Modelle der Mediation

Ansätze, einzelne Stadien oder Bestandteile eines Mediationsprozesses zu identifizieren und diese in einer chronologischen Reihenfolge aufzufädeln, gibt es so viele wie Autoren zu diesem Thema. Die Methode der Mediation hat im Laufe der Jahre eine Reihe von Varianten hervorgebracht, geprägt durch den jeweiligen theoretischen und fachlichen Erfahrungshorizont der Autoren. Manche sehen in der Mediation eine Kunst, die sich nicht durch eine technische Analyse in einzelne Stadien zerlegen lasse, ohne die Gesamtheit zu zerstören. Trotz dieser Bedenken werden wir einzelne Phasen des Mediationsprozesses markieren, um die Mechanismen der Konfliktvermittlung und das Handeln des Mediators zu verstehen.

Da sich das deutsche Modell an die früher entwickelten US-amerikanischen Modelle anlehnt, wollen wir zunächst beleuchten, wie die amerikanischen Pioniere den Phasenablauf unterteilten. Dabei reicht die Bandbreite der Angaben zur Anzahl der Mediationsphasen von drei (Saposnek 1998) über sieben (Folberg/Taylor 1984; Kruk 1998) und neun (Haynes 1994; Kovach 1994) bis zu zwölf (Moore 1986) Elementen. Trotz dieser erheblichen Divergenz besteht weitgehende Übereinstimmung über die Grundelemente eines Mediationsverlaufs. In der zeitlichen Abfolge gelten diese wiederum als flexibel.

Das Drei-Phasen-Modell von *Saposnek* begnügt sich damit, die Kernbereiche einer jeden Mediation zu identifizieren. Es ist wegen seines rudimentären Charakters wenig für didaktische Zwecke geeignet: (1) Die Sammlung von Information, (2) die Schaffung und Untersuchung von Lösungsoptionen und (3) die Erarbeitung eines Vorschlags für eine Einigung (Saposnek 1998, 112 ff.).

*Haynes* hingegen, einer der Vordenker der Trennungs- und Scheidungs-Mediation, unterteilt den Mediationsprozess in neun Stadien. Die ersten drei Elemente betreffen Vorbereitungsstadien aus der Perspektive der Klienten. Die Phasen vier bis neun erklären den Zyklus der Mediation (Haynes 1994, 1 ff.):

1. Die Parteien erkennen das Problem;
2. sie wählen die Arena;
3. sie suchen einen Mediator;
4. Datensammlung (Fakten finden);
5. das Problem definieren;
6. Optionen entwickeln;
7. Positionen neu definieren;
8. verhandeln;
9. eine Vereinbarung entwerfen.

In seinem Zwölf-Phasen-Modell fächert *Moore* die Bestandteile eines Mediationsprozesses noch weiter auf und entwirft damit wohl das detailreichste Bild, wobei einige Überschneidungen auffallen. So erscheinen in seinem Modell drei Planungsphasen (2, 4, 7) (Moore 2003, 60 f.):

1. Erster Kontakt mit den Konfliktparteien;
2. Auswahl einer Strategie für den Verlauf der Mediation;
3. Sammlung und Analyse von Hintergrundinformation;
4. Entwurf eines detaillierten Plans für die Mediation;
5. Vertrauen und Kooperationsbereitschaft aufbauen;
6. Beginn der Mediationssitzung;
7. Streitfragen definieren und einen Arbeitsplan aufstellen;
8. verborgene Interessen der Parteien aufdecken;
9. Optionen für eine Vereinbarung entwickeln;
10. Optionen im Hinblick auf eine Vereinbarung beurteilen;
11. letzte Verhandlungen;
12. eine formale Einigung erzielen.

Am stärksten überzeugt hat mich die Logik des Konzepts von *Kovach* (1994, 23 ff.), das die Reihenfolge der Mediationsstadien in neun Schritte stimmig aufgliedert. Mit optionalen Elementen reagiert es flexibel auf besondere Anforderungen des Mediationsprozesses, z. B. auf die Notwendigkeit separater Sitzungen mit den Parteien.

*Ballreich und Glasl* (2010, 60 ff.) stellen das Mediationsverfahren in Anlehnung an Besemer (1995) als U-Prozess mit sieben Schritten dar:

1. Vorphase und Einleitung
2. Wahrnehmungen/Sichtweisen
3. Gefühle
4. Bedürfnisse
5. Handlungsoptionen
6. Übereinkunft
7. Umsetzung

In Deutschland wird Mediation häufig als Fünf-Phasen-Modell dargestellt, das sich aus folgenden Stufen zusammensetzt:

1. Auftragsklärung
2. Entwicklung der Themenbereiche
3. Konfliktbearbeitung
4. Problemlösung
5. Abschließende Vereinbarung

In unseren Trainings haben wir festgestellt, dass zwei der dort verwendeten Begriffe wenig aussagekräftig und trennscharf sind, wie „Konfliktbearbeitung" und „Problemlösung". Wir haben daher aus didaktischen Gründen ein Neun-Phasen-Modell entwickelt, das das gängige deutsche Modell mit berücksichtigt. Die „deutschen Phasenbegriffe" tauchen mit römischen Ziffern auf.

## 3.8 Das Neun-Phasen-Modell

In der Praxis der Mediation und in unseren Trainings hat sich eine Struktur bewährt, die sich in neun Stufen unterteilen lässt.

**Neun-Phasen-Modell der Mediation**

   1. Phase: Vorbereitung
I. Auftragsklärung
   2. Phase: Einführung & Auftragsklärung
II. Entwicklung der Themenbereiche
   3. Phase: Darstellungen der Parteien & Emotionen
   4. Phase: Klärungsbedürftige Punkte identifizieren
III. Konfliktbearbeitung
   5. Phase: Informationen sammeln
   6. Phase: Interessen herausarbeiten
IV. Problemlösung
   7. Phase: Optionen entwickeln
   8. Phase: Verhandeln und Aushandeln

> V. Abschließende Vereinbarung
> 9. Phase: Eine Vereinbarung treffen/Abschluss

### 3.8.1 Vorbereitung

Das Stadium der Vorbereitung umfasst alle vorläufigen Schritte der Parteien sowie die Vorkehrungen auf Seiten des Mediators. Angesprochen sind die Auswahl des Mediators, die Zusammensetzung der Mediationsrunde, Honorarfragen und zeitlicher Ablauf. Aus der Perspektive des Mediators geht es darum, erste Daten von den Klienten zu erhalten und ihnen Informationen über den Mediationsprozess und den Mediator zukommen zu lassen (Kovach 1994, 24).

Bevor ein gerade ausgebildeter Mediator die ersten Konfliktbearbeitungen übernimmt, wird er erste Vorüberlegungen anstellen. Es macht wenig Sinn, jede Konfliktbearbeitung anzunehmen, die an ihn herangetragen wird. M. E. sollte ein Mediator von der Materie, um die es geht, ein grundlegendes fachliches Verständnis haben. Ein Betriebsrat oder ein Kollege der Konfliktlösungsgruppe eines Unternehmens oder einer Behörde wird dafür prädestiniert sein, Arbeits- und Teamkonflikte zu lösen. Ein Sozialarbeiter des ASD eines Jugendamtes, der sich mit den Implikationen von Trennung und Scheidung auskennt, wird am ehesten Trennungs-, Sorge-, Umgangs- oder Unterhaltsmediationen übernehmen. Ein Mitarbeiter eines Wohnungsbauunternehmens wird Mieter- und Hausgemeinschaftskonflikte bearbeiten usw. Weiterhin ist es für einen Anfänger empfehlenswert, zunächst einmal nicht als Einzelmediator aufzutreten, sondern die ersten Fälle in Co-Mediation anzugehen. Der Austausch mit Kollegen ist besonders bei anfänglicher Unsicherheit hilfreich, ebenso eine Intervisionsgruppe nach der Ausbildung, in der kollegial Fälle besprochen werden können.

Später geht es um Marketing und Werbung. Wie mache ich auf mein Angebot aufmerksam? Ein Faltblatt oder eine Infobroschüre eignet sich als zielgruppenorientierte Werbung.

Schließlich benötigt jeder Mediator einen Raum mit entsprechender Ausstattung. Erforderlich sind eine ungestörte Umgebung, entsprechende Sitzgelegenheiten und das wichtigste Werkzeug des Mediators, ein Flipchart.

Auch auf den Erstkontakt mit Klienten sollte der Mediator vorbereitet sein. Meist findet ein telefonischer Erstkontakt statt. Die folgenden Punkte können als Checkliste dienen:

- Was will ich erfahren?
- Was müssen die Klienten wissen?
- Charakter des Konflikts
- Passt der Konflikt zu meinem Qualifikationsprofil?
- Ist die andere Seite zur Mediation bereit?
- Anwaltliche Vertretung?

- Honorar klären
- Evtl. Klienten Info-Material zuschicken
- Terminvereinbarung

### 3.8.2 Einführung und Auftragsklärung

Nach einer Vorstellungsrunde erklärt der Mediator Zweck, Inhalt und Verlauf einer Mediation, da die meisten Parteien mit der Methode nicht vertraut sind. Er erläutert einige Grundregeln einer fairen Verhandlung, z. B. die Bereitschaft, sich gegenseitig zuzuhören und für Lösungsoptionen offen zu sein. Der Mediator spricht über seine Rolle, dass er die Verhandlung strukturiert, aber keine Entscheidungen in der Sache trifft. Grundsätze wie Unparteilichkeit des Mediators und Vertraulichkeit der Sitzungen werden dargestellt (Kovach 1994, 82 ff.). Die Einführungssitzung dient dem gegenseitigen Kennenlernen und der ersten Orientierung der Parteien. Außerdem stellt der Mediator die Frage an die Parteien, was sie sich von der Mediation erwarten, ohne jedoch in diesem Stadium tiefer in die Hintergründe des Konflikts einzusteigen. Wenn die Kontrahenten mit dem Verfahren der Mediation einverstanden sind, überreicht er ihnen einen Mediationsvertrag, in dem die Eckpunkte des gemeinsamen Arbeitsbündnisses sowie die Zahlungsweise des Honorars festgelegt sind. Im Anschluss ist das Muster eines Mediationsvertrages abgedruckt, das Sie nach Ihren eigenen Bedürfnissen abwandeln können:

---

**Muster eines Mediationsvertrags**

Herr/Frau _____

Vorname/Name                    Straße                    PLZ/Ort

Herr/Frau _____

Vorname/Name                    Straße                    PLZ/Ort

In der folgenden Angelegenheit streben wir mit der Unterstützung eines Mediators eine einvernehmliche Regelung an:

...................................................................................................................

- Wir haben die feste Absicht, eine faire und gerechte Lösung für alle Beteiligten zu erreichen.
- Wir erklären uns mit den Grundregeln der Mediation einverstanden:
  - Jede Partei legt die Informationen offen, die für eine Einigung notwendig sind.
  - Jede Partei steht für ihre eigenen Interessen ein.
  - Der Verlauf der Mediation ist vertraulich zu behandeln.
  - Eine Vereinbarung muss auf dem freien Willen der Parteien beruhen.
  - Wir gehen respektvoll und wertschätzend miteinander um, lassen uns gegenseitig ausreden und beleidigen uns nicht.
  - Jede Partei hat das Recht, die Mediation jederzeit zu beenden.

- Für die Kosten der Mediation sowie die Ausarbeitung einer Vereinbarung kommen wir anteilsmäßig auf, und zwar:

von /Std. = für _____

(Partei)

von /Std. = für _____

(Partei)

Falls ein vereinbarter Mediationstermin von uns nicht eingehalten werden kann, werden wir diesen mindestens 24 Stunden vorher absagen, ansonsten wird das Honorar für eine Mediationsstunde fällig. Der Mediator wird

- die Mediation nach bestem Wissen und Können durchführen und anleiten;
- sich gegenüber den Parteien unparteilich und objektiv verhalten;
- alle Informationen vertraulich behandeln, ausgenommen ist Supervision. Der Mediator ist zur Verschwiegenheit verpflichtet und darf von den Parteien nicht in einem etwaigen Gerichtsverfahren als Zeuge benannt werden.
- Der Mediator wird keinen Rechtsrat erteilen und keine Rechtsbesorgung vornehmen. Sofern Rechtsfragen berührt sind, sollen die Parteien qualifizierte Rechtsberatung durch einen Anwalt in Anspruch nehmen.
- Für den Verlauf der Mediation sowie den Inhalt der Vereinbarung wird eine Haftung des Mediators ausgeschlossen.

_____
(Ort/Datum)         (Unterschrift Partei)

_____
(Ort/Datum)         (Unterschrift Partei)

_____
(Ort/Datum)         (Unterschrift Mediator)

### 3.8.3 Darstellungen der Parteien und Emotionen

In diesem Schritt werden die Parteien aufgefordert, ihre „Geschichte" oder ihre Version des Geschehens darzustellen. Jede Partei erhält Gelegenheit, sich ohne Unterbrechung durch die Gegenseite oder den Mediator auszusprechen. Damit bekommt jede Seite, vielleicht zum ersten Mal, die Möglichkeit, der anderen Seite ihren Standpunkt in eigenen Worten zu erläutern. In diesem Rahmen oder auch später sollte Raum für Emotionen sein. Wenn Emotionen wie Ärger, Enttäuschung, Niedergeschlagenheit etc. nicht ausgedrückt werden, stehen sie oft einer produktiven Verhandlung im Wege.

### 3.8.4 Klärungsbedürftige Punkte identifizieren

Nach einem ausreichenden Austausch der Parteien kann der Mediator damit beginnen, die Streitpunkte zu identifizieren. Manche Streitfragen mögen während der Darstellungsphase noch nicht direkt benannt worden sein. Daher ist der Mediator gleichzeitig bestrebt, die zugrunde liegenden Interessen *(identifying under-*

*lying interests)* der Parteien zu erkennen (Kovach 1994, 107 ff.). In vielschichtigen Fragestellungen ist es angebracht, die klärungsbedürftigen Fragen in einer Reihenfolge anzuordnen *(agenda setting)*, nach der Schritt für Schritt vorgegangen wird. Dabei ist aktives Vorgehen des Mediators gefragt.

**Vorgehen**

- Zunächst werden Bereiche identifiziert, in denen schon *Übereinstimmung* erzielt wurde.
- Danach werden die Gegenstände benannt, bei denen *Dissens* besteht. Der Mediator listet diese klärungsbedürftigen Streitfragen stichwortartig (am besten auf einer Flipchart) auf.

Offensichtlich sind Streitfragen, die die Parteien direkt angesprochen haben. Es können aber auch versteckte Konfliktpunkte bestehen, die nicht offen thematisiert wurden (z.B. lang schwelende Beziehungskonflikte, die in einem vordergründigen Streit ausgetragen werden).

Dabei fokussiert der Mediator seine Aufmerksamkeit auf zugrunde liegende Interessen, Bedürfnisse, Ängste, Wünsche, Verletzungen der Parteien, damit nicht wesentliche Konfliktsphären ausgeklammert werden. Dies kann z.B. durch gezieltes Fragen nach Bedürfnissen, Ängsten, Emotionen gefördert werden.

*Beispiel:*
Ein Ehepaar streitet über eine Rechnung des Elektrizitätswerkes. Jeder verlangt von dem Partner, die Rechnung zu zahlen. Das ist jedoch nur der vordergründige Konflikt. Dahinter steht der Vorwurf der Undankbarkeit, da die Freundin des Mannes in die Wohnung eingezogen ist. Thema wäre daher noch der Umgang mit der Freundin des Mannes.

Besonders in komplexen Streitsachen (z.B. Ehescheidung) ist das Erarbeiten einer Prioritätenliste angebracht. Als wichtiger strategischer Schritt ist das „Wann" und „Wie" ein Punkt, der in der Diskussion behandelt wird. Dies kann den Verlauf der Verhandlungen entscheidend beeinflussen. Der Mediator sollte die Prioritätenliste daher in eine strategische Ordnung bringen, um die Konfliktlösung zu erleichtern.

*Beispiel:*
Wenn die einfachen Punkte behandelt und gelöst sind, wird dies eine positive Grundeinstellung der Klienten gegenüber der Mediation bewirken.

Da der Mediator den Prozess kontrolliert, sollte er der Prioritätenliste einige Aufmerksamkeit schenken. Er kann sich diverser Methoden bedienen, um eine Prioritätenliste zu erstellen:

- Liste Erstellen und Parteien Nummern vergeben lassen
- Ordnung nach dem Grad der Schwierigkeit/die einfachsten Punkte zuerst
- Ordnung nach dem Grad der Wichtigkeit/die wichtigsten Punkte zuerst
- Ordnung nach dem Grad der Abhängigkeit/Grundentscheidungen, die Konsequenzen auf Nachfolgeentscheidungen haben, zuerst

*Beispiel:*
Aufenthalt, Wohnort und Betreuung des Kindes haben Auswirkungen darauf, welcher Elternteil unterhaltspflichtig ist.

Meistens wird eine Kombination dieser vier Methoden angewandt.

### 3.8.5 Informationen sammeln

Nach den Darstellungen der Parteien sind in der Regel keine ausreichenden Kenntnisse zum Sachverhalt vorhanden, um ein zuverlässiges und nicht voreiliges Bild von der Entwicklung und dem Umfang des Konflikts zu erhalten. Es besteht immer die Gefahr, dass die Parteien von unterschiedlichen Fakten, Vorstellungen und Interpretationen ausgehen. Mit einer sauberen Klärung des Sachverhalts können in diesem Stadium Missverständnisse ausgeräumt werden.

Eine Fehlerquelle besteht darin, dass die Parteien oder der Mediator in diesem Stadium nach einer unmittelbaren Lösung suchen oder sich auf die Diskussion eines Einigungsvorschlages einlassen. Der Mediator sollte die Parteien daran erinnern, dass offensichtlich noch nicht alle relevanten Informationen ausgetauscht wurden. Es sei nun an der Zeit, noch weitere Informationen zu erfragen und zu erhalten, um die Situation wie ein Mosaik zusammenzusetzen.

Informationssammlung ist ein zentrales Stadium des Mediationsprozesses, durch das man nicht hindurcheilen sollte. Wenn die Parteien schon nach Lösungen suchen, werden sie kaum dazu zu bewegen sein, den Sachverhalt erst einmal aufzuklären.

Ziele dieses Stadiums sind die Klärung der Entwicklung des Konflikts, seiner Hintergründe und der subjektiven Wahrnehmung der Parteien, um eine solide Basis für eine Konfliktlösung zu schaffen. Um Bereiche des gegenseitigen Verständnisses und sich teilweise deckender Interessen zu erfahren, kann es hilfreich sein, nach der „historischen Entwicklung" des Geschehens zu fragen. Zahlreiche Klienten sind eher vertraut damit, Abläufe in der Reihenfolge ihres zeitlichen Ablaufs zu erzählen. In dieser Phase empfiehlt sich der Einsatz von Fragetechniken (siehe Kap. 2.8.5), um den Informationsfluss zu unterstützen, das Gespräch zu lenken und um den Austausch zwischen den Parteien zu fördern.

Gerade bei komplexen Familien-Mediationen, die häufig eine Vielzahl regelungsbedürftiger Fragen aufwerfen, fängt die eigentliche Arbeit der Informationsbeschaffung nach der Selbstdarstellung der Parteien an. Wenn Ehegatten- und Kindesunterhalt geklärt werden sollen, der Ausgleich des Vermögens ansteht, die eheliche Wohnung noch ein Streitpunkt ist, sind detaillierte Informationen über Einkommen und Ausgaben der Parteien und eine komplette Vermögensaufstellung als Verhandlungsgrundlage unabdingbar. Die Parteien müssen bereit sein, alle notwendigen Daten vollständig offenzulegen. Um die Daten komplett zu erfassen, haben Mediatoren in der Regel Fragebögen entworfen, die sie den Parteien vorlegen (Haynes et al. 1993).

### 3.8.6 Interessen herausarbeiten

In der Regel sind die Parteien auf ihre Positionen festgelegt. Forderung und Gegenforderung scheinen unvereinbar. Positionen sind starr, wie in Beton gegossen und lassen so gut wie keinen Verhandlungsspielraum zu. *„Das Meissner-Porzellan-Service gehört mir!"* – *„Nein, ich habe ein Recht darauf!"*, so die andere Seite.

In dieser Phase führt der Mediator die Kontrahenten *von der Positionen- auf die Interessenebene*. Diese Stufe gilt als Kern und Turning Point der Mediation. Die Ermittlung der Interessen, letztlich ein Umweg im Verfahren der Konfliktlösung, dient der Verständnisförderung (Gläßler/Kirchhoff 2005, 130). Die Starre der Positionen wird aufgeweicht, und die dahinter liegenden Bedürfnisse der Parteien werden erfragt und offengelegt.

Den wenigsten Klienten sind ihre – den Positionen zugrunde liegenden – Interessen direkt bewusst. Oft befürchten die Parteien, das Offenlegen ihrer versteckten Interessen würde ihre Verhandlungsposition schwächen.

> **Definition**
> Unter Interessen verstehen wir die subjektiven Wünsche, Bedürfnisse und Befürchtungen der Parteien. Interessen lassen in ihrer Realisierung mehrere Wege offen; sie sind lösungsoffen. Interessen können auch Sorgen und Ängste der Betroffenen sein und brauchen deshalb nicht unbedingt positiv formuliert werden (Fisher/Ury/Pattton 2011, 40 ff.; anders Gläßler/Kirchhoff 2005, 132, die eine positive Formulierung fordern).

**Unterscheidung von Positionen und Interessen**

Als Positionen gelten:

- „Ich will kein ständiges Hundegebell im Haus."
- „Ich will das Sorgerecht für die Kinder."

Die dahinter liegenden Interessen können etwa sein:

- „Das Hundegebell stört mich, weil ich Schicht arbeite und zu unterschiedlichen Zeiten schlafe und dann nicht einschlafen kann. Den Schlaf brauche ich aber, um wieder fit für die nächste Schicht zu sein."
- „Ich will den Kindern weiterhin ein guter Vater sein. Ich befürchte als Vater aus dem Leben der Kinder ausgeblendet zu werden."

Warum sind Bedürfnisse und Befürchtungen der Kontrahenten Dreh- und Angelpunkt der Bemühungen um einen Konsens?

Der humanistische Psychologe Abraham Maslow (Maslow 1981) hat Mitte des vergangenen Jahrhunderts sechs Bedürfniskategorien identifiziert, die als wesentliches Antriebsmoment menschlichen Tuns gelten. Den drei niedrigeren Bedürfniskategorien, die er Defizitbedürfnisse nennt, ordnet er Grundsicherung, Sicherheit und sozialen Anschluss zu. Zu den drei höheren Bedürfniskategorien, genannt Wachstumsbedürfnisse, zählt er Anerkennung, Selbstverwirklichung und Transzendenz.

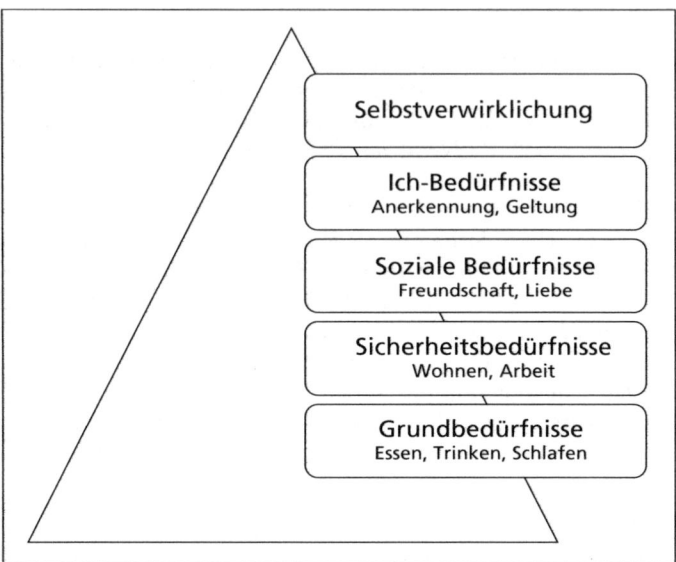

**Abb. 3.3:** Bedürfnispyramide nach Maslow

Später hat der Psychologe Clayton Alderfer die Annahmen Maslows neu strukturiert und drei Hauptgruppen zugeordnet (Alderfer 1969, 30):

**ERG-Theorie nach Clayton Alderfer**
- Existenzbedürfnisse – „Existence"
- Beziehungsbedürfnisse – „Relatedness"
- Wachstumsbedürfnisse – „Growth"

Einen Erkenntnisschritt weiter ging Marshall Rosenberg, Begründer der Gewaltfreien Kommunikation (siehe Kap. 2.6), indem er eine Verbindung zwischen Bedürfnissen und Gefühlen herstellte. Seine zentralen Thesen lauten: Bedürfnisse sind die Triebfedern für menschliches Handeln. Bleiben Bedürfnisse unerfüllt, entstehen unangenehme Gefühle (Rosenberg 2001, 51 ff.). So führen unerfüllte Bedürfnisse und negative Gefühle, wenn sie in Relation mit anderen Personen gesehen werden, zu Konflikten. Insofern ist die Identifizierung von Bedürfnissen und Befürchtungen der Generalschlüssel zur Konfliktlösung.

**Interessen festhalten**

In der Mediation wird angestrebt, die Interessen der Parteien als Basis der Konfliktlösung festzustellen. Ein Maximum der Interessen jeder Partei sollte berücksichtigt werden. Hinter unterschiedlichen Interessen stehen widerstreitende, aber auch ausgleichbare Bedürfnisse. Interessen werden durch direkte Befragung der

Klienten herausgearbeitet. Es wird nach den Gründen, dem Hintergrund, den Motiven für die jeweilige Position gefragt. Eine Frageformel lautet etwa: *„Was ist Ihnen an dem Meissner Porzellan/dem Sorgerecht so wichtig?"*. Für jede Partei werden die Interessen auf dem Flipchart getrennt visualisiert. Sie werden zur Grundlage möglicher Lösungsoptionen herangezogen.

### 3.8.7 Optionen entwickeln

Nachdem Informationen ausgetauscht, gemeinsame und kontroverse Interessen offengelegt und Streitfragen identifiziert sind, ist es Aufgabe des Mediators, gemeinsam mit den Parteien in einem kreativen Prozess diverse Lösungsszenarien zu entwickeln. Ansonsten besteht die Gefahr, Positionen aufzubauen und auf diesen zu beharren. Die Parteien sollen damit ermuntert werden, sich von ihren nicht akzeptablen Positionen zu lösen und sich Alternativen zu öffnen. Verschiedene Techniken können diesen Prozess unterstützen, wie Brainstorming oder Fraktionierung *(fractionation)*, wobei ein Streitgegenstand in einzelne Bestandteile zerlegt wird (Moore 2003, 274 ff.). Wenn Emotionen, Positionsdenken oder ein Machtungleichgewicht ein Fortkommen behindern, können separate Sitzungen *(caucus)* mit den Klienten angebracht sein (Kovach 1994, 127).

Der Ansatz, bei der Lösungssuche Kreativität walten zu lassen, geht auf ein Konzept von Edward de Bono zurück, der zwischen vertikalem und lateralem Denken unterscheidet. Laterales Denken ist assoziativ, springt, ist geradezu kindlich und damit kreativ. Vertikales Denken zeichnet sich durch analytisches Vorgehen, Logik und Analytik aus. Beide Arten werden als komplementär, sich ergänzend, betrachtet. Beim Brainstorming steht laterales Denken im Vordergrund; später, bei der Auswahl der Optionen, vertikales Denken.

Die meisten von uns haben die Angewohnheit, gleich auf die erste Idee oder einen Lösungsvorschlag zu springen und über die Anwendbarkeit oder Ablehnung dieser Idee zu diskutieren. So werden häufig andere Lösungsmöglichkeiten nicht wahrgenommen oder ausgeblendet. Bevor man sich beeilt, eine Lösung zu finden, sollte eine Anzahl von Optionen oder Alternativen gesucht und erörtert werden. Es ist Aufgabe des Mediators, diesen Prozess zu unterstützen. Jede Alternative, jede Option kann zu einer akzeptablen Lösung führen. Der Mediator soll erklären, dass die Diskussion über einen einzigen Vorschlag eine kreative Suche nach befriedigenden Optionen behindert. Wenn die Parteien schon nach den „Darstellungen" Vorschläge machen, soll der Mediator darauf aufmerksam machen, dass in einer späteren Phase diverse Lösungsmöglichkeiten entwickelt und ausgewertet werden. Das verhindert, dass sich eine Partei festlegt. Mediation ist ein kreativer Problemlösungsprozess.

*Lösungsmöglichkeiten sammeln durch Brainstorming*
In der Mediation setzen wir das Instrument Brainstorming ein. Die Optionen, die die Parteien entwickeln, werden während der Sammlung nicht bewertet und nicht diskutiert. Erst nach dem Brainstorming findet die Auswahl statt. Das gilt auch für den Mediator. Der Mediator weist darauf hin, dass derjenige, der eine

Idee oder Option vorträgt, nicht daran gebunden ist. Diese Option „gehört" der Partei nicht. Sie kann den Vorschlag später zurückweisen.

### 3.8.8 Verhandeln und Aushandeln

Nachdem eine Reihe von Lösungsoptionen im Gespräch ist, beginnt das eigentliche Verhandeln mit dem Ziel einer Vereinbarung. Der Mediator wird nach Gemeinsamkeiten suchen und auf Lösungsmodelle aufmerksam machen, bei denen beide Parteien profitieren. Gleichzeitig werden die Optionen auf ihre Umsetzbarkeit hin geprüft *(reality testing)* und inwieweit sie mit den Interessen jeder Partei im Einklang stehen. Während des Aushandelns sollen die letzten Differenzen überwunden werden (Kovach 1994, 25; Moore 2003, 330). Der Mediator ist dabei nicht Schiedsrichter, sondern hält den Verhandlungsprozess in Gang.

*Abgleich mit Parteiinteressen*
Zentrale Aufgabe dieses Stadiums der Mediation ist es, zu untersuchen, inwieweit eine Option bzw. ein Angebot oder Lösungsvorschlag einer Partei die Interessen der Parteien angemessen berücksichtigt. Der Mediator unterstützt die Parteien darin, Kosten und Nutzen der jeweils diskutierten Lösungsoption abzuwägen.

*Den Kuchen vergrößern*
Das Augenmerk ist darauf gerichtet, Gemeinsamkeiten zu suchen und Lösungsmodelle darauf abzuklopfen, inwieweit beide Parteien davon profitieren. Der Mediator achtet darauf, dass die gewählte Option vollständig diskutiert wird und nicht von einer Option zur anderen gesprungen wird.

*Reality testing*
Die Optionen bzw. Lösungsvorschläge müssen auf ihre Umsetzbarkeit im Alltag hin geprüft werden.

> *Beispiel: „Elterliche Sorge"*
> Bei der Verteilung der elterlichen Verantwortung scheint sich ein Vorschlag abzuzeichnen, wobei die beiden schulpflichtigen Kinder vier Tage in der Woche bei der Mutter, drei Tage beim Vater leben sollen. Ist das realisierbar? Entfernung zur Schule, Arbeitszeiten der Eltern, Zimmer für die Kinder etc.?

*Details spezifizieren*
Die Details der Übereinkunft müssen sehr genau und klar spezifiziert werden, so dass die Parteien nicht in allgemeinen Absichtserklärungen steckenbleiben. Es muss geklärt werden, wer, was, wann zu unternehmen hat.

*Fairnesskontrolle*
Da Lösungsangebote oder Optionen in der Regel ein Entgegenkommen von beiden Seiten erfordern, sollten gemeinsam objektive Bewertungs- oder Beurteilungskriterien gesucht werden. Bloßes Feilschen oder Zugeständnisse können zu unfairen Ergebnissen führen. Beim Feilschen verbucht der Hartnäckigere in der Regel einen Vorteil, der Nachgiebigere hat das Nachsehen. Der Mediator sollte

die Diskussion vom reinen Willen der Parteien auf die Basis objektiver Kriterien stellen.

*Beispiel: Tiefe des Fundaments bei einem Hausbau*
Der Bauträger bietet 50 cm tragendes Fundament an, der Hausbesitzer hält jedoch 100 cm für angemessen; objektive Kriterien wären Sicherheitsstandards, staatliche Bauvorschriften, die statische Berechnung; in einem solchen Fall kann man sich auf objektive Standards gut verlassen (vgl. Fisher/Ury/Patton 2014, 129 f.).

Objektive Kriterien, auf die sich die Parteien als Fairnesskriterium einigen, können etwa sein: der Marktwert eines Gebäudes oder Autos, frühere Vergleichsfälle oder Gerichtsurteile, Bewertungslisten, Kriterien von Sachverständigen, wissenschaftliche Gutachten. Objektive Kriterien müssen willensunabhängig und können gesetzlich legitimiert sein.

*Beispiele:*
- Wertermittlung durch einen Sachverständigen für eine Immobilie beim Zugewinnausgleich
- Nds. Nachbarschaftsverordnung als Richtschnur bei einem Nachbarschaftsstreit
- Berechnung des Kindesunterhalts nach der Düsseldorfer Tabelle

### 3.8.9 Eine Vereinbarung treffen/Abschluss

Wenn sich die Parteien in mehreren oder allen Punkten einig sind, wird der Mediator eine schriftliche Vereinbarung *(agreement oder memorandum of understanding)* entwerfen. Die Form der Vereinbarung kann variieren. Wegen der weitreichenden Folgen einer Scheidungsfolgenvereinbarung *(marital settlement agreement)* sollte diese von den Rechtsanwälten der Parteien überprüft werden. Den Einigungsprozess kann es erheblich erleichtern, wenn in einigen Punkten nur eine vorläufige Vereinbarung getroffen wird. Das gibt Parteien die Gelegenheit, sich auf eine Probephase einzulassen. Dies kann gerade bei Sorge- und Umgangsvereinbarungen vorteilhaft sein (Allen/Mohr 1997, 56 f.).

Die Mehrzahl der Mediationen wird mit einem schriftlichen Dokument abgeschlossen, das von den Parteien unterzeichnet wird. Es ist Aufgabe des Mediators, dieses Dokument vorzubereiten. Das Schaubild auf der folgenden Seite entwirft das Beispiel einer inhaltlichen Struktur.

Manche Mediatoren besiegeln die Einigung der Kontrahenten mit einer Art Zeremonie (Allen/Mohr 1997, 78 f.). Andere wiederum weisen darauf hin, dass sie auch später noch für Mediationsgespräche zur Verfügung stehen. Unter Umständen werden Termine für Folgeverhandlungen vereinbart.

Das hier entworfene Bild eines typischen Mediationsverlaufs kann nur eine schematisierte Orientierung abgeben. Manche Stadien können sich mehrfach wiederholen, andere können sich überschneiden. In der Praxis wird wohl keine Phase in reiner Form auftreten. In jeder Mediation jedoch werden besondere Kommunikations- und Verhandlungsfähigkeiten eines Mediators gefordert, um den Prozess im Interesse der Parteien konstruktiv und fair zu moderieren.

> **Struktur einer Mediationsvereinbarung**
> **(Vereinbarung in der Sprache der Klienten abfassen!)**
>
> **Überschrift**
> *„Protokoll einer Mediationsvereinbarung"*
>
> **1. Datenblock**
> Name, Alter, Beruf, (Einkommen)
> Beziehung der Medianten zueinander
>
> **2. Anlass der Mediation**
> Themen und Ausgangslage
>
> **3. Mediationsverlauf**
> Namen und Beruf der Mediatoren
> Daten der Mediationssitzungen
>
> **4. Vereinbarungen**
> Verhandlungsergebnisse
> (S M A R T: spezifisch, messbar, annehmbar, realitätsnah, terminiert)
>
> **5. Weitere Schritte**
> juristische Schritte: z. B. Besprechung mit Beratungsanwalt, Beglaubigung durch Notar, in gerichtliches Verfahren einführen
> Veränderung der Vereinbarung: bei Veränderung der Rahmenbedingungen

## 3.9 Stile und Varianten

Mediation ist in der Praxis kein homogenes Gebilde. Besonders ihre Flexibilität, auf unterschiedlichste Konfliktkonstellationen zu reagieren, macht Mediation zu einem vielseitigen Instrument der Konfliktlösung. Ihr universelles Einsatzspektrum reicht vom innerfamiliären Generationenkonflikt über Auseinandersetzungen am Arbeitsplatz bis hin zum politischen Tauziehen zwischen Großindustrie und Bürgervereinigungen oder Verhandlungen zwischen verfeindeten Staaten. Es liegt auf der Hand, dass sich angesichts dieser Palette in Theorie und Praxis Stile und Varianten der Methode ausgebildet haben. Daneben haben Mediatoren und Mediationsschulen ihre Stilrichtungen entwickelt. Folberg und Taylor gehören zu den ersten Autoren, die Stile der Mediationsmethode systematisch erfasst haben (Folberg/Taylor 1986); andere Autoren haben weitere Ansätze identifiziert (Allen/Mohr 1997; Mosten 1997; Kovach 1994, Lang-Sasse 2013).

In einer neueren wissenschaftlichen Untersuchung, die u. a. mit der Europa-Universität Viadrina durchgeführt wurde, identifiziert Lang-Sasse (2013, 54 ff.) vier Hauptkategorien gängiger Mediationsstile:

1. Facilitative Style
2. Directive Style
3. Evaluative Style
4. Transformative Style

Diese vier Kategorien werden von uns anhand der angelsächsischen Literatur noch um weitere Varianten ergänzt.

### 1. Facilitative Style

Beim „Facilitative Style" (Erleichterung der Konfliktbearbeitung), das primär in Deutschland praktizierte Modell, steht die Selbstbestimmung und Eigenverantwortung der Parteien im Mittelpunkt. Die Parteien geben die Inhalte vor, der Mediator versteht sich als Herr des Verfahrens. Inhaltlich greift er nicht ein. Die klare Reduktion des Mediators auf seine moderierende Funktion wird auch als „puristische Mediation" bezeichnet (Allen/Mohr 1997, 50). Er macht keine Lösungsvorschläge, entwickelt selbst keine Optionen und gibt keine Rechtsinformationen. Gegenüber einer Vereinbarung der Parteien enthält er sich jeglicher – auch rechtlicher – Bewertung (Mosten 1997, 23 f.). Wenn zwischen den Parteien ein Machtgefälle besteht, ist dieser reine, enthaltsame Ansatz m. E. problematisch, da die Gefahr besteht, dass die schwächere Partei übervorteilt wird.

### 2. Directive Style

Der direktive Stil stellt das andere Extrem des Spektrums dar. Der Mediator gibt die Richtung vor, verweist auf seine Expertise und Erfahrung und erteilt inhaltliche Empfehlungen (Lang-Sasse 2013, 55). Bei diesem Modell stellt der Mediator das Ziel, eine Vereinbarung zu erreichen, über den Prozess. Der Mediator gibt vor, welches Ergebnis er sich als fair und gerecht vorstellt. Er leistet Überzeugungsarbeit, um ein entsprechendes Ergebnis zu erreichen (Folberg/Taylor 1986, 135).

Als Variante des direktiven Stils lässt sich die juristische Mediation betrachten. Häufig wird der hypothetische Ausgang eines Gerichtsverfahrens als Gerechtigkeitsmaßstab herangezogen. Juristen haben bisweilen einen Hang zu diesem Stil. In der rechtlich geprägten Mediation wird die Aufmerksamkeit vornehmlich auf den Streitgegenstand gerichtet, der dahinter stehende Konflikt erfährt dagegen wenig Beachtung. Der juristisch geprägte Mediator erörtert mit seinen Klienten die rechtlichen Rahmenbedingungen, innerhalb deren sich die Vereinbarung bewegen kann (Kovach 1994, 216). Es besteht die Gefahr, dass Rechtspositionen zum zentralen Thema werden.

Obwohl mit dem direktiven Stil rasch Lösungen erzielt werden, ist Skepsis angebracht, inwieweit die Parteien langfristig mit solchen Vereinbarungen zufrieden sind und diese einhalten.

*Zentristische Mediation*

Von anderen Mediatoren wiederum wird ein Mittelweg zwischen den Extremen bevorzugt. Die „Zentristen" greifen aktiver in den Verhandlungsverlauf ein, üben aber keinen Druck auf die Parteien aus, eine Vereinbarung zu erzielen.

Wenn sie ein Machtgefälle erkennen, nehmen sie Stellung und arbeiten gegebenenfalls mit den Parteien in separaten Sitzungen. Wenn es hilfreich erscheint, erhalten die Parteien Informationen zur Rechtslage (Allen/Mohr 1997, 50 f.).

### 3. Evaluative Style

Eine Unterform des direktiven Stils ist der evaluative bzw. bewertende Mediationsstil. Es werden Beweise und Gutachten beleuchtet und ausgewertet (Lang-Sasse 2013, 55). Ein bewertender Mediator lässt sich in die Nähe eines Schlichters rücken, der schließlich den Konflikt aufgrund seines Schlichterspruchs beenden soll.

### 4. Transformative Style

Vertreter des transformativen Mediationsstils verfolgen neben der Konfliktlösung moralisches Wachstum und soziales Lernen der Parteien (Hösl 2011, 136 ff.). Als Protagonisten des transformativen Ansatzes haben Bush und Folger in ihrem Buch „The Promise of Mediation", 1994, zwei Meta-Ziele der Mediation fokussiert, Empowerment und Recognition:

- *„Empowerment, d.h. die Befähigung zur Selbsterkenntnis, die Stärkung des Selbstwertes, des Selbstvertrauens und Selbstausdrucks und*
- *Recognition, damit gemeint ist das wechselseitige Verstehen und Geltenlassen der Sichtweise und Situation des Anderen unter Einbeziehung auch des eigenen Anteils am Konflikt."*

*(zit. N. Hösl 2011, 137)*

> *Es lässt sich festhalten*: Wenn Mediation einen pädagogischen Anstrich hat, wie etwa in Kitas, in Schulen, zwischen Jugendlichen oder in sozialen Institutionen, aber auch bei Familien-Mediationen, sollte ihr Lernpotenzial ausgeschöpft werden. Für die Soziale Arbeit eignet sich das Modell der transformativen Mediation als Instrument, um die Ressourcen der Klienten zu nutzen und persönliches Wachstum zu fördern.

*Therapeutische Mediation*
Als Unterform der transformativen Mediation gilt die therapeutische Mediation. Der therapeutische Wert der Konfliktbearbeitung wird häufig von Therapeuten oder Psychologen hervorgehoben. Es wird angestrebt, den zugrunde liegenden Konflikt zu erfassen und seine emotionalen Aspekte zu lösen. Das Ziel therapeutischer Mediation reicht über reine Konfliktlösung hinaus. Die fachliche Intervention ist auf eine Verbesserung der zwischenmenschlichen Beziehungen sowie eine Stärkung der Kommunikations- und Konfliktbearbeitungsfähigkeiten der Parteien ausgerichtet. Therapeutische Mediatoren achten darauf, dass die Parteien die Vereinbarung psychologisch akzeptieren (Kruk 1998a, 11).

Der Vollständigkeit halber soll noch auf weitere Varianten der Mediationsmethode hingewiesen werden:

## Krisen-Mediation

Der Ansatz der Krisen-Mediation wurde für Arbeitskämpfe entwickelt. Vorrangiges Ziel ist es nicht, eine Vereinbarung zu treffen, sondern eine Krise zu überwinden (Folberg/Taylor 1986, 139 f.). Im familiären Bereich können Krisen-Mediationen, zum Beispiel bei Kindesentführungen oder bei einseitiger Verfügung über gemeinsames Vermögen, notwendig werden. Angestrebt wird eine Stabilisierung der Kommunikationsbereitschaft, um Raum für eine langfristige Lösung zu schaffen. Gleichzeitig sollen gerichtliche Eilverfahren vermieden werden (Mosten 1997, 23).

## Pendel-Mediation

Hierbei verhandeln die Parteien nicht an einem Tisch, sondern der Mediator arbeitet mit jeder Partei einzeln in getrennten Sitzungen. Als Bote vermittelt der Mediator Angebote und Antworten zwischen den Kontrahenten. Dieser Typ der Pendel-Mediation *(shuttle mediation)* (Folberg/Taylor 1986, 138; Mosten 1997, 23) hat sich bei extrem feindseligen Gegnern bewährt. Anwendungsbereiche sind auch Mediationen über weite Entfernungen *(long-distance mediation)* oder bei Parteien mit unzureichenden Kommunikationsfähigkeiten.

## Co-Mediation

Bei dieser Mediationsart arbeiten zwei oder mehrere Mediatoren als Team zusammen. Team-Mediation kann bei multidimensionalen Konflikten nützlich sein, die zusätzlichen Sachverstand erfordern (Kovach 1994, 217; Allen/Mohr 1997). Bei Familien-Mediationen kooperieren zuweilen ein männlicher und ein weiblicher Mediator, um ein Gleichgewicht zwischen den Geschlechtern zu repräsentieren; oder ein Therapeut und ein Jurist kombinieren ihren fachlichen Hintergrund. Nachteile der Co-Mediation sind zusätzliche Kosten oder eine Verunsicherung der Parteien, wenn die Mediatoren unterschiedliche Einschätzungen äußern.

Die Klassifizierung einzelner Mediationsstile mag eine Hilfe sein, den unterschiedlichen Zugang zur Mediationsmethode zu verstehen, zu tolerieren und mit zunehmender Expertise einen eigenen Stil auszuprägen. In der Praxis werden die Varianten selten in Reinform vorkommen, sondern entsprechend den Anforderungen häufig kombiniert werden. So wird z. B. ein Mediationsteam (Co-Mediation) bei einer Scheidungs-Mediation an einem bestimmten Punkt mit den Parteien getrennt arbeiten (Pendel-Mediation), wenn die Verhandlungen festgefahren sind, oder eine Krisen-Mediation vornehmen, wenn ein Partner ein gemeinsames Sparkonto aufgelöst hat. Die Kunst der Mediation erfordert es geradezu, undogmatisch und flexibel auf unvorhergesehene Situationen zu reagieren.

## 3.10 Übungen

**Szenario: Lärmende Kinder**

Frau Murat ist alleinerziehende Mutter von drei Kindern und bewohnt seit zwei Jahren eine Mietwohnung in der Allerstraße. Es kommt immer wieder zu Auseinandersetzungen mit Frau Pocht, die schon seit 15 Jahren eine Eigentumswohnung im darunter liegenden Stockwerk bewohnt. Sie fühlt sich durch den Lärm und die Unordnung, die die Kinder machen, belästigt. Besonders in den Abendstunden sei der Krach der Kinder unerträglich. Die Kinder würden ständig durch die Wohnung laufen, auf dem Boden herumspringen und viel herumschreien, besonders das Baby in den Nachtstunden. Frau Pocht fühlt sich dadurch in ihrer Nachtruhe gestört. Sie ist der Meinung, dass dieser Lärm sie schon richtig krank gemacht habe und sie deshalb gesundheitliche Probleme aufweise, seitdem Familie Murat in dem Haus wohnt.

Es gab schon einige Gespräche zwischen den beiden Konfliktparteien, die aber zu keinem Ergebnis führten. Beide Parteien sind nicht mehr in der Lage, miteinander zu kommunizieren. Frau Murat ist mit ihren Nerven ziemlich am Ende. Sie war sehr froh darüber, dass sie damals diese Wohnung beziehen konnte. Für eine alleinerziehende Mutter mit drei Kindern sei es nicht leicht, eine Wohnung zu finden, und außerdem sei sie sehr kostengünstig.

Beide Parteien einigen sich darauf, eine Stadtteilkonfliktberatung aufzusuchen.

*Aufgabe*
*Beteiligte:* vier Personen; Frau Murat und Frau Pocht als Parteien, eine Mediatorin (M 1) und ein Beobachter (M 2)
*Dauer:* ca. 40 Minuten
*Durchführung:*

1. Teilnehmer A übernimmt die Rolle der Beschwerdeführerin, Frau Pocht; Teilnehmer B die Rolle der alleinerziehenden Mutter, Frau Murat. Teilnehmerin C und D wechseln sich je nach Phase als Mediatorin bzw. Beobachterin ab.
2. Die Teilnehmer spielen die ersten Phasen einer Mediation durch:
   – Phase 1: Einführung und Auftragsklärung (Mediatorin 1) – kurze Reflexion
   – Phase 2: Darstellungen der Parteien & Emotionen (Mediatorin 2) – kurze Reflexion
   – Phase 3: Klärungsbedürftige Punkte sammeln (Mediatorin 1)
   – Reflexion: Was hat gut funktioniert, und was hätte man besser machen können?

**Szenario: Umgangsregelung**

Die 31-jährige Anne Wiesenbaum und der 32-jährige Frank Escher leben seit drei Jahren getrennt. Bisher gab es nie Probleme wegen der Besuche der gemeinsamen nichtehelichen Kinder bei ihrem Vater. Die Situation zwischen den Eltern hatte sich bereits kurze Zeit nach der Trennung so weit beruhigt, dass es keine Streitereien vor den Kindern gab, wenn der Vater sie von der Mutter abholte oder dorthin zurückbrachte. Der vierjährige Max und die sechsjährige Sophie besuchten ihren Vater jedes zweite Wochenende und verbrachten auch Teile der Ferien bei ihm.

Seit zwei Monaten hat Frank eine neue Lebensgefährtin. Die 23-jährige Katrin Theben verbringt nun ebenfalls viel Zeit mit den Kindern, wenn sie zu Besuch sind.

Max und Sophie verstehen sich mit Katrin offensichtlich sehr gut. Anne kann sich dagegen mit der neuen Frau in Franks Leben nicht anfreunden. Sie möchte nicht, dass Katrin anwesend ist, so lange die Kinder bei ihrem Vater sind. Anne hält Katrin für zu jung und unerfahren, um sich mit Max und Sophie zu beschäftigen.

Die Situation zwischen Frank und Anne ist sehr gespannt, und es kommt häufig zum Streit. Frank kann Anne nicht verstehen, da die Kinder doch gut mit Katrin auskommen und diese durchaus in der Lage ist, sich um Max und Sophie zu kümmern. Auch Max und Sophie leiden unter den Streitereien der Eltern. Sie können nicht nachvollziehen, warum es plötzlich so viel Ärger gibt. Max hat wieder angefangen, ins Bett zu machen, und Sophie ist in der Schule ständig unkonzentriert. Anne meint, dies sei die Reaktion der Kinder auf die neue Lebensgefährtin ihres Vaters. Sie würden sich nicht trauen, ihm offen zu sagen, dass sie Katrin nicht mögen und dass sie ihren Vater nicht verletzen möchten. Auch hier ist Frank komplett anderer Meinung.

Anne ist verletzt, da ihr Ex-Partner sie nicht verstehen will. Sie droht damit, dass Frank die Kinder nicht mehr sehen darf, so lange Katrin bei den Besuchen anwesend ist. Frank Escher und Anne Wiesenbaum besuchen die örtliche Erziehungsberatungsstelle.

*Aufgabe*
*Beteiligte:* fünf Personen; Anne Wiesenbaum, Frank Escher und Katrin Theben als Parteien, eine Mediatorin (M 1) und ein Beobachter (M 2)
*Dauer:* ca. 60 Minuten
*Durchführung:*

1. Teilnehmer A, B und C übernehmen die Rollen der Beteiligten. Teilnehmerinnen D und E wechseln sich je nach Phase als Mediatorin bzw. Beobachterin ab.
2. Die Teilnehmer spielen die Phasen einer Mediation durch und achten insbesondere auf Kommunikationstechniken, wie aktives Zuhören und konstruktives Umformulieren:
   – Phase 1: Darstellungen der Parteien & Emotionen (Mediatorin 1) – kurze Reflexion
   – Phase 2: Klärungsbedürftige Punkte sammeln (Mediatorin 2) – nur kurz
   – Phase 3: Informationen (Mediatorin 1) – kurze Reflexion
   – Phase 4: Interessen der Beteiligten klären (Mediatorin 2) – kurz reflektieren
   – Phase 5: Lösungsoptionen entwickeln (Mediatorin 1)
   – Phase 6: Verhandeln und Aushandeln (Mediatorin 2)
   – Reflexion: Was hat gut funktioniert, und was hätte man besser machen können?

### Weiterführende Literatur

Ballreich, R./Glasl, F. (2012): Mediation in Bewegung ein Lehr- und Übungsbuch mit Filmbeispielen auf DVD, Stuttgart.

Fisher, R./Patton, B./Ury, W. (2014): Das Harvard-Konzept (Jubiläumsausgabe), Der Klassiker der Verhandlungstechnik, Frankfurt/Main.

Hösl, G. (2011): Mediation die erfolgreiche Konfliktlösung – Grundlagen und praktische Anwendung, 6. Aufl., München.

Moore, C.W. (2003): The Mediation Process, Practical Strategies for Resolving Conflict, 2. Auflage, San Francisco/London.

# 4 PRINZIPIEN EINER KONSTRUKTIVEN KONFLIKTPÄDAGOGIK

**Was Sie in diesem Kapitel lernen können**

Ziel dieses Kapitels ist es, Pädagogen und Sozialarbeitern eine Einsicht in die Hintergründe kindlichen Streitverhaltens zu gewähren und pädagogisch sinnvolle Interventionsmöglichkeiten vorzuschlagen. Kindern soll schon möglichst frühzeitig in ihrer sozialen und emotionalen Entwicklung ein positives und gewaltfreies Konfliktverhalten vermittelt werden. Kinder sollen erfahren, dass es bei einem Streit fast immer eine Lösung gibt. Außerdem sollen sie lernen, die eigenen Bedürfnisse zu erkennen und ernst zu nehmen, aber gleichzeitig auch die Wünsche des anderen Kindes zu respektieren. Dies sind m. E. elementare Grundsätze einer *konstruktiven Konflikt- und Friedenserziehung*, die das Ziel verfolgt, Kinder dabei zu unterstützen, zu sozialen Menschen heranzureifen.

Kindern soll damit eine stabile Basis für ihr gesamtes Leben vermittelt werden, um Auseinandersetzungen nicht aus dem Weg zu gehen oder mit Drohung und Gewalt zu reagieren, sondern Streitsituationen anzugehen und nach einer gemeinsamen Lösung zu suchen. Dabei soll keine autoritäre Konfliktlösung durch Eltern, Erzieher, Lehrer oder Sozialpädagogen vorgegeben werden. Vielmehr sollen Kinder entsprechend ihres Alters und ihrer Reife aktiv in den Prozess der Konfliktlösung einbezogen werden. Beim Erlernen konstruktiven Konfliktverhaltens erkennen Kinder, dass zwischen der Durchsetzung des eigenen Willens oder dem sich Unterwerfen unter den Willen eines anderen Kindes noch ein dritter Weg möglich ist – nämlich sich zu arrangieren und im gegenseitigen Einverständnis eine zufriedenstellende Lösung zu erreichen (vgl. Dörfler/Dittrich/Schneider 2002, 3 ff.).

Der besondere Fokus dieses Kapitels liegt darauf, Sozialarbeiter und Sozialpädagogen in ihrer Vorbildfunktion gegenüber Kindern zu stärken. Es will Anregungen geben, wie Sie in Ihrem pädagogischen Alltag ein Konzept für konstruktives Konfliktverhalten entwickeln und umsetzen können.

**Kinder und Konflikte**

Streit und Gerangel zwischen Kindern gehören zum Tagesablauf einer Kita, einer Grundschule, jeder Familie oder pädagogischen Einrichtung. Sie sind aus dem Leben nicht wegzudenken. Kinder streiten sich um Spielsachen, um Freundschaft, um den ersten Platz in der Reihe oder, wer mitspielen darf. Konflikte sind Bestandteil der Welt der Kinder wie der Erwachsenen. Nicht der Konflikt ist das Problem, sondern die Art und Weise, wie wir damit umgehen.

Konflikte gelten als entwicklungspsychologische Notwendigkeit, um prosoziales Verhalten zu erlernen. Wissenschaftler wie Piaget,[2] Sullivan[3] oder Erikson[4] haben schon früh die Bedeutung von Konflikten für die kognitive und soziale Entwicklung von Kindern erkannt. Durch Auseinandersetzungen lernen Kinder, Sichtweisen anderer zu verstehen, moralische Werte aufzubauen und soziale Verhaltensweisen zu entwickeln. Gleichzeitig gelten Konflikte als Antriebskraft für Entwicklungsveränderungen sowie den Abbau des kindlichen Egozentrismus (Kain et al. 2006, 13).

Aktuelle Untersuchungen unterstreichen diese langjährigen Erkenntnisse. Eine Beobachtungsstudie (Dittrich/Dörfler/Schneider 2001) dokumentiert, wie wichtig es ist, die Betrachtungsweise der Kinder in der Auseinandersetzung zu ergründen, ihr Befinden zu verstehen und ihre Bedürfnisse zu interpretieren. „Kinder in ihren Anliegen zu unterstützen, bedeutet, ihre Probleme wahrzunehmen, durch Vorschläge oder Fragen zu ermöglichen, dass sie untereinander in einen Aushandlungsprozess gehen können." (ebd., 211)

Besondere Aufmerksamkeit verdient das Thema *Konfliktbearbeitung mit Kindern,* wenn wiederholt aggressives Verhalten, Böswilligkeit oder etwa Ausgrenzung im Spiel sind. Nach einer bundesweiten Studie der Universität Köln agiert jedes sechste bis achte Kind überdurchschnittlich aggressiv (nach Laerum 2004, 11 ff.), ein ernster Befund. In einer anderen Untersuchung wurde beobachtet, dass die durchschnittliche Anzahl von Konflikten bei Vorschulkindern zwischen fünf bis acht je Stunde liegt (Kain/Bukovics et al. 2006, 11). Mit der Einrichtung von Kinderhorten, so berichten Erzieherinnen, habe die Konfliktbereitschaft unter Kindern deutlich zugenommen. Dies wird mit Stress und Leistungsdruck in der Schule sowie dem höheren Alter der Kinder in Verbindung gebracht (Marx 2011, 9).

Wo liegt nun die Grenze zwischen bloßem Toben und spielerischem Kräftemessen auf der einen Seite und negativen Verhaltensmustern wie ausschließen, auslachen, Schläge androhen oder aggressiven Übergriffen auf der anderen Seite? Letztere erfordern Eingreifen durch die Fachkräfte, wie Lehrer, Erzieher, Sozialarbeiter und Pädagogen, Erstere unterstützen die Persönlichkeitsentwicklung der beteiligten Kinder.

Pädagogisch betrachtet reicht es nicht aus, unerwünschtes Verhalten von Kindern nur zu korrigieren. Fast immer haben Aggressionen Gründe, die es zu verstehen gilt. Die zunehmende Pluralität familiärer Lebensformen kann ein weiterer Faktor für die Konfliktbereitschaft von Kindern sein. Hinzu kommen gesellschaftliche Phänomene, wie ein hoher Migrantenanteil mit dem Zusammentreffen unterschiedlicher Kulturen und Umgangsformen.

---

2 Jean Piaget (1896–1980): Schweizer Entwicklungspsychologe und Epistemologe. Er entdeckte die genetische Epistemologie.
3 Harry Stack Sullivan (1892–1949): US-amerikanischer Psychiater und Vertreter der Neopsychoanalyse.
4 Erik Homburger Erikson (1902–1994): Deutsch-US-amerikanischer Psychoanalytiker und Vertreter der Psychoanalytischen Ich-Psychologie. Bekannt wurde er durch das von ihm geformte Stufenmodell der psychosozialen Entwicklung.

In einem Umfeld, das stark durch Medien mit Gewaltszenen (Computerspiele, Filme und Zeitschriften) geprägt ist, kommt der Familie, dem Kindergarten und der Schule eine entscheidende Sozialisationsfunktion zu, um ein Gegengewicht zur zunehmenden Gewaltbereitschaft zu bilden. Soziales Verhalten erlernen Kinder vorwiegend am Modell (Kohnstamm 2006, 482). Diese entwicklungspsychologische Einsicht unterstreicht die herausragende Rolle von Eltern, Erziehern, Lehrern und Sozialpädagogen für die Förderung einer positiven Konfliktkultur der Kinder. Jeder weiß, dass die Basis sozialen Verhaltens schon im Kindergartenalter geprägt wird. Deswegen sollte im frühen Alter besonderes Augenmerk auf einen pädagogisch sinnvollen Umgang mit Konflikten gelegt werden. Pädagogen sollten ihre eigenen Verhaltensmuster gegenüber Konflikten reflektieren und konstruktive Konfliktlösungsmethoden erlernen und praktizieren.

## 4.1 Entstehung kindlicher Konflikte und ihre Bedeutung für die Persönlichkeitsentwicklung

Frühe Erfahrungen mit dem Kampf um Bedürfnisbefriedigung und Abgrenzung machen Kinder in der Trotzphase. Mit den Erwachsenen wird der Konflikt oft bis zur letzten Träne ausgefochten. Diese Phase beginnt in der Regel im zweiten Lebensjahr und reicht bis weit in das Kindergartenalter hinein. Intensität, Dauer und Art der Wutanfälle verlaufen recht unterschiedlich, wobei das Temperament des Kindes meist ausschlaggebend ist.

Diverse wissenschaftliche Ansätze versuchen die Gründe für diese Phase der Auseinandersetzung zu erklären, je nachdem wie man psychologische, neurowissenschaftliche oder entwicklungsbiologische Forschungen gewichtet. Als übergreifende Klammer lässt sich trotz der unterschiedlichen wissenschaftlichen Blickrichtungen feststellen, dass es sich bei der Trotzphase um eine Abgrenzungsphase handelt. Es geht um die Entdeckung der eigenen Person, die Entdeckung des „Ichs" (vgl. Kasten 2008, 95 ff.). Kinder lösen sich allmählich aus der symbiotischen Beziehung zur Mutter. Dieser Entwicklungsschritt könnte auch als „Autonomiephase" bezeichnet werden (vgl. Kasten 2005, 153). Das Kind erlebt, dass es sich für oder gegen etwas entscheiden kann.

*Was lernen Kinder aus Konflikten in der Trotzphase?* Wie Eltern und Pädagogen mit trotzenden Kindern umgehen, ist entscheidend für deren Lernerfahrung. Dies hat Folgen für die Entwicklung von Sozialkompetenz, Konfliktfähigkeit, den Umgang mit Autoritätspersonen sowie die Reaktion auf unangenehme Gefühle. Kinder lernen aus Trotzanfällen, dass sie sich für ihre Bedürfnisse starkmachen, aber auch zurückstecken müssen. Sie erfahren, dass Konflikte einfach zum Leben gehören und Auseinandersetzungen mit starken Gefühlen verbunden sind. Wenn Kinder dabei mit Eltern oder Pädagogen positive Erfahrungen sammeln, erleben sie, dass Streit keine Bedrohung bedeutet. Sie erhalten die Gewissheit, dass negative Gefühle nicht versteckt werden oder durch Ersatzverhalten abreagiert werden müssen. Kinder sollten dazu ermutigt werden, auch negative Emotionen sprachlich zu äußern. Deswegen sollten Erwachsene auch auf heftige Gefühlsausbrüche mit einer wertschätzenden Haltung reagieren. So wird es Eltern/Pädagogen und Kindern gelingen, bestehende Beziehungen zu festigen und das Kind zu stärken.

Kinder brauchen im Idealfall Erwachsene, die ihnen in der Trotzphase Freiräume lassen, um Dinge selbst auszuprobieren, sich auszutesten, eigene Grenzen zu erfahren. Besonders hilfreich sind Erwachsene, welche genügend Kraft besitzen, Konflikte bewusst und aktiv mit den Kindern zu leben. Sie sollten die Wut der Kinder aushalten und Kinder ermutigen, ihre Gefühle zu meistern. Wenig hilfreich ist die Tendenz, vorschnelle Lösungen anzubieten, um die Auseinandersetzung rasch zu beenden. Ebenso ist häufig zu beobachten, dass Erwachsene in Konfliktsituationen Kinder gerne ablenken, um möglichst schnell Harmonie herzustellen.

Unterstützend wirkt sich die Berechenbarkeit der Bezugsperson aus. Eltern und Pädagogen sollten sich als jemand zeigen, der sich des Kindes annimmt, zu ihm hält, es unterstützt und ihm wertschätzend gegenübertritt (vgl. Kasten 2008, 97 ff.).

**Ausbildung von Empathie als Voraussetzung für prosoziales Verhalten**

Empathie als soziale Fähigkeit entwickelt sich im Laufe des dritten Lebensjahres. In diesem Altersabschnitt beginnen Kinder, sich in die Lage von anderen Menschen hineinzuversetzen. Dies geht einher mit der zunehmenden Bewusstwerdung des „Ichs". Nun beginnt die Zeit, in der Kinder wahrnehmen, dass andere Personen Gefühle zeigen. Dies ist ein großer Entwicklungsschritt der Abgrenzung und Dezentrierung. Das Ziel dieser Entwicklungsphase, sich weitgehend in sein Gegenüber einfühlen zu können, wird erst vollständig im späten Grundschulalter erreicht (Kasten 2005, 198 ff.). Die Fähigkeit, Emotionen einer anderen Person wahrzunehmen und sich in die Perspektive des anderen hineinzuversetzen, ist ein wichtiger Schritt hin zu einer konstruktiven Konfliktbearbeitung.

Prosoziale Verhaltensweisen sind bei Dreijährigen unterschiedlich ausgeprägt. Als Ursachen lassen sich die familiäre Sozialisation, das Vermitteln von moralischen Werten und der Umgang mit Sanktionen nennen. Auch genetische Einflüsse werden aufgeführt, sind jedoch nicht eindeutig belegt. Daneben spielt der Einfluss der Medien eine erhebliche Rolle, da Kinder durch Anschauung nachahmen. Sie lernen am Modell und übernehmen aus den Medien prosoziales, aber auch gewaltbereites Verhalten.

## 4.2 Konfliktformen

Wir halten fest: Konflikte sind notwendige Lebensbegleiter, nicht nur für Kinder, sondern auch für Erwachsene. Neben einer verlässlichen Umwelt brauchen Kinder Streitsituationen und Auseinandersetzungen, um ihre Entwicklungsaufgaben meistern zu können.

Konstellationen, in denen Streite entstehen, variieren stark. Es macht einen Unterschied, ob Konflikte in der Familie oder in einem institutionellen Rahmen, wie in einem Kindergarten oder einer Schule, auftreten. Auseinandersetzungen zwischen Geschwistern oder zwischen Eltern und Kindern verlaufen meist nach einem bestimmten Muster, man könnte auch Ritual sagen. Jedes Familienmitglied erfüllt eine Rolle, bringt ein eigenes Temperament mit und streitet auf eigene Weise. Das Kind lernt rasch, je nach Erfolg, eine eigene Reaktionsform zu finden (systemische Betrachtungsweise), wohingegen Streit in Kita oder Schule für das Kind zunächst wenig berechenbar, komplex und auch bedrohlich erscheint. Neue Verhaltensanforderungen, die erheblich von dem familiären Muster abweichen können, werden an das Kind gestellt. Nicht nur die Anzahl der Kinder einer Gruppe ist groß, sondern die Kinder entstammen Elternhäusern verschiedener Herkunft, Kultur oder Moral. Hinzu kommt, dass Kinder später in der Schule oder am Arbeitsplatz ihre Interaktionspartner nicht frei wählen können (Rosenhahn 2004, 12). Sie benötigen daher ein breites Verhaltensrepertoir, um auf diverse Streitpartner sinnvoll reagieren zu können, denn sie sollen nicht in ein Verlierer- oder in ein Aggressionsschema gedrängt werden.

Nach einer Studie von Dittrich/Dörfler/Schneider (2001, 102) lassen sich *acht typische Konfliktauslöser* bei Kindern im Alter zwischen drei und sieben Jahren beobachten:

**Konfliktauslöser**
- Regeln einfordern oder sicherstellen – Bsp.: Streit um die Reihenfolge beim Würfeln
- Streit um Platz, Material, Spielgerät – Bsp.: „Du hast schon die ganze Zeit mit den Autos gespielt. Jetzt bin ich dran."
- Andere ärgern oder provozieren – Bsp.: „Du traust Dich ja gar nicht, vom Baum zu springen."
- Streit um Positionen, Rollen oder Rangfolgen – Bsp.: „Immer drängelst Du Dich vor."
- Spielimmanente Störungen (Spielidee oder Rolle) – Bsp.: „Ich will jetzt aber endlich Super Mario spielen."
- Territoriale Übergriffe – Bsp.: „Geh weg. Ich habe immer neben Karina gesessen."
- Aus Spaß wird Ernst – Bsp.: Aus gegenseitigem Spritzen mit der Wasserpistole wird eine Volldusche.
- Sich einmischen, handeln für andere – Bsp.: „Ich weiß aber genau, wie man mit dem Rechner umgeht. Lass mich mal."

Demnach lösen in der frühen Kindheit häufig die Faszination von Objekten (Spielsachen) und der Wunsch, diese zu besitzen, Konflikte aus. Erst mit zunehmendem Verständnis treten Themen wie Freundschaft, Macht, Imponiergehabe oder die Einhaltung von Regeln in den Vordergrund.

**Konfliktverlauf**

Die bekanntesten Arten der Konfliktaustragung sind *der offene und der verdeckte Konflikt*. Ein offener Konflikt wird für Außenstehende sichtbar, weil sich die Streitparteien beispielsweise lauthals beschimpfen oder sich schlagen. Ein verdeckter Konflikt hingegen kann so ausgetragen werden, dass die Streitparteien entweder passiv aufeinander reagieren oder die Auseinandersetzung umleiten.

*Beispiel für einen verdeckten, umgeleiteten Streit:*
Zwei Jungen haben sich am Vortag gestritten, da sie sich nicht einigen konnten, wer den Ball ins Spielfeld werfen darf. Als keine Lösung gefunden wurde, kündigt der eine dem anderen die Freundschaft. Am nächsten Tag in der Grundschule spielen sie nicht miteinander. Sie gehen sich aus dem Weg. Beim gemeinsamen Essen der Gruppe kommt es dann zu einem erneuten Streit, als sie nebeneinander sitzen sollen.

Darüber hinaus sind auch Mischformen der Austragungsarten denkbar, wie etwa das Einbeziehen anderer Personen in den äußeren Rahmen.

*Beispiel:*
Beim obigen Beispiel wollen die Jungen nicht nur getrennt sitzen, sondern einer der Jungen besteht darauf, dass er neben seinem neuen besten Freund sitzen will.

Welches Verhalten ein Kind im Streit anwendet, hängt neben dem situativen und räumlichen Kontext ebenso von Merkmalen wie seinem Entwicklungsstand, seinem Charakter oder von familiären Verhaltensmustern ab. *Handlungsstrategien* von Kindern lassen sich nach Wheeler in *physische und verbale Strategien* einteilen, die vom Kind entweder *passiv/aktiv aggressiv* oder *aktiv/passiv nicht aggressiv* umgesetzt werden können (Wheeler, zit. n. Kain/Bukovics et al. 2006, 12).

Charakteristisch für eine eskalierende Konfliktaustragung sind starke Emotionen. Diese heftigen Gefühle schränken die Wahrnehmungsfähigkeit sowie das Denk- und Vorstellungsvermögen der Kinder ein. Die Beteiligten gelangen dabei zu einem verzerrten und einseitigen Bild der Wirklichkeit (vgl. Rosenhahn 2004, 14). Die Folge ist: *zwei Wahrheiten, Wahrnehmungs- und Deutungsmuster existieren nebeneinander.*

> **Praxistipp**
> Wenn zwei streitende Kinder dem Erwachsenen gegenüber behaupten „*Er hat angefangen*" oder „*Sie hat angefangen*", ist es wenig sinnvoll, nach der Wahrheit zu forschen. Es ist nicht wesentlich, die eine oder andere Version als richtig oder falsch einzuordnen. Vielmehr sollte den Kindern verdeutlicht werden, dass jeder womöglich eine andere Sichtweise hat und es auf „*schuldig*" oder „*nicht schuldig*" nicht ankommt.

**Einflüsse des Geschlechts auf das Konfliktverhalten**

Allgemein kann beobachtet werden, dass Jungen mehr dazu neigen, Auseinandersetzungen körperlich zu „erkämpfen", als Mädchen. In den meisten Fällen gewinnt der physisch Überlegene den Streit. Aggressives Verhalten wird dadurch bei Jungen offensichtlicher. Das bedeutet jedoch nicht, dass Jungen im Vergleich zu Mädchen häufiger Konflikte austragen.

Auseinandersetzungen zwischen Mädchen finden eher verbal oder wortlos statt. Mädchen nutzen oft Methoden wie andere aus der Gruppe auszugrenzen, sie zu ignorieren, sie zu beleidigen oder sich über sie lustig zu machen. Da die Konflikte häufig versteckt stattfinden, werden sie von den pädagogischen Bezugspersonen oft nicht bemerkt. Daraus darf jedoch nicht der Rückschluss gezogen werden, Mädchen hätten vergleichsweise weniger Konflikte. Die Art der Konfliktaustragung zwischen Mädchen kann als genauso verletzend und schmerzhaft empfunden werden wie die körperliche Auseinandersetzung zwischen Jungen.

**Konflikte zwischen Kindern und Erwachsenen**

Bei Konflikten im Elternhaus sowie im institutionellen Kontext zwischen Kindern und pädagogischen Fachkräften stehen die aktuellen Bedürfnisse des Kindes häufig im Gegensatz zu den vorgesehenen Abläufen.

*Beispiel:*
*Ein Kind soll sein Spiel unterbrechen, weil es zum Essen kommen soll oder die Eltern es von der Schule abholen.*

Hier gilt es abzuwägen zwischen dem Erlernen und Einhalten von Regeln, Abläufen und Strukturen einerseits und den Entscheidungsspielräumen für Kinder andererseits. Regeln gelten als Konfliktherd zwischen Kindern und Erwachsenen.

> **Praxistipp**
> Besonders in der Kindertagesstätte oder der Schule, wo viele Kinder aufeinandertreffen, ist das *Einhalten und Durchsetzen von Regeln* unabdingbar. Deshalb sollten einige Grundsätze beachtet werden:
> - Sind die Regeln klar und nachvollziehbar?
> - Ist die Einhaltung der Regel umsetzbar?
> - Sind die Regeln den Kindern deutlich gemacht worden?
> - Welche Konsequenzen hat es, wenn Regeln nicht eingehalten werden?
>
> (vgl. Rohrmann 2003, 4.)

## 4.3 Aggression und Gewalt

Zur normalen Sozialisation von Kindern gehört aggressives Verhalten. In der frühen Entwicklung verwenden Kinder Aggressionen, um ihre Bedürfnisse durchzusetzen. Diese helfen, im spielerischen Wettbewerb mit anderen Kindern Erfolg zu haben. Sie werden als Mittel genutzt, um Grenzen auszutesten, um zu experimentieren, wie weit man gehen kann, z. B. beim Raufen mit Geschwistern, im Streit mit Freunden oder sich Sträuben gegen elterliche Anforderungen.

Die ersten drei Lebensjahre des Kindes sind geprägt vom Willen, Gegenstände und Spielzeug zu besitzen. Das Kind versucht mit allen verfügbaren aggressiven

Verhaltensweisen, wie z. B. Brüllen, Beißen und Schlagen, das Objekt der Begierde zu bekommen oder zu behaupten. Nach dem Ende des dritten Lebensjahres entwickelt sich die Möglichkeit, mit Vergeltungsmaßnahmen auf Angriffe anderer Kinder zu reagieren und sich gegen erlebte Frustration zu wehren. Dabei hilft die Weiterentwicklung der Sprachfähigkeit. Durch das Verständnis moralischer Werte ergibt sich ein Bewusstsein dafür, dass Aggressionen anderen Schaden zufügen (vgl. Essau/Conradt 2004, 22). Körperliche Aggressionen werden mit zunehmendem Alter seltener, was auf die Entwicklung von Moral, sozialen Verhaltensweisen sowie die Selbstregulation der Gefühle zurückzuführen ist. Besonders ausgeprägt ist dies in der Altersspanne von fünf bis sieben Jahren.

Im Kindergarten und in der Schule hat aggressives Verhalten für Kinder eine soziale Funktion, etwa die Herstellung und Stabilisierung von Rangordnungen oder die Durchsetzung von ausgehandelten Gruppenregeln. Im familiären Umfeld nutzen die Kinder Aggression zum Zweck von Rangkämpfen und zur Erfahrung von Grenzen zur Sicherung von Orientierung. So verhandelt das Kind seinen Platz in der Familie, erfährt, was es darf und was nicht geht, und lernt, Personen unterschiedlich wahrzunehmen. Darüber hinaus dienen Aggressionen zur Verteidigung, nicht nur körperlich, sondern auch verbal. Daneben ermutigen wir Kinder, sich nicht alles gefallen zu lassen und sich zu wehren, wenn ihnen Unrecht geschieht.

Damit wird deutlich: Aggression ist wesentlicher Bestandteil der kindlichen Entwicklung zur Herausbildung einer sozialen Persönlichkeit. Davon abzugrenzen sind Aggression und Gewalt als Verhaltensstörungen, die weiter unten behandelt werden.

**Aggressionsformen**

Aggression ist ein Verhalten, das die Absicht beinhaltet, einer Person Schaden zuzufügen oder ein Objekt zu zerstören (Bartol 1995, zit. n. Essau/Conradt 2004, 15). Neben körperlichen Übergriffen kommen indirekte Methoden, wie verbale Attacken, die Verbreitung von Gerüchten, Ausschluss und Ausgrenzung aus Gruppen, die Manipulation bestehender Freundschaften als Aggressionen in Betracht. Indirekte Aggressionen sind von den Erziehungspersonen häufig nicht erkennbar, da sie sich versteckt abspielen. Darüber hinaus ist es schwierig, einzuschätzen, ab wann aggressives Verhalten eines Kindes ein normaler Prozess des Großwerdens ist und wann es als abweichend eingestuft werden muss. Hurrelmann und Unverzagt haben Anhaltspunkte zur Einordnung von Aggressionen bei Kindern aufgestellt:

> *„... Gefährdet sind Kinder, deren ‚auffälliges Verhalten' extrem ist und bestehen bleibt, ohne sich entsprechend der Altersentwicklung den sozialen Spielregeln anzupassen. Z. B. wenn ein Kind immer wieder Gegenstände zerstört, auf andere Kinder losgeht, sich nicht an Vereinbarungen hält ..."* (Hurrelmann/Unverzagt, zit. n. Deegener 2002, 16)

*Physische Aggression*: Die körperliche Auseinandersetzung wird üblicherweise als physische Aggression bezeichnet. Sie erreicht im Jugend- und frühen Erwachsenenalter ihren Höhepunkt. Im frühen Kindesalter spielt körperliches Gerangel oftmals beim Streit um Spielsachen eine Rolle.

*Beispiel:*
*Ein Kind reißt einem anderen das Spielzeug aus der Hand, dieses schlägt zurück.*

*Verbale Aggression*: Anders als körperliche Übergriffe hinterlassen verbale Attacken keine sichtbaren Wunden. Worte als Waffe sind vielseitig einsetzbar und decken ein breites Spektrum ab: von der leichten Beleidigung bis zur Bedrohung. Mit Worten kann man provozieren, jemanden bis zum Ausrasten reizen. Mit Worten kann man sich aber auch wehren und durchsetzen, und Worte können verletzen, zurückstoßen, ausgrenzen (Haug-Schnabel 2009, 28.).

In Kindergarten und Grundschule erleben wir eher die abgeschwächte Version verbaler Aggression. Kinder benutzen Schimpfwörter, ohne sich richtig über die Bedeutung klar zu sein. Meist wissen sie nur um das Verbot solcher Wörter, weil diese „*schlimm*" oder „*gemein*" sind. Anders verhält es sich bei der Androhung, Freundschaften zu kündigen oder andere aus dem Spiel auszugrenzen. Hier sind sich die Kinder der Wirkung ihrer Worte bewusst und nutzen sie als Strategie, um ihre Wünsche oder ihre Meinung durchzusetzen. Im Kindesalter nutzen verstärkt Mädchen diese Form von aggressivem Verhalten und bauen diese Strategie im Laufe der Schulzeit aus. Jungen favorisieren den körperlichen Streit und verbale Beleidigungen.

*Indirekte stille Aggression*: Bei dieser Strategie verweigert ein Kind seine soziale Interaktion, indem es entweder deutlich sein Desinteresse oder seine emotionale Ablehnung zeigt (ebd., 26). Mit anderen Worten, indirekte stille Aggression kommt ohne direkte Konfrontation aus. Das Kind zeigt seine Ablehnung, indem es sich nicht beteiligt, auf Fragen nicht reagiert oder Informationen nicht äußert. Das Kind geht dabei einer direkten Auseinandersetzung aus dem Wege und bleibt meist „als Täter" unentdeckt. Fühlt sich das Kind von vornherein gegenüber dem Kontrahenten unterlegen, kann es auf diese Art seine Ziele durchsetzen, ohne Gefahr zu laufen, als Verlierer hervorzugehen.

*Relationale Aggression*: Mit dieser Verhaltensweise versucht ein Kind, ein anderes auszugrenzen und gleichzeitig gezielt Einfluss auf andere Kinder zu nehmen. Das geschieht beispielsweise, indem ein Kind Gerüchte verbreitet, anderen Zeichen gibt (wie Augen verdrehen), sich mit anderen verbündet, um nicht mit dem „Feind" zu spielen, ihm den nächstgelegenen Sitzplatz verweigert etc. Dieses manipulative Verhalten wirkt nicht nur negativ auf das Opfer, sondern meist auch auf den Täter, da die Manipulationen über kurz oder lang von anderen registriert werden.

*Reaktive und proaktive Aggression*: Ist das aggressive Verhalten eine Reaktion auf einen äußeren Reiz, ein Ereignis oder ein Verhalten, so wird dieses als reaktive Aggression bezeichnet (vgl. Essau/Conradt 2004, 18). Es kommt nicht darauf an, ob der Reiz real ist oder von dem Kind nur subjektiv wahrgenommen wurde. In jedem Fall löst er eine Reaktion aus, die verhältnismäßig übertrieben wirkt. Kinder mit reaktiven Aggressionen sind in hohem Maße feindselig, misstrauisch und vorsichtig gegenüber anderen Personen, verfügen über eine wenig ausgeprägte Verhaltenssteuerung und hohe Impulsivität. Sie sind meist weniger beliebt, leiden häufig unter Problemen mit Gleichaltrigen und werden in vielen Fällen schikaniert (ebd.).

Kinder mit proaktiven Aggressionen hingegen sind meist selbstbewusst, ruhig und überzeugt davon, dass ihr Verhalten greifbare Vorteile hervorbringt. Sie setzen absichtlich geplante aggressive Impulse ein, um ihre Ziele zu erreichen oder ein anderes Kind zu dominieren. Durch das Beherrschen eines anderen versuchen sie, ihr Selbstbewusstsein zu stärken. Dabei suchen sie sich Kinder aus, die sich in der Regel unterwerfen, ohne dass sie ihnen ernsthaft schaden müssen (ebd.).

**Aggression als Verhaltensstörung**

Die Grenze zwischen *anormaler* und *normaler* Aggression ist fließend und gewissermaßen relativ willkürlich. Einen fundierten Anhaltspunkt liefert die *ICD-10-Klassifikation der Weltgesundheitsorganisation für psychische Störungen (International Classification of Diseases 10 der WHO)*. Aggression als psychische Störung bei Kindern wird zum einen als Störung des Sozialverhaltens und zum anderen als oppositionelles Trotzverhalten beschrieben.

**Störung des Sozialverhaltens**
Als Hauptmerkmal der Störung des Sozialverhaltens gilt ein durchgängiges Verhaltensmuster, das grundsätzlich die Rechte anderer sowie wichtige altersabhängige gesellschaftliche Normen oder Regeln verletzt. Charakteristisch sind aggressives Verhalten gegenüber Menschen und Tieren, die Zerstörung von Eigentum, Betrug oder Diebstahl und weitere schwere Regelverstöße (Essau/Conradt 2004, 28).

**Oppositionelles Trotzverhalten**
Oppositionelles Trotzverhalten ist gekennzeichnet durch ein wiederkehrendes Muster von negativem, feindseligem und trotzigem Verhalten über einen Zeitraum von mindestens sechs Monaten. Merkmale können sein: Das Kind wird schnell ärgerlich, streitet sich häufig mit Erwachsenen, widersetzt sich Anweisungen oder Regeln, ärgert absichtlich, schiebt Schuld und Fehlverhalten auf andere, ist oft empfindlich, schnell wütend und beleidigt oder häufig boshaft und nachtragend (ebd., 32 ff.).

## 4.4 Konflikterfahrung und sozialer Hintergrund

Die jüngste Kinder- und Jugendgesundheitsstudie des Robert-Koch-Instituts[5] mit dem Modul „psychische Gesundheit" hat hervorgehoben, wie stark Schutzfaktoren innerhalb der Familie die frühkindliche Entwicklung beeinflussen. Dabei sind der Erziehungsstil, ein positives Klima und ein guter Zusammenhalt in der

---

5 Die KIGGS-Studie ist eine Langzeitstudie des Robert-Koch-Instituts zur gesundheitlichen Lage der Kinder und Jugendlichen in Deutschland.

Familie entscheidend. Der ökonomischen Situation der Familie kommt dabei ein geringerer Stellenwert zu als emotionalen Faktoren wie die Beziehungs-, Bindungs- und Erziehungsqualität. Im Zusammenleben mit Eltern und Geschwistern können Kinder täglich üben, die eigenen Aggressionen im Zaum zu halten und einen Konflikt konstruktiv und gewaltfrei zu beenden.

*„Das Leben der Eltern ist das Buch, in dem die Kinder lesen." (Aurelius Augustinus v. Hippo \* 354)*

Pluralität der Familienformen: Bei drei von vier Familien (72 %) handelt es sich um ein verheiratetes Elternpaar mit Kindern, bei 19 % um alleinerziehende Frauen und Männer, nichteheliche Lebensgemeinschaften betragen etwa 9 %. In der Regel handelt es sich bei den Alleinerziehenden um alleinerziehende Mütter. Trotz aller Pluralität der Lebensformen ist die Familie, in der ein miteinander verheiratetes Paar – mit oder ohne Kinder – lebt, in Deutschland noch immer die vorherrschende familiäre Lebensform. Dennoch ist die Familie im Wandel. Ein Rückzug des klassischen Familienmodells, leibliche Eltern und Kinder aus dieser Beziehung, lässt sich beobachten. Die zunehmende Pluralität familiärer Lebensformen kann ein weiterer Faktor für die Konfliktbereitschaft von Kindern sein. Statistisch gesehen wächst jedes vierte Kind in einer Ein-Kind-Familie auf und macht keine Geschwistererfahrungen mehr. Jedes fünfte Kind lebt bei einem alleinerziehenden Elternteil, wobei das Rollenvorbild des anderen Elternteils häufig verloren geht. Für andere Kinder wiederum bildet der Rollenübergang in eine sog. Patchwork-Familie ein Unsicherheitspotenzial (Marx 2011, 9). Daher ist es umso wichtiger, in regelmäßigen Intervallen genau hinzuschauen wie Kinder heute aufwachsen.

*„Eltern sind zuweilen von Erziehungsaufgaben in Hinblick auf ihre Kinder überfordert, Partner trennen sich oder lassen sich scheiden, und manche Erwachsene innerhalb des Familienverbandes haben sich kaum mehr etwas zu sagen und gehen schließlich getrennte Wege. Familie unterliegt zahlreichen Bindungs- und Zerreißproben, die sich im Rahmen von Partnerschaft, Elternschaft sowie der Generationenbeziehungen unter Erwachsenen ergeben. Familie ist also als eine permanente (Re-)Organisation zu verstehen, die nicht voraussetzungslos gelingt." (Siebter Familienbericht des Bundesministeriums für Familie, Senioren, Frauen und Jugend 2006, 104)*

Im positiven Fall sind die Familienangehörigen über gemeinsame Aktivitäten und Interessen verbunden, haben aber trotzdem ausreichend Raum zur freien Entfaltung. Beziehungen werden durch Gemeinsamkeiten erhalten und bieten jedem Familienmitglied Entwicklung und Orientierung.

Einem Gefährdungspotenzial ausgesetzt sind sog. „Verwaiste". Betroffen sind überdurchschnittlich stark Kinder von Alleinerziehenden und von Familien mit Stiefelternteilen, wenn zwischen dem Stiefelternteil und den Kindern keine tragfähige Bindung entsteht. Dies kann zu einem Gefühl des Verlassenseins und zu einer Beeinträchtigung der Bindungsfähigkeit (AD-Verhalten – Abkürzung von *attachment disorder*) führen. Äußern kann sich das durch körperliche und psychische Probleme und einer Pathologisierung[6] der Kinder.

Hinzu kommen gesellschaftliche Phänomene wie ein hoher *Migrantenanteil* mit dem Zusammentreffen unterschiedlicher Kulturen und Umgangsformen. Mehr als sieben Millionen Personen in Deutschland haben einen ausländischen Pass. Legt man bei der Herkunft nicht lediglich die Nationalität zugrunde, sondern die kulturelle Herkunft der Eltern, besitzen fast 20 % der Gesamtbevölkerung einen Migrationshintergrund (vgl. Haci-Halil 2010, 195).

Kinder werden durch ihr kulturelles Umfeld sozialisiert. Das heißt, sie übernehmen Wahrnehmungs- und Deutungsmuster sowie Regeln ihrer Kultur (vgl. Haumersen/Liebe 2005, 27). Dies geschieht zunächst unbewusst. Das Kind teilt die Vorstellungen, Verhaltensweisen und Muster mit den anderen Familienmitgliedern. Damit unterscheidet es sich von Mitgliedern anderer Kulturen, was sich eben auch auf sein Konfliktverhalten auswirken kann. In zahlreichen traditionell orientierten Kulturen besetzt der Vater die Position der Familienautorität, was das unterschiedliche Selbstbild von Jungen und Mädchen entscheidend prägt. Bei ganzheitlicher Betrachtung des Streitverhaltens von Kindern sollten daher kulturelle Einflüsse nicht übersehen werden.

*„Migrantenfamilien stehen vor der Herausforderung, zusätzlich zur alltäglichen Gestaltung des Familienlebens ihr Verhaltensrepertoire zu erweitern, zu ändern und umzuorganisieren. In dem Maße jedoch, in dem eine Akkulturation – d. h. eine Veränderung kulturbezogener Einstellungen, Werte und Verhaltensweisen – erfolgt, findet in der Regel auch eine Entfernung von den Werten der Herkunftskultur statt. Dieser Widerspruch, sich einerseits in die Mehrheitsgesellschaft zu integrieren, andererseits aber auch kulturelle Wurzeln nicht ganz aufzugeben, erweist sich insbesondere im erzieherischen Kontext als spannungsgeladen."* (Haci-Halil 2010, 200)

## 4.5 Soziale und emotionale Kompetenzen

Sozial-emotionale Kompetenzen sind eine wichtige Ressource zur Bewältigung von Lebensaufgaben in der Familie, mit Freunden, in der Gemeinschaft, in der Schule, am Arbeitsplatz oder generell in Gruppen. Emotionen zu erkennen, sie zu verstehen und mitteilen zu können, hilft Kindern dabei, mit belastenden Situationen umzugehen und Konflikte selbstständig zu lösen. Sozial-emotional kompetentes Verhalten bedeutet, Gefühle nachzuempfinden, um sich besser auf andere Menschen einstellen und sich in Großgruppen, z. B. in der Schule, schneller einfügen zu können (Koglin/Petermann 2006, 18). Kinder mit sozial-emotionalen Fähigkeiten können ihre Gefühle steuern und somit angemessen auf Stressoren reagieren. Sie sind eher in der Lage, konstruktiv mit Streit und Auseinandersetzung umzugehen, wenn sie ihren Emotionen nicht ausgeliefert sind.

---

6 Pathologisierung ist die Deutung von Verhaltensweisen, Empfindungen, Wahrnehmungen, Gedanken, sozialen Verhältnissen oder zwischenmenschlichen Beziehungen als krankhaft.

Eine gelungene sozial-emotionale Entwicklung kann sich positiv auf andere Bereiche, z. B. den Erfolg in der Schule, auswirken und damit maßgeblich den weiteren Lebenslauf des Kindes beeinflussen. In Studien wurde nachgewiesen, dass solche Kinder ein deutlich positiveres Lehrer-Schüler-Verhältnis und bessere Noten haben als Kinder, die weniger sozial-emotionale Kompetenzen aufweisen (Scheithauer/Bondü/Mayer 2008, 146.).

In ständiger Interaktion mit ihrem Umfeld entwickeln Kinder soziale Umgangsformen vor allem im Kindergarten- und Vorschulalter. Spezielle Risikofaktoren erschweren jedoch den Erwerb sozial-emotionaler Kompetenzen. Ein schwieriges Temperament, Sprachdefizite oder ein belastetes familiäres Umfeld können dazu beitragen, dass Kinder Verhaltensauffälligkeiten oder sogar Störungen entwickeln.

> Unter *sozialer Kompetenz* versteht man, die Gesamtheit persönlicher Verhaltensweisen und Fertigkeiten, die jeder Person die Möglichkeit gibt, in der Gruppe, sowie mit einzelnen Personen in Beziehung zu treten. Dadurch hat die Person die Möglichkeit mit anderen Menschen in Kontakt und in Austausch zu treten (vgl. Mund 2011, 855).

*Sozial kompetentem Verhalten* liegt eine Vielzahl von Fertigkeiten zugrunde, die sich in der Kindheit Schritt für Schritt ausbilden. Die Fähigkeit, sich selbst von anderen Personen zu unterscheiden, entwickeln Kinder gegen Ende des ersten Lebensjahres. Erst dann sind sie imstande, eigene Erfahrungen mit dem Verhalten anderer zu verknüpfen (Ziegenhain et al. 2004, 35). Erst im Alter von drei bis fünf Jahren verstehen Kinder, dass ihre Gedanken und Gefühle nicht mit dem übereinstimmen, was andere denken und fühlen (Malti/Bayard/Buchmann 2008, 53). Im direkten Kontakt lernen Kinder, ihre eigenen Gefühle und die Gefühle anderer Personen richtig zu deuten, um angemessen reagieren zu können (Koglin/Petermann 2006, 21). Sozial kompetentes Verhalten erleichtert es ihnen, im Umgang mit anderen Kindern oder Erwachsenen persönliche Ziele durchzusetzen, ohne dabei allgemeingültige soziale Regeln und Normen zu missachten und dadurch die Beziehung zueinander zu gefährden (Scheithauer/Bondü/Mayer 2008, 145). Zu den kognitiven Fähigkeiten, die soziale Kompetenz unterstützen, zählt man ebenso eine differenzierte Wahrnehmung seiner Umgebung wie die Möglichkeit, sich in andere hineinzuversetzen, den sog. *Perspektivenwechsel*.

*Emotionale Kompetenzen:* In den ersten beiden Lebensmonaten verfügen Säuglinge nur über zwei grundlegende Gefühlsausdrücke, das Schreien, um ihr Unwohlsein kundzutun, und das Lächeln für Zufriedenheit. Im engen Kontakt mit Bezugspersonen lernen sie zwischen verschiedenen Emotionen zu unterscheiden. Schon ab dem sechsten Lebensmonat sind Kinder in der Lage, ihre Mimik und Gestik willkürlich so zu gestalten, dass dadurch eine gewünschte Reaktion hervorgerufen wird (Ziegenhain et al. 2004, 27). Ein Lächeln beispielsweise bewirkt, dass eine Person länger beim Kind verweilt. Ein Schmollmund hingegen appelliert an das Gewissen der anderen Person und fordert diese dazu auf, nachzugeben und dem Kind das Gewünschte zu gewähren.

Mit dem Spracherwerb können die Kinder zunächst einzelne, später auch komplexe Emotionen beschreiben. Zudem erwirbt jeder die Fähigkeit, seine Gefühle zu regulieren, um sich angemessen zu verhalten. Anstatt sich wütend auf den Boden zu werfen, lernen Kinder, sich besser zu beherrschen und ihre Gefühle umfangreich mitzuteilen und zu erklären.

Emotionale Kompetenzen zeichnen sich vor allem durch *Empathiefähigkeit* aus. Sich in die Lage des anderen zu versetzen, Gefühle nachzuempfinden und darauf einzugehen, ggf. sogar Hilfe anzubieten, ist für Kinder zwar eine große Entwicklungsaufgabe, jedoch unumgänglich für ein friedliches Zusammenleben (Kienbaum 2008, 35). Kindern mit sozial-emotionalen Kompetenzen fällt es weniger schwer, Kontakte oder Freundschaften zu Gleichaltrigen zu knüpfen, in der eigene Wünsche und Interessen frei geäußert werden können (Koglin/Petermann 2006, 17).

Sozial-emotionale Fähigkeiten der ersten Lebensjahre resultieren vor allem aus der Wechselbeziehung zwischen dem Kind und seinen Eltern. Beobachtungen aus dem Kita- und Schulalltag machen deutlich, dass sich das Einfühlungsvermögen von Kindern stark unterscheidet (Kienbaum 2008, 35). Eine wesentliche Rolle spielt dabei die Qualität der Eltern-Kind-Bindung, die dem Kind vor allem Schutz und Sicherheit bieten soll. Verschiedenste Studien ergaben, dass sich ein warmes, unterstützendes Erziehungsverhalten positiv auf die Entwicklung sozialer und emotionaler Kompetenzen der Kinder auswirkt. Kinder, die wiederum schon früh wenig Unterstützung und Verlässlichkeit erfahren haben, verhalten sich in belastenden Situationen eher distanziert und sind meist nicht in der Lage, ihre Gefühle adäquat zu äußern (vgl. ebd.).

### 4.5.1 Gefühlswahrnehmung und -steuerung

Gefühle wie Zorn, Ärger, Verletzung oder Traurigkeit spielen in Streitsituationen eine wesentliche Rolle. Wenn Gefühle verletzt oder missachtet werden, ruft das bei einem Kind meist eine negative Reaktion hervor. Es wird sich etwa zurückziehen, mit Traurigkeit reagieren oder sich verbal oder körperlich beschweren. Die *Wahrnehmung eigener Gefühle* ist für Kinder im Kindergartenalter eine herausfordernde Entwicklungsaufgabe. Meist agieren die jüngeren Kinder impulsiv, aus dem Bauch heraus. Im Laufe ihrer Sozialisation sollen sie lernen, ihre Gefühle zu reflektieren und sie auszudrücken, ohne andere zu verletzen. Ein weiterer, noch schwierigerer Schritt ist es, die *Gefühle anderer wahrzunehmen*, sie einzuordnen und angemessen darauf zu reagieren.

> Beim Aufbau einer konstruktiven Konfliktkultur im Kindesalter ist daher die Arbeit mit Gefühlen ein zentrales Thema. Die Kinder sollen ein Bewusstsein dafür bekommen, welches Gefühl als Auslöser für ihren Konflikt gewirkt hat bzw. welche Emotionen der Konflikt bei ihnen hervorgebracht hat.

Kinder sollen lernen, ein weiteres Spektrum an Gefühlen ausdrücken zu können als nur Freude und Wut, wie etwa das Gefühl von Verleumdung, ausgeschlossen oder alleine, verletzt und gedemütigt zu sein, nicht ernst genommen zu werden, irritiert oder verärgert zu sein. Daneben sollen Kinder herangeführt werden, die *Perspektive zu wechseln* und zu erkennen, welche Emotionen bei dem anderen Kind ausschlaggebend für die Auseinandersetzung waren.

> **Praxistipp**
> Ein Ziel ist es, bei Kindern die Eigen- und Fremdwahrnehmung von Gefühlen zu aktivieren und zu verbessern, nicht zuletzt, damit sie lernen, ihre Gefühle besser zu steuern und ihre Impulse zu regulieren. Auch hier gilt der Grundsatz: Statt nach einem Schuldigen zu suchen, klären wir mit Kindern, wie es zu den negativen Gefühlen gekommen ist, und fordern so gegenseitiges Verständnis heraus.

### 4.5.2 Eltern als Vermittler sozial-emotionaler Kompetenzen

In den ersten Lebensjahren bis zum Schuleintritt nehmen die Eltern als Vermittler sozial-emotionaler Kompetenzen und als Rollenmodell eine zentrale Funktion ein. Auf die Art und Weise, wie ein Kind Bedürfnisse äußert, erfolgt eine Reaktion der Eltern, ob positiv oder negativ, und wird von dem Kind als Erfahrung abgespeichert. Während eine positive Zuwendung, beispielsweise ein Lächeln oder Lob, das Kind in seinem Verhalten bestätigt, werden Ärger und Ablehnung dieses Verhalten unterbrechen und korrigieren. Sowohl unterstützende als auch ablehnende Erfahrungen geben dem Kind die Möglichkeit, sich Verhandlungsalternativen zu überlegen, diese auszuprobieren und über die Reaktion des Gegenübers zu lernen, was richtig oder falsch ist (Ziegenhain et al. 2004, 25). Werden dem Kind jedoch einseitig primär negative Gefühle wie Ärger oder Enttäuschung entgegengebracht, kann es schwer erkennen, woher sein Gefühl kommt und was es bedeutet (Koglin/Petermann 2006, 27). Ein unterstützendes Erziehungsverhalten, das dem Kind emotionale Sicherheit verleiht, versetzt das Kind in die Lage, eigene Gefühle zu benennen und auf die Bedürfnisse anderer Personen einzugehen. Eine erfolgreiche Kommunikation zwischen dem Kind und seinen Eltern ist für beide eine positive Erfahrung und eine gute Ressource in belastenden Situationen. Dem Kind fällt es leichter, mit seinem Kummer, seiner Traurigkeit oder seiner Angst umzugehen.

Dem kindlichen Bedürfnis nach elterlicher Bindung korrespondiert im gleichen Maße das Bedürfnis, die Welt zu erkunden. Bindungstheoretiker nehmen an, dass die sozial-emotionale Entwicklung des Kindes nur gelingen kann, wenn beide Bedürfnisse hinreichend befriedigt werden (Ziegenhain et al. 2004, 43). Wenig emotionale Sicherheit und Zuverlässigkeit schränken das Erkundungsverhalten des Kindes ein und verhindern wichtige kindliche Erfahrungen (ebd., 44). Ob das Wechselspiel zwischen dem Bindungs- und Explorationsverhalten des Kindes ausgeglichen ist, hängt stark von der Qualität der elterlichen Responsivität ab, das heißt, deren Fähigkeit, die Signale ihres Kindes richtig zu interpretieren und darauf zeitnah und angemessen zu reagieren. Eine sensible elterliche Rückmeldung stärkt das Kind, Gefühle zu zeigen und auf ihre Wirkung zu vertrauen (ebd., 51). Dem Kind fällt es weniger schwer, sich auf neue Situationen einzustellen und mit Frustration umzugehen.

Infolge unzureichender elterlicher Zuwendung zeigen Kinder kaum soziales Interesse an anderen Personen und sind weniger imstande, sich in die Lage eines anderen zu versetzen. In unklaren Konfliktsituationen mit Gleichaltrigen sind sie leichter gereizt und unterstellen ihrem Gegenüber eher Feindseligkeit. Sicher gebundene Kinder hingegen sind konzentriert, ausdauernd und können gut mit Frustration umgehen, was ihnen die Bewältigung bestimmter Lebensaufgaben erheblich erleichtert (ebd., 55).

*Temperament:* Elterliches Erziehungsverhalten steht in einer Wechselbeziehung zum Temperament eines Kindes. „Pflegeleichte" Kinder, die sich schnell anpassen können und überwiegend positiv gestimmt sind, werden mit Zuwendung und Aufmerksamkeit ihrer Eltern belohnt. Auf Kinder mit impulsivem Temperament, die leicht erregbar oder schwer zu beruhigen sind, reagieren die Eltern eher zurückweisend oder mit Ärger und Wut. Dieses elterliche Verhalten hilft dem Kind wenig, zu lernen, eigene Gefühle zu regulieren (vgl. Koglin/Petermann 2006, 26). Impulsives oder aggressives Verhalten eines Kindes kann ebenso durch den elterlichen Erziehungsstil bedingt sein. So können beispielsweise elterliche Inkonsequenz, körperliche Strafen oder unzureichende emotionale Nähe Aggression oder zurückgezogenes Verhalten bei dem Kind auslösen, woraufhin es wiederum erneut Ablehnung erfährt. So wird deutlich, dass sich kindliches Temperament und Erziehungsverhalten der Eltern wechselseitig beeinflussen und sich gleichzeitig auf die Entwicklung sozial-emotionaler Kompetenzen auswirken (ebd., 28).

### 4.5.3 Pädagogen als Bezugspersonen

Mit dem Eintritt in Kindergarten bzw. Schule ändern sich die Lebensgewohnheiten des Kindes. Nun ist es wahrscheinlich das erste Mal über einen längeren Zeitraum von seiner Familie getrennt. Im Kita- und Schulalltag ergeben sich für das Kind ständig neue Situationen, denen es sich stellen muss. Die in der Eltern-Kind-Beziehung erworbenen sozial-emotionalen Kompetenzen werden im Kontakt zu den Pädagogen und zu den anderen Kindern stetig weiterentwickelt und verändert (Koglin/Petermann 2006, 29). Erzieher und Lehrer werden zu wichtigen Bezugspersonen für die Kinder. Neben ihrer Vorbildfunktion übernehmen sie einen Teil der Erziehung und begleiten jedes Kind bei seiner Entwicklung. Eine wesentliche Aufgabe ist es, Kinder in ihren sozial-emotionalen Kompetenzen zu fördern. Die Bindungsqualität zwischen den Pädagogen und dem Kind ist dabei entscheidend (vgl. Nickel/Schmidt-Denter/Ungelenk 1980, 9). Eine liebevolle, freundliche Atmosphäre, wobei sich Pädagogen den Kindern aufmerksam zuwenden, die kindlichen Bedürfnisse richtig wahrnehmen und auf deren Gefühle eingehen, wirkt sich fördernd auf das Sozialverhalten eines jeden Kindes aus. Wird dem Kind ein Gefühl von Sicherheit vermittelt, ist es schnell bereit, seine Umwelt zu erkunden und sich auf andere Kinder einzulassen. Ein Freiraum gewährendes pädagogisches Verhalten, in dem wenig Regeln aufgestellt und Verbote erteilt werden, regt die Kinder zur Selbstständigkeit an und fördert ihr prosoziales Verhalten (ebd.).

Alles Lernen, Spielen, Lachen geschieht stets in Gesellschaft anderer Kinder (Strätz 1992, 12). Das Gefühl von Zusammengehörigkeit ermutigt und motiviert die Kinder, sich aktiv am Tagesgeschehen zu beteiligen. Sie reagieren auf die Gegenwart anderer Kinder und passen ihr Verhalten an das der Peergruppe an. Dabei beobachten sich die Kinder untereinander und übernehmen Verhaltensweisen anderer. Zu sehen, wie andere Kinder miteinander umgehen und dass sie untereinander teilen, erhöht die Bereitschaft eines Kindes, selbst auch etwas von sich abzugeben (ebd., 37). Im Gegensatz dazu realisieren Kinder schnell, dass bestimmte Verhaltensweisen anderer Kinder negative Konsequenzen, wie Strafen, nach sich ziehen, und werden dieses Verhalten vermeiden.

Zeigt ein Kind ein angemessenes Sozialverhalten und kann mit anderen erfolgreich interagieren, steigt sein Beliebtheitsgrad. Besonders beliebt sind folglich die Kinder, die über ausgeprägte soziale Kompetenzen verfügen (ebd., 71).

### 4.5.4 Konfliktverhalten

„Mit wem man spielt und zu wem man gehört, ist ein wichtiges Thema für Kinder und führt nicht selten zu Konflikten" (Dörfler 2002, 4). Die meisten Streitereien unter Kindern ergeben sich beim gemeinsamen Spielen. Häufig geht es darum, Besitzansprüche zu klären oder wer ein Spielzeug zuerst hatte. Die Konfliktanlässe werden mit zunehmendem Alter komplexer. Je größer die Gruppen sind, desto schwieriger ist es für jedes Kind, seine eigenen Interessen durchzusetzen.

Wollen beispielsweise zwei Mädchen partout die Prinzessin spielen, kommt es zwischen ihnen zur Auseinandersetzung. In den frühen Lebensjahren sind sie oft noch nicht in der Lage, eine konstruktive Konfliktlösung selbstständig zu entwickeln. Gleichwohl sind viele Konflikte zwischen Kindern nur von kurzer Dauer, so dass sie von den Pädagogen meist gar nicht wahrgenommen werden. Enge räumliche Bedingungen bei einer großen Zahl von Kindern können die Konfliktbereitschaft und aggressives Verhalten begünstigen (vgl. Strätz 1992, 51.).

Jungen handeln eher offensiv und angriffslustig, das heißt, sie nutzen körperliche Angriffe dazu, den Konflikt zu klären. Mädchen dagegen sind weniger konfrontativ und mehr darauf aus, eine gemeinsame Einigung zu finden. Sie verhalten sich indirekt aggressiv, indem sie ihr Gegenüber z. B. beleidigen (vgl. Dörfler 2002, 4). Allgemein betrachtet sind jedoch angriffslustige Kinder oft selbst Opfer von verbalen oder körperlichen Attacken. Ein Kind wehrt sich in der gleichen Weise, in der es angegriffen wird:

> *Beispiel:*
> „Du bist blöd", sagt Max (vier Jahre) zu Lukas (fünf Jahre). „Selber blöd", antwortet dieser. Max rennt zu Lukas und schubst ihn um, und Lukas macht es ebenso mit Max.

Kinder merken mitunter nicht, wann sie die Grenze des anderen überschritten haben. Ein falscher Blick oder Drohgebärden können manchmal ausreichen, damit ein Kind ein anderes Kind schlägt. „In den meisten Fällen geht dem Schlagen bereits ein längerer Aushandlungsprozess voraus, in dem die Kinder unterschiedliche Mittel ausprobiert hatten, bevor der Konflikt eskalierte" (ebd., 9).

*Beispiel:*
Nun spielen Max und Lukas mit der Eisenbahn. Lukas sieht, wie Max nach der Lokomotive greift, und nimmt sie ihm weg. Max wird sehr wütend und tritt heftig gegen die Brücke, die Lukas zuvor gebaut hatte. Dieser steht auf und tritt seinem Kontrahenten gegen dessen Schienbein. Schließlich fangen beide Jungen an, sich zu hauen.

Ohne es einschätzen zu können, hat Max die persönliche Grenze von Lukas überschritten. Der körperliche Angriff sollte Max unmissverständlich zu verstehen geben, dass Lukas sich das nicht gefallen lassen will. Außerdem war es für Lukas der effektivste Weg, um die Lokomotive für sich behalten zu können. „Gerade wenn es um die Beschädigung oder Zerstörung von Gegenständen geht, sind die Kinder oft überfordert, Formen der Wiedergutmachung zu finden …" (ebd., 11).

Nicht selten sind Machtkämpfe und Rangeleien Teil des gemeinsamen Spiels, besonders wenn Kinder darum wetteifern, wer der Schnellste oder Stärkste ist. Gleichzeitig testen sie gegenseitig ihre Grenzen aus. Aus Spaß wird schnell Ernst, und Freunde werden zu Kontrahenten. Freunde brauchen generell mehr Zeit, um ihre Konflikte auszuhandeln. Schließlich steht die Freundschaft auf dem Spiel. Um diese zu sichern, müssen die Kinder eine gemeinsame Lösung finden. Der Aushandlungsprozess zwischen Freunden erfordert deshalb sehr viel Einfühlungsvermögen und gegenseitigen Respekt (vgl. ebd., 12).

Auch wenn Konflikte im Kita- und Schulalltag manchmal störend und unpassend erscheinen, sind sie für die kindliche Entwicklung unerlässlich. Die Kinder lernen, zwischen ihren eigenen Interessen und den Wünschen der anderen Kinder zu unterscheiden. Sie erfahren, dass sie durch ihr Verhalten etwas bewirken und dadurch Einfluss, in gewisser Weise sogar Macht ausüben. Gemeinsam eine Lösung zu finden und sich zu vertragen, heißt auch, sich in die Lage des anderen zu versetzen und aufeinander einzugehen. Deshalb können Kinder besonders in Konfliktsituationen sozial-emotionale Kompetenzen erwerben und weiterentwickeln.

### 4.5.5 Konfliktlösungsfähigkeiten

Im Gruppengeschehen im Kindergarten oder in der Schule stoßen Kinder in Konfliktsituationen häufig an ihre Grenzen. Ihnen fehlen oft noch die Fertigkeiten, Wege zu finden, um aus einer Auseinandersetzung herauszukommen. Sie werden von ihren negativen Emotionen, wie Wut, Ärger oder Angst, überwältigt. Schnell kann sich ein Streit zuspitzen. Geschrei und Handgreiflichkeiten folgen als Reaktionen. Ihnen fehlen die Mittel, um eigenständig und gemeinsam eine Lösung zu entwickeln. Kinder besitzen keineswegs von Geburt an „Können" im sozialen Umgang. Dies muss erst Schritt für Schritt erlernt und am besten trainiert werden (vgl. Sturzbecher/Grossmann 2003, 120).

> *Beispiel:*
> Ein vierjähriger Junge ist unsicher, wie er sein Spielzeugauto wieder zurückfordern kann. Oder ein dreijähriges Mädchen möchte ihre Freundin davon überzeugen, der Puppe ein blaues Kleid anzuziehen. Die Freundin reagiert aber nicht. Es kommt zum Streit um die Puppe und die richtige Kleidung. Es entstehen negative Gefühle, und beide sind mit der Situation überfordert.

In den Augen der Erwachsenen sind dies Nichtigkeiten, in den Augen der Kinder ist dies bitterer Ernst. „Kinder müssen erleben und üben können, wie man Konflikte überwindet, Kompromisse aushandelt und in akzeptabler Weise seine Interessen durchsetzt" (ebd.).

Die Theory-of-mind-Forschung besagt, dass Kinder ab dem vierten Lebensjahr beginnen, Überzeugungen sowie Absichten anderer Personen und deren Bedeutung für ihr Handeln zu verstehen (vgl. Kain et al. 2006, 32). Wie schon erwähnt sind emotionale Schlüsselfertigkeiten für einen konstruktiven Umgang mit Konflikten von zentraler Bedeutung. Kinder sollen befähigt werden, Gefühle bei sich und anderen wahrzunehmen und zu deuten. Mangelhafte oder fehlende Gefühlswahrnehmung kann zu aggressivem Verhalten oder zur Konfliktverdrängung führen, beides letztlich nicht unser pädagogisches Ziel.

> **Praxistipp**
> Der *Erwerb emotionaler Kompetenzen* als Fundament für positives Konfliktverhalten kann in Kita, Schule oder in pädagogischen Gruppen durch spielerische Trainingseinheiten gefördert werden. Dies kann über Symbolfiguren, wie etwa Smileys, Tier- oder Märchenfiguren, Comics oder Gesichter, geschehen, z. B. traurige, wütende, glückliche oder nachdenkliche Gesichter. Beim Konfliktlösungsritual „Palaverzelt" (s. u.) werden beispielsweise sieben Delfinkarten eingesetzt, die verschiedene Emotionen ausdrücken. Es hat sich gezeigt, dass sich die Kinder sehr gut mit den Delfinen identifizieren können und ihnen der spielerische Umgang mit Gefühlen viel Spaß macht. Die Symbolfiguren dienen als roter Faden, um die Deutung von Emotionen auf spielerische Weise zu besprechen. Durch Nachfragen macht der Pädagoge die Kinder mit den gezeigten Gefühlen vertraut. Es kann sie auch anleiten, die Emotionen pantomimisch nachzuahmen. Auf diese Art und Weise kann man Kindern Emotionen näherbringen und mit ihnen in Interaktion treten. Das gemeinsame Erarbeiten und Erleben von Emotionen trägt dazu bei, dass Informationen und Reaktionen auf bestimmte Gefühle im Langzeitgedächtnis abgespeichert werden.

*Positive Haltung zu Konflikten*
Streit und Auseinandersetzung gefährden zunächst einmal die Beziehung der Kontrahenten. Negative Emotionen wie Enttäuschung, verletzt sein, Ärger werden erlebt. In schlimmeren Fällen treten körperliche Symptome wie Magen- und Kopfschmerzen oder Schlafstörungen auf. Wird der Konflikt nicht gelöst, kann

dies zum Scheitern der persönlichen Beziehung führen. Im Extremfall kann sich eine Krankheit manifestieren.

Wenn wir unsere Sichtweise gegenüber Konflikten ändern, erkennen wir, *dass Konflikte Herausforderungen und Chancen beinhalten.* Ein gelöster Konflikt stärkt unser Selbstbewusstsein, wir können die Beziehung zu unserem Gegenüber verbessern, vielleicht eröffnen sich neue Perspektiven. Deshalb sollten Erwachsene und Pädagogen erst einmal an ihrer Einstellung zu Konflikten arbeiten, um das Positive, Konstruktive mehr in den Vordergrund zu rücken. Dann kann sich diese Haltung auf die Kinder übertragen. Sie können wahrnehmen, dass jeder Streit Klärungs- und Entwicklungsmöglichkeiten enthält. Dadurch wird die Bereitschaft gefördert, mit Konflikten offen und kreativ umzugehen.

## 4.6 Prinzipien einer konstruktiven Konfliktkultur

Die *Entwicklung einer konstruktiven Konfliktkultur* in pädagogischen Gruppen, Kita und Schule ist ein langfristiger Auftrag. Ziel ist es, Angst vor der Auseinandersetzung zu verlieren und Konflikte vor allem als Chance für den Einzelnen und das Team zu verstehen. Konflikte zeigen, dass etwas nicht stimmt und widerstreitende Bedürfnisse, Gefühle und Wahrnehmungen existieren. Formen konstruktiver Konfliktbewältigung zu vermitteln, ist daher eine wesentliche Forderung an moderne Erziehung. Konstruktiver Umgang mit Konflikten ist lernbar und für Kinder wesentliches Element sozialen Lernens. Darin liegt großes Lern- und Wachstumspotenzial, das es pädagogisch zu nutzen gilt.

> Kinder sollten Rituale und Techniken erlernen, um auf Konfliktsituationen gewaltlos zu reagieren und weitgehend selbstständig nach einer Lösung zu suchen.

### 4.6.1 Das Haltungs-Dreieck

Beim Aufbau einer konstruktiven Konfliktkultur zwischen Erwachsenen und Kindern beeinflusst die Haltung der erwachsenen Bezugsperson entscheidend das Streitverhalten der Kinder. Wie wir gesehen haben, fungieren die Erziehungspersonen als Rollen-Modell. Es macht einen großen Unterschied, ob ein Erwachsener bei einer kindlichen Streiterei *autoritär-lenkend* auftritt und Verhaltensanweisungen erteilt oder erst einmal nachfragt und die Kinder berichten lässt, wie es zu dem Streit gekommen ist. Ebenso wenig ist es angebracht, die Kinder ihrem Schicksal zu überlassen, wenn sie sichtlich überfordert sind *(laissez-faire)*. Vielmehr ist eine *wertschätzende, vermittelnde Haltung* des Erwachsenen oder der pädagogischen Fachkraft gefragt. Pädagogen sollten in überfordernden Konfliktsituationen unterstützend eingreifen, um zu gewährleisten, dass sich der Konflikt nicht automatisch zu Gunsten des „stärkeren" Kindes entscheidet. Wichtig ist, dass der Konflikt begleitet und nicht durch die Erwachsenen übernommen wird.

*Beispiele:*

- *Autoritär-lenkende Haltung:* „Karsten, gib augenblicklich die Pokémon-Karten an Melanie zurück. Immer musst Du die Mädchen ärgern. Nimm eine Auszeit."
- *Laissez-faire-Stil:* Karsten und Melanie streiten sich um die Pokémon-Karten. Sie ziehen so heftig, dass Melanie auf den Boden fällt. Der Erwachsene reagiert darauf, indem er sagt: „Ihr seid alt genug. Das könnt ihr schon selbst regeln."

Eine in konstruktiver Konfliktvermittlung geschulte pädagogische Fachkraft zeichnet sich durch eine Haltung aus, die auf drei Prinzipien beruht, die wir schon in Kapitel „Grundlagen konstruktiver Gesprächsführung" (siehe Kap. 2) kennengelernt haben:

- Wertschätzung und Annahme
- Aktives Zuhören und Nachfragen
- Unparteiisches Vermitteln

Daraus ergibt sich ein Haltungs-Dreieck, dessen Umsetzung wir im Folgenden erläutern werden (Marx 2012, 129 ff.).

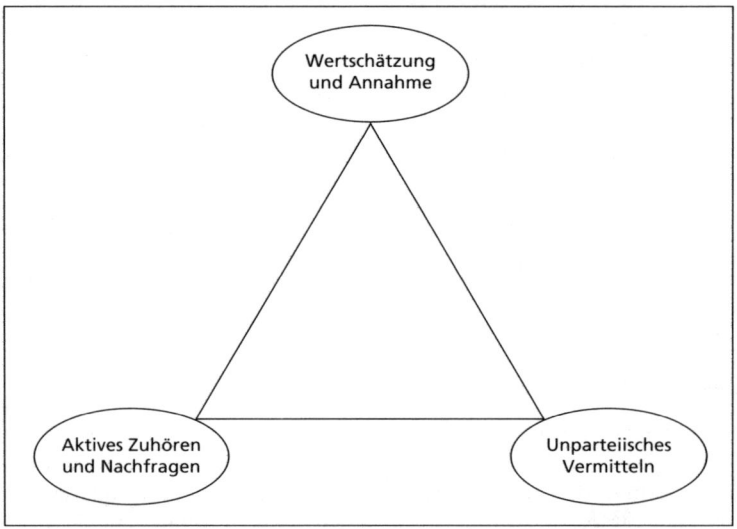

**Abb. 4.1:** Das Haltungs-Dreieck

**Wertschätzung und Annahme**

Kinder brauchen die Wertschätzung ihrer Eltern genauso wie sie die Annahme ihrer Persönlichkeit durch ihre Pädagogen brauchen; daneben sind sie auf Freundschaften angewiesen, um sich anerkannt zu fühlen (vgl. Kap. 2.2).

Gerade in angespannten Situationen ist Wertschätzung von „besonderen" Kindern, etwa solchen, die durch Aggressionen, zurückgezogenem Verhalten, Trotzigkeit oder ADHS auffallen, keine einfache Angelegenheit. Es fällt nicht leicht, auch im professionellen Kontext, diese Kinder anzunehmen. Ihr wiederholtes Verhalten macht sie bei Kindern und auch Pädagogen unbeliebt. Kinder haben feine Antennen und spüren das. Durch Ablehnung geraten sie noch weiter in die Abwärtsspirale, möglicherweise bis zu dem Punkt, wo dem Kind die Reaktion seiner Umwelt gleichgültig wird. Diese Kinder sollten Gegenstand einer Teamarbeit werden, damit die pädagogischen Fachkräfte dort an ihrer *Haltung der Wertschätzung* arbeiten.

> **Übung zur Haltung der Wertschätzung**
> Eine Teambesprechung wird der Wertschätzung „besonderer" Kinder gewidmet. Dabei wird ein Kind in seinem Verhalten und von seiner Persönlichkeit charakterisiert. Gleichzeitig wird der familiäre Hintergrund beleuchtet, soweit zugänglich. Danach werden besonders die positiven Eigenschaften des Kindes hervorgehoben. Abschließend entwickeln die Pädagogen Handlungsstrategien gegenüber dem Kind.

**Aktives Zuhören**

Neben einer wertschätzenden Haltung gegenüber den streitenden Kindern gehören bestimmte Kommunikationsformen zu den wichtigsten Hebeln einer konstruktiven Konfliktkultur. Bei Konfliktgesprächen bewährt hat sich das „Aktive Zuhören", das wir in Kapitel 2.2 herausgearbeitet haben. Beim Aktiven Zuhören steht das Kind im Zentrum des Gesprächs. Der Zuhörer wendet sich dem Kind/den Kindern aktiv und annehmend zu, wobei Empathie und Verständnis während des Dialogs eine wichtige Rolle spielen. Zentral ist dabei das „Spiegeln" oder „Paraphrasieren der Schilderungen" der Kinder. Neben dem Spiegeln verhilft ehrliches *Nachfragen* dazu, dass die Konfliktpartner sich ernst genommen fühlen und ihre Bedürfnisse in Ruhe darlegen können. Durch offene Fragen ist es möglich, das Gespräch zu leiten und zu lenken und die Kinder zum Nachdenken anzuregen.

> *Beispiel für Aktives Zuhören:*
> Lisa berichtet der Pädagogin Folgendes: „Immer ist Sabine so gemein zu mir. Sie will, dass ich die böse Hexe spiele, und selber will sie die Prinzessin sein. Da wollte ich nicht mehr mit ihr spielen, und sie hat jetzt gesagt, sie ist nicht mehr meine Freundin."
> Die Pädagogin spiegelt Lisas Äußerungen und Emotionen: „Habe ich dich richtig verstanden, dass du auch 'mal die Prinzessin sein willst, wenn Sabine und Du miteinander spielen? Und Du möchtest darüber sprechen, wie ihr miteinander spielen und Freundinnen bleiben könnt?"

Die Haltung des Aktiven Zuhörens und Nachfragens sollte im pädagogischen Bereich Gegenstand wiederholter Übung der pädagogischen Fachkräfte sein, denn sie ist ein sehr wirksames Mittel konstruktiver Konfliktbearbeitung.

> **Übung zum Aktiven Zuhören**
> Während einer Teamsitzung bilden sich Dreier-Gruppen. Person A schildert einen Konflikt aus der Sichtweise eines Kindes. Person B fasst die Streitschilderung in neutralen Worten zusammen. Person C achtet darauf, dass die Regeln des Aktiven Zuhörens eingehalten werden. Anschließend werden die Rollen getauscht und ein anderer Konflikt dargestellt.

### Unparteiisches Vermitteln

Als drittes Prinzip einer konstruktiven Konfliktbearbeitung sehen wir *die unparteiische oder auch neutrale, objektive Haltung des Konfliktvermittlers* an. Die Grundlage der Neutralität basiert auf der Mediationsmethode, die wir weiter vorne behandelt haben (3. Kap.).

Häufig haben Erwachsene die Tendenz, wenn sie von einer Auseinandersetzung erfahren, das Verhalten der Streiter als „richtig" oder „falsch", „gut" oder „böse", „schuldig" oder „unschuldig" zu bewerten. Das hat zur Folge, dass zwischen Täter und Opfer unterschieden wird und eine Polarisierung der Streitparteien stattfindet. Sicher gibt es Handlungen, die gegen Regeln verstoßen, etwa schlagen, mit Spielsachen werfen oder stehlen. Die Einhaltung der Regeln muss in diesen Fällen wieder hergestellt werden. Meist ist jedoch ein Konflikt eskaliert, bis er von der pädagogischen Fachkraft bemerkt wird. Dann wäre die Einteilung in Täter und Opfer zu einfach.

Weitaus effektiver ist es, sich in einer Streitsituation den Kindern als neutraler Vermittler anzubieten. Durch Nachfragen, Aktives Zuhören, Zusammenfassen erreichen wir alle Streithähne. Alle fühlen sich gleichbehandelt und angenommen. Sie werden nicht zum Objekt einer Behandlung oder Anweisung durch den Pädagogen, vielmehr werden sie als Gesprächspartner ernst genommen.

Das Vermitteln könnte man auch als Moderation bezeichnen. Gegenüber der reinen Moderation, deren Funktion es ist, die Kommunikation zwischen den Parteien zu erleichtern und zu strukturieren, kommt beim Vermitteln noch ein zusätzliches Moment dazu. Ziel der Konfliktvermittlung ist es, die Kinder zu einer Einigung zu führen, wobei die Kinder aktiv in den Gesprächsprozess mit einbezogen werden.

> **Übung zum unparteiischen Vermitteln**
> Die Pädagogen/Teilnehmer teilen sich in Vierer-Gruppen auf. Ihre Aufgabe ist es, eine Konfliktsituation zwischen Kindern als Rollenspiel durchzuspielen. Zugrunde legen können sie einen Konflikt aus dem eigenen pädagogischen Bereich. Person A übernimmt die Rolle von Kind A; Person B diejenige von Kind B. Person C wird unparteiische Vermittlerin, und Person D beobachtet. Aufgabe der Vermittlerin ist es, den Streit und die Emotionen der „Kinder" durch Nachfragen und Zusammenfassen zu ergründen. Dabei darf sie keine Bewertungen, Beurteilungen und Anweisungen einfließen lassen. Im Anschluss berichtet die Beobachterin, was die Vermittlerin gut gemacht hat und wo sie Bewertungen, Beurteilungen oder Anweisungen gebraucht hat.

## 4.6.2 Die Wahl der Konfliktlösungsstrategie

Bei der Wahl ihrer Konfliktlösungsstrategie sollte die Pädagogin unterscheiden, ob ihr Eingreifen notwendig ist oder ob die Kinder in der Lage sind, mit der Auseinandersetzung selbst fertigzuwerden. Das hängt von der Art des Konflikts und seinen Ausmaßen ab. Handelt es sich um bloßes Toben, flüchtige Kabbeleien oder spielerisches Kräftemessen, können Kinder den Streit meist ohne das Zutun eines Erwachsenen lösen. Dann fragen sie auch nicht um Rat. Diese „Bagatellen" dienen der Persönlichkeitsentwicklung und sind nicht weiter besorgniserregend.

Eine pädagogische Intervention ist vor allem dann notwendig, wenn ein Streit entweder zu eskalieren droht oder Kinder ausgegrenzt, ausgelacht, bedroht oder angegriffen werden. Doch auch hier gilt es nicht einfach, einen Schuldigen zu finden, Anweisungen zum weiteren Verhalten zu geben oder eine Strafe aufzuerlegen. Kinder lernen dabei lediglich, auf die Androhung einer Strafe zu reagieren oder Konflikte, etwa durch schnelle Beendigung, grundsätzlich zu vermeiden. „Fast immer haben starke, ungesteuerte Aggressionen Gründe" (vgl. Marx 2011, 9), deswegen ist es wichtig, die Verhaltensweisen der Kinder zu hinterfragen, den Konflikt zu verstehen und die nötige Strategie zu wählen.

Insofern ist die Pädagogin in einer Streitsituation herausgefordert, eine schnelle Entscheidung zu treffen. Ist es notwendig, bei einem Streit sofort einzugreifen, um Schlimmeres zu verhindern, beispielsweise bei handgreiflichen Auseinandersetzungen, oder kann sie sich Zeit nehmen und zwischen den Kindern vermitteln? Der dritte Weg wäre, die Kinder zu beobachten und zu schauen, ob sie ohne Unterstützung von außen aus der Situation herauskommen.

**Reaktion auf starke Emotionen**

Konflikte gehen meist mit emotionaler Erregung der Kinder einher. Wenn Kinder mit einem Wutanfall oder einem anderen Gefühlsstau reagieren, brauchen sie die Möglichkeit, wieder aus ihrem Gefühlsdilemma auszusteigen. Oft sind sie von ihren Emotionen überwältigt und benötigen Begleitung (vgl. Sturzbecher/ Großmann 2003, 129). Erst wenn Ärger und Groll sich wieder gelegt haben, lässt sich später in Ruhe über das Geschehene reden. Ansonsten sind sie wegen ihres Emotionsstaus kaum ansprechbar (ebd., 129 f.). Für eine gemeinsame Verständigung ist es ratsam, so lange zu warten, bis sich das Kind wieder beruhigt hat.

Wenn deutliche Anhaltspunkte auftreten, dass ein Kind die Kontrolle über sein Handeln verliert, sollte die Pädagogin beobachten, ob sich der Streit verstärkt, und sich für ein Einschreiten bereithalten. Beruhigen nach dem Streit wird eine wirksame Hilfe für das Kind sein. Eine Diskussion mit dem Kind über sein Handeln wäre jetzt fehl am Platze. Beruhigende Gesten oder Worte einer vertrauten Person sind jetzt hilfreicher.

Um Kinder zu befähigen, mit ihren Emotionen umzugehen, kann es nützlich sein, in den pädagogischen Alltag präventiv Entspannungstechniken einzubauen. Als tägliches Ritual können solche Techniken im Erregungszustand als beruhigende Reize wirken (ebd., 129.). Verständnis für die Wut des Kindes kann dem

Kind ebenso helfen, sein Gefühlsdilemma zu überwinden, wie etwa ein Satz: „Ich kann verstehen, dass Du jetzt ärgerlich bist" (ebd., 130). Indem die Pädagogin die Gefühle des Kindes ernst nimmt, kann sich das Kind positiven Gefühlen wieder öffnen. Erst wenn sich die Kinder beruhigt haben und freiwillig bereit sind, sich zu begegnen, kann mit der eigentlichen Konfliktbearbeitung begonnen werden (ebd., 133).

### 4.6.3 Der Konfliktlösungs-Kompass

Unter Berücksichtigung von Theorie und Praxis konstruktiver Konfliktbearbeitung (vgl. Kap. 2 und 3) und Tausender erfolgreich gelöster Streitsituationen hat es sich bewährt, dem Konflikt in einer *bestimmten Schrittfolge* zu begegnen. Zunächst sollten die Kinder aufgefordert werden, aus ihrer jeweiligen Sicht darzustellen, was Auslöser des Streits war und wie sich die Auseinandersetzung entwickelt hat. Danach sollten sie ermuntert werden, ihre Emotionen auszudrücken. In einem dritten Schritt sollten ihre Bedürfnisse und Wünsche geklärt werden. Schließlich sollten sie Lösungsideen entwickeln und abschließend eine Einigung erreichen.

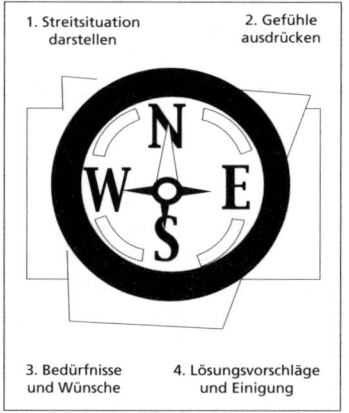

**Abb. 4.2:** Der Konfliktlösungs-Kompass (Marx 2012, 129 ff.)

#### 1. Streitsituation darstellen

Meistens kommen Kinder zu ihrer Pädagogin mit unterschiedlichen Versionen, wie es zu dem Streit gekommen ist und wie sich dieser schließlich zugespitzt hat. Wir unterliegen dabei der Versuchung, herauszufinden, was die Wahrheit ist. An diesem Punkt detektivischen Eifer an den Tag zu legen, ist in der Regel wenig zielführend, denn meist werden die Kinder auf ihrer Darstellung beharren: „*Du hast angefangen!*" – „*Nein, Du hast angefangen!*". Bei einer konstruktiven Konfliktlösung kommt es nicht darauf an, die Wahrheit ans Tageslicht zu fördern und einen Schuldigen zu identifizieren, sondern den Kindern deutlich zu machen, dass es *unterschiedliche Sichtweisen einer Wirklichkeit* geben kann. Sicherlich lassen sich zuweilen Täter und Opfer eindeutig identifizieren, das aber wohl in der Minderzahl der Fälle, und es ist nicht unser Anliegen.

*Vorgehen:* In dieser Phase der Konfliktbearbeitung – in Anlehnung an die Mediationsmethode (3. Kap.) – gehen wir folgendermaßen vor: Jedes Kind bekommt Gelegenheit, den Streitverlauf aus seiner Sichtweise, ohne Unterbrechung durch das andere Kind, zu berichten. Die Pädagogin fasst nach jeder Darstellung die wesentlichen Punkte neutral zusammen. Bewährt hat es sich, den Kindern einen Sprechball oder -stock oder ein ähnliches Hilfsmittel in die Hand zu geben. Nur das Kind, das den Ball/Stock in der Hand hält, darf sprechen. Das andere Kind hört zu.

## 2. Gefühle ausdrücken

Zum Erwerb sozial-emotionaler Kompetenzen gehört es, dass Kinder altersgemäß herangeführt werden, eigene Emotionen wahrzunehmen sowie auszudrücken und ebenso die Gefühle anderer nachzuempfinden *(Empathiefähigkeit).* Somit ist das Benennen von Gefühlen, die während und auch nach dem Streit aufgetreten sind, ein wichtiger Schritt hin zu einer konstruktiven Konfliktlösung. Hilfreich können dabei Bilder oder Fotos sein, die bestimmte Gefühle, wie Angst, Ärger, Wut, sich ausgeschlossen Fühlen oder Glück, darstellen. Diese regen die Kinder an, über ihre Gefühle zu sprechen. Bewährt haben sich beispielsweise die Gefühlsdelfine aus dem Palaverzelt (www.palaverzelt.de).

*Vorgehen:* Die Pädagogin, die im Streit vermittelt, bittet die Kinder nacheinander, ihre Gefühle vor und nach dem Streit anhand von Gefühlskarten zu benennen, und leistet dabei Unterstützung. Sie fasst danach die Emotionen der Kinder in eigenen Worten zusammen.

## 3. Bedürfnisse und Wünsche

Ein unverzichtbares Element auf dem Weg zu einer konstruktiven Streitbeilegung ist es, *zwischen Interessen und Positionen zu unterscheiden* (vgl. Interessenphase der Mediationsmethode in Kap. 3). Eine Position ist eine Forderung oder eine Weigerung. Hinter Positionen stehen jedoch Interessen; darunter verstehen wir Bedürfnisse, Wünsche oder Befürchtungen. Während Positionen oft unversöhnlich aufeinanderprallen, sind die dahinter liegenden Interessen meist ausgleichbar. Daher ist es unerlässlich, diese ausgleichbaren Interessen der Kinder zu erfragen und zur Grundlage einer Konfliktlösung zu machen. Das berühmte Orangen-Beispiel soll noch einmal den *Unterschied zwischen Positionen und Interessen* illustrieren:

> **Das Orangen-Beispiel:**
> Zwei Schwestern streiten sich um die letzte verbliebene Orange aus der Obstschale. Die Geschäfte sind schon geschlossen und sie rufen ihre Mutter, um zwischen ihnen zu vermitteln. Wie könnte man den Streit am schnellsten lösen? Ganz einfach. Die Orange wird in der Mitte geteilt, und jedes Mädchen bekommt die Hälfte.
> Die Mutter ist jedoch in konstruktiver Konfliktlösung geschult. Deswegen fragt sie die beiden Mädchen nach ihren Bedürfnissen. Die eine Tochter möchte den Orangensaft trinken. Die andere hingegen will einen Kuchen backen und braucht dazu nur die Schale. So kommt eine bedürfnisgerechte Lösung zustande. Die eine erhält die komplette Schale, die andere den Saft der ganzen Orange.
> *Wie ist die Mutter vorgegangen?* Sie hat nach den hinter den Positionen stehenden Bedürfnissen gefragt und somit „den Kuchen vergrößert". Eine Win-win-Situation ist entstanden. Die Positionen der Töchter waren: „Ich will die Orange; nein, ich brauche die Orange." Dahinter standen jedoch ausgleichbare Interessen.

Im Verlauf einer konstruktiven Konfliktbearbeitung werden somit die Interessen aller Kinder berücksichtigt. Es wird eine gemeinsame Lösung erarbeitet, die den Interessen aller am ehesten gerecht wird. So entstehen weder Sieger noch Besiegte. Dies trägt dazu bei, die Beziehung zwischen den Kindern erheblich zu verbessern.

**4. Lösungsvorschläge und Einigung**

Häufig läuft ein Konfliktgespräch nach dem Muster ab, dass ein Kind schon früh einen Lösungsvorschlag macht und von der anderen Seite Zustimmung oder Ablehnung erfährt. Danach wird dieser Vorschlag diskutiert. Diese Vorgehensweise ist wenig effektiv, denn lediglich ein oder zwei Lösungsvorschläge werden als Grundlage einer Einigung in Betracht gezogen. Außerdem erfolgt die sich anschließende Einigung meist aus dem Bauch heraus.

Weitaus kreativer ist es hingegen – nachdem die Interessen geklärt wurden – in einem Brainstorming möglichst viele Lösungsvorschläge zu entwickeln und zu sammeln (vgl. Optionenphase der Mediationsmethode in Kap. 3). Die einzelnen Lösungsmöglichkeiten werden danach auf Fairness, Realisierbarkeit sowie die Berücksichtigung der Interessen der Streitparteien abgeklopft. Schließlich führt dies zu einer Einigung auf einen oder mehrere Vorschläge, mit denen die Kontrahenten einverstanden sind.

*Vorgehen:* Nach der Klärung der Interessen der streitenden Kinder leitet die Pädagogin ein *Brainstorming* zu verschiedenen Lösungsvorschlägen ein. Sie bittet die Kinder, Ideen zu sammeln, wie sie den Streit beenden können. Jeder Vorschlag wird notiert, jetzt aber noch nicht besprochen. Erst wenn einige Ideen geäußert wurden, fragt sie die Kinder, mit welchen Vorschlägen sie einverstanden sind. Dabei achtet die Pädagogin auf eine faire und umsetzbare Einigung.

## 4.6.4 Kommunikations-Störungen

Bestimmte Gesprächsformen, die Erwachsene – von oben herab oder aus Unwissen – gegenüber Kindern anwenden, stehen im Gegensatz zu einer wertschätzenden, annehmenden, vermittelnden und zuhörenden Haltung, die wir als notwendige Bestandteile einer konstruktiven Konfliktkultur identifiziert haben. Sie drücken das Gegenteil von Wertschätzung aus, etwa Abwertung, nehmen das Kind in seiner Persönlichkeit nicht ernst, etwa durch Drohungen, sie vermitteln nicht, sondern beurteilen oder hören nicht zu, wie etwa durch vorschnelles Vorschlagen von Lösungen. In unseren Fortbildungen haben wir mit Pädagoginnen eine Liste von Haltungen und Verhaltensweisen zusammengestellt, die wir als kontraproduktiv für einen positiven Gesprächsverlauf zwischen Erwachsenen und Kindern erachten. Wir bezeichnen sie als Schwarze Liste der Kommunikations-Störungen:

---

**Kommunikations-Störungen**

- Nach einem Schuldigen suchen: *„Ich will jetzt aber wissen, wer von euch mit dem Werfen angefangen hat."* – *„Immer musst Du Deine Schwester provozieren!"*
- Partei ergreifen: *„Dennis, es wäre besser gewesen, du hättest Achim beim Singen nicht dauernd nachgemacht."*
- Beurteilen, bewerten, abwerten: *„Ich finde auch, dass das Bild von Marian schöner aussieht als das von Melanie."* – *„Warum kannst Du nicht auch 'mal alleine spielen?"*
- Vorurteile: *„Uwe, ich weiß doch, dass du immer um dich trittst."*
- Vorschnell nach einer Lösung suchen; Lösungen vorgeben: *„Ihr solltet euch jetzt einfach wieder vertragen und wieder miteinander spielen."* – *„Du entschuldigst Dich jetzt bei Kai!"*
- Anleiten, kommandieren: *„Mir reicht es jetzt! Setzt euch gegenüber und würfelt abwechselnd."*
- Warnen, drohen: *„Wenn du nicht mit deinem doofen Grinsen aufhörst, schicke ich dich raus."*
- Schreien, körperlicher Einsatz: *„Wenn du nicht auf der Stelle aufräumst, setzt es was."*

---

## 4.6.5 Die sieben Prinzipien einer konstruktiven Konfliktlösung

Zusammenfassend sollen hier noch einmal die sieben Prinzipien einer konstruktiven Konfliktlösung aufgeführt werden:

**Tab. 4.1:** Prinzipien einer konstruktiven Konfliktlösung

| Haltung des Vermittlers | Schritte der Konfliktlösung |
|---|---|
| • Wertschätzung und Annahme<br>• Aktives Zuhören und Nachfragen<br>• Unparteisches Vermitteln | • Streitsituation darstellen<br>• Gefühle ausdrücken<br>• Bedürfnisse und Wünsche<br>• Lösungsvorschläge und Einigung |

## 4.7 Modelle zur Konfliktbearbeitung und zum Erwerb sozial-emotionaler Kompetenzen im Elementarbereich

### 4.7.1 Palaverzelt

**Die Methode „Palaverzelt"**

Das „Palaverzelt" (www.palaverzelt.de; Marx 2011, 8 ff.) ist ein Konfliktlösungsritual, das speziell *für Kitas und Grundschulen* entwickelt wurde. Fünf- bis zehnjährige Kinder lernen mit Unterstützung von Erzieherinnen und Lehrerinnen, ihre Konflikte weitgehend selbstständig zu lösen. Ziel des Programms ist es, Erzieherinnen sowie Pädagoginnen eine einfache, schnell erlernbare Methode an die Hand zu geben, um auf Konfliktsituationen zwischen Kindern pädagogisch konstruktiv reagieren zu können.

Kinder erlernen ein Ritual, das sie befähigt, eigene Gefühle auszudrücken, die eigenen Bedürfnisse und die des anderen Kindes wahrzunehmen und gemeinsam eine Konfliktlösung zu entwickeln. Entsprechend der Entwicklungsstufe der Zielgruppe werden kindgerechte und spielerische Elemente eingesetzt. Das Konfliktritual Palaverzelt vereint in sich die dargestellten *sieben Prinzipien einer konstruktiven Konfliktlösung*, basiert auf der Mediationsmethode und bezieht ebenso *Elemente der Gewaltfreien Kommunikation* (Rosenberg 2008, 25) mit ein. Die wissenschaftliche Grundlage bilden anerkannte *Erziehungstheorien* und empirische Studien. Geachtet wurde auf eine *kindgerechte Umsetzung*, indem Spielmaterialien, wie Delfinbilder, Ideenkarten, ein Sprechball oder Friedenstauben, ein Phasenrad und Wunschmuscheln eingesetzt werden.

Das Programm wurde unter wissenschaftlicher Leitung von Prof. Ansgar Marx mit einem Team von Erzieherinnen, Kita-Leiterinnen und Studierenden in zweijähriger Arbeit an der Ostfalia Hochschule entwickelt. Während der Pilotphase im Jahr 2010 wurde das Konfliktritual an neun Kitas und mehreren Grundschulen im Raum Braunschweig/Wolfenbüttel/Wolfsburg erprobt, evaluiert und kontinuierlich den Bedürfnissen von Kindern, Erziehern und Lehrern angepasst. Mittlerweile wird das Palaverzelt erfolgreich in zahlreichen Kitas und Grundschulen in Niedersachsen und zunehmend auch in weiteren Bundesländern eingesetzt.

**Umsetzung im Kindergarten und in der Familie**

Erzieherinnen, pädagogische Fachkräfte, aber auch geschulte Eltern können das Ritual „Palaverzelt" bei Auseinandersetzungen zwischen Kindern zur konstruktiven Konfliktlösung einsetzen. Ohne ihnen den Konflikt aus der Hand zu nehmen, spielt die Anleiterin mit den Kindern die fünf Phasen des Rituals durch. Die Erfahrung hat gezeigt, dass Kinder Spaß an dem Ritual haben, weil es verschiedene spielerische Elemente enthält und die Kinder aktiv einbezieht. So wird die Schwere aus dem Konflikt herausgenommen. Und in fast jeder Situation führt das Palaverzelt zu einer Einigung, mit der die Kinder wirklich zufrieden sind. Ein Ritual nimmt etwa 10–20 Minuten in Anspruch. So lässt sich das Palaverzelt problemlos in den Alltag einer Kita oder in den Pausen in der Grundschule einsetzen. Bewährt hat es sich, wenn Erzieherinnen, pädagogische Fachkräfte, entsprechend geschulte Eltern, Studierende oder Senioren circa zweimal wöchentlich eine „Palaverzeltstunde" anbieten, um mit den Kindern die aufgelaufenen Konflikte zu bearbeiten.

Das Palaverzelt ist eine spielerische Umsetzung der dargestellten sieben Prinzipien einer konstruktiven Konfliktlösung und besteht aus fünf Schritten. Dazu gehört, dass die Kinder ihre jeweilige Sichtweise des Streits darstellen, ihre Gefühle ausdrücken, auf ihre Bedürfnisse und Wünsche eingegangen wird und schließlich Lösungsideen gesammelt werden, die eine Einigung vorbereiten (Marx 2011, 12).

*Konflikt im Kindergarten: Jannes und Julia*
Jannes (5,3 Jahre) bringt fast täglich kleine Spielzeugautos mit in den Kindergarten. Mit vier anderen Kindern baut er häufig Landschaften, Häuser und Straßen auf dem Bauteppich. Dort werden auch seine Spielzeugautos eingesetzt. Julia (5,9 Jahre) ist begeistert von den Autos, und manchmal darf sie auch mitspielen. Seit einiger Zeit fehlt beim Aufräumen immer wieder ein Auto von Jannes. Sie lassen sich nicht finden. Seine Eltern verbieten ihm, weitere Autos mit in den Kindergarten zu nehmen. Das findet er überhaupt nicht gut. Heimlich schaut er in die Eigentumsfächer der anderen Kinder. Dort findet er tatsächlich alle seine Autos wieder. In Julias Fach. Er stellt Julia zur Rede; diese weint und versteckt sich unter dem Tisch. Jannes erzählt den Vorgang der Erzieherin.

*Die Konfliktbearbeitung im Palaverzelt*
Die Erzieherin schlägt Jannes und Julia das Palaverzelt vor, um dort über die Vorkommnisse zu sprechen und eine Lösung zu finden. Beide Kinder sind einverstanden. Sie sind mit dem Palaverzelt schon vertraut.

Zunächst erläutert die Mediatorin die Gesprächsregeln und den Ablauf anhand des Phasenrades. Beim „Erzählen der Streitgeschichten" stellt sich heraus, dass Julia lieber mit Autos spielt als mit Puppen oder „Mädchensachen". Ihre Eltern wollen ihr aber keine Autos schenken. Sie spielt gerne mit den Jungen auf dem Bauteppich. Jannes ärgert sich darüber, dass seine Autos verschwunden waren und er jetzt keine mehr mit in die Kita bringen darf. Julia betont, dass Kinder nicht in die Fächer anderer Kinder schauen dürfen.

Anhand der Delfinkarten sprechen die zwei über ihre Gefühle: Jannes fühlt sich verärgert und gleichzeitig verletzt; Julia legt die Delfine vor sich hin, die ausdrücken, dass sie sich alleine, verlegen und unglücklich fühlt. Anschließend verlangt Jannes seine Autos wieder zurück und dass Julia die Autos nur noch nimmt, wenn er es erlaubt. Julia wünscht sich, wieder mit den Jungen auf dem Bauteppich mit Autos spielen zu dürfen und ab und zu mal ein Auto von Jannes mit nach Hause nehmen zu können. Sie legen jeweils zwei Wunschmuscheln vor sich.

Auf dieser Basis kommen Jannes und Julia zu der Lösung, die Autos zurückzugeben (Julia) und wieder zusammen zu spielen. Julia entschuldigt sich bei Jannes und darf ab und an mal ein Auto mit nach Hause nehmen, wenn sie vorher fragt und Jannes es ihr erlaubt. Mit der Einigungsklingel und ihren Namen auf der Friedenstaube besiegeln sie ihre Einigung. Auf Wunsch von Julia wird die Erzieherin gelegentlich mit den Eltern über Julias Vorlieben für Spielzeug sprechen.

**Training**

Erzieherinnen, pädagogische Fachkräfte sowie auch Eltern können das Konfliktritual Palaverzelt in einem eintägigen Kurs erlernen und dann sogleich anwenden. Trainiert werden die Grundhaltungen der Vermittlerin, wie Wertschätzung, Aktives Zuhören und Neutralität, sowie die fünf Phasen der Konfliktbearbeitung. Die Kurse werden von erfahrenen Trainerinnen des *iko Instituts für Konfliktlösungen* durchgeführt.

Das Palaverzelt ist ein innovatives Konfliktlösungsritual, das neue Methoden pädagogisch sinnvoller Konfliktbewältigung vereint, wie Elemente der Mediation und der Gewaltfreien Kommunikation. Es stärkt die Konfliktlösungskompetenz von Erzieherinnen und Lehrerinnen und bietet für Kinder eine solide Grundlage, um soziale Fähigkeiten – auch für ihr späteres Leben – zu erwerben (Kontakt: www.palaverzelt.de).

### 4.7.2 Kindergarten plus

„Kindergarten plus" ist ein Förderprogramm zur Ausbildung sozialer und emotionaler Kompetenzen im frühkindlichen Entwicklungsstadium. Hauptaugenmerk liegt dabei auf der Bildung einer starken Persönlichkeit innerhalb der ersten sechs Lebensjahre, um den Kindern ein gesundes Selbstbewusstsein, Respekt gegenüber anderen Menschen und späteren schulischen und beruflichen Erfolg zu ermöglichen (www.kindergartenplus.de). Basierend auf neuen Erkenntnissen aus Neurobiologie und Humanwissenschaften versteht Kindergarten plus Bildung in einem ganzheitlichen Sinn, bei dem emotionale, kognitive und soziale Bildung gleichermaßen angesprochen werden. Inhaltliche und methodische Aspekte wurden von Wissenschaftlern diverser Fachrichtungen unter Federführung der Deutschen Liga für das Kind erarbeitet und evaluiert. Die Disziplinen Entwicklungspsychologie, Bindungsforschung, Erziehungswissenschaften und Neurobiologie standen für die Ausgestaltung dieses Programms Pate. Ausgangspunkt ist die These, dass „Voraussetzung für ein gesundes Selbstbewusstsein, Respekt anderen Menschen gegenüber und spätere Erfolge in Schule und Beruf der Aufbau einer starken Persönlichkeit in den ersten sechs Lebensjahren" ist.

Der Schwerpunkt von Kindergarten plus, die Ausbildung sozialer und emotionaler Kompetenzen, ist in den Bildungsrahmenplänen der deutschen Bundesländer verankert. Diverse Begriffe wie Emotionalität, Förderung sozialer Kompetenzen, soziale Beziehungen etc. werden dort genannt. Des Weiteren bestehen Bezüge zu den Disziplinen „Sprechen und Sprache", „Musik und bildnerisches Gestalten" und „Gesundheit und Bewegung" (ebd.). Das Programm schult außerdem verschiedene Methoden der Beobachtung, Dokumentation, Reflexion und Präsentation.

Kindergarten plus ist unterteilt in neun thematische Bausteine, die an neun Vor- oder Nachmittagen für eine Dauer von jeweils ca. eineinhalb bis zwei Stunden durchgeführt werden. Das Programm ist konzipiert für eine Gruppengröße von acht bis zwölf Kindern im Alter von vier bis fünf Jahren. Es richtet sich an alle Kinder einer Gruppe und schließt auch Kinder mit besonderen Bedürfnissen ein. Die einzelnen Einheiten beinhalten verschiedene Themen wie „Sensorische Kompetenzen" mit den Unterkategorien „Mein Körper und ich" und „Meine Sinne und ich", „Emotionale Kompetenzen" mit Modulen zu den Themen Gefühle, Angst, Mut, Wut, Freude, Traurigkeit und Glück. Der Themenbereich „Soziale Kompetenzen", „Du und ich" und „Ich und mein Raum" wird abgeschlossen mit dem Modul „Lernmethodische Kompetenzen", in dem besprochen wird, was die Kinder gelernt haben und mitnehmen (ebd.).

Wiederkehrende Strukturen und Rituale wie Namensschilder, ein gemeinsames Lied zur Begrüßung, Konversationen mit den Handpuppen „Tim und Tula", Gesprächskreise, gemeinsame Obstpausen, praktische Übungen, kreative Aufgaben und Abschlussrituale bewirken eine Verankerung des Erlernten im Bewusstsein der Kinder. Geleitet wird die Gruppe von einer gruppenfremden Erzieherin, die vorher in einer speziellen Fortbildung geschult wurde. Durch die zunächst fremde Person wird bei den Kindern Neugier geweckt. Eine Erzieherin der Gruppe begleitet sodann die Einheiten. Sie bietet den Kindern Vertrautheit und übernimmt wichtige Beobachtungsaufgaben.

Kindergarten plus wird kontinuierlich weiterentwickelt. Neben der Möglichkeit für die durchführenden Erzieherinnen, die ersten Veranstaltungen an einem Reflexionstag zu besprechen und anzupassen, können auch weiterführende Fortbildungen zu den Themen „Umgang mit Kindeswohlgefährdung" und „Sprachförderung mit Tula und Tim" belegt werden. Durch Newsletter werden die teilnehmenden Kindergärten über Neuerungen informiert. Abschließend ist festzuhalten, dass das Programm Kinder plus kein Konfliktbearbeitungs- oder Präventionsprogramm ist, sondern primär die soziale und emotionale Entwicklung von Kindern fördert.

### 4.7.3 Faustlos

Faustlos ist ein *Gewaltpräventionsprogramm für Kindergärten und Schulen*. Es basiert auf dem in den USA entwickelten Programm „Second Step". Unter Leitung von Prof. Manfred Cierpka wurde die Methode übersetzt und ab 1998 in Heidelberg optimiert. Das Faustlos-Modell für Kindergärten wurde 2001 einem Praxistest unterzogen, wissenschaftlich evaluiert und anschließend veröffentlicht (vgl. Cierpka 2005). Seitdem bietet das Heidelberger Präventionszentrum Fortbildungen und begleitete Betreuungen für Schulen, Kindergärten und einzelne Interessierte an. Der Anspruch von Faustlos ist es, die Voraussetzungen dafür zu schaffen, die Gewaltbereitschaft von Kindern zu aggressivem Verhalten präventiv zu reduzieren. Faustlos will Kinder stark machen, ohne dass sie ihre Fäuste gebrauchen müssen (www.faustlos.de). Faustlos zeichnet sich durch folgende Punkte aus:

- Allgemeine soziale Verhaltensfertigkeiten werden erlernt und eingeübt;
- das Programm richtet sich an alle Kinder einer Klasse oder einer Kita-Gruppe, so dass potenzielle Täter und Opfer profitieren und kein Kind stigmatisiert wird;

- das Faustlos-Modell ist spezifisch für den Einsatz an Schulen und Kindergärten konzipiert;
- Faustlos besteht aus einem Curriculum, das Empathie, Impulskontrolle und Umgang mit Ärger und Wut einübt.

(Cierpka 2005, 42)

Faustlos liegt in zwei unterschiedlichen Versionen vor, zum einen für Kindergärten, zum anderen für Grundschulen. Das Grundschulprogramm beispielsweise umfasst 51 Lektionen, die in der Regel über einen Zeitraum von drei bis vier Jahren erarbeitet werden. Dabei erlernen die Kinder soziale und emotionale Kompetenzen und erweitern ihr gewaltpräventives Verhaltensrepertoire.

Das Modell besteht aus aufeinander aufbauenden Lehreinheiten, die entwicklungspsychologische Erkenntnisse zu Aggressionen im Kindesalter zugrunde legen. Die erworbenen Fertigkeiten werden auf den Alltag bezogen, erprobt und kontinuierlich an die jeweiligen Entwicklungsphasen der Kinder angeglichen. Für die einzelnen Entwicklungsabschnitte werden den Teilnehmern verschiedene Materialien bereitgestellt. So lernen Kinder im Kindergarten etwa in 28 Lektionen durch die Puppen „Wilder Willi" und „Ruhiger Schneck" unterschiedliche soziale und emotionale Fähigkeiten (www.faustlos.de.). In der Sekundarstufe I hingegen besteht das Programm aus 31 Lektionen, die die Fertigkeiten mittels Gruppendiskussionen, Arbeitsblättern, Rollenspielen und Videosequenzen vermitteln.

Während einer eintägigen Fortbildungsveranstaltung werden Anwenderinnen (Lehrerinnen und Erzieherinnen) mit dem Faustlos-Programm vertraut gemacht, indem einzelne Lektionen in Form von Rollenspielen und Kleingruppenarbeit erprobt werden. Weiterhin besteht das Faustlos-Programm aus einem Koffer mit Materialien, einem Handbuch, einem Anweisungsheft mit den Lektionen, 28 Fotokartons und den beiden Handpuppen „Wilder Willi" und „Ruhiger Schneck".

Schulen und Kindergärten, die am Faustlos-Programm teilnehmen wollen, sollen die Fortbildung am Heidelberger Präventionszentrum absolvieren und die regelmäßige Durchführung des Programms gewährleisten.

### 4.7.4 Papilio

Papilio (lateinisch: Schmetterling) ist ein *Programm zur frühen Prävention von Sucht und Gewalt* durch die *Förderung von sozial-emotionalen Kompetenzen* im Kindergarten. Gleichzeitig hat das Programm zum Ziel, Verhaltensauffälligkeiten zu reduzieren. Das Sinnbild des Schmetterlings steht dabei für den Wunsch, Kinder zur fröhlichen, unbeschwerten und positiven Entdeckung der eigenen Umwelt und des eigenen Lebensweges zu erziehen. Die Philosophie von Papilio lautet daher „Kinder brauchen Flügel" (www.papilio.de). Hintergrund sind negative gesellschaftliche Einflüsse, prekäre Lebenssituationen und schwierige familiäre Umstände, die ein unbeschwertes Aufwachsen vieler Kinder behindern. Die damit verbundenen Anforderungen an die Kinder lassen sich häufig kaum erfüllen.

Durch Papilio werden Erzieherinnen in Kindergärten konkrete Handlungsvorschläge gegeben, mit denen sie Kinder auf kindgerechte und wertschätzende Weise in ihrer Persönlichkeitsentfaltung unterstützen können. Papilio orientiert sich an den einzelnen kindlichen Entwicklungsschritten und gibt Anregungen, die damit verbundenen Entwicklungsaufgaben selbstbewusst zu bewältigen. Die frühe Ausbildung sozial-emotionaler Fertigkeiten spielt dabei eine wesentliche Rolle und unterstützt die Kinder, später in problematischen Situationen sich von Sucht- oder Gewaltverhalten fernzuhalten. Neben den Kompetenzen für eine positive Bewältigung und Gestaltung des eigenen Lebensweges vermittelt Papilio auch „Wurzeln" (ebd.), emotionale Werte, die eine sichere Basis verleihen.

Das Programm wurde in den Jahren 2002/2003 von einem interdisziplinären Team auf Grundlage von nationalen und internationalen Studien entwickelt, wissenschaftlich evaluiert und nach neuesten Erkenntnissen fortentwickelt. Erzieherinnen aus der Praxis wirkten dabei ebenso mit wie Eltern, Pädagogen, Betriebswirtschaftler und Künstler. Papilio ist ein pädagogisches Programm mit Wirkung auf drei Ebenen:

- Erzieherinnen werden als Multiplikatoren geschult und wirken als Vorbild und Orientierungshilfe für die Kinder.
- Kinder üben mit kindgerechten, spielerischen Methoden und Aktivitäten den Umgang mit ihren Gefühlen, die Interaktion miteinander und das Einhalten sozialer Regeln.
- Durch die Einbeziehung der Eltern über Elternabende können diese die einzelnen Entwicklungsschritte von zu Hause aus unterstützen (ebd.).

Papilio erhebt dabei den Anspruch, als pädagogisches Programm nachhaltig in Kindergärten eingesetzt zu werden. Die geschulten Erzieherinnen der jeweiligen Gruppe fungieren als Fachkräfte, ohne dass externe Spezialisten die Gruppe trainieren oder einzelne Kinder ein besonderes Training bekommen. Vielmehr soll das Programm in den ganz normalen Kindergartenalltag einer gesamten Gruppe integriert werden. Einzelne Projekte und Maßnahmen werden in den gesamten Erziehungsplan eingeflochten. Als Materialien dienen Koboldgesichter, Hörspiele, Bilderbücher und Gefühlsbarometer.

Der pädagogische Ansatz von Papilio zielt darauf, Kinder in ihrem Selbstwertgefühl zu stärken, sie darin zu unterstützen, ihre Gefühle wahrzunehmen und auszudrücken, und wenn nötig anderen Kindern Grenzen zu setzen. Die Kinder lernen, aufeinander zu achten, aktiv zuzuhören und überflüssige Frustrationen zu vermeiden. Papilio fördert insoweit allgemein die sozial-emotionalen Kompetenzen der Kinder und ist kein spezielles Konfliktbearbeitungsprogramm.

## 4.7.5 EFFEKT

Bei dem Programm EFFEKT handelt es sich um ein vom Bundesfamilienministerium gefördertes Projekt zur „Entwicklung und Entwicklungsförderung in Familien". Das Programm wurde maßgeblich am Institut für Psychologie der Universität Erlangen-Nürnberg entwickelt. EFFEKT richtet sich mit einem speziellen

Kurs an Eltern und einem spielerisch ausgerichteten Kurs an Kinder im Kindergarten- und Grundschulalter. Im Elternkurs werden einerseits die Grundlagen einer positiven Erziehung, andererseits Möglichkeiten des Umgangs mit schwierigen Erziehungssituationen geschult. Im Kinderkurs werden sozial-kognitive Fertigkeiten auf kindgerechte Art vermittelt, wobei die soziale Kompetenz der Kinder gefördert und problematisches Verhalten reduziert werden soll. Das Training für Grundschulkinder vermittelt zusätzlich gezielte Problemlösungsstrategien. Die Wirkung der Maßnahme ist wissenschaftlich evaluiert und konnte auch zwei Jahre nach den Trainings noch beobachtet werden (www.effekt-training.de).

*Elternkurs*
Dieses Training richtet sich an alle Eltern von Kindern zwischen drei und zehn Jahren. Unter anderem werden Tipps und Strategien entwickelt, mit denen Eltern das Selbstbewusstsein ihrer Kinder stärken, Anordnungen effektiv erteilen, Regeln im Familienalltag definieren und Stress in der Erziehung vermeiden und bewältigen können. Außerdem lernen die Erwachsenen, wie sie die Freundschaften ihrer Kinder unterstützen und wie sie schwierige Erziehungssituationen vermeiden können. Das Wissen wird in fünf Gruppentreffen à 90 bis 120 Minuten in Kindergärten oder Grundschulen vermittelt und durch Materialien und Zusammenfassungen unterstützt.

*Kinderkurs*
Dieser Kurs für Kindergartenkinder richtet sich an Kinder im Alter von vier bis sieben Jahren und umfasst 15 kurze Einheiten. Er trägt die Überschrift „Ich kann Probleme lösen" (IKPL). Den Kindern werden unter anderem Kompetenzen vermittelt, wie Gefühle bei sich selbst und anderen wahrzunehmen, das Verhalten anderer zu er- und begründen und die Konsequenzen des eigenen Verhaltens einzuschätzen sind. Außerdem lernen sie, Lösungen für Konflikte mit anderen zu finden und die Wirkungen zu erkennen. Als Materialien dienen Handpuppen, Gesang, Bewegungsspiele, Rollenspiele, Frage-Antwort-Gruppen sowie Bildvorlagen (ebd.).

*Trainer-Fortbildung*
Die Weiterbildung als Trainer umfasst ein viertägiges Seminar für Mitarbeiter aus sozialen Berufen. Die Materialien können über das Institut für Psychologie der Universität Erlangen-Nürnberg bezogen werden. Dort können ebenso die Kurse gebucht werden.

Insgesamt stellt sich das Programm EFFEKT als Eltern- und Kinderschulung dar, um einerseits das Selbstbewusstsein der Kinder zu stärken und andererseits Eltern Instrumente an die Hand zu geben, um auf problematisches Verhalten zu reagieren.

## 4.7.6 Bensberger Mediations-Modell

Ausgehend von Erfahrungen mit Streitschlichtern in Schulen wurde das Mediationsmodell ebenso in den Elementarbereich sowie in den Primarbereich übertragen. An den ersten Mediations-Fortbildungen im Elementarbereich nahmen im Jahr 2001 Erzieherinnen der Kindertagesstätten in Sundern und Speyer teil (Braun/Püttmann 2005, 12). Zielvorstellungen des Bensberger Mediations-Modells (BMM) sind u. a. die Einführung und Verankerung der Mediation in Schule und Kindergarten sowie in Lehrplänen und Schulgesetzen. Das BMM orientiert sich an folgenden Leitgedanken:

- „Zulassen von Anderssein und Leben mit Unterschieden;
- Bereitschaft zum Umdenken;
- Verlangsamung des Lösungsprozesses;
- Dialog orientiertes Gespräch;
- Gewaltloses Handeln;
- Partizipation;
- Eigenverantwortlichkeit;
- Empathie."

(ebd., 13)

Getragen wird das Konzept von einem ethischen Selbstverständnis und einer christlichen Grundhaltung, wobei die Umsetzung des BMM primär durch eine intensive Ausbildung von Erzieherinnen und Lehrerinnen in der Mediationsmethode erfolgt. Wert wird dabei auf das Einstudieren fester Rituale für das Konfliktgespräch gelegt. Die Ausbildungen finden an der Thomas-Morus-Akademie in Bensberg statt. (Kontakt: www.tma-bensberg.de).

## 4.7.7 Streitschlichter/Konfliktlotsen

An sehr vielen Schulen in Deutschland werden mittlerweile Streitschlichter oder Konfliktlotsen eingesetzt. Dabei werden Schüler als unparteiische Vermittler nach der Mediationsmethode ausgebildet, um Streitsituationen zwischen Schülern zu entschärfen und zu klären. Aufgabe der Streitschlichter ist es nicht, einen Schiedsspruch zu fällen oder die Schuldfrage zu klären, sondern den Konfliktparteien Hilfe zur Selbsthilfe anzubieten und sie zu einer selbstbestimmten Einigung zu führen. Ab der Sekundarstufe I hat sich dieses Konzept hervorragend bewährt und führt nicht nur die Streitparteien aus ihrer Sackgasse, sondern verhilft besonders den Streitschlichtern zu einer Stärkung ihrer Sozialkompetenz (siehe Kap. 5.5).

Da es zentrales Merkmal der Streitschlichter ist, auf gleicher Ebene zu vermitteln, d. h. Schüler vermitteln zwischen Schülern (sog. Peermediation), lässt sich dieses Konzept u. E. nicht auf den Elementar- und Primarbereich übertragen. Von der Altersstruktur und ihrer Sozialkompetenz wären fünf- bis zehnjährige Kinder mit einer solchen Aufgabe überfordert, auch wenn es vielleicht einzelne Ausnahmen geben mag.

Für die Umsetzung von Mediation in Erziehung und Bildung hat der Bundesverband Mediation e. V. eine Broschüre als Orientierungshilfe herausgegeben. (Kontakt: www.bmev.de).

### Weiterführende Literatur

Braun, G./Püttmann, U. (2005): Kinder bauen Brücken zueinander, Bensberg.
Cierpka, M. (2005): Faustlos – Wie Kinder Konflikte gewaltfrei lösen lernen, Freiburg.
Dittrich G./Dörfler, M./Schneider, K. (2001): Wenn Kinder in Konflikt geraten, Neuwied.
Haug-Schnabel, G. (2009): Aggressionen bei Kindern, Freiburg.
Kain, W./Bukovics, M./Edtinger, B./Reithmayr, S./Scharf, M. (2006): KLIK – Konflikte lösen im Kindergarten, Weinheim.
Marx, A. (2011): Konstruktive Konfliktlösung mit Kindern, in: Kindergarten heute, 4/2011, S. 8–15.
Marx, A. (2012): Eine positive Konfliktkultur entwickeln, in: Kita aktuell Recht, S. 129 ff.

# 5 MEDIATION IN DER SOZIALEN ARBEIT

**Was Sie in diesem Kapitel lernen können**

Im Sozialbereich wird Mediation vorwiegend im Zusammenhang mit Trennung und Scheidung, Konfliktlotsen-Programmen an Schulen, Konflikten am Arbeitsplatz, dem Täter-Opfer-Ausgleich (TOA), in der Altenhilfe, im Gesundheitswesen sowie zunehmend bei der Bewältigung interkultureller Konflikte eingesetzt. Zahlreiche Sozialarbeiter und Sozialpädagogen haben erkannt, dass sie ihren Methodenkoffer um ein vielseitig einsetzbares Instrument bereichern, indem sie sich im Bereich Mediation und Konfliktmanagement weiterqualifizieren.

In diesem Hauptkapitel erhalten Sie Einblick in die Anwendungsmodalitäten von Mediation und Konfliktmanagement in zehn sozialen Arbeitsfeldern. In den vergangenen zwanzig Jahren hat sich das Spektrum der Mediation erheblich verbreitert, fachlich vertieft und den Einsatzgebieten angepasst, wie Sie anschließend erfahren werden.

**Einführung**

Mediation hat mit modernen Zielsetzungen sozialarbeiterischen Handelns einiges gemein. Die Methode ist in doppelter Hinsicht ressourcenorientiert. Zum einen setzt sie an den Ressourcen der Klienten an, fördert deren Kommunikations- und Kooperationsfähigkeit, stärkt ihre Eigenverantwortung und unterstützt Autonomie sowie Selbstbestimmung der Konfliktpartner. Andererseits werden die finanziellen Ressourcen von Institutionen und Klienten geschont. Techniken, die in der Sozialarbeit alte Bekannte sind, werden in der Mediation eingesetzt, z. B. die klientenzentrierte Gesprächsführung nach Rogers (siehe Kap. 2.1) oder das aktive Zuhören nach Gordon (siehe Kap. 2.2). Andererseits unterscheidet sich Mediation von therapeutischen Interventionen, indem sehr ziel- und zukunftsorientiert auf eine gemeinsame Vereinbarung der Streitparteien hingearbeitet wird.

Mediation ist eine universelle Methode, die sich auf nahezu jede Konfliktkonstellation übertragen lässt. Dies sollen *drei exemplarische Fälle* aus sozialen Arbeitsfeldern demonstrieren.

> *Beispiel Ambulanter Pflegedienst:*
> Frau P. ist seit mehreren Jahrzehnten chronisch psychisch krank. Zu ihrem Krankheitsbild gehört u. a. eine starke Verwahrlosungstendenz. Sie untersteht einer rechtlichen Betreuung nach dem Betreuungsgesetz. Ihre Betreuerin, Frau M., ist sehr bemüht, dem Wunsch von Frau P. zu entsprechen, weiter in ihrer Wohnung zu leben. Ein hauswirtschaftlicher Dienst sowie ein Pflegedienst wurden beauftragt.
> Zu Frau P.s Eigenarten gehört eine unkooperative, fast schon querulatorische Art, auf andere Personen, z. B. auf Pflegepersonal, zu reagieren. Das Pflegeteam kann wiederholt geplante Tätigkeiten nicht ausführen. Gelegentlich beschimpft Frau P.

die Pflegerinnen. Diese halten die Pflege von Frau P. nicht mehr für durchführbar. Der ambulante Pflegedienst will den Pflegevertrag auflösen. Es kommt zu einem Krisengespräch zwischen der Pflegedienstleitung und der Betreuerin, Frau M.

*Beispiel Islamisches Kopftuch:*
Frau A. ist diplomierte Sozialarbeiterin und seit fünf Jahren in der Schuldnerberatungsstelle der Stadt F. tätig. Vor zwei Jahren hat sie einen pakistanischen Mann geheiratet, der der islamischen Gruppe der Ahmadias angehört. Sie selbst ist zum Islam übergetreten. Als tiefgläubige Muslimin trägt sie seitdem, wenn sie das Haus verlässt, ein Kopftuch. Ihre Arbeitskolleginnen stoßen sich nicht an der Kopfbedeckung, da sie Frau A. als kompetente Kollegin und Persönlichkeit schätzen.

Als im Vorfeld bekannt wird, dass Frau A. die Koordination der Schuldnerberatung im Landkreis übertragen bekommen soll, intervenieren zwei christliche Wohlfahrtsverbände beim Landrat. Das Netzwerk der Schuldnerberatungsstellen sei gefährdet, wenn Frau A. eine koordinierende Funktion erhalte. Die Verbände könnten nicht dulden, dass islamischer Fundamentalismus unterstützt werde. Der Leiter des Sozialamtes will zu einer Anhörung einladen. Wie kann er sich auf das Streitgespräch vorbereiten?

*Beispiel Schwangerschaft einer Minderjährigen:*
Bei der Erziehungsberatungsstelle der Stadt C. erscheint Frau R. und berichtet folgendes: Sie sei Mutter der 17-jährigen Sylvia, die eine Ausbildung als Friseurin absolviere. In den vergangenen Jahren gab es zwischen Sylvia und ihren Eltern häufig Meinungsverschiedenheiten und heftige Streitereien. Sylvia wurde von der Schule verwiesen, wechselte oft ihre Freunde, blieb abends länger aus, als sie durfte, und lief einmal von zu Hause weg.

Sylvia sei mittlerweile vernünftiger geworden. Sie sei seit einem Jahr mit dem 19-jährigen Rumänen Timoteo zusammen. Wenn es nach der Familie von Timoteo ginge, wären die beiden schon verheiratet. Timoteo ist Kfz-Mechaniker, denkt an berufliche Weiterbildung und will es zu etwas bringen. Sylvia hat noch keine Heiratspläne. Ihre Arbeit macht ihr Spaß, und wenn sie in sechs Monaten ihre Ausbildung beendet hat, möchte sie Maskenbildnerin lernen. Sylvia ist im zweiten Monat schwanger. Timoteo und Sylvia wollen das Kind behalten. Sie werden moralisch von Timoteos Familie unterstützt. Frau R. und ihr Mann sind dagegen, denn sie befürchten, dass Sylvia ihre Zukunft zerstört.

Die Sozialpädagogin der Familienberatungsstelle überlegt, wie sie dazu beitragen kann, diesen familiären Konflikt zu lösen.

Obwohl die drei vorgestellten Fallszenarien auf den ersten Blick ganz verschiedene Fachgebiete berühren, haben sie doch einige unübersehbare Gemeinsamkeiten. Zum einen treten die Konflikte in sozialen Arbeitsfeldern auf, zum anderen sind Sozialberufe zur Konfliktbewältigung aufgerufen. Darüber hinaus werden sich die Beteiligten und die institutionellen Berater fragen müssen, welches fachliche Instrumentarium ihnen zur Verfügung steht, die Auseinandersetzung lösungsorientiert anzugehen.

## 5.1 Konfliktsphären in sozialen Arbeitsfeldern

Klassische Arbeitsfelder der Sozialarbeit sind generell mit Konfliktbearbeitung verknüpft. Die Vermittlerrolle nimmt in der Praxis eine zentrale Rolle ein. Ein Sozialarbeiter wird häufig als Mittler zwischen dem Klienten und seinem Umfeld charakterisiert. Dennoch unterscheidet sich ein Mediator in einem Punkt grundlegend von der sonst üblichen professionellen Identität eines Sozialarbeiters. Der Mediator nimmt nicht primär diagnostische, therapeutische oder „anwaltliche" Funktionen wahr, sondern tritt als neutraler Vermittler zwischen die Parteien. Das Prinzip der Neutralität ist für das Selbstverständnis eines Sozialarbeiters, der gewohnt ist, für seinen Klienten Partei zu ergreifen, eher fremd. Aber gerade diese Überparteilichkeit ist essenziell für die Mediation, wie wir gesehen haben (siehe Kap. 3.4). Neutralität setzt an den Ressourcen und der Autonomie der Parteien an und steuert eine Konfliktlösung an, die von beiden Kontrahenten getragen und auch eingehalten wird.

Mit dem folgenden Schaubild werden Konfliktsphären, mit denen Sozialarbeiter und Sozialpädagogen in ihrer fachlichen Arbeit konfrontiert werden, typisiert. Entstanden sind dabei sieben Kategorien, wobei Mediation als Konfliktlösungsmodell auf die Kategorien zwei bis sieben anwendbar ist:

**Tab. 5.1:** Konfliktsphären in sozialen Arbeitsfeldern (Kievel/Knösel/Marx 2013, 554; zur Typologie von Konflikten allgemein, siehe Kap. 3.5)

| Konflikttypen | Beispiele |
|---|---|
| *Intra-individueller Konflikt* | • Ambivalente Einstellung zur Aufnahme eines Pflegekindes |
| *Inter-personaler Konflikt in der Familie* | • Paar-, Ehe-, Scheidungskonflikte<br>• Erziehungs-, Sorge-, Unterhaltskonflikte<br>• Rollenkonflikte in der Stief- oder Adoptivfamilie |
| *Inter-personaler Konflikt außerhalb der Familie* | • Gewalt in der Schule<br>• Konkurrenz-, Hierarchieprobleme oder Belästigungen am Arbeitsplatz |
| *Intra-Gruppen-Konflikt* | • Ein Team kann sich nicht auf einen Jugendhilfeplan verständigen |
| *Personen-Gruppen-Konflikt* | • Ein Teammitglied wird ausgegrenzt |
| *Individuum-Institutionen-Konflikt* | • Strafgefangener und Justizvollzugsanstalt<br>• Sozialhilfeempfänger und Sozialamt<br>• Asylbewerber und Ausländeramt |
| *Institutionen-Institutionen-Konflikt* | • Jugendhilfeeinrichtung und Finanzierungsträger<br>• Altenwohnheim und Pflegeversicherung |

Ein Sozialarbeiter, der zur Konfliktbewältigung aufgerufen wird, greift in der Regel auf eine Methode zurück, die in seinem Tätigkeitsfeld als fachlich anerkannt, angemessen und erfolgversprechend gilt; gelegentlich werden ihm zwei oder mehrere zur Auswahl stehen. Charakteristisch für die Sozialarbeit ist es, nicht auf einen einzigen Arbeitsansatz festgelegt zu sein, sondern sich einer Pluralität von Methoden bedienen zu können. Je nach Qualifikation und Einsatzgebiet kann der Ansatz mehr rechtlich geprägt sein (z. B. bei der Beratung von Asylbewerbern), mehr pädagogisch ausgerichtet sein (z. B. in der Schulsozialarbeit) oder einen therapeutischen Anstrich haben (z. B. bei der Erziehungsberatung). Mediation ist hingegen eine spezifisch auf Konfliktmanagement zugeschnittene Methode (Kievel/Knösel/Marx 2013, 550 f.).

## 5.2 Konfliktmanagement in Behörden und sozialen Organisationen

Ein wichtiges Handlungsfeld für Mediatoren sind Arbeits- und Teamkonflikte, die in jedem Unternehmen, ob sozial oder wirtschaftlich orientiert, in der Verwaltung sowie in Organisationen auftreten. Diese Konflikte verbrauchen erhebliche personelle und finanzielle Ressourcen. Mittlerweile verstehen es zahlreiche Betriebe, statt diese Auseinandersetzungen zu ignorieren oder durch Druck mit arbeitsrechtlichen Maßnahmen zu reagieren, das Instrument der Mediation einzusetzen. Meistenteils werden externe Mediatoren engagiert, um die Konflikte zu lösen, wobei größere Betriebe zuweilen über einen Pool interner Mediatoren verfügen. Zunehmend werden Betriebsvereinbarungen abgeschlossen, die Konfliktlotsen, Streitschlichter oder Mediatoren in Betrieben installieren.

### 5.2.1 Konfliktpotenzial am Arbeitsplatz

Die meisten Sozialarbeiter und Sozialpädagogen sind in Behörden (Sozialamt, Jugendamt, Schule, Justizvollzugsanstalt etc.) oder in sozialen Dienstleistungsunternehmen beschäftigt, wobei sich die äußere Struktur erheblich unterscheidet. Behörden sind durch Hierarchie, eine klare Verteilung von Kompetenzen und Aufgaben sowie die Bindung an definierte Regeln gekennzeichnet. Die Entlohnung erfolgt nicht nach Leistung, sondern nach der Funktion. Persönliche Handlungsspielräume der Behördenangestellten bzw. der Beamten sind reduziert. Die letzten beiden Jahrzehnte sind geprägt durch Modernisierungsbestrebungen. Ein wichtiges Schlagwort ist das „Neue Steuerungsmodell", wobei damit Reformen gemeint sind wie Dezentralisierung, Budgetierung, Bürgernähe, Kosten- und Leistungsorientierung sowie Controlling (Schreyögg 2002, 145).

Im Rahmen des Subsidiaritätsprinzips werden soziale Aufgaben primär auf die Träger der Freien Wohlfahrtspflege verlagert, die bei der Durchführung von Beratung und Hilfe sowie bei der Vergabe von Sachleistungen vorrangig zu berücksichtigen sind. Die Spitzenverbände der Freien Wohlfahrtspflege sind überwiegend in der Rechtsform des eingetragenen Vereins organisiert. Ob dies noch zeitgemäß ist, ist eine andere Frage. Denn einerseits verlangt die Professionalisierung Sozialer Arbeit überschaubare Strukturen und professionelles Management, andererseits unterliegt der Willensbildungsprozess in Vereinen demokratischen Prozessen, die langwierige Aushandlungsdebatten zur Folge haben. Da Freie Wohlfahrtsverbände oft Hunderte oder gar Tausende von Mitarbeitern beschäftigen und Budgets in der Größenordnung mittlerer Wirtschaftsunternehmen haben, entsteht häufig ein Spannungsfeld zwischen hauptamtlicher Geschäftsführung und ehrenamtlichem Vorstand. Letzterer ist oft weit von der praktischen Arbeit entfernt. Hier besteht erhebliches Konfliktpotenzial (Kievel/Knösel/Marx 2013, 471).

Unter dem Stichwort „Ökonomisierung des sozialen Sektors" werden soziale Dienstleistungen zunehmend unter betriebswirtschaftlichen Gesichtspunkten organisiert. Die vormaligen Klienten sind Kunden, Leistungen werden öffentlich ausgeschrieben und Qualitätsstandards überprüft. Kosten- und Wirtschaftlichkeitsdruck sind im sozialen Dienstleistungsbereich enorm angezogen. Das hat Vor- wie Nachteile. Der Kunde rückt in das Zentrum, kostengünstige Anbieter werden ausgewählt, gleichzeitig wächst jedoch der Stress für die Mitarbeiter, deren Arbeit unter Effektivitäts- und Effizienzgesichtspunkten komprimiert wird (vgl. ebd., 471).

Bei unseren Arbeitsmediationen mussten wir immer wieder die Beobachtung machen, dass mehr Arbeit auf weniger Schultern verteilt wurde und Mitarbeiter bis zur psychischen Erschöpfung gearbeitet haben. Burnout und anschließender Klinikaufenthalt waren die Folge. Erst im Rahmen betrieblicher Wiedereingliederung wurde die Mediation bemüht. Es war offensichtlich, dass es sich hierbei nicht nur um ein individuelles Phänomen, sondern primär um ein Problem der Arbeitsorganisation handelte. Damit kommen wir zum Schichten-Modell von Schmidt und Berg.

Bei der Betrachtung von Konfliktursachen gehen Schmidt und Berg davon aus, dass Konflikte in Betrieben und Organisationen auf unterschiedlichen Schichten angesiedelt sein können (Schmidt/Berg 2004).

Je nachdem, auf welcher Ebene des Schichtenmodells die Ursache des Problems festgestellt wird, sollte dort bei der Behandlung des Konflikts angesetzt werden. Die *erste Ebene* ist die Ebene der Arbeitsorganisation. Hiermit sind äußere Bedingungen wie Arbeitsplatzgestaltung, Räume, Arbeitszeit oder Gehalt zu verstehen. Die *zweite Ebene* bezieht sich auf die Rollen der Konfliktparteien. Hier geht es um die Definition der Aufgabenbereiche, Verantwortung und Kompetenzen, aber auch Entscheidungsprozesse. Eine Ebene tiefer, auf der *dritten Ebene*, geht es um das Rollenverhalten. Dort können Führungs- und Kommunikationsstile sowie Zusammenarbeit oder das Verhalten zwischen Mitarbeitern Konfliktauslöser sein. Auf der *vierten Ebene*, die durch das Werte- und Normensystem der Beteiligten gekennzeichnet ist, können unterschiedliche Wertehaltungen der Beteiligten aufeinandertreffen und somit konfliktbestimmend sein. Das brauchen nicht unbedingt religiöse oder ethische Werte, sondern können genauso grundsätzliche Haltungen zur Arbeit sein, wie etwa die Extreme „so viel wie eben nötig" oder „ohne mich läuft hier gar nichts". Das Persönlichkeitsprofil einer Person stellt die *fünfte und tiefste Ebene* der Konfliktursachen dar.

Dazu gehört die Biografie und Sozialisation eines Menschen, die seine individuellen Wahrnehmungs-, Deutungs- und Handlungsmuster prägt.

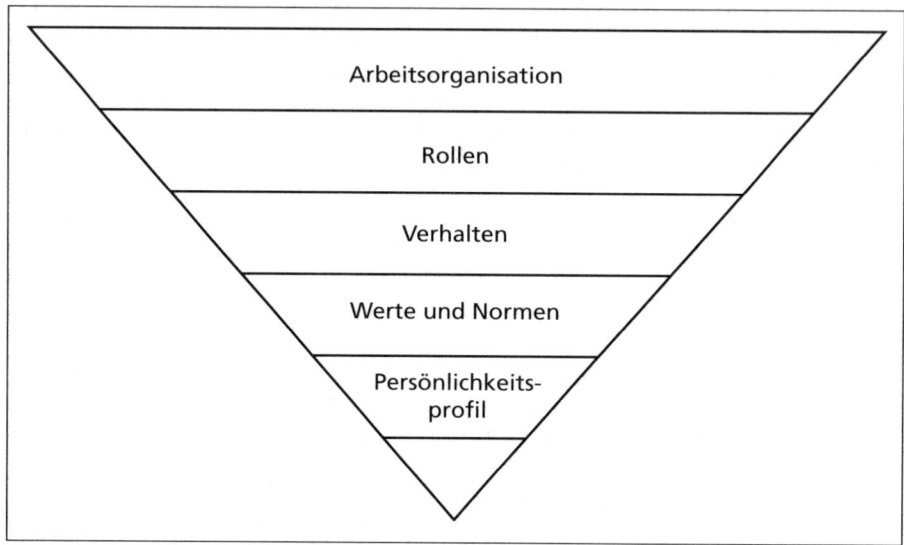

**Abb. 5.1:** Schichtenmodell nach Schmidt und Berg

Je nachdem, auf welcher Ebene die Ursachen des Konfliktes vermutet werden, können unterschiedliche Interventionsmechanismen zielführend sein. Konflikte, die eher auf der Ebene der Arbeitsorganisation angesiedelt sind, sind am ehesten mit dem Mittel der Organisationsberatung oder Organisationsentwicklung zu behandeln. Konflikte, die eher an unterschiedlichen Persönlichkeitsprofilen der Beteiligten ansetzen, sind am ehesten mit Schlichtung oder Mediation zu bearbeiten.

In der Praxis der Arbeitsmediation sind am häufigsten Konflikte zwischen Kollegen sowie zwischen Mitarbeitern und Vorgesetzten anzutreffen. Mitarbeiterkonflikte sind vorwiegend Beziehungskonflikte. Das ist nicht weiter verwunderlich, denn am Arbeitsplatz treffen Individuen mit unterschiedlichen Wertevorstellungen, Abneigungen, Vorlieben, Kulturen, Geschlechtern, Frustrationsgrenzen mehr oder minder zufällig aufeinander. Man kann sich seine Kollegen in der Regel nicht aussuchen, und eine Trennung ist meist nicht ohne Weiteres realisierbar. Insofern entstehen Beziehungskonflikte in einem Zwangskontext. Diese Beziehungskonflikte können so weit eskalieren, dass die Kommunikation auf das notwendigste Minimum reduziert wird und zwischen den Konfliktparteien „Eiszeit" herrscht. Psychosomatische Reaktionen können auftreten. In einem Extremfall haben wir erlebt, wie eine Mitarbeiterin angesichts der „verhassten Kollegin" in Ohnmacht fiel und der Notarzt gerufen werden musste. Es liegt auf der Hand, dass solche Konflikte nicht nur auf die zwei Hauptakteure beschränkt bleiben, sondern das Team, die Abteilung bzw. die gesamte Organisation betreffen. Man kann nur wiederholt an Führungskräfte appellieren, solche Konflikte möglichst frühzeitig zu erkennen und aktiv mit professioneller Unterstützung anzugehen.

Konflikte auf unterschiedlichen Hierarchieebenen, zwischen Führungskraft und Mitarbeiter, hängen häufig mit der Organisationskultur und dem Führungsstil zusammen. Wenn neue Führungskräfte nur unzureichend auf ihre Führungsrolle vorbereitet werden, hat dies in der Regel negative Konsequenzen. Konfliktpotenzial liegt auch in einer unglücklichen Rollenverteilung, wenn etwa langjährige und erfahrene Mitarbeiter neue und frische Führungskräfte erhalten und deren Kompetenz nicht akzeptiert wird. Besonders brisante Konfliktkonstellationen ergeben sich in starren Organisationen, in denen die Mitarbeiter nahezu unkündbar sind, etwa bei Behörden, Schulen oder in Krankenhäusern, und Funktionen langjährig wahrgenommen werden. Was mit einer Aversion anfing, kann sich im Laufe der Jahre als massiver Konflikt manifestieren.

### 5.2.2 Mobbing und sexuelle Belästigung

Mobbing ist in sozialen Berufen erstaunlich präsent. Dies stellte Litzcke fest, der anhand des Mobbing-Risiko-Faktors ein erhöhtes Mobbingrisiko im sozialen Bereich nachwies (Litzke 2003, 4). Der Begriff wird im Zusammenhang mit Konflikten am Arbeitsplatz (oder in der Schule) geradezu inflationär verwendet. Was ist genau mit Mobbing gemeint?

> **Mobbing**
> Mobbing ist eine konfliktbelastete Kommunikation am Arbeitsplatz zwischen Kollegen oder Vorgesetzten und Untergebenen, die systematisch und über einen längeren Zeitraum geschieht, um den anderen aus der Gemeinschaft auszuschließen. Das Mobbingopfer wird gezielt schikaniert, drangsaliert oder benachteiligt und ausgegrenzt (vgl. Leymann 1993).

In Anlehnung an den schwedischen *Mobbingforscher Leymann* lassen sich folgende Mobbinghandlungen klassifizieren:

*Beispiele zu Angriffen auf die sozialen Beziehungen und auf die Möglichkeit, sich mitzuteilen:*
Der Betroffene wird ständig unterbrochen, angeschrien oder laut beschimpft; mit dem Betroffenen wird nicht mehr gesprochen, er bekommt keine Antworten und wird wie Luft behandelt; der Betroffene wird ohne sachlichen Grund in einen abgelegenen Raum versetzt.

*Beispiele zu Angriffen auf das soziale Ansehen:*
Hinter dem Rücken des Betroffenen wird schlecht über ihn gesprochen, Gerüchte werden verbreitet; jemand wird lächerlich gemacht; man macht sich über sein Privatleben lustig; man mokiert sich über Behinderungen, Nationalität oder sexuelle Orientierung.

*Beispiele zu Angriffen auf die Qualität der Berufs- und Lebenssituation:*
Man weist dem Betroffenen keine Arbeitsaufgaben zu oder gibt ihm sinnlose Aufgaben; man beschäftigt jemanden weit unter oder über seinem eigentlichen Können.

*Beispiele zu Angriffen auf die Gesundheit:*
Zwang zu gesundheitsschädlichen Arbeiten; Androhung körperlicher Gewalt usw.

*Beispiele zu Angriffen auf die sexuelle Selbstbestimmung:*
Anzügliche Bemerkungen, sexuelle Handgreiflichkeiten, sexuelle Annäherungen oder verbale sexuelle Angebote

(nach Dienstvereinbarung bei Mobbing und Schikane (DV-Mobbing) zwischen der Landeshauptstadt München und dem Gesamtpersonalrat).

Mobbing kann für die Betroffenen massive psychische und physische Folgen haben. Arbeitsrechtlich obliegt dem Arbeitgeber eine Fürsorgepflicht gegenüber seinen Mitarbeitern. Dieser ist angehalten, Mobbing aktiv zu unterbinden. Allgemein wird die Führung eines Mobbingtagebuchs empfohlen sowie geraten, die Unterstützung des Vorgesetzten oder Betriebsrats zu suchen (Vgl. Proksch 2014, 13).

### 5.2.3 Matrix der Konfliktdiagnose

Innerbetriebliche Konflikte besitzen meist einen hohen Komplexitätsgrad. Bis ein Konflikt erkannt und dann Schritte zu seiner Bearbeitung eingeleitet werden, vergeht meist längere Zeit. Der Konflikt hat sich verhärtet, bis es zu einer Mediation kommt. Als Mediatoren sind wir häufig in Unternehmen oder Organisationen gerufen worden, in denen der Konflikt schon mehrere Jahre schwelt und sich aufgeschaukelt hat. Hinzu kommt, dass ein innerbetrieblicher Konflikt immer mehrere Ebenen (vgl. Schichtenmodell von Schmidt und Berg) berührt. Da ist auf der einen Seite die persönliche Ebene, die Interaktion zwischen den Streitparteien, die meist Anlass für die Mediation ist. Hinzu kommen strukturelle Probleme, etwa Besonderheiten der Arbeitsorganisation, des Ablaufschemas, möglicherweise (bevorstehende) Veränderungen in der Struktur der gesamten Organisation, anstehende Entlassungen oder Versetzungen etc. Es ist zunächst schwierig, sich als Außenstehender einen Überblick über die berührten Ebenen und die Vernetzung des Konflikts zu verschaffen. Am Anfang steht daher eine umfangreiche Konfliktanalyse. In der Literatur finden wir diverse Diagnoseinstrumente.

Ballreich und Glasl (2011) entwickelten zur ersten Orientierung ein Systemkonzept der Organisation mit ihren Subsystemen. Sie unterscheiden drei Subsysteme: das kulturelle, das soziale und das technisch-instrumentelle Subsystem (2011, 129 ff.). Diesen drei Subsystemen haben sie Wesenselemente zugeordnet, wie der folgenden Abbildung zu entnehmen ist:

**Tab. 5.2:** Systemkonzept von Organisationen (Ballreich/Glasl 2011, 129)

| Subsysteme | Wesenselemente |
|---|---|
| Kulturelles Subsystem | 1. Identität |
| | 2. Policy, Strategie, Programme, heimliche Spielregeln |
| Soziales Subsystem | 3. Struktur der Aufbauorganisation |
| | 4. Menschen, Gruppen, Klima, Führung und Zusammenarbeit |
| Technisch-instrumentelles Subsystem | 5. Einzelfunktionen, Organe |
| | 6. Prozesse, Abläufe |
| | 7. Physische und materielle Mittel |

Biesenkamp und Buck bemühen die drei W-Fragen (Was, Wer und Wie), um eine Konfliktsituation analysieren zu können (2006, 36 ff.). Schwarz bezieht sich stattdessen auf ein Denkmodell, welches auf drei Ebenen beruht: die rationale, die emotionale sowie die sozial-strukturelle Ebene (Schwarz 2001, 86 ff.).

Unserer *Matrix der Konfliktdiagnose* legen wir eine vereinfachte Abwandlung (vgl. Beck/Schwarz 2008, 173 ff.) des Systemkonzepts von Ballreich und Glasl für den Organisationskontext zugrunde und erweitern dieses um die Kategorien „Konfliktprozess" und „Personenkontext", um uns wie auf einer Landkarte zwischen den einzelnen Faktoren und Symptomen des Konflikts orientieren zu können.

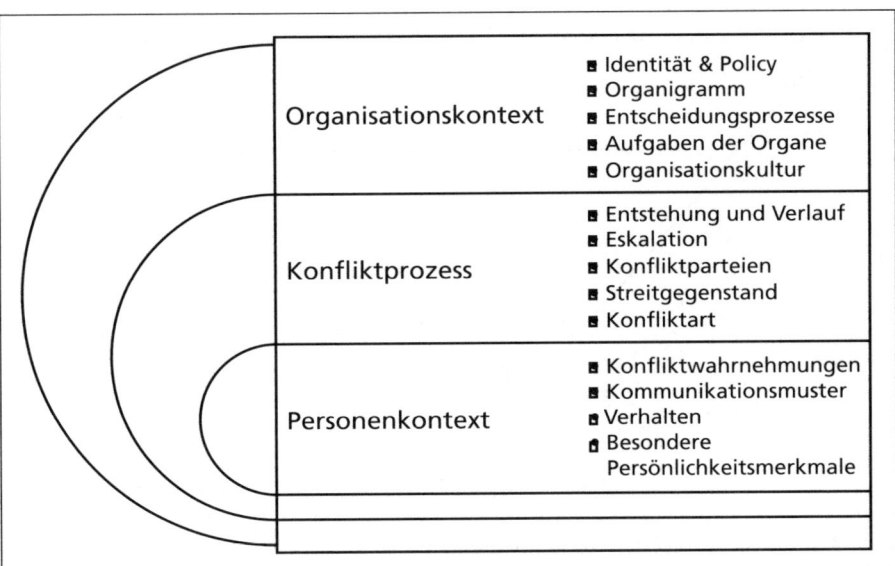

**Abb. 5.2:** Matrix der Konfliktdiagnose

Es hat sich als sehr hilfreich erwiesen, bei der Analyse von Konflikten in sozialen Organisationen diese Matrix zugrunde zu legen und entsprechende Fragestellungen zu entwickeln, um sich ein Bild von der Vernetzung des Konfliktes machen zu können.

### 5.2.4 Konfliktregelungsmechanismen und Anlaufstellen

In der Praxis innerbetrieblicher Konfliktbearbeitung besteht meist kein systematisches Konzept. Sich ernsthaft mit dem Thema Konfliktmanagement auseinandergesetzt haben sich nur wenige Konzerne wie SAP oder Behörden wie die Stadt München und die Stadt Braunschweig. Dort wurde ein systematisches Konfliktmanagementsystem eingeführt. In den meisten sozialen Organisationen und Behörden bestehen keine klar definierten Konfliktanlaufstellen. In der Regel wenden sich die betroffenen Mitarbeiter an ihren Vorgesetzten. Als Anlaufpunkte stehen darüber hinaus der Personalrat oder der Betriebsrat, die Personalabteilung, der Betriebsärztliche Dienst, die Gleichstellungsstelle oder die Betriebssozialarbeiter zur Verfügung. Auf diesem Feld besteht noch hoher Entwicklungsbedarf.

In seinem Buch „Mediation als Organisationsentwicklung" führt Kerntke aus, dass drei Grundmuster einer Konfliktregulierung existieren: Die Ausübung von Macht; die Anwendung von Regeln und die Vermittlung (Kerntke 2009, 52).

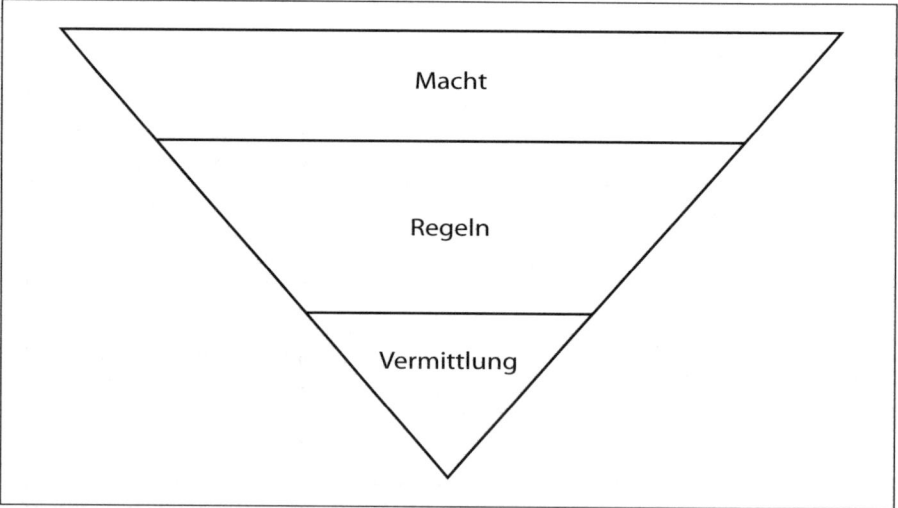

**Abb. 5.3:** Grundmuster der Konfliktregelung (nach Kerntke 2009, 52)

Die Entscheidung des Vorgesetzten (Ausübung von Macht) in einem hierarchisch organisierten Betrieb ist wohl das am häufigsten angewendete Konfliktlösungsinstrument. Der Rückgriff auf ein Regelsystem, seien es Gesetze, eine Betriebsvereinbarung oder die Hausordnung, ist sicher ein angebrachtes Modell, um Streitigkeiten, Kompetenzen, Aufgaben oder Rechte und Pflichten in der Organisation zu klären. Beim Vermitteln geht es primär um den Ausgleich von Interessensgegensätzen, wie wir schon im Kapitel über die Mediationsmethode erfahren haben. Dieses Verfahren ist lösungsoffener und personenbezogener, muss sich jedoch an die innerbetrieblichen Regeln halten (ebd., 51–55).

Im Rahmen einer Umfrage bei unterschiedlichen Organisationen, die Proksch u. a. durchgeführt haben, wurden *vier Grundformen der Konfliktbearbeitung* identifiziert:

- Trennende Maßnahmen
- Integrierende Maßnahmen
- Personenbezogene Maßnahmen
- Sachbezogene Maßnahmen

(Proksch 2014, 26)

Trennende Maßnahmen wie Kündigung oder die Versetzung von Mitarbeitern sowie sachbezogene Maßnahmen wie die Fehleranalyse, das Aufstellen von Regeln und Zielvereinbarungen lassen sich eher den herkömmlichen Konfliktmanagement-Instrumenten zuordnen. Personenbezogene Maßnahmen wie das Mitarbeitergespräch oder das Coaching von Führungskräften gehören eher zu einem modernen Führungsstil. Integrierende Maßnahmen wie Mediation, Teamentwicklung und Supervision lassen sich eher den interessegeleiteten Ansätzen zuordnen, die wir in diesem Buch favorisieren.

### 5.2.5 Konfliktmanagementsysteme in Organisationen (KMS)

Wie wir gesehen haben, existieren bei innerbetrieblichen Konflikten in Organisationen und Behörden keine einheitlichen Konfliktanlaufstellen. Wir plädieren daher dafür, das Thema „innerbetriebliche Konflikte" ernst zu nehmen und ein Konfliktmanagementsystem in der jeweiligen Organisation einzurichten.

Das Arbeitsrecht sieht im Betriebsverfassungsgesetz den Betriebsrat als Ansprechpartner im Konfliktfall und als Konfliktlösungsorgan vor (§§ 84 f. BetrVG). Auch können Betriebsvereinbarungen zwischen Betriebsrat und Arbeitgeber das Konfliktmanagement in Betrieben und Organisationen systematisieren. Gem. § 86 Satz 2 BetrVG kann eine Einigungsstelle für Beschwerdeverfahren eingerichtet werden. Diese Vorschrift bietet einen Ansatzpunkt für die Einrichtung eines Konfliktmanagementsystems (KMS) in Betrieben und Organisationen (vgl. Duve/Eidenmüller/Hacke 2003, 325).

Wie die Implementierung eines Konfliktmanagementsystems geplant werden kann, wird am Ende dieses Kapitels unter „Systemdesign" behandelt. Auf die herkömmlichen Instrumente des Konfliktmanagements, die hinlänglich bekannt sind, wie Abmahnung, Kündigung und arbeitsgerichtliches Verfahren, wollen wir hier nicht näher eingehen, sondern komplementäre und moderne Systeme vorstellen. Wir beginnen mit dem Mitarbeitergespräch und enden mit der Organisationsentwicklung.

**Abb. 5.4:** Moderne Konfliktmanagementsysteme (KMS)

*Mitarbeitergespräch*
Die am häufigsten angewandte Konfliktbearbeitungsmethode im Arbeitskontext ist wohl das Gespräch zwischen Vorgesetztem und Mitarbeiter. Das Mitarbeitergespräch ist gleichzeitig ein traditionelles wie modernes Führungsinstrument, das meist in regelmäßigen Abständen stattfindet, auf einem festgelegten Fragenkatalog basiert und mit einer Zielvereinbarung endet (vgl. Troja/Stubbe 2006, 121 ff.). Daneben dient das Mitarbeitergespräch dem Feedback des Mitarbeiters über seine Arbeitsleistungen. Was die Konfliktbearbeitung anbetrifft, so hängt das Vorgehen und das Ergebnis von der Kompetenz der Führungsperson ab. Ein Nachteil dieses Instruments ist es, dass Führungspersönlichkeiten häufig nicht in professionellem Konfliktmanagement geschult sind.

*Moderation*
Bei einer Moderation handelt es sich um einen strukturierten Prozess, der in Teams oder Arbeitsgruppen angewandt wird, um Probleme, Aufgabenstellun-

gen, neue Konzepte zielgerichtet und effizient anzugehen. Die Rolle des Moderators ist es, den Kommunikationsprozess der Gruppenmitglieder zu strukturieren und im Hinblick auf ein Thema zu bündeln. Eine Moderation kann nur von jemand durchgeführt werden, der selbst nicht zur Gruppe gehört. Das Spezifikum einer Konfliktmoderation ist es, dass der Konflikt im Mittelpunkt steht, wobei eine Konfliktanalyse mit anschließender Konfliktbearbeitung stattfindet. Konfliktmoderation findet in der Regel bei wenig komplexen und gering eskalierten Konflikten statt (vgl. Redlich/Schrafer 2009).

*Supervision*
In der Praxis der Sozialen Arbeit ist Supervision eine bekannte Methode, um die Arbeitsqualität zu sichern und zu verbessern. Gleichzeitig wird auf der Beziehungsebene das Verhältnis zwischen der Fachkraft und deren Klienten sowie das Verhältnis der Mitarbeiter untereinander reflektiert. Supervision wird von einem ausgebildeten Supervisor geleitet. Seine Aufgabe ist es, Teams oder einzelne Mitarbeiter berufsspezifisch zu unterstützen und auftretende Schwierigkeiten in der Kommunikation und Beziehungsgestaltung zu verbessern (Belardi 2002, 15). Bei Konflikten zwischen Mitarbeitern und der Institution kommt Teamsupervision zum Einsatz, die eine Verbesserung des Betriebsklimas, der Kooperation sowie der Arbeitseffizienz bewirken soll. Supervision ist keine spezifisch auf Konfliktbearbeitung zugeschnittene Methode, hat sich aber auch in Konfliktsituationen bewährt. In der Regel werden Konflikte von geringeren Eskalationsstufen behandelt.

*Mediation*
Im Vergleich zu anderen Konfliktmanagementsystemen sollen lediglich drei besondere Merkmale der Mediationsmethode hervorgehoben werden. Zum einen tritt ein Mediator als neutrale und in Konfliktvermittlung geschulte Person auf. Weiterhin ist die Mediation auf einen Ausgleich der Interessen der Parteien fokussiert, wobei ergebnisoffen verhandelt wird. Und drittens verläuft eine Mediation nach einem klar strukturierten Verfahren.
 In einer Organisation stellt sich die Frage, ob eine Konfliktvermittlung durch einen internen oder externen Vermittler vorzuziehen ist. Die Antwort lautet: Es kommt darauf an. Wenn eine Organisation groß genug ist und einen Pool interner Mediatoren besitzt, können interne Mediatoren eingesetzt werden, die keine Arbeitsbeziehung mit den Konfliktparteien pflegen. Bei einer überschaubaren Organisation, wo sich alle Mitarbeiter untereinander kennen, sollte einer externen Mediation der Vorzug gegeben werden.

*Konfliktlotsen/-navigatoren*
Konfliktlotsen oder -navigatoren sind Anlaufstellen in der Organisation, um Konflikte zu klären und das passende Konfliktbearbeitungsverfahren zu eruieren. Ihre Rolle ist meist in einer Betriebs- oder Personalvereinbarung festgelegt. Konfliktlotsen sind in Konfliktbearbeitung oder Mediation geschult und haben einen Überblick über die der Organisation zur Verfügung stehenden Konfliktbearbeitungsmechanismen (Konfliktberatung, Coaching, Mediation, Organisationsentwicklung etc.). Konfliktlotsen sollten in ein betriebliches Konfliktmanage-

mentsystem eingebettet und bezüglich Arbeitszeit und Kündigungsschutz abgesichert sein (vgl. Troja/Stubbe 2006, 123).

*Coaching*
Coaching ist eine moderne Form der Management-Beratung und wendet sich primär an Mitarbeiter mit Führungsverantwortung (vgl. Schreyögg 2002, 9). Coaching in Bezug auf Konflikte kann auf zwei Ebenen ansetzen, zum einen als Unterstützung zur Konfliktprophylaxe, zum anderen bei der Bewältigung von aktuellen Konflikten. Im ersteren Fall wird die Führungskraft darin unterstützt, Handlungsmuster zu entwickeln, die geeignet sind, destruktive Konflikte zu vermeiden (ebd., 98). Der Coaching-Prozess wird als partnerschaftlicher Dialog verstanden, weil eine Gleichwertigkeit zwischen Coach und Coachee angestrebt wird. Eine typische Konstellation im Zusammenhang mit Konflikt-Coaching ist ein Konflikt in einem Team oder in einer Abteilung, wobei sich der Abteilungsleiter überfordert fühlt und Unterstützung bei dem Coach erwartet (vgl. Proksch 2014, 39).

*Teamentwicklung*
Ziel eines Teamtrainings ist es, eine Gruppe von Mitarbeitern als Team zu formen und einen Teamspirit zu kreieren. Berücksichtigt werden dabei gruppendynamische Prozesse etwa bei der unerwünschten Bildung von Koalitionen oder Machtkämpfen. Aufgabe eines Teamentwicklers ist es, Gruppenprozesse so zu steuern, dass sich ein funktionsfähiges Team bildet (ebd.). In der Sozialarbeit sind häufig Outdoor-Methoden wie Klettern, Hochseilgarten, Kanu-Fahrten usw. bekannt. Beim Teamtraining können ebenso Konflikte thematisiert werden, sie stehen jedoch nicht im Vordergrund, sondern generell die Entwicklung eines Teamspirits.

*Organisationsentwicklung*
Organisationsentwicklung oder Organisationsberatung wird vorwiegend bei der Umstrukturierung von Behörden, Institutionen oder Betrieben eingesetzt. Organisationsentwicklung induziert einen Veränderungsprozess in einem größeren System. Durch die bevorstehende Veränderung entstehen Unsicherheiten und Ängste, möglicherweise Positionsgefechte zwischen Mitarbeitern. Es ist sinnvoll, wenn dieser Prozess durch professionelle Organisationsberater begleitet und unterstützt wird. Beispiele in sozialen Unternehmen sind etwa die Einführung einer prozess- und klientenorientierten Struktur, der Abbau von Arbeitsplätzen oder die Übernahme neuer Aufgabenfelder. Wichtig ist, dass die betroffenen Mitarbeiter in den Veränderungsprozess mit einbezogen werden und ihn mitgestalten können. Bei der Organisationsentwicklung steht die Ressourcenorientierung im Vordergrund, so dass eine Wertschätzung der Fähigkeiten, Stärken, Chancen und Ziele der Mitarbeiter untermauert wird. Unter den Oberbegriff Organisationsentwicklung fallen beispielsweise auch Konfliktmanagement-Trainings oder die Einführung von Modellen zur Konfliktintervention. Der Veränderungsprozess bietet Zeit und Gelegenheit, Konflikte anzusprechen und zu lösen. Der Organisationsberater ist meist ein externer Prozessberater (Kreyenberg 2005, 340 ff.).

## 5.2.6 Systemdesign

Einige größere Unternehmen, Behörden und Organisationen haben Schritte unternommen, ein systematisches Konfliktmanagementsystem zu entwickeln und zu implementieren. Vorreiter bei den Behörden ist die Stadt München, die schon seit mehr als einem Jahrzehnt eine „Dienstvereinbarung bei Mobbing und Schikane (DV-Mobbing)" abgeschlossen hat, die ebenso einen Katalog für Maßnahmen des Konfliktmanagements enthält. Die Dienstvereinbarung sieht einen klaren Verfahrensablauf vor. Der Vorgesetzte übernimmt dabei eine entscheidende Rolle. Sollte die Leitungskraft Hilfestellung benötigen, kann sie sich an die Psychosoziale Beratungsstelle oder an das Netzwerk Mediation bei der Stadt München wenden (Broschüre, DV Mobbing, 3. Fassung, Landeshauptstadt München).

Die SAP AG hat seit 2006 mit Unterstützung des Betriebsrats und eines Mediatorenpools ein „Conflict Management System" entwickelt, wobei dort sog. Konfliktnavigatoren eine wichtige Rolle spielen (Briem 2011, 146 ff.). Auch die Stadt Braunschweig hat für ihre mehr als 4000 Mitarbeiter sowie die Städtischen Kliniken eine Konfliktlösungsgruppe installiert, die sehr erfolgreich in Arbeitskonflikten vermittelt.

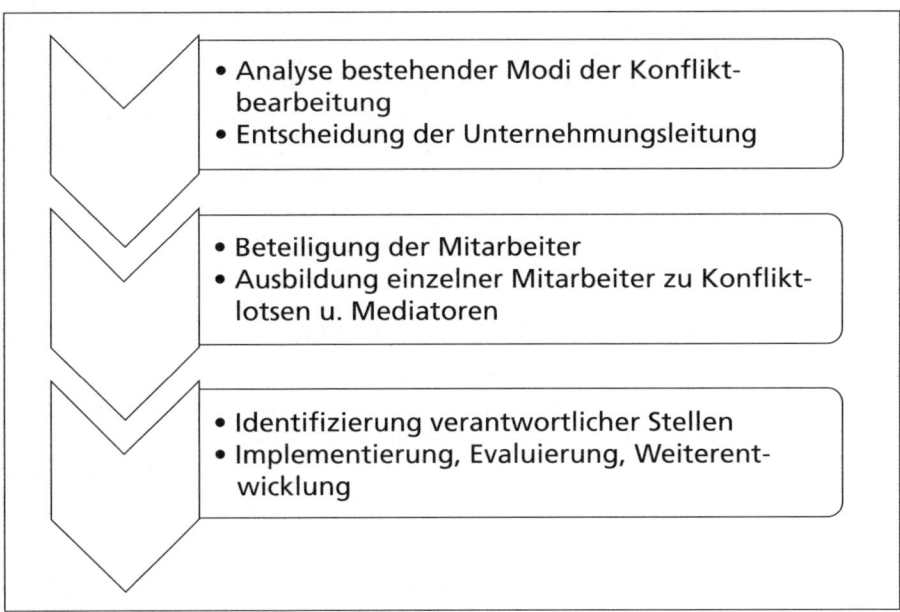

**Abb. 5.5:** Entwicklung und Implementierung eines Konfliktmanagementsystems (KMS)

Die Disziplin „Entwicklung und Implementierung eines organisationsinternen Konfliktmanagementsystems" ist noch eine sehr junge Disziplin und wird von Kurt Faller als „Systemdesign" bezeichnet (Faller 2014, 121 ff.). Ausgangspunkt sind jeweils die gegenwärtigen Strukturen des bestehenden Konfliktmanagements in einer Organisation. Danach geht es um eine bewusste Entscheidung der Unternehmensführung sowie die Beteiligung der Mitarbeiter auf allen Ebenen. Später sollen einzelne Mitarbeiter zu „Konfliktlotsen" und Mediatoren ausgebildet werden. In einem nächsten Schritt werden verantwortliche Stellen für die Integration der Konfliktlösungssysteme bestellt. Und schließlich und endlich soll das System implementiert, evaluiert und weiterentwickelt werden (vgl. Duve/Eidenmüller/Hacke 2003, 333).

Abschließend ist festzustellen, dass auf dem Gebiet des Systemdesigns noch erheblicher Handlungsbedarf bei Behörden und sozialen Unternehmen besteht. Anstöße können gerade von der Sozialarbeit ausgehen.

## 5.3 Trennungs- und Scheidungs-Mediation

Am dynamischsten ist die Praxis der Mediation im Bereich des Familienrechts bei Ehescheidungen und Sorgerechtskonflikten expandiert, in den USA seit den 1970er, in Deutschland seit den 1990er Jahren. Trennungs- und Scheidungs-Mediation wird mittlerweile in Deutschland nahezu flächendeckend in privaten Praxen von Rechtsanwälten, Sozialarbeitern oder Therapeuten mit einer Zusatzqualifikation angeboten. Mediation als Angebot im Leistungsspektrum öffentlicher Institutionen, z. B. durch Jugendämter im Rahmen einer Trennungs- und Scheidungsberatung (§ 17 Abs. 2 SGB VIII), scheint erst in Ansätzen vorhanden zu sein. Eine wichtige Etappe auf dem Weg zur professionellen Anerkennung der Familien-Mediation in Deutschland bildete 1992 die Gründung der „Bundesarbeitsgemeinschaft Familien-Mediation" (BAFM). Als Resultat der Debatte um Qualitäts- und Qualifikationsstandards hat die BAFM Richtlinien zur Berufsausübung und zur Ausbildung von Familien-Mediatoren vorgelegt.

### 5.3.1 Regelungsbereiche der Scheidungs-Mediation

Eine gütliche Einigung über die wesentlichen Scheidungsfolgen erspart nervenaufreibende Auseinandersetzungen, unter denen am meisten gemeinsame Kinder zu leiden haben. Die getroffene Einigung kann danach entweder in das gerichtliche Scheidungsverfahren als Scheidungsfolgenvereinbarung eingeführt oder notariell beglaubigt bzw. beurkundet werden, sofern ein Formzwang besteht. Das ist sinnvoll, um die Vollstreckungsmöglichkeit aus der Urkunde zu gewährleisten. Vereinbarungen über den nachehelichen Unterhalt, die vor Rechtskraft der Scheidung getroffen werden, bedürfen der notariellen Beurkundung (§ 1585 c S. 2 BGB). Nahezu sämtliche Scheidungsfolgen lassen sich im Rahmen einer Mediation außergerichtlich regeln, wie die folgende Abbildung zeigt.

**Abb. 5.6:** Regelungsbereiche der Scheidungs-Mediation (vgl. Kievel/Knösel/Marx 2013, 556)

## 5.3.2 Mediation und familiengerichtliches Verfahren (FamFG)

Inzwischen ist Mediation in Deutschland im Scheidungsbereich ansatzweise gesetzlich verankert (§§ 135, 156, 165 FamFG). Um scheidungswilligen Paaren das effektive und konsensorientierte Modell der Mediation näherzubringen, darf das Familiengericht seit 2009 anordnen, dass die Eheleute an einem kostenlosen Informationsgespräch über Mediation teilnehmen (§ 135 FamFG). Auch in Kindschaftssachen ist diese richterliche Anordnung inzwischen möglich (§ 156 Abs. 1 S. 3 FamFG), eingeführt durch das Mediationsgesetz 2012. Die Eltern müssen langfristig in die Lage versetzt werden, wieder miteinander zu kommunizieren, um nicht ihren Paarkonflikt dauerhaft schädigend auf dem Rücken ihrer Kinder auszutragen. Weiterhin kann beim Streit um den Umgang mit einem Kind eine Vermittlung durch das Familiengericht beantragt werden (§ 165 FamFG). Aufgrund von § 135 Abs. 1 FamFG kann das Familiengericht bei Sorge- und Umgangsfällen anordnen,

> „dass die Ehegatten einzeln oder gemeinsam an einem kostenfreien Informationsgespräch über Mediation oder eine sonstige Möglichkeit der außergerichtlichen Konfliktbeilegung anhängiger Folgesachen bei einer von dem Gericht benannten Person oder Stelle teilnehmen und eine Bestätigung darüber vorlegen."

Das kostenlose Informationsgespräch gemäß § 135 FamFG verfolgt den Zweck, erste Informationen und Eindrücke zu vermitteln. Das Gespräch soll den Parteien helfen, einen möglichen alternativen Weg anstelle des streitigen Rechtsweges zu finden. Die zu besprechenden Inhalte sind abhängig vom jeweiligen Wissensstand der Beteiligten. So kann sich das Gespräch auf die reine Informationsvermittlung beschränken, oder es können bereits erste Inhalte besprochen werden. Als vertrauensbildendes Element wird der Mediator seine Unabhängigkeit gegenüber dem Familiengericht betonen. Sollten sich die Betroffenen für die Mediation entscheiden, entstehen für sie Kosten. Das stellt für viele einen Grund dar, sich gegen die Mediation und für den Rechtsweg zu entscheiden. Wenn sie Verfahrenskostenhilfe erhalten, erfasst diese lediglich Gerichts- und Anwaltskosten, nicht jedoch das Honorar des Mediators. Diese – kaum verständliche – Lücke im deutschen Rechtssystem müsste der Gesetzgeber dringend nachbessern. Für Personen mit niedrigem Einkommen existieren jedoch kostengünstige Mediationsangebote in Beratungsstellen.

Hat das Informationsgespräch stattgefunden, wird eine Bestätigung bei Gericht eingereicht. Bei Kindschaftsangelegenheiten wird das Gericht gemäß § 156 Abs. 1 FamFG angehalten, zu jedem Zeitpunkt des Verfahrens auf eine einvernehmliche Lösung der Konfliktparteien hinzuwirken. Mit der außergerichtlichen einvernehmlichen Streitbeilegung durch einen Mediator soll erreicht werden, dass trotz der Spannungen zwischen den Eltern die Umgangskontinuität erhalten bleibt.

Jede Scheidung ist ein Anwaltsprozess; insofern müssen immer Rechtsanwälte beteiligt sein. Im Idealfall – das ist eher Illusion als die Regel – findet vor Einschaltung des Gerichts eine wegweisende Information zur Mediation durch die Anwälte statt. Damit diese frühe Erläuterung greifen kann, ist es sinnvoll, ein Netzwerk zwischen dem örtlichen Mediationsarbeitskreis und dem Arbeitskreis der Familienrechtsanwälte aufzubauen.

In den meisten Fällen wird das Ergebnis der Mediation an das Gericht kommuniziert. Auf welchem Wege dies geschehen soll, besprechen die Beteiligten während der Mediation (Vereinbarungsphase). Die Beteiligten selbst oder die zuständigen Anwälte sind dabei mögliche Vermittler gegenüber dem Gericht. In der Folge kann das Verfahren eingestellt, die Vereinbarung in das Verfahren aufgenommen oder durch Rücknahme der Anträge beendet werden (vgl. Krabbe/Thomsen 2011, 112).

### 5.3.3 Methoden der Trennungs- und Scheidungsberatung (§ 17 SGB VIII)

Trennungs- und Scheidungsberatung mit dem Fokus auf der Wahrung der Erziehungskontinuität des Kindes durch beide Elternteile ist eine originäre Aufgabe der Jugendhilfe (§ 17 Abs.1 Nr. 3, Abs. 2 SGB VIII). Wie das Kind das Trennungstrauma verarbeitet, hängt primär davon ab, ob es beiden Eltern gelingt, ihre Elternrolle weiterhin verantwortungsbewusst auszufüllen. Grundbedingung ist es, sich auf ein einvernehmliches Sorgekonzept zu verständigen. Hier kann die Mediationsmethode Hilfestellung bieten.

Organisatorisch angesiedelt ist die Beratung bei der öffentlichen (Jugendamt/ Allgemeiner Sozialdienst) und der freien Jugendhilfe (meist Erziehungs- und Familienberatungsstellen). Dort findet sich die nötige psychologische, pädagogische und juristische Fachkompetenz. Gleichzeitig besteht eine enge Verzahnung mit dem familiengerichtlichen Verfahren. Nach Eingang des Scheidungsantrags bei Gericht werden die Eltern von Amts wegen durch das Jugendamt über die Beratungsangebote der Jugendhilfe informiert (§ 17 Abs. 3 SGB VIII). Das Beratungsangebot ist als Rechtsanspruch der Eltern ausgestaltet.

Bislang bestand weitgehend Konsens darüber, dass die Wahrnehmung des Beratungsangebots auf *Freiwilligkeit* basiert (Wiesner 2006, § 17 Rz. 36). Gleichzeitig ist das Familiengericht nur zu einer Entscheidung über die elterliche Sorge und das Besuchsrecht aufgerufen, wenn von einem Elternteil ein Antrag vorliegt (§ 1671 BGB). Folglich hängt Beratung oder gerichtliche Entscheidung von der Initiative der Eltern ab. Diese Stärkung der Elternautonomie war ein zentrales Anliegen der Kindschaftsrechtsreform von 1998 (BT-Dr. 13/8511, 64). In Kauf genommen wird jedoch gleichzeitig, dass Eltern weder Beratung noch familiengerichtliche Entscheidung in Anspruch nehmen, sich aber trotzdem über die Ausübung der elterlichen Sorge im Alltag uneins sind. Neuerdings wird dieses *Prinzip der Freiwilligkeit der Beratung* einschneidend relativiert.

Zur Entwicklung eines einvernehmlichen Sorgekonzepts kann das Familiengericht seit 2009 die Teilnahme an einer Trennungs- und Scheidungsberatung anordnen (§ 156 Abs. 1 Satz 2 u. 4 FamFG). Dies ist ein entscheidender positiver Schritt zum Schutz der Kindesinteressen, der in gewisser Weise mit dem kalifornischen Modell der obligatorischen Sorgerechts-Mediation bei streitigen Fällen korrespondiert.

Trennungs- und Scheidungsberatung verfolgt verschiedene Ziele:

- Sensibilisierung der Eltern für die Situation des Kindes (Wiesner 2006, § 17 Rz. 24);
- Stärkung der Kompetenz der Eltern für autonome Entscheidungen;
- Fortbestehen der Bindung des Kindes an beide Elternteile;
- Förderung der Bindungstoleranz beider Eltern;
- Wahrnehmung der elterlichen Verantwortung durch Vater und Mutter;
- Förderung eines das Kind möglichst wenig belastenden Streitverhaltens;
- Entwicklung konstruktiver Formen der Konfliktregelung.

(vgl. Wiesner 2006, § 17 Rz. 25 u. 26)

Um diese Ziele weitestgehend zu erreichen, muss Trennungs- und Scheidungsberatung am Bewusstsein der Eltern ansetzen und auf eine Unterscheidung zwischen Paar- und Elternebene hinwirken und sie gleichzeitig dabei unterstützen, im Interesse des Kindes zu kooperieren. Insofern treten psychologische und pädagogische Aspekte neben die Fähigkeit konstruktiver Konfliktlösung. Dies erfordert eine hohe Methodenkompetenz der Fachkräfte. So wird in der Fachwelt auch von einer Methodenpluralität gesprochen. Neben „familientherapeutischen Ansätzen, gruppendynamischen und psychoanalytischen Verfahren" (ebd., § 17 Rz. 30) haben vor allen Dingen der systemische Ansatz sowie das Mediationsmodell herausragende Bedeutung erlangt. Insbesondere für den gesetzlichen Auftrag, die „*Entwicklung eines einvernehmlichen Konzepts für die Wahrnehmung der elterlichen Sorge*" (§ 17 Abs. 2 SGB VIII), ist die Mediationsmethode prädestiniert. Darüber besteht – mit wenigen Ausnahmen – weitgehend Einigkeit unter Experten (zu den positiven Erfahrungen vgl. Proksch 1996, 8 ff.; Diez/ Krabbe 1996, 5 ff.; kritisch: Werner-Schneider 1996, 25 ff.; Menne-Weber 1998, 85 ff.). Dennoch, so hat es den Anschein, ist Mediation in das Beratungskonzept der Jugendämter nur vereinzelt integriert, und dann meist auf „Privatinitiative" der Fachkräfte. Notwendig wäre eine Integration der Mediationsmethode in das Beratungskonzept sowie eine „systematische Weiterqualifizierung der Fachkräfte" (so auch Jopt, 1998, 286 ff.). Gute Chancen für einen positiven Entwicklungsprozess hätte eine Verankerung angeordneter Mediation im neuen § 156 FamFG geboten. Dies ist unterblieben.

Neuere Initiativen „verordneter Kooperation" (vgl. Wiesner 2006, § 17 Rz. 43 c) wie das so genannte „Cochemer Modell" (siehe www.ak-cochem.de mit weiteren Nachweisen) weisen in die richtige Richtung. Diese Modelle basieren auf einer Zusammenarbeit der am Scheidungsprozess beteiligten Fachleute (Richter, Rechtsanwälte, Berater, Gutachter und Verfahrenspfleger) und setzen auf Deeskalation. Ziel ist eine konsensorientierte Lösungsfindung unter aktiver Beteiligung der Eltern. Dabei distanzieren sich die fachlichen Akteure von dem gängigen Gewinner-Verlierer-Schema und verpflichten sich zu einer konstruktiven Haltung (Füchsle-Voigt 2004, 600 ff.). Trotz der positiven Erfolgsbilanz bewerten Kritiker den damit verbundenen „Beratungszwang" negativ (vgl. Wiesner 2006, § 17 Rz. 43 d).

Theoretisch basiert das Konzept der „verordneten Kooperation" auf der Theorie der kognitiven Dissonanz des amerikanischen Sozialpsychologen Leon Festinger, wie Füchsle-Voigt darlegt (2004, 600 ff.). Die Theorie besagt, dass Menschen bestrebt sind, mit sich in innerer Harmonie zu leben. Das heißt, sie versuchen, „ihr Verhalten, ihre Gedanken und Meinungen und ihre Gefühle in Einklang zu bringen" (ebd., 601). Bekommt das Paar Kooperation verordnet, steht ihr Verhalten (man trifft sich zur Beratung) nicht mehr in Einklang mit den Wahrnehmungen und Affekten (feindselige Haltung dem Partner gegenüber). Es entsteht eine innere Dissonanz, die der Einzelne – unbewusst – überwinden will. Eine Einstellungsänderung in Richtung Kooperation wird erreicht, indem alle professionell am Familiengericht Beteiligten bewirken,

> „*dass strittige Vorgehensweisen nicht zugelassen werden und elterliche Verantwortung gestärkt wird, indem immer wieder das Erarbeiten einer konsensualen Lösung forciert wird. Das heißt auch, dass die zerstrittenen Partner bei keiner der oben genannten Professionen Gehör für eine von dem üblichen Gewinner-Verlierer-Denken geprägte Vorgehensweise und seinen Vernichtungsgedanken in Bezug auf den anderen findet.*" (ebd.)

Nimmt man die Theorie der kognitiven Dissonanz ernst und legt gleichzeitig die positiven Erfahrungen des Cochemer Modells zugrunde, wären gerade verordnete Kooperation und Mediation geeignete Instrumente, streitige Eltern zu einer kooperativen Elternschaft zu bewegen. Der Autor ist sich bewusst, dass diese Forderung mit dem in Deutschland gängigen und im Mediationsgesetz postulierten Prinzip der Freiwilligkeit der Mediation kollidiert. Den Weg der verordneten Mediation beim Streit um elterliche Sorge und Umgang gehen jedoch zahlreiche US-amerikanische Bundesstaaten, u. a. mit Kalifornien als Vorreiter, mit beachtlichem Erfolg. Seit 1980 hat Kalifornien ein Gesetz, das es dem Familiengericht (Superior Court) erlaubt, in strittigen Sorge- und Umgangsverfahren eine obligatorische Mediation vorzuschalten (§§ 3160 ff. Family Code). Die Mehrzahl der US-amerikanischen Bundesstaaten ist diesem Modell gefolgt (Saposnek 1998, 14). Welche Einstellung man auch immer gegenüber einer verordneten Mediation haben mag, ihre Ergebnisse sowie die Zufriedenheit der Klienten wurden in Studien positiv evaluiert (Marx 2010, 300 ff.).

*Projektbeispiel für eine Kooperation im Familienverfahren:*
*„Der Europarat hat bei der Verleihung des Crystal Scales of Justice-Preises in Aveiro, Portugal, jetzt das Projekt des ‚Beschleunigten Familienverfahrens' mit einer lobenden Erwähnung hervorgehoben. Mit diesem interdisziplinären Projekt der Berliner Familiengerichte und der Rechtsanwaltskammer Berlin werden seit 2007 im Interesse der Trennungskinder Familiengerichtsverfahren beschleunigt und entschärft.*

*Sieben Jahre nach Beginn des Projektes erlernen laut Senatsverwaltung für Justiz und Verbraucherschutz die meisten Konfliktparteien durch Mediation und Beratung, die Angelegenheiten ihrer Kinder gemeinsam zu lösen, so dass es darüber dann keiner streitigen gerichtlichen Entscheidung mehr bedarf. Das ‚Beschleunigte Familienverfahren' sei ein gutes Beispiel für sinnvolle Zusammenarbeit, um Betroffenen wirklich zu helfen, heißt es in der Mitteilung der Rechtsanwaltskammer.*

*Der Crystal Scales of Justice-Preis wird vom Europarat für innovative Initiativen zur Verbesserung der Justizverfahren verliehen."*
(Rechtsanwaltskammer Berlin, Pressemitteilung vom 17.10.2014)

### 5.3.4 Einbeziehung von Kindern

In der Trennungs- und Scheidungs-Mediation spielt der Bereich „elterliche Sorge und Umgang" häufig eine Rolle, wenn nicht nur finanzielle Fragen im Vordergrund stehen. Es besteht Einigungsbedarf über den künftigen Lebensmittelpunkt und die Wohnsituation des Kindes, mögliche Wohn- und Lebensmodelle, künftige Entscheidungsprozesse bezüglich Schule, Religion und Gesundheit, Vorkehrungen für besondere Situationen, Urlaubs- und Feiertagsregelungen usw. (vgl. Haynes et al. 2002, 178 ff.).

An einem bestimmten Punkt scheint die Einbeziehung der Kinder in die Mediation nützlich und vor allem notwendig. So konnte eine Kölner Langzeitstudie (1990–1996) ermitteln, dass besonders Kinder im Vor- und frühen Grundschulalter stark unter einer Trennung der Eltern leiden. Sie entwickeln ein Bild der eigenen Schuld an der Trennung der Eltern und damit Schuldgefühle (vgl. Hötker-Ponath 2008, 3). Eltern selbst sind im Trennungsprozess häufig auf ihre eigenen Emotionen fixiert und nehmen die Gefühle ihrer Kinder nur am Rande wahr (vgl. Thomsen 2009, 203). Mit Mediation kann die Krise zwar nicht spurlos von den Kindern abgewendet, aber die Krise kann gemeinsam mit den Kindern bearbeitet und bewältigt werden. Kinder bekommen dabei die Möglichkeit, im Rahmen der Mediation ihre Sicht und Gefühle zu erläutern und eigene Lösungsoptionen einzubringen. Gleichzeitig sollten ihnen die Entscheidungen der Eltern transparent und verständlich gemacht werden (vgl. Krabbe/Thomsen 2011, 113).

Einen weiteren Grund, Kinder in die Mediation einzubeziehen, sieht Thomsen (2009b) in der Entwicklung der letzten Jahrzehnte hin zu mehr Partizipation und Mitspracherecht der Kinder in familiären Kontexten. So werden Kinder gefragt, wohin sie verreisen möchten, wie sie das Wochenende verbringen wollen, und gleichzeitig haben sie gelernt, dass die Entscheidungsmacht bei den Eltern liegt und nicht alles so umgesetzt wird, wie es einst gewünscht war. Dieser Einbezug der Kinder in familiären Fragen sollte bei der entscheidenden Veränderung des Alltages durch eine Trennung nicht vermieden werden. Kindern sollte frühzeitig im Prozess verdeutlicht werden, dass ihre Wünsche eine Rolle spielen und bedacht werden. Geschlossene Vereinbarungen der Eltern werden insbesondere dann von den Kindern mit umgesetzt, wenn sie die Erfahrung der Beteiligung erlebt haben. Darüber hinaus spielen „Phantasie und Originalität" eine entscheidende Rolle bei der Suche nach Konfliktlösungen. Kinder besitzen ein hohes Maß an Kreativität und können den Lösungsprozess maßgeblich positiv beeinflussen. Thomsen (2009b) sieht hier ein Potenzial für die Mediation, das bei Vermeidung des Einbezuges der Kinder verlorengehen würde (vgl. Thomsen 2009, 202/203).

Trotz der positiven Wirkungen des Einbezuges birgt dieser auch Risiken. Die Gefahr liegt insbesondere darin, dass die Kinder noch stärker in den Konflikt integriert oder sogar instrumentalisiert werden. Es ist nicht auszuschließen, dass Eltern ihre Kinder auf eine Mediationssitzung so vorbereiten, dass starke Loyalitätskonflikte ausgelöst werden. Dies sollte jedoch durch eine intensive Vorbereitung der Eltern durch den Mediator verhindert werden. So sollte auch die Entscheidungsverantwortung nicht auf die Schultern der Kinder verlagert werden. Klar muss sein, dass die alleinige Entscheidungsmacht bei den Eltern liegt. Laut Thomsen (2009b) ist den Kindern schon bereits bei einer einmaligen Sitzung geholfen, da sie sich anerkannt und bedacht fühlen (ebd., 203).

Im Einzelfall muss stets überprüft werden, ob der Einbezug des Kindes/der Kinder sinnvoll erscheint. Zentral dabei ist, dass allein die Eltern entscheiden, ob und wie ihre Kinder einbezogen werden. Der Einbezug kann dabei in Form zirkulärer Fragen verlaufen. Die Kinder werden dabei nicht direkt einbezogen. Durch den Perspektivenwechsel, wie das Kind wohl empfindet, wird der Blick auf die Emotionen des Kindes gelenkt. Ein anderer Weg kann über Einzelinterviews gegangen werden. Dabei interviewt je nach Ausbildung der Mediator selbst das Kind oder eine ausgebildete Fachkraft. Als Schwierigkeiten sieht Thomsen (2009b) dabei den Aufbau von Vertrauen zum Kind sowie die korrekte Übermittlung des Gesagten an die Eltern. Thomsen sieht den direkten Einbezug als sinnvolle Variante an. Das gemeinsame Erleben und die Partizipation stellen hier das zentrale Element dar (ebd.).

Die Vorbereitungszeit sollte intensiv und ernsthaft betrieben werden. Besprochen werden Themen wie der Ablauf der Sitzung, die Einladung des Kindes, wie den Kindern der Anlass vermittelt werden soll und das Verhalten der Eltern während der Sitzung. Darüber hinaus ist die Frage des Wissensstandes des Kindes über den Trennungsprozess für den Mediator relevant. Die Sitzungsdauer beträgt bei der Sitzung mit dem Kind ca. 30 Minuten. In dieser Zeit werden die Wünsche und mögliche denkbare Regelungen erfragt, auf einem Flipchart festgehalten und mit den Eltern in nachfolgenden Sitzungen bearbeitet (ebd.).

In den meisten Fällen korrespondieren die Mediationsvereinbarungen mit dem Wohl des Kindes. Nichtsdestotrotz kann es vorkommen, dass Eltern wenig lösungsbereit sind und eine Einigung zum Wohle des Kindes schwierig erscheint. Der Mediator sollte die Beteiligten über einen Beratungsanwalt oder einen Beratungspsychologen aufklären. Hier können Eltern eine fachliche Beratung erhalten u. a. zum Thema Kinder in Trennungssituationen. Darüber hinaus sollte auch der Mediator den Blick auf die Einhaltung des Kindeswohles im Rahmen der Mediationsvereinbarung heften. Nicht jede Vereinbarung sollte akzeptiert werden. Im Notfall muss der Mediator das Verfahren abbrechen, was zu einem Umdenken der Eltern führen kann (vgl. Krabbe/Thomsen 2011, 113).

### 5.3.5 Informationspflicht bei Kindeswohlgefährdung

Im Verlaufe einer Trennungs- oder Familien-Mediation kann ein Mediator mit einer Situation konfrontiert werden, in der sich ihm die Frage stellt, ob das Wohl eines Kindes gefährdet ist. Mediatoren ist meist nicht klar, ob es sich tatsächlich um eine Kindeswohlgefährdung handelt, wie eine Einschätzung erfolgen kann, in wessen Verantwortung die Situation fällt, wie ein Gespräch darüber mit den Eltern geführt werden und wie eine konkrete Hilfsmaßnahme aussehen kann (vgl. Schulz 2012, 1110 ff.).

Das seit 2012 existierende Bundeskinderschutzgesetz verpflichtet Berufsgruppen wie Lehrer, Erzieher und ähnliche Gruppen „zu einem qualifizierten Verfahren der Einschätzung und einem Informations- und Meldegebot", um Kindeswohlgefährdungen zu mindern und frühzeitige Hilfen einrichten zu können. Ähnlich wie Pädagogen auf Kindeswohlgefährdungen in Schulen bzw. Kitas aufmerksam werden, kann dies in einer Mediation geschehen. Gerade bei Familien-Mediationen, so Schulz, können Hinweise zu Vernachlässigung oder Gewalt in der Familie auftreten. Meist handelt es sich um psychische Gewalt, die gleichzeitig am schwierigsten beschreibbar ist (vgl. Forschungsprojekt „Kinderschutz bei hochstrittiger Elternschaft" vom BMFSF, 2007–2010; vgl. Schulz 2012, 11). Eine Belastung des Kindes kann durch elterliche Instrumentalisierung oder durch Umgangsverweigerung bei Trennungskonflikten entstehen.

Nach § 8a SGB VIII und dem BKiSchG besitzen Mediatoren, die Leistungen der Kinder- und Jugendhilfe erbringen, eine sekundäre Garantenpflicht. In der Regel haben Beratungsstellen ein dezidiertes Verfahren zur Vorgehensweise bei vermuteter Kindeswohlgefährdung mit dem zuständigen Jugendamt abgestimmt. Rechtliche Grundlagen sind die UN-Kinderrechtekonvention, Art. 6 GG, § 1666 BGB sowie § 8 a SGB VIII. Für (freie) Mediatoren gilt § 4 Abs. 1 S. 3 Ziff. 2 MedG, wonach keine Verschwiegenheitspflicht besteht, *„um eine Gefährdung* *des Wohls eines Kindes oder eine schwerwiegende Beeinträchtigung der physischen oder psychischen Integrität einer Person abzuwenden"*.

Ist ein Mediator der Annahme, ein Kind sei durch psychische oder physische Gewalt oder Vernachlässigung gefährdet, ist er angehalten, sich an das zuständige Jugendamt zu wenden.

### 5.3.6 Förderung einvernehmlicher Sorgeentscheidungen

Unterstützungsleistungen zur Wahrnehmung der elterlichen Sorge bei Trennung und Scheidung sind eine staatliche Aufgabe und werden in Deutschland von der öffentlichen und freien Jugendhilfe (§ 17 SGB VIII) und den Familiengerichten (§ 137 FamFG) wahrgenommen. Beim Elternkonflikt um Sorge und Umgang sollten von professioneller Seite folgende Ziele verfolgt werden:

- Sensibilisierung der Eltern für die Situation des Kindes und Stärkung der elterlichen Erziehungskompetenz;
- Erhalt der Bindung des Kindes an seine Elternteile und Ausübung der elterlichen Verantwortung durch (möglichst) beide Elternteile;
- Förderung eines konstruktiven Streitverhaltens und Entwicklung eines einvernehmlichen Sorgeplans.

Diese Ziele können durch die professionellen Akteure am ehesten durch eine Kombination unterschiedlicher Methoden erreicht werden. Ein Gesamtkonzept, das Elterninformation, Schulung, Beratung und Mediation verbindet, wäre ideal.

Zur Förderung eines konstruktiven Streitverhaltens und zur Entwicklung eines einvernehmlichen Sorgeplans ist die Mediationsmethode nach heutigen Erkenntnissen am ehesten geeignet. Mediation sollte in das Gesamtkonzept der Trennungs- und Scheidungsberatung der öffentlichen und freien Jugendhilfe integriert werden. Dies erfordert entsprechende Qualifizierungsangebote und konzeptionelle Arbeiten.

## 5.4 Mediation bei Familienkonflikten

In der Postmoderne sind unter dem Stichwort *Pluralität der Lebensformen* neben die Zwei- oder Drei-Generationen-Familie nichteheliche Lebensgemeinschaften, alleinerziehende Eltern, Scheidungsfamilien, Stiefeltern- und sog. Patchworkfamilien[7], Adoptivfamilien, Pflegefamilien oder eingetragene Lebenspartnerschaften getreten. Das traditionelle Verständnis familiären Zusammenlebens wird ergänzt durch ein weites Spektrum partnerschaftlicher Lebensformen. Wo früher feste Traditionen und gesellschaftliche Normen das Zusammenleben

---

7 Der Begriff „Patchworkfamilie" ist zwar geläufig, m. E. jedoch diskriminierend, da die Assoziation zu einem Flickenteppich aufgebaut wird. Ich vermeide ihn daher und beziehe mich auf Stieffamilien oder neu zusammengesetzte Familien.

der Familien bestimmten, stehen Paare heute vor der Aufgabe, ihre unterschiedlichen Biografien in Einklang zu bringen. Der Wunsch nach Unabhängigkeit, Selbstverwirklichung und Individualität tritt in den Vordergrund. Gleichzeitig erfordert das Wegfallen fester Wertesysteme ein Aushandeln von Interessen, Umgangsformen und Regeln (vgl. Diez/Krabbe/Thomsen 2009, 17 ff.). Neben die allgemeinen, typischen Partnerkonflikte treten besondere Konfliktlagen, die sich aus der spezifischen Konstellation des Zusammenlebens ergeben (vgl. ebd., 17).

Eine Studie von Bastine und Nawrot aus dem Jahr 2006 zur Familien-Mediation in der institutionellen Beratung untersuchte diverse Angebote der Familien-Mediation in Beratungsstellen (im Auftrag des BAFM, gefördert durch das BMFSFJ). Befragt wurden sowohl institutionelle Beratungsstellen als auch ausgebildete Mediatoren, die in Beratungsstellen Familien-Mediation anbieten. Als Anlässe für Familien-Mediationen stellten die Autoren fest, dass insbesondere Themen der Trennungs- und Scheidungs- sowie Nachscheidungs-Mediation eine zentrale Rolle spielen, gefolgt von Partnerschaftskonflikten und Kinder-(Jugendliche-)Eltern-Konflikten (vgl. Bastine/Nawrot 2007, 18).

Wesentliche Unterschiede der Familien-Mediation gegenüber allgemeinen Mediationsverfahren liegen in der Einbeziehung von Kindern und Jugendlichen sowie in der Dauer der Verfahren. Einerseits kann es sich um sehr lange oder andererseits um sehr kurze Mediationen handeln. Eltern-Kinder-Mediationen werden kurz gehalten, wohingegen eine Paar-Mediation einen längeren Zeitraum einnehmen kann. Familien-Mediationen werden von verschiedenen Anbietern durchgeführt. Dazu gehören öffentliche Träger der Kinder- und Jugendhilfe (eher selten), freie Träger, wie etwa Erziehungs- und Familienberatungsstellen sowie freiberufliche Mediatoren (vgl. Thomsen 2009, 199). Im Folgenden differenzieren wir zwischen verschiedenen Konstellationen der Familien-Mediation:

- Trennungs- und Scheidungs-Mediation (siehe Kap. 5.3)
- Stieffamilien-Mediation
- Eltern-Kind-Mediation
- Mediation bei Adoption oder Pflegekindschaft
- Paar-Mediation
- Geschwister- und Verwandten-Mediation

## 5.4.1 Stieffamilien-Mediation

Stieffamilien-Mediation ist ein relativ junges Praxisfeld, und zwar mit zunehmender Tendenz. Demografischen Erhebungen zufolge sind Stieffamilien eine stark wachsende Familienform. Die konfliktträchtigste Phase liegt im Übergang zwischen der früheren Familie zur Stieffamilie. Streitigkeiten zwischen den geschiedenen Partnern über nacheheliche Sorgerechtsfragen und die Rolle der Elternfiguren wirken in der Stieffamilie fort. Stieffamilien-Mediation betrifft in der Regel zwei Familien, die der leiblichen Mutter und die des leiblichen Vaters. Auseinandersetzungen zwischen den leiblichen Eltern eines Kindes stehen oft im Zusammenhang mit der Rolle des Stiefelternteils und dem Umgang des Kindes mit dem Elternteil, in dessen Haushalt es nicht lebt. Die neue Rollenverteilung muss erst erlernt und akzeptiert werden.

Für Konflikte mit neuen Partnern und Kindern gibt es keine bewährten Muster (ebd.). Bei neu zusammengesetzten Familien treffen zwei Familienkulturen zusammen (vgl. Diez/Krabbe/Thomsen 2009, 20). Es müssen neue Werte, Routinen und Abläufe, Beziehungen und Erziehungskonzepte besprochen werden (ebd.).

Weitere typische Konfliktfelder sind finanzielle Angelegenheiten, die Kindesunterhaltsleistungen betreffen. Mediation wird aufgesucht, wenn ein oder beide Elternteile eine Modifizierung des Kindesunterhalts anstreben, was häufig in Beziehung zur Wiederheirat eines Elternteils steht (Kievel/Knösel/Marx 2013, 559). Da in den seltensten Fällen Mitglieder einer Stieffamilie mit den Herausforderungen dieser Familienform vertraut sind, nimmt der Mediator neben der Konfliktvermittlung auch die Funktion eines Pädagogen ein. Im Ergebnis kann Mediation ein vertrauensvolles Verhältnis zwischen den einzelnen Familienmitgliedern unterstützen.

### 5.4.2 Eltern-Kind-Mediation

Programme, die Eltern-Kind-Mediation (parent-child-mediation) in den Mittelpunkt stellen, wurden Anfang der 1980er Jahre in den USA entwickelt. Zielgruppe dieser Offensive sind in erster Linie Jugendliche und deren Eltern, wobei in der Regel die während der Adoleszenzphase auftretenden Konflikte und Verhaltensauffälligkeiten bearbeitet werden. Es wird bezweckt, sozial unerwünschtes Verhalten oder kleinere Regelverstöße zu entkriminalisieren und die Jugendlichen von der Jugendgerichtsbarkeit fernzuhalten (Umbreit/Kruk 1998, 101). Die Mehrzahl der Programme wird unter kommunaler Schirmherrschaft durch gemeinnützige Verbände durchgeführt. Die Klientel wird durch Jugendgerichte und Jugendämter (child protection agencies) zur Mediation überwiesen (ebd., 98).

Ziel der Eltern-Kind-Mediation ist es, eine Übereinkunft zwischen den Familienmitgliedern herzustellen, die den Interessen aller gerecht wird. Daneben soll eine positive Veränderung der Familiendynamik erzielt werden. Therapeutische Komponenten gehören daher zwangsläufig zu dem fachlichen Repertoire des Mediators. Die Eltern-Kind-Mediation lässt sich als eine spezifische Form der Erziehungsberatung verstehen und gehört somit zu den klassischen Fachgebieten der Sozialarbeit (Kievel/Knösel/Marx 2013, 560).

In Deutschland gelten Thomsen und Krabbe (2011) als Vordenker der Eltern-Jugendlichen-Mediation und ihren spezifischen Anforderungen. In der Regel besitzt der Jugendliche einen eigenen Konfliktanlass. Der Mediator muss abwägen, ob der Jugendliche aufgrund seines Alters und seiner Reife über die notwendigen Fähigkeiten einer eigenständigen Verhandlungspartei verfügt. Hilfreich für diese individuelle Einschätzung sind neben Gesprächen mit den Eltern und dem Jugendlichen entwicklungspsychologische bzw. juristische Kompetenzen auf Seiten des Mediators. Für die Verhandlung verbindlicher Vereinbarungen ist es notwendig, dass beide Parteien auf gleicher Ebene miteinander kommunizieren können. Diese Voraussetzung muss durch den Mediator sichergestellt werden. Die zu bearbeitenden Themen werden von den Eltern und dem Jugendlichen häufig unterschiedlich benannt. Laut Thomsen/Krabbe/Diez (2009a) fokussieren Jugendliche, beeinflusst durch ihre Autonomieentwicklung, Themen wie bspw. Kleidung, außerfamiliäre Kontakte, politische und religiöse Themen, Schule und Umgang mit Kaufentscheidungen. Für die Eltern dagegen stehen unter anderem Themen wie Hausaufgabenpflicht, Mahlzeiten, Fernseh-, Computer- und Alkoholkonsum im Mittelpunkt. Aber auch Themen, die Sexualität betreffen, können besprochen werden. Thomsen nennt Themen wie die Höhe des Taschengeldes, Aufgabenverteilung, eigene Partnerschaften, Ausgehzeiten usw. (vgl. Thomsen 2009, 198).

Das Verfahren einer Eltern-Jugendlichen-Mediation entspricht prinzipiell anderen Formen der Familien-Mediation. Nichtsdestotrotz stellen Krabbe/Thomsen/Diez (2009a) Besonderheiten heraus. So erscheint es sinnvoll, kürzere Sitzungen anzusetzen, da Jugendliche meist keine langen und häufigen Mediationssitzungen wünschen und Pausen benötigen. Der Jugendliche sollte nicht zwischen den Eltern platziert werden. Falls beide Elternteile teilnehmen, sollte der Jugendliche die Möglichkeit bekommen, eine Vertrauensperson hinzuzuziehen. Des Weiteren sollten Generationsgrenzen beachtet werden, was sich in der Benutzung der Anrede widerspiegelt. Besonders relevant ist der Einzug von Fairness- und Gerechtigkeitsvorstellungen. In den meisten Fällen treten hier erhebliche Unterschiede zwischen den Parteien auf. Bevor schlussendlich die konkrete Vereinbarung getroffen wird, empfehlen Krabbe/Thomsen/Diez (2009a) eine Phase der Probezeit. Wenn diese erfolgreich bestritten wurde, kann ein endgültiges Ergebnis schriftlich gefasst werden. Falls Probleme auftreten, können diese nachbesprochen und nachverhandelt werden. Darüber hinaus erscheint es vorteilhaft, „Kontrolltermine" einzufügen, bei denen man bei Bedarf gewünschte Anpassungen der Vereinbarung ansprechen kann.

Eine Eltern-Jugendlichen-Mediation birgt die Chance auf Gewinn von Sicherheit und Respekt auf Seiten des Jugendlichen. Die Eltern bekommen die Möglichkeit, den Entwicklungsprozess ihres Kindes akzeptieren zu lernen und sich wieder auf sich zu besinnen (vgl. Diez/Krabbe/Thomsen 2009, 34/35; Krabbe/Thomsen 2011, 114 f.).

### 5.4.3 Mediation bei Adoption oder Pflegekindschaft

Auch im Kontext von Adoptionen wird die Mediationsmethode angewandt. Dies geschieht überwiegend im Verlauf der Adoptionsvermittlung, und zwar bei offenen Adoptionsformen, die zunehmend von der Praxis favorisiert werden. Hierbei wird über die Art und Weise und den Umfang des Kontakts zwischen den leiblichen Eltern und der Adoptivfamilie verhandelt (Etter 1998, 143 ff.). Die Übereinkunft wird in einer schriftlichen Vereinbarung fixiert. Mediation bei offenen Adoptionen dient als Mittel, eine positive Beziehung zwischen den leiblichen Eltern und den Adoptiveltern aufzubauen.

Adoptions-Mediation wird darüber hinaus nach Abschluss des Adoptionsverfahrens eingesetzt, meist im Zusammenhang mit potenziellen oder faktischen Klagen. Häufig steht hinter der Einleitung eines Gerichtsverfahrens der Versuch eines leiblichen Elternteils, die Adoption anzufechten. Wenn ein Adoptierter mit leiblichen Elternteilen in Kontakt treten will, kann Mediation herangezogen werden, um die Modalitäten der Kontaktaufnahme zu klären (Marx 2000, 302 ff.).

Wenn Pflegekinder betroffen sind, handelt es sich weitgehend um eine sog. doppelte Elternschaft, was zu einer Fülle von Reibeflächen führen kann. Beteiligt sind die Pflegeeltern, die leiblichen Eltern, das Jugendamt sowie das Kind. Auch bei sog. Inseminationsfamilien stellt sich die Frage, wie mit der doppelten Vaterschaft umgegangen werden soll. Häufig stehen die Themen der doppelten Mutter-, Vater- und Elternschaft, der Einbezug der leiblichen Eltern sowie der Umgang des Kindes mit seinen leiblichen Eltern im Mittelpunkt der Mediation, die in diesem Kontext vieles leisten kann (vgl. Thomsen 2009, 198).

### 5.4.4 Paar-Mediation

Zur Paarmediation kommen sowohl Ehepaare als auch Partner nichtehelicher Lebensgemeinschaften. Anlass und Themen sind häufig identisch. Stärker als früher müssen in einer Ehe oder Lebensgemeinschaft die Rollen der Partner ausgehandelt werden. Die Familie wird zu einer „Verhandlungsfamilie". Mediation kann hier Unterstützung bieten. Notwendig erscheint eine Unterstützung vor allem deswegen, weil man davon ausgehen kann, dass Familien auseinanderbrechen, denen dieser Aushandlungsprozess nicht gelingt. Der Grund für eine Mediation liegt oftmals in zukünftigen, die Beziehung betreffenden Veränderungen beiderseits oder nur auf Seiten eines Partners (vgl. Diez/Krabbe/Thomsen 2009, 17 f.). So können arbeitsplatzbedingte Umzüge, Finanzen, Sexualität oder Weltanschauungen als Grund gesehen werden (vgl. Thomsen 2009, 198) sowie Fragen der Kindererziehung, elterliche Aufgaben, Haushaltsaufgaben etc. (vgl. Diez/Krabbe/Thomsen 2009, 17).

Wenn ein Ehepaar ein Haus baut oder ein gemeinsames Unternehmen gründet, erscheint es sinnvoll, einen Ehevertrag abzuschließen, der beide Parteien im Falle einer Trennung genügend und fair absichert. Darüber hinaus können auch Eheverträge verhandelt werden, die beide Parteien nach einer Trennung absichern, ohne dass die vorher benannten Gründe vorhanden sein müssen (vgl. Thomsen 2009, 198).

Sind sich Partner im Unklaren über die Tragfähigkeit ihrer Beziehung kann ihnen die Paarmediation helfen, sich Klarheit zu verschaffen, wie ihre Beziehung weiter verlaufen soll. Im Raume steht sowohl die Möglichkeit der Trennung als auch die Festigung der Beziehung. Als Ergebnis ist selbst ein Entschluss zur Heirat denkbar (ebd.). In jedem Fall dient die gemeinsam erarbeitete Lösung dazu, einen gemeinsamen oder getrennten Weg in die Zukunft zu ebnen.

### 5.4.5 Geschwister- und Verwandten-Mediation

Bei Auseinandersetzungen unter erwachsenen Geschwistern fallen die Beteiligten oftmals in alte Streitmuster zurück. In der Mediation können ebenso zurückliegende Themen abseits des aktuellen Geschwisterkonflikts geklärt werden. Zu bearbeitende Themen können finanzielle Fragen, Betreuungsleistungen für die Eltern, Erbschaftsauseinandersetzungen oder die Verwaltung des Familienbesitzes sein. Wenn zudem die Eltern der Geschwister betroffen sind, fällt die Konfliktbearbeitung genauso in die Kategorie „Elder-Mediation", die an späterer Stelle behandelt wird (siehe Kap. 5.7). Im Ergebnis können die Beteiligten frei wählen, wie sie künftig miteinander umgehen wollen, etwa getrennt oder mit gegenseitigem Kontakt.

## 5.5 Schulmediation

Zunehmende Gewaltbereitschaft an Schulen macht die Vermittlung alternativer und gewaltfreier Konfliktlösungsstrategien zu einem vordringlichen pädagogischen Anliegen. Dieser Anspruch wird in den USA seit Anfang der 1980er Jahre in Form der Peermediation umgesetzt und mittlerweile an Tausenden Schulen ausgeübt (Kaplan 1998, 247). Im Rahmen der Peermediations-Programme erlernen Schüler, die wesentlichen Elemente der Mediationsmethode, Kommunikations- und Verhandlungstechniken sowie Verhandlungen zu strukturieren. Ein wichtiger Bestandteil des pädagogischen Konzepts ist die praktische Umsetzung der erlernten Mediationskenntnisse. Schüler werden im schulischen Umfeld alsbald als Mediatoren eingesetzt, wobei es sich vorwiegend um Auseinandersetzungen zwischen Schülern oder zwischen Schülern und Lehrern handelt. Schüler üben Mediation generell im Team aus.

In Deutschland wurde Schulmediation Anfang der 1990er Jahre zunächst in Pilotprojekten nach US-amerikanischem Vorbild getestet (Lange 2002, 17f.). Der Erfolg war überzeugend, und mittlerweile wird Schulmediation vorwiegend als Peermediation flächendeckend an weiterführenden Schulen in Deutschland eingesetzt. Die Implementierung von Mediation an Schulen versteht sich als Erlernen von Schlüsselkompetenzen, Gewaltprävention sowie als konstruktive Konfliktbearbeitung.

Schulmediation eröffnet die Möglichkeit, dass sowohl Schüler als auch Erwachsene (Lehrer, Externe) die Rolle als Mediator einnehmen können. Schüler werden meist als „Konfliktlotsen", „Streitschlichter" oder „Schülermediator" bezeichnet, Lehrer als „Schulmediatoren". An einigen Schulen werden auch ehrenamtliche Senioren als Mediatoren eingesetzt. Sozialarbeiter haben meist eine entscheidende Funktion bei der Initiierung und Gestaltung solcher Schul-Mediations-Programme (Kaplan 1998, 254).

Zur Qualitätssicherung und Verankerung der Mediation in Schulen hat der im Jahr 1992 gegründete Bundesverband Mediation eigens „Standards für Schulmediation" entwickelt (Standards und Ausbildungsrichtlinien – Mediation in Bildung und Erziehung, siehe www.bmev.de). Schulmediation verfolgt das Ziel, Fähigkeiten im Umgang mit Konflikten zu fördern sowie Gewalt und Konflikte im schulischen Kontext zu reduzieren. Gleichzeitig unterstützt eine Ausbildung zum Schülermediator die Persönlichkeitsbildung der Schüler zu konfliktfähigen, mündigen Erwachsenen und fördert ihr Toleranz- und Demokratieverständnis. Sie erlernen neue und andere Sichtweisen, der Konkurrenzdruck wird gemindert und ihre Zusammenarbeit gefördert. Gleichzeitig wird ihr Selbstvertrauen gesteigert, wenn Konflikte eigenständig und ohne Unterstützung Erwachsener gelöst werden (Lange 2002, 18 f.).

### 5.5.1 Konfliktfeld Schule

Integration in den Klassenverband und persönliche Entwicklungsaufgaben stellen Schüler vor große Herausforderungen, die naturgemäß mit psychischen Belastungen einhergehen. Kinder im Grundschulalter müssen lernen, sich selbst und ihren eigenen Fähigkeiten zu vertrauen, und leben in einem Spannungsfeld zwischen dem Aufbau ihres Selbstvertrauens und dem Gefühl, zu versagen. Ab dem dritten Schuljahr sind sie dem Leistungs- und Lerndruck ausgesetzt, der über ihre Versetzung in die weiterführende Schule entscheidet. Beim Übergang in die fünfte Klasse und in eine neue Schulform entstehen neue Klassenverbände und damit neues Konfliktpotenzial mit der Suche nach einer eigenen Position in der neuen Klasse. Der Jugendliche muss sich soziale Kompetenzen aneignen, Verantwortung für sein Handeln übernehmen sowie eigene und gesellschaftlich akzeptable Wertvorstellungen herausbilden. Hinzu kommen physiologische, hormonelle und hirnorganische Veränderungen und Wachstumsschübe (vgl. Canori-Stähelin/Schwendener 2006, 29).

Kinder und Jugendliche wachsen mit einem unüberschaubaren Medienangebot auf. Die Kommunikation über soziale Netzwerke ersetzt zunehmend die Face-to-face-Kommunikation. Mit Smartphones, Tablet-PCs und Notebooks lassen sich Videos und Websites mit fragwürdigen Inhalten ansteuern. Entwürdigende Äußerungen über Mitschüler und Fotos werden über soziale Foren ausgetauscht. Ein neues Phänomen, das sog. Cyber-Mobbing, verbreitet sich an Schulen. Exzessiver Medienkonsum bestimmt überwiegend das Freizeitverhalten von Jugendlichen, wobei Bewegung und Outdooraktivitäten als Spannungsabbau in den Hintergrund treten.

In oftmals überfüllten Klassen sind Lehrer mit medienaffinen Kindern und Jugendlichen konfrontiert, die Schule als langweilig empfinden und häufig familiäre Sozialisationsdefizite mitbringen. Hinzu kommen neue Inklusionsanforderungen durch die Politik, auf die Lehrer nicht annähernd vorbereitet sind. Lehrkräfte haben kaum Einflussmöglichkeiten auf Verhaltensauffälligkeiten und leiden unter ihrer Ohnmacht. Hinzu kommt mangelnde Solidarität zwischen Lehrern, Eltern und Schülern. Lehrer fühlen sich mit ihrer Erziehungsaufgabe überlastet und klagen über Eltern, die sich ihrer Verantwortung entziehen (Walker 2001, 11) oder im anderen Extrem ständig in der Schule intervenieren (für diese zunehmende Spezies wurde der Begriff „Helikoptereltern" geprägt.).

Schule ist die wichtigste sekundäre Sozialisationsinstanz, um Kinder und Jugendliche in die Gesellschaft zu integrieren. Sie verbringen einen großen Teil des Tages im Klassenverband, der letztlich durch das Umfeld des Einzugsgebietes bestimmt wird. Dort ergeben sich automatisch dynamische Gruppenprozesse, angefangen vom gegenseitigen „Beschnuppern" über das Gerangel um Rollen und im Idealfall bis zum Zusammenwachsen als Gruppe. Rollen werden vergeben und angenommen. Die wohl bekanntesten sind die der „Anführer" mit ihren „Mitläufern", die der „Streber", die des „Klassenclowns" oder die der „Außenseiter". Diese Rollenzuschreibungen bilden einen fruchtbaren Boden für individuelle und Gruppenkonflikte. Kommt es zu physischer oder verbaler Gewalt, werden häufig Sanktionen zur Regulierung und Verhaltensänderung eingesetzt (vgl. Canori-Stähelin/Schwendener 2006, 22–26).

Viele Lehrkräfte sind unzufrieden mit ihrer eigenen Konfliktkultur. Ihnen fehlen Handlungskompetenzen, und sie stoßen an institutionelle Grenzen. Für eine gründliche Konfliktbearbeitung fehlen Zeit und Raum (vgl. Walker 2001, 11). Insofern ergibt sich geradezu eine Notwendigkeit zum Erlernen eines konstruktiven und sozialverträglichen Umgangs mit Konflikten an der Schule, um den gesellschaftlichen Erziehungsauftrag angemessen durch das Einüben sozialer Kompetenzen zu erfüllen.

### 5.5.2 Peermediation und Mediation durch Erwachsene

Wie bereits erwähnt, kann Mediation im schulischen Kontext sowohl von *Schülern (Peermediation)*, *Lehrern* oder von *externen Dritten* durchgeführt werden (Herzog 2007, 26).

**Peermediation**

Bei der Peermediation fungieren die Schüler selbst als Mediatoren und vermitteln in Streitfällen zwischen anderen Schülern. Ausgebildet werden entweder alle Schüler (selten) oder einige freiwillige und ausgewählte Schüler (Behn et al. 2006, 39 f.). Erfahrungen sowohl in den USA als auch in Deutschland zeigen, dass Konfliktvermittlung zwischen Gleichaltrigen häufig schneller und effektiver geschieht. Gleichaltrige sprechen dieselbe Sprache, können sich besser in die Lage der anderen hineinversetzen und werden eher als neutrale Person anerkannt als Lehrer, so Faller (2013, 556). Peermediation ist stark an der Lebenswelt der Schüler orientiert und geht davon aus, dass Schüler ihre Konflikte am ehesten untereinander lösen können (Canori-Stähelin/Schwendener 2006, 58 f.).

Bei der Zusammenstellung einer Konfliktlotsengruppe sind diverse Aspekte zu beachten. Zunächst ist die Anzahl der Schüler relevant. Die Gruppe sollte nicht zu klein sein, um Überforderungen zu vermeiden, aber auch nicht zu groß, um eine intensive Ausbildung zu gewährleisten. Weiterhin tauchen Fragen zu den geeigneten Klassenstufen und dem Alter der Schüler auf. Es empfiehlt sich, die Altersstufen zu mischen. Mädchen und Jungen sollten etwa gleich vertreten sein. Die Gruppe sollte unterschiedliche Kulturen einbeziehen und sowohl Schüler mit besonders ausgeprägten sozialen Fähigkeiten als auch Schüler, die zu destruktiven Interventionen neigen, aufnehmen (Walker 2001, 121 f.). Dabei muss stets berücksichtigt werden, dass eine gute Arbeit als Schülermediator nur durch Akzeptanz der Mitschüler möglich ist.

Im Rahmen der vom Bundesverband Mediation aufgestellten „Standards und Ausbildungsrichtlinien für Schulmediation" ist neben der Ausbildung der Mediatoren auch deren ständige Begleitung durch die als Schulmediatoren beauftragten Lehrer notwendig. Die Ausbildung sollte mindestens einen Umfang von 54 Unterrichtsstunden aufweisen und die Begleitung durch Schulmediatoren mindestens zwei Unterrichtsstunden pro Woche oder alle 14 Tage betragen. Der Bundesverband empfiehlt ferner die Arbeit in Co-Mediatoren-Teams, wobei das Team die jeweiligen Konfliktparteien möglichst hinsichtlich Geschlecht, Kultur und Altersstufe repräsentieren sollte (Bundesverband Mediation 2005, 15 f.).

**Lehrer als Mediatoren**

Erwachsene Mediatoren, „Schulmediatoren" genannt, werden ausgebildet, um einerseits in Konfliktfällen zu vermitteln und um andererseits Schüler als Mediatoren auszubilden. Der Umfang ihrer Ausbildung ist umfassender als die der Schüler und enthält neben der Ausbildung im Bereich Schulmediation ebenso Supervision und Intervision. Nach den Standards des Bundesverbandes Mediation sind mindestens 80 Zeitstunden über einen Zeitraum von einem Jahr vorgesehen. Abgeschlossen wird die Ausbildung mit einer begleiteten Durchführung eines Schülermediationstrainings. Anerkannt wird die Ausbildung erst mit dem Nachweis von mindestens sechs dokumentierten Fällen und zehn Stunden Mediation. Es wird ein Bericht über ein Schülertraining oder ein Klassenprogramm erwartet. Dies dient gleichzeitig der Weiterentwicklung von Schulmediation an der eigenen Schule (ebd., 17 ff.).

Als Nachteil der Mediation durch Lehrer sieht Walker das existierende Machtungleichgewicht zwischen Erwachsenen und Kindern bzw. Jugendlichen. Gerade wenn Erwachsene Regeln und Normen setzen, fällt es ihnen häufig schwer, neutral und allparteilich zu sein und auf Ratschläge zu verzichten (Walker 2001, 17). Darüber hinaus verhindert eine Vermittlung durch Erwachsene das Erlernen von Konfliktlösungskompetenzen auf Seiten der Schüler (Kaeding et al. 2005, 17). In Primarschulen bietet es sich jedoch an, Erwachsene als Mediatoren einzusetzen. Spätestens ab der siebten Klassenstufe jedoch gilt das Potenzial der Peermediation als Grundmodell (Canori-Stähelin/Schwendener 2006, 125).

**Externe Dritte**

Die Rollen als Trainer, Coach und Mediator übernehmen zuweilen externe Fachleute. Je nach Modell trainieren sie Lehrer, Schüler und mitunter auch Eltern und gewährleisten die Professionalität des Projektes. Darüber hinaus führen externe Mediatoren Vermittlung bei Konflikten zwischen Lehrern und Lehrern oder Eltern (ebd., 128 f.) durch und treten als Koordinator sowie Berater des schulischen Mediationsprojekts auf. Sie begleiten sowohl die Implementierungs- als auch die Institutionalisierungsphase, organisieren Treffen, fördern die Öffentlichkeitsarbeit und dienen als Ansprechpartner. Neben dem Koordinator kann ein Coach eingesetzt werden. Er unterstützt die Schülermediatoren bei Fragen und schwierigen Fällen, sorgt für Supervision und Evaluierung des Projekts. Die Aufgaben der Koordination und des Coachings sollten nicht vom Lehrpersonal übernommen werden. Somit können Interessenkonflikte und der Eindruck verhindert werden, Schülermediatoren arbeiteten im Sinne der Lehrer. Verfügt die Schule über einen Schulsozialarbeiter, macht es Sinn, diese Aufgaben an ihn zu übertragen (ebd., 129 ff.).

### 5.5.3 Implementierung eines Mediationsprojekts

In ihrem Buch „Mediation macht Schule" zeigen Canori-Stähelin und Schwendener einen Weg auf, wie eine konstruktive Konfliktkultur in Schulen implementiert werden kann. Ihre Road Map wird im Folgenden durch die Standards des Bundesverbands Mediation ergänzt. Zu den *Rahmenbedingungen* gehören ein „gemeinsames Problembewusstsein" verbunden mit dem Handlungswunsch, den vorherrschenden Konfliktumgang in der Schule zu ändern. Gefordert ist die „aktive Mitwirkung aller Beteiligten". Sämtliche Instanzen der Schule werden motiviert und in den Prozess eingebunden. Die Lehrerschaft muss Vertrauen in die Fähigkeit der Schüler finden, künftig ihre Konflikte eigenständig zu lösen. Konkurrenzdenken zwischen Lehrern hemmt den Prozess. Eine kooperative Haltung, Offenheit für Veränderungen und der Wille, den Prozess kontinuierlich zu gestalten, sind von Vorteil. Der *Implementierungsprozess* selbst gliedert sich in einzelne Schritte (siehe Abb. 5.7).

Zunächst wird eine „Situationsanalyse" durchgeführt, die die Art der vorherrschenden Konflikte aufzeigt, den bisherigen Umgang mit ihnen, welche Ziele bezüglich der Konfliktlösung angestrebt werden und ob das vorhandene Konfliktlevel eine Projektimplementierung begründet. Die Schulleitung trägt maßgeblich zum Erfolg des Projektes bei. Neben der Sicherstellung der Akzeptanz des Projektes wird die Leitung sowohl die Elternschaft als auch die Öffentlichkeit informieren, einen federführenden Lehrer benennen sowie die Finanzierung des Projektes sichern (ebd., 121 ff.). Der Bundesverband Mediation identifiziert daneben weitere Aufgaben der Schulverwaltung, die über die bloßen Vorbereitungen hinausgehen. So müssen die Aus- und Fortbildung finanziert werden, der Stundenbedarf für die Lehrer bereitgestellt, die Qualität der Schulmediation gesichert und Schüler- und Schulmediatoren anerkannt und unterstützt werden (Bundesverband Mediation 2005, 9).

In einem weiteren Schritt wird zunächst das Interesse aller für das Thema Mediation geweckt. Dies kann innerhalb von Konferenzen, Projektwochen/Tagen, Workshops, Präsentationen etc. erreicht werden. Wissen über das Thema sowie eine positive Aufmerksamkeit führen zum notwendigen Engagement von Lehrern und Schülern im späteren Projekt. Ist das Interesse und die Akzeptanz aller gewährleistet, beginnt die konkrete Planung des Mediationsprojektes. Aufbauend auf der zuvor durchgeführten Situationsanalyse werden Fragen hinsichtlich der Ziele, Schwerpunkte und Maßnahmen geklärt. Das Projekt sollte zudem in die bereits bestehende Projektlandschaft eingebettet werden. Am Ende entsteht ein an die Schule und ihre Ressourcen angepasstes Handlungskonzept.

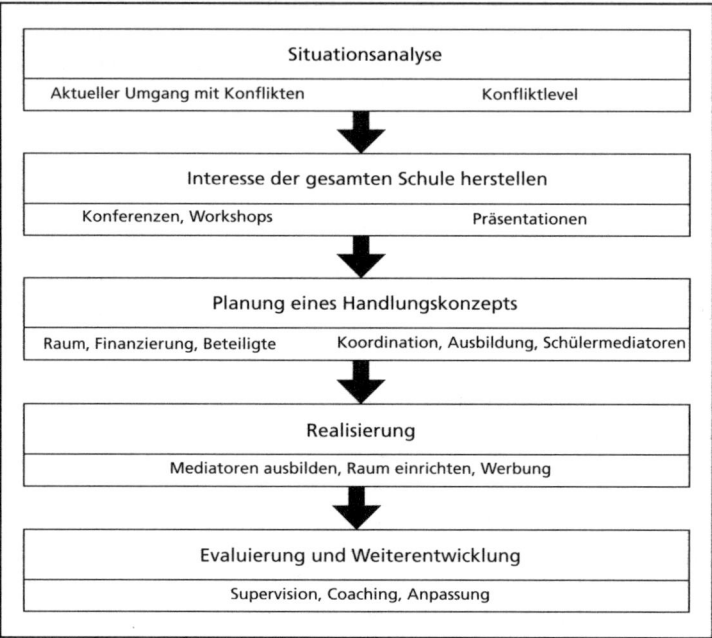

**Abb. 5.7:** Implementierung eines schulischen Mediationsprojekts

Neben dem Handlungskonzept sollte ebenso eine regelmäßige Evaluation eingeplant werden. Diese sorgt für eine Aufzeichnung der Fortschritte und Veränderungen und ermöglicht eine Projektoptimierung und Qualitätssicherstellung (Canori-Stähelin/Schwendener 2006, 123 ff.). Während der Planungsphase kommt es zur Wahl der Schul- und Schülermediatoren. Voraussetzung ist eine weitreichende und intensive Aufklärung und Wissensvermittlung bezüglich des Verfahrens der Mediation als auch über das Projekt und dessen Durchführung an sich (Bundesverband Mediation 2005, 10 f.).

Nach Abschluss der Planungsphase beginnt die Realisierungsphase mit den Mediationstrainings. Für die Ausbildung können unterschiedliche Modelle gewählt werden. So besteht die Möglichkeit, dass externe Mediatoren sowohl Lehrer, Schüler als auch Eltern trainieren. In einer anderen Variante richtet sich das Training lediglich an die Lehrer, die ihr Wissen und ihre Fähigkeiten später an die Schüler weitergeben. Vorzuziehen, so Canori-Stähelin/Schwendener, sei das direkte Training durch externe Mediatoren. Schüler stellen die eigentlichen Mediatoren dar und sollten bestmöglich ausgebildet werden.

Nach der Ausbildung sollte die Möglichkeit der Streitschlichtung in der gesamten Schule bekannt gegeben werden („Outreach"). Dies beinhaltet die Bekanntgabe der Ansprechpersonen, die Sprechzeiten sowie andere Werbemaßnahmen, um das Mediationsprojekt zu präsentieren. Während des Mediationsprojektes erhalten die Schülermediatoren Supervision. Die notwendigen Mittel sollten bereits in der Planungsphase mit einkalkuliert werden. Sinn von Supervision ist die Ausweitung der Fähigkeiten und Kompetenzen, das Erlernen neuer Techniken und die Reflexion schwieriger Fälle.

Canori-Stähelin und Schwendener sehen ferner ein Projektmanagement als sinnvolle Unterstützung an, bestehend aus Schülern, Lehrern, Eltern und Trainern. Das Management ermöglicht eine ständige Projektbegleitung, eine weitreichende Verankerung innerhalb der Schule und dient als Kontrollinstanz für mögliche Fehlentwicklungen. Darüber hinaus sei eine Vernetzung mehrerer Schulen empfehlenswert. So können gemeinsame Trainings durchgeführt und eine einheitliche Koordinierungsstelle geschaffen werden, um Synergieeffekte zu erzeugen (Canori-Stähelin/Schwendener 2006, 124 ff.).

Hindernisse bei der Implementierung eines schulischen Mediationsprojekts stellt Herzog in ihrem Buch „Unsere Schule streitet mit Gewinn" zusammen. Zentral für ein gelingendes Projekt ist die Akzeptanz der Schulleitung als auch der gesamten Lehrerschaft. Auch führen regelmäßige Mediationen zur Präsens des Projekts in der Wahrnehmung von Schülern und Lehrern, damit sich eine konstruktive Konfliktkultur entwickeln kann. Transparenz des Verfahrens sowie die Einhaltung der Ziele und der anvisierten Ergebnisse zeigen Seriosität und schaffen Vertrauen in das Mediationsprojekt (Herzog 2007, 24 f.).

Ein wichtiges Thema ist die Kompatibilität des Mediationsverfahrens mit den üblichen schulischen Sanktionen. Mediation wird als Alternative zu den Sanktionsmechanismen gesehen. Ein weitgehender Verzicht alter Sanktionsverfahren zugunsten eines konstruktiven Konfliktmanagements ist anzustreben. Wenn beides unkoordiniert nebeneinander existiert, wirkt sich das kontraproduktiv gegen den Aufbau einer konstruktiven Konfliktkultur aus (Behn et al. 2006, 28).

### 5.5.4 Grenzen der Schulmediation

Schulmediation ist kein Allheilmittel zur Reduzierung aggressiven Verhaltens und massiver Konflikte. Ein Mediationsprojekt greift bei leichten bis mittelschweren Konflikten. Physische Gewalttaten und strafbares Verhalten gehören nicht in eine Mediation, die von Schülern geschlichtet wird. Ebenso sollten Auseinandersetzungen auf einer hohen Eskalationsstufe sowie komplexe und langwierige Konflikte von Erwachsenen geklärt werden. So sollten auch Themen wie übermäßiger Alkoholkonsum, Drogenmissbrauch oder psychische Erkrankungen nicht in einer Peermediation behandelt werden (Canori-Stähelin/Schwendener 2006, 153). Offensichtlich ist auch, dass Konflikte zwischen Lehrern und Schülern nicht von Schülern geschlichtet werden. Dies sollte Sozialpädagogen oder Vertrauenslehrern, die in Mediation ausgebildet sind, überlassen werden (Kaeding et al. 2005, 18).

Was eine freiwillige Teilnahme an dem Mediationsverfahren angeht, stellen Scham, Angst vor Konsequenzen oder vor dem Konfliktpartner oftmals Hemmschwellen dar. Gleichzeitig erweist sich zuweilen die „Schülerzentriertheit" als

Hürde. Dabei wird den Mitschülern nicht genügend Vertrauen entgegengebracht, den Konflikt lösen zu können. Gewünscht wird dann eine erwachsene Person mit mehr Autorität (ebd., 17). Nach Kaeding/Siebel/Lünse zeige sich jedoch, dass mit zunehmendem Wissensstand über das Instrument und seine Vorteile die Bereitschaft zur Teilnahme steige (ebd.).

Mediationsprojekte in Schulen sind ferner nicht in der Lage, soziostrukturelle oder makro-soziale Konflikte zu lösen. Im schulischen Umfeld können die Ursachen für Gewalt, welche in der Lebenswelt außerhalb der Schule liegen, nicht verändert werden. Gewalt im familiären Kontext wird von den Schülern übernommen und in die Schule getragen. Schule kann die Sozialisationsinstanz Familie nicht einfach überschreiben. Dennoch hat Schule neben einem Bildungsauftrag einen Erziehungsauftrag, der die Implementierung gewaltreduzierender Maßnahmen erfordert. Ebenso werden Gesellschaftskonflikte, etwa die strukturelle Diskriminierung von Randgruppen, durch Peermediation nicht grundlegend angegangen. Der Wirkungsgrad eines Mediationsprojekts kann jedoch die Toleranz innerhalb der Schülerschaft fördern (Canori-Stähelin/Schwendener 2006, 156 f.).

### 5.5.5 Fallbeispiel

*Die störende Banknachbarin:*
Die Lehrerin der Schulklasse 8a (Durchschnittsalter 13) muss während des Unterrichtes den Raum für einige Minuten verlassen. Sie gibt den Schülern ein Arbeitsblatt, mit der Aufgabe, dies auszufüllen. Schon kurz nach dem Verlassen der Lehrerin wird es unruhig im Raum. Anton will seine Aufgaben gewissenhaft bearbeiten, wird aber von seiner Banknachbarin Bea ständig durch Ruckeln am Arm oder Ähnliches gestört. Er bittet sie im barschen Ton, damit aufzuhören. Bea lacht jedoch nur und macht ihm gegenüber eine spaßige Bemerkung. Anton rastet aus, steht ruckartig auf, schreit Bea an und schüttelt sie.

Der Schülermediator, der zufällig in derselben Klasse ist, geht dazwischen und lädt die Kontrahenten zu einer Mediation nach der Unterrichtsstunde ein. Bea und Anton stimmen zu. Die Stimmung der ganzen Klasse ist während des weiteren Unterrichtes angespannt.

Nach der Stunde in der großen Pause treffen sich Anton, Bea und der Schülermediator in dem Mediationsraum. Der Schülermediator verweist auf die einzuhaltenden Regeln innerhalb der Mediation, und Anton und Bea tragen ihre Sichtweisen nacheinander vor. Dabei zeigt sich, dass Anton Ärger zu Hause wegen einer schlechten Schulnote bekommen hat und deshalb stärker im Unterricht aufpassen wollte. Er hat mit dem neuen Thema des Unterrichts Probleme und ist wegen des anstehenden Tests nervös und angespannt. Bea wusste davon nichts und wollte eigentlich nur einen Spaß machen, als sie Anton, trotz seiner Bitte aufzuhören, ärgerte. Gleichzeitig empfand sie schreckliche Angst, als Anton sie schüttelte, und konnte seine Reaktion zunächst nicht nachvollziehen. Beide verstanden die jeweils andere Sichtweise. Mit Unterstützung des Schülermediators entschuldigten sich beide und vereinbarten, in Zukunft offener gegenüber dem anderen zu sein und auf Bitten des anderen stärker zu achten und diese zu beachten. Sie vereinbarten zudem, dass Bea nach der Schule Anton bei den Hausaufgaben zu dem Thema behilflich sein wird. Das Gespräch dauerte keine 15 Minuten und konnte eine weitere Eskalation verhindern.

## 5.6 Täter-Opfer-Ausgleich

Die Täter-Opfer-Mediation, in Deutschland als Täter-Opfer-Ausgleich (TOA) bekannt, entwickelte sich gemeinsam mit Ansätzen eines Paradigmenwechsels in der Strafjustiz. Dabei wird weniger die staatliche Ordnung als primäres Opfer von kriminellen Handlungen betrachtet – während Täter und Opfer in passive Rollen gedrängt werden –, sondern es wird anerkannt, dass sich Vergehen und Verbrechen zuallererst gegen Menschen richten. Der kriminelle Akteur und das betroffene Opfer sollen aktiv an dem Prozess der Wiedergutmachung beteiligt werden. Durch die Kompensation des angerichteten Schadens übernehmen Täter direkte Verantwortung für ihre Handlungen. Gleichzeitig erhalten Verbrechensopfer Gelegenheit, ihren vorübergehenden Status als wehrlose und verletzbare Opfer zu überwinden und aktiv Ausgleich zu artikulieren (Umbreit 1998, 280).

Programme, die Täter-Opfer-Ausgleich durchführen, sind in den USA wie in Deutschland Sonderformen der Mediation und eng mit der Strafjustiz verknüpft. Der TOA sieht sich als Teilbereich der „Restorative Justice". Unter diesem Begriff werden Alternativen gegenüber der repressiven Strafjustiz zusammengefasst. Ein Ziel der Täter-Opfer-Mediation ist es, einen Dialog zwischen der Person herzustellen, die traumatisiert ist, und der Person, die für dieses Trauma verantwortlich ist. Begriffe wie „Kompensation" und „Versöhnung" dominieren das Geschehen. Wobei Kompensation „den Ausgleich des Schadens durch den Täter" meint und Versöhnung die gemeinsame Aushandlung einer für alle Parteien zufriedenstellenden Lösung „zur Wiederherstellung der Beziehungen und des sozialen Friedens".

Die Bereitschaft, sich miteinander zu konfrontieren, muss erst in einer intensiven Vorbereitungsphase erworben werden (ebd., 286). Es sind überwiegend Sozialarbeiter, die den Prozess des Täter-Opfer-Ausgleichs gestalten, wobei spezielle Erfahrung und Ausbildung grundlegend sind.

### 5.6.1 Gesetzliche Bestimmungen

Die Initiative für die Einführung des Täter-Opfer-Ausgleichs in Deutschland ging vom 55. Deutschen Juristentag 1984 aus, dessen Schwerpunkt auf dem Thema die „Verletzten im Strafverfahren" lag. Basierend auf ersten positiven Projekterfahrungen im Jugendbereich wurde der TOA zunächst 1990 in das Jugendgerichtsgesetz (vgl. Puderbach 2003, 1) implementiert, später im Jahr 1994 in das Erwachsenenstrafrecht (vgl. Bals/Hilgartner/Bannenberg 2008, 8).

*Jugendstrafrecht*
Unter der Prämisse „Bemühung um einen Ausgleich mit dem Verletzten" fügte der Gesetzgeber an verschiedenen Stellen den freiwilligen TOA ein (Rössner 2014, 11). In § 45 Abs. 2 S. 2 JGG wird der TOA mit erzieherischen Maßnahmen gleichgestellt. Somit versetzt der TOA die Staatsanwaltschaft in die Lage, von einer Verfolgung abzusehen, vorausgesetzt eine „erzieherische Maßnahme" wurde durchgeführt oder eingeleitet (§ 45 Abs. 2 S. 1 JGG). Sollte der Staatsan-

walt die richterliche Anklage nicht für notwendig erachten, eine Auflage oder Weisung nach § 10 Abs. 1 Satz 3 Nr. 4, 7, 9 JGG durch den Jugendrichter aber für sinnvoll halten, kann er diese anregen und von der Verfolgung absehen, wenn der Jugendliche der Anregung nachkommt (§ 45 Abs. 3 S. 1 JGG) (siehe § 45 JGG). Der TOA ist in den Weisungskatalog des § 10 Abs. 1 S. 3 JGG aufgenommen und kann gemäß § 45 Abs. 3 S. 1 JGG alternativ zur Strafverfolgung verhängt werden. Auch nach Anklageerhebung kann der Richter (§ 47 Abs. 1 Nr. 2 JGG) das Verfahren einstellen, wenn eine erzieherische Maßnahme „bereits durchgeführt oder eingeleitet" (§ 47 Abs.1 Nr. 2 JGG) wurde.

*Erwachsenenstrafrecht*
Neben der Schadenswiedergutmachung fügte der Gesetzgeber den TOA in § 46a StGB als Strafzumessungsregelung ein. Das Gericht erhält die Möglichkeit, von Strafen – die unter einem Jahr Freiheitsstrafe bzw. unter einer Geldstrafe von 360 Tagessätzen liegen – abzusehen oder die Strafe zu mildern (§ 49 Abs. 1 StGB). Vom Täter gefordert werden zwei Komponenten (§ 46a Nr. 1 StGB): der Ausgleich mit dem Geschädigten und das Bemühen um Wiedergutmachung. § 46a Nr. 2 StGB zielt auf Schadenswiedergutmachung (materielle Kompensation); der TOA fokussiert sich verstärkt auf die immateriellen Straffolgen. Der TOA erfolgt in zwei Stufen: Vereinbarung eines Ausgleich zwischen Täter und Opfer und dessen Umsetzung (vgl. Bals/Hilgartner/Bannenberg 2008, 8 ff.).

Prozessual ist der TOA in §§ 155a u. b StPO geregelt. Staatsanwaltschaft und Gericht sind gehalten, *„in jedem Stadium des Verfahrens die Möglichkeit [zu] prüfen, einen Ausgleich zwischen Beschuldigten und Verletzten zu erreichen [oder] in geeigneten Fällen [...] darauf hin[zu]wirken"* (§ 155a StPO). Die Norm in der Strafprozessordnung ist als Soll-Vorschrift formuliert. Genaue Vorgaben zur Durchführung des TOA wurden vermieden. Damit soll eine bessere Anpassung an landesrechtliche Regelungen und landesspezifische Konzeptionen erreicht werden. § 155a S. 3 StPO weist auf den „ausdrücklichen Willen des Verletzten" hin. Ohne dessen Einverständnis darf kein TOA vorgenommen werden. Datenschutzrechtliche Zweifel im Hinblick auf die Vermittlung an Ausgleichsstellen nichtöffentlicher Träger wurden durch § 155b StPO behoben. Die zuständige Stelle ist nach abgeschlossener Vermittlung verpflichtet, der Staatsanwaltschaft ausführlich Bericht zu erstatten (§ 155b Abs. 2 S. 3 StPO).

Wurde der TOA erfolgreich durchgeführt, hat die Staatsanwaltschaft mit Einwilligung des Gerichtes gemäß § 153b StPO i. V. m. § 46a StGB die Möglichkeit, von einer Strafe abzusehen (vgl. Bals/Hilgartner/Bannenberg 2008, 16 ff.).

### 5.6.2 Das Verfahren

Der TOA beinhaltet „die Idee des wieder gut zu machenden Konfliktes" (Tilman 2011, 409 f.) mit dem Ziel der Versöhnung durch persönliche Begegnung. Im Gegensatz zu herkömmlichen Strafverfahren setzt der TOA „an der Autonomie der Parteien" (ebd., 405) an. Mit Unterstützung eines Vermittlers bekommen die Parteien die Möglichkeit, ihren Konflikt eigenständig zu lösen (ebd.,

406). Der materielle Schadensausgleich stellt ein Mittel, nicht das Zentrum dar (ebd., 410). Das TOA-Verfahren lässt sich in *drei Phasen* aufschlüsseln.

*1. Prämediationsphase*
In der Prämediationsphase geht es um die Sammlung von Hintergrundmaterial sowie die Anlage einer TOA-Akte (vgl. TOA-Servicebüro/BAG TOA e.V. 2009). Die Beteiligten werden informiert und auf das Verfahren vorbereitet (vgl. Tilman 2011, 407). Zunächst wird der Täter eingeladen. Ihm wird verdeutlicht, dass im Rahmen des TOA eine Verurteilung oder Diskreditierung nicht zu befürchten ist, sondern er die Chance der Wiedergutmachung bekommt (vgl. Grüner 2013, 123). Erst nach Einwilligung des Täters in das Procedere wendet sich der Konfliktschlichter an das Opfer. Vermieden werden soll eine „sekundäre Viktimisierung", im Falle einer Ablehnung durch den Täter und einer Bereitschaft durch das Opfer. Die außergerichtliche Lösung stellt den Geschädigten möglichweise vor schwierige Entscheidungen (vgl. Törnig 2009, 226). Bei Einwilligung aller Beteiligten wird ein gemeinsamer Termin gesucht (vgl. Tilman 2011, 407). Im gegenteiligen Fall wird die Akte zurückgesendet (vgl. TOA-Servicebüro/BAG TOA e.V. 2009).

*2. Mediationsphase und Wiedergutmachungsvereinbarung*
In der zweiten Phase, der Mediationsphase, stehen die Beteiligten mit ihren subjektiven Standpunkten im Zentrum. Das Opfer kann darlegen, wie die Tat erlebt wurde und welche Folgen daraus resultierten. Der Täter dagegen kann sich unter anderem zu seinen Beweggründen äußern. Diese Phase endet mit der schriftlichen Fixierung einer Vereinbarung, nachdem die Frage der Wiedergutmachung besprochen und im positiven Falle eine Einigung getroffen werden konnte (vgl. Tilman 2011, 407). Mit der Wiedergutmachungsleistung werden zwei Ziele verfolgt. Zum einen kommt es zur Befriedigung des „Ausgleichsbedürfnisses" des Opfers. Gefühle von Rache und das Auftreten von Gegengewalt sollen durch die Wiedergutmachung vermieden werden. Zum anderen werden dem Täter die Konsequenzen seines Handelns deutlich gemacht. Der TOA trägt somit zusätzlich zur Rückfallvermeidung und zur Kriminalprävention bei (vgl. Grüner 2013, 128).

Inhaltlich umfasst die Wiedergutmachungsvereinbarung überwiegend Leistungen des Täters, bspw. Schadensersatz oder Schmerzensgeld, Entschuldigungen, Geschenke oder Arbeitsleistungen. Statistisch gesehen endet eine Vereinbarung am häufigsten mit einer Entschuldigung (vgl. Hartmann et al. 2014, 50). Weiterhin können Kontakte und Begegnungen geregelt, Fristen zur Leistungserbringung sowie die Durchführungsmodalitäten festgelegt werden. Zur Setzung eines Schlusspunktes sowie zur Rechtsverbindlichkeit wird die Vereinbarung schriftlich fixiert und von den Beteiligten unterschrieben (vgl. Schroth 2011, 97).

Eine Einigung zwischen Opfer und Täter kann auch durch wechselseitige Einzelgespräche mit dem Vermittler erreicht werden, etwa wenn das Opfer die Konfrontation mit dem Täter scheut, dennoch die Bereitschaft zur Einigung gegeben ist (vgl. Törnig 2009, 227). Ein persönliches Gespräch zwischen Täter und Opfer ist nicht Bestandteil des Gesetzes. Das Verhalten des Täters muss lediglich „Ausdruck der Übernahme von Verantwortung" vermitteln (vgl. Bals/Hilgartner/Bannenberg 2008, 10). Der TOA durch Einzelgespräche ist in der Literatur umstritten. Gegner der Praxis sehen darin eine Missachtung der Wiedergutmachungsprinzipien und eine Verfehlung relevanter Ziele (vgl. Tilman 2011, 411).

*3. Ergebnisphase*
Die Überprüfung der Umsetzung der Vereinbarung findet in der Ergebnisphase statt (ebd., 407). Die Ausgleichsstelle kann als Kontrollinstanz eingesetzt werden (vgl. Schroth 2011, 98). Im Rahmen des Täter-Opfer-Ausgleichs sollten die folgenden in den TOA-Standards festgeschriebenen Ziele erreicht worden sein:

- *„Eine einvernehmliche Regelung zwischen Beschuldigten und Geschädigten;*
- *beide Seiten sehen ihre Anliegen als berücksichtigt an;*
- *die Reduzierung von Konfliktfolgen und Folgekonflikten (Prävention);*
- *die Gewährleistung der Autonomie der Konfliktparteien;*
- *die Erfüllung der vereinbarten Regelung;*
- *die Vermeidung von Ungerechtigkeiten."*

*(TOA-Servicebüro/BAG TOA e. V. 2009, 9)*

Als Erfolg kann der TOA verbucht werden, wenn ein kommunikativer und opferbezogener Prozess stattgefunden hat und die Leistungen formal und inhaltlich erbracht wurden. Das Scheitern eines TOA kann diverse Gründe haben, etwa wenn die Beteiligten ihre Vorstellungen nicht in Einklang bringen können oder wenn das Opfer die Entschuldigung oder andere Leistungen des Täters nicht annimmt. Erfolgte die Zuweisung durch das Gericht bzw. die Staatsanwaltschaft, ist der Vermittler gesetzlich verpflichtet, die zuweisende Stelle über den Ausgang des Verfahrens zu informieren. Im Falle eines gescheiterten TOA muss der Schlichter die ernsthaften Bemühungen des Täters bestätigen, damit diese im weiteren Strafprozess berücksichtig werden können (vgl. Schroth 2011, 98).

### 5.6.3 Die Beteiligten

- *Opfer:* Im TOA Verfahren erhält das Opfer eine aktive Rolle. Berücksichtigt wird das Bedürfnis, die Verunsicherung, die die Tat hinterlassen hat, zu verstehen. Die Bestätigung des Unrechts und die Übernahme der Verantwortung durch den Täter verhelfen dem Opfer zur Rehabilitation (vgl. Tilman 2011, 408).
- *Täter:* Ziele des TOA liegen in der Wiedergutmachung und Reintegration des Täters in die Gesellschaft. Die Handlung und nicht die Person wird verurteilt. Durch die direkte Konfrontation soll der Täter aktiv Verantwortung für seine Tat übernehmen. Er wird dabei unterstützt, sich in die Perspektive des Opfers hineinzuversetzen und einen Teil der Folgen zu regulieren. Gleichzeitig sollen die sozialen Kompetenzen des Täters erweitert werden (vgl. Törnig 2009, 226).
- *Vermittler:* Konfliktschlichter im TOA stammen überwiegend aus den Bereichen Sozialpädagogik, Soziale Arbeit, Psychologie, Recht oder sind Querein-

steiger. Sie sind ausgebildete Mediatoren (vgl. Cordes/Hillenstedt 2004, 22 f.). Die Vermittler sollten zusätzliche Fachkenntnisse in Konflikttheorie, in Gesprächsführung, Kriminologie und Viktimologie sowie im Straf- und Zivilrecht besitzen.
TOA kann durch öffentliche, freie und private Träger angeboten werden (vgl. TOA-Servicebüro/BAG TOA e.V. 2009, 11). Ausgleichsstellen sind im Erwachsenenstrafrecht die Gerichtshilfe, der Soziale Dienst der Justiz sowie freie Träger, meist etabliert als TOA-Projekte. Im Jugendstrafrecht hat die Jugendgerichtshilfe die Funktion einer zentralen Stelle (vgl. Schroth 2011, 97).
- *Dritte:* Sind Täter oder Opfer anwaltlich vertreten, werden die Anwälte informiert, und sie können am TOA-Verfahren teilnehmen (ebd.). Bei der Beteiligung von Minderjährigen werden die Erziehungsberechtigten hinzugezogen (vgl. TOA-Servicebüro/BAG TOA e.V. 2009, 45).

**Auswahl geeigneter Fälle**

Der Literatur sowie den TOA-Standards lassen sich folgende Fallzuweisungskriterien entnehmen:

- geklärter und anklagefähiger Sachverhalt
- geständiger Täter
- Schädigung eines personalen Opfers mit einer unmittelbaren persönlichen Betroffenheit (vgl. Schroth 2011, 92)
- Vorliegen keiner Bagatelltat, die auch ohne TOA folgenlos eingestellt oder auf den Privatklageweg verwiesen werden kann
- keine abstrakten Gefährdungsdelikte, bspw. aus dem BtMG oder Waffendelikte (ebd.)
- TOA kann zu jedem Zeitpunkt eingeleitet werden
- freiwillige Teilnahme

(vgl. TOA-Statistik Landesverband für Straffälligen- und Bewährungshilfe Sachsen-Anhalt e.V.; Homepage: Kontaktev-diepholz.de)

Für das TOA-Verfahren eignen sich besonders Straftaten, bei denen ein „Spannungsverhältnis" zwischen Opfer und Täter entstanden ist. Meist sind dies Körperverletzungsdelikte, Beleidigungen und Straftaten gegen die persönliche Freiheit (vgl. Hartmann et al. 2014, 28).

> *Fallbeispiel:*
> Frau P. (32 Jahre) und ihre Kollegin arbeiten als Verkaufsberaterinnen für einen großen Telekommunikationsanbieter. Im Rahmen ihrer Außendiensttätigkeit bieten sie Informationen und Verträge direkt an der Haustür an. Eines Morgens klingeln sie bei Herrn L. (35 Jahre), der bereits stürmisch die Tür öffnet. Frau P. stellt sich und ihre Kollegin vor und beginnt mit der Darbietung ihrer vorgegebenen Informationen. Herr L. unterbricht die Verkaufsberaterin schon nach wenigen Sekunden und beschimpft die beiden Frauen. Nach einigen Minuten des Wortgefechtes, bei dem Frau P. den Mann zu beruhigen versucht, stößt dieser Frau P. Sie verliert das Gleichgewicht und verletzt sich das Handgelenk am Flurgeländer

des Hauses. Herr L. knallt die Tür zu, und die beiden Frauen verlassen das Gebäude. Sie entschließen sich, die Polizei zu rufen. Frau P. erstattet Anzeige wegen Beleidigung und Körperverletzung.
Die Akte wird an die Staatsanwaltschaft übermittelt, die sich für einen TOA entscheidet. Die Akte wird an die zuständige Konfliktschlichterin geleitet, die die Akte sichtet und den Täter anschreibt. Bei bestehendem Interesse am TOA solle er sich an sie wenden. Nach dem Erstgespräch mit dem Täter und seiner Zusage, am TOA teilnehmen zu wollen, kontaktiert die Schlichterin das Opfer. Ein erstes Schlichtungsgespräch findet nach dem Erstgespräch mit dem Opfer statt, da ebenfalls Bereitschaft zugesagt wurde.
Der Fall endet mit einer Entschuldigung und einer Erklärung des Täters. Da Frau P.s Verletzung zu keinem Arbeitsausfall führte, fordert sie keine finanzielle Entschädigung. Sie sieht eine umfassende Entschuldigung als ausreichend an. Eine Schlichtungsvereinbarung wird getroffen und von den Beteiligten unterschrieben. Die Akte geht als abgeschlossen an die Staatsanwaltschaft zurück. Der Fall gilt damit als abgeschlossen. Anklage wird nicht erhoben.

### 5.6.4 Das Problem der Freiwilligkeit

Die Mehrheit der TOA-Fälle wird durch Staatsanwaltschaft und Jugendhilfe zugewiesen. Der Konflikt ist damit hochgradig verstaatlicht. Freiwilligkeit wird vor allem in der Möglichkeit zur Ablehnung gesehen. Tilmann sieht das Prinzip der Freiwilligkeit völlig korrekt stark eingeschränkt, da die „Folgen einer Ablehnung nicht absehbar sind". Ansonsten wird das Strafverfahren fortgesetzt oder eine alternative Diversionsmaßnahme eingeleitet. Statt Freiwilligkeit findet man einen „Zwangskontext mit Wahlmöglichkeiten" vor. Wenn der TOA als Erziehungsmaßregel nach § 10 Nr. 7 JGG verhängt wird, handelt es sich zudem um eine Sanktion ohne Wahlmöglichkeiten (vgl. Tilman 2011, 410).

Trenczek und Delattre rechtfertigen hingegen, dass völlige Freiwilligkeit im TOA wie in anderen Mediationsbereichen nicht gegeben sei. Der TOA stehe dabei zwar in einem verstärkten Zwangskontext, jedoch müssten in jeder Mediation Handlungsalternativen abgewogen werden, so dass Freiwilligkeit im Kontext von begrenzten Wahlmöglichkeiten zu sehen sei (vgl. Trenczek/Delattre 2004, 16). Meines Erachtens ein etwas konstruiertes Argument, wenn man bedenkt, dass sich der Täter sozusagen in einer Zwickmühle befindet. Ehrlicher wäre es, zu erklären, dass das Prinzip der Freiwilligkeit der Teilnahme beim TOA extrem eingeschränkt ist.

Streitig ist, ob der Täter-Opfer-Ausgleich wegen des Zwangskontextes überhaupt als eine Form der Mediation angesehen werden kann. Mit dem Schwerpunkt auf strafrechtlich relevante Konflikte stellt der TOA jedoch m.E. – mit Einschränkungen – ein spezifisches Arbeitsfeld der Mediation dar. Beide Verfahren verfolgen weitgehend gleiche Grundsätze.

### 5.6.5 TOA-Standards

Qualitätsstandards für den TOA wurden erstmals 1994 von einer Arbeitsgruppe des „Servicebüros für Täter-Opfer-Ausgleich und Konfliktschlichtung" und der

„Bundesarbeitsgemeinschaft Täter-Opfer-Ausgleich e. V." entwickelt (vgl. TOA-Servicebüro/BAG TOA e. V. 2009). Auf Grundlage der TOA-Standards sowie der sog. „Herbsteiner Erklärung" entwickelten die Bundesarbeitsgemeinschaft TOA in Zusammenarbeit mit dem TOA-Servicebüro ein Akkreditierungsverfahren, was auf die Vergabe eines TOA-Gütesiegels nach fachlichen Kriterien zielt (vgl. Trenczek/Delattre 2004, 17). Mit der Herbsteiner Erklärung bestätigen die Schlichter, dass sie ihr Handeln an den TOA-Standards orientieren und einen Beitrag zu dessen Weiterentwicklung leisten.[8]

## 5.7 Elder Mediation – Mediation im späten Lebensalter

Während die Versorgung älterer und pflegebedürftiger Menschen innerhalb der Familie mittlerweile sozial-politisch gefördert wird, sind Familienangehörige bei Entscheidungen über Pflege- und Gesundheitsversorgung häufig überfordert. Daraus erwachsen Konfliktpotenziale, die mit Schuld und Trauer verbunden sind, die mit divergierenden finanziellen Interessen und Vorstellungen von der Pflegebedürftigkeit eines Angehörigen einhergehen, mit der besonderen Belastung der primären Betreuungsperson zusammenhängen oder frühere Familienprobleme wieder aufleben lassen (Parsons/Cox 1998, 164).

Neben Interessenkollisionen im Familienkreis treten bei alten Menschen häufig Konflikte mit Institutionen wie Pflege- und Seniorenwohnheimen auf, meist Differenzen zwischen Pflegepersonal und dem pflegebedürftigen Menschen bzw. seinen Familienangehörigen. Mediation kann hier eine wirksame Methode sein, um einen Ausweg aus diesen Konflikten anzubahnen, wobei die verminderte Autonomie und die zunehmende Abhängigkeit des alten Menschen bedacht werden muss (ebd., 169).

Die sog. „Elder Mediation" wird in den USA seit den 1980er Jahren praktiziert, mittlerweile auch in Deutschland. Hintergrund, so Krabbe, sei ein zunehmender Wunsch nach professioneller Unterstützung besonders durch die Generation der „Jüngeren Älteren" (Krabbe 2012, 185). Professionelle Hilfe meint dabei Beratung, Psychotherapie sowie Mediation. Mediation ist vor allem dann das geeignete Instrument, wenn es um Vereinbarungen über die Lebensumstände des alten bzw. pflegebedürftigen Menschen geht (ebd.).

Konflikte im Alter entstehen infolge neuer Entwicklungsaufgaben und Anforderungen. Eine erfolgreiche oder misslingende Konfrontation mit Entwicklungsaufgaben wirkt sich auf die Lebenszufriedenheit aus. Vergangenheit, Gegenwart und Zukunft sind durch ein komplexes Wechselverhältnis miteinander verwoben. Das Leben im Alter ist verglichen mit vergangenen Lebensphasen durch weniger Struktur, geringeren Status und uneindeutige Rollenzuschreibungen gekennzeichnet. Probleme bestehen aufgrund „widersprüchlicher Ziele, für die es

---

8 Links zur Herbsteiner Erklärung und zu den TOA-Standards befinden sich im Literaturverzeichnis.

nur relative, nicht eindeutige Lösungen gibt" (ebd., 186). Leben im Alter fordert eine immer wiederkehrende Schaffung von innerem Gleichgewicht heraus (ebd.).

**Themen und typische Konflikte in der Elder Mediation nach Krabbe und Schäfer**

- Die „Gestaltung von Beziehungen [und ...] Kontakten,
- [...] Altersabbau, Krankheit und Tod,
- [...] die räumliche und materielle Lebenswelt,
- [...] Konflikte im späten Berufsleben."

(ebd.)

- „Betreuung der Eltern,
- Umgang mit Krankheiten,
- Kommunikationsprobleme,
- Klärung finanzieller Aspekte,
- Klärung von Ehestreitigkeiten,
- Wunsch nach weiterer Eigenständigkeit."

(Schäfer 2014)

Elder Mediation nimmt Bezug auf die Anforderungen der Gegenwart und stellt Möglichkeiten her, neue Strukturen für die Zukunft zu schaffen. Ziel ist die Anpassung an persönliche Bedarfe durch die Erweiterung eigener Handlungsoptionen (Krabbe 2012, 185 f.). An einer Elder Mediation sind oft mehrere Personen und Generationen beteiligt. Dazu zählen etwa Familienmitglieder, Dienstleister sowie Pflegepersonal. Überwiegend entstehen Verbindungspunkte zu den Bereichen Familie, Gesundheit und Wirtschaft. Eine Elder Mediation ist geprägt durch große Gefühlstiefe, teilweise beeinflusst durch glückliche oder unglückliche Beziehungserfahrungen bis zurück zur Kindheit (vgl. Schäfer 2014).

Vermittler der Elder Mediation sollten über zusätzliche Kompetenzen verfügen, die über die Kenntnisse der Mediationsstufen, -methoden und -techniken hinausgehen. Grundlegende Kenntnisse alterstypischer Entwicklungsaufgaben, staatlicher Unterstützungsangebote (vgl. Krabbe 2012, 185 f.) sowie typischer medizinischer Prozesse sind von Vorteil (vgl. Schäfer 2014). Im Falle von Unternehmenserbschaften sollten ein Steuerberater oder Wirtschaftsprüfer konsultiert und ein Jurist beteiligt werden (vgl. Beisel 2008, 513).

Vor jeder Mediation sollte geklärt werden, ob alle Beteiligten kognitiv in der Lage sind, an der Mediation teilzunehmen. Es besteht die Möglichkeit, einen Stellvertreter zu benennen (vgl. Schäfer 2014).

### 5.7.1 Anwendungsbereiche

*Beziehungsgestaltung*
Aufbau und Pflege „vertrauensvoller Beziehungen" unter Beachtung einer „angemessene[n] Balance von Intimität und Abstand, von Bezogenheit und Rückzug" (Krabbe 2012, 186) gilt als große Entwicklungsaufgabe im Alter. Wegen des Verlustes an gesellschaftlichen sowie beruflichen Rollen konzentrieren sich

ältere Menschen auf soziale Beziehungen, auf die sie zunehmend angewiesen sind. Laut Krabbe lassen sich die Beziehungsstrukturen (inter- und intragenerativ) auf zwei Achsen darstellen. Die x-Achse (horizontal) beschreibt die Pole „Partnerbeziehungen" und „Beziehung zu Gleichaltrigen"; die y-Achse (vertikal) die Pole „Beziehung zu den betagten oder bereits verstorbenen Eltern" und „die Beziehung zu den eigenen erwachsenen Kindern und Enkelkindern". Im Alter wird eine innere Verschiebung gefordert, eine Umbesetzung sozialer Bezüge. Mediation kann auf Grundlage beider Achsen herangezogen werden. Als weitere Entwicklungsaufgabe benennt Krabbe die Zulassung und Neustrukturierung einer dynamischen Paarbeziehung, die bis zum Auszug der Kinder durch deren Erziehung geprägt war. Dauerstreitigkeiten sollen in der Mediation bearbeitet werden. Bedeutend dabei ist die Lösung bestehender Beziehungskonflikte und nicht unmittelbar das Weiterbestehen der Ehe.

**Wichtige Themen bei Paarkonflikten im Alter**

- „Neuaufteilung von Aufgaben,
- soziale Kontakte,
- Finanzen,
- Bedürfnisse nach Austausch, Zärtlichkeit, Sexualität,
- Krankheit, Gebrechlichkeit, Pflegebedürftigkeit" etc.

(Krabbe 2012, 187)

Im Mediationsprozess werden nicht selten in der Vergangenheit liegende Verletzungen wieder thematisiert. Diese brauchen in der Regel nicht neu aufgearbeitet, sondern können eher als Beitrag zur gegenwärtigen Verhandlungslösung genutzt werden (ebd.).

*Altersbeschwerden*
Mit zunehmendem Alter sind Eltern verstärkt auf die Hilfe ihrer Kinder angewiesen. Dieser Umstand beendet spätestens dann die Kindheit. Den Kindern wird klar, dass ihre Eltern eine eigene Lebensgeschichte haben. Ihnen werden der eigene Alterungsprozess und ihre Sterblichkeit bewusst. In dieser Phase kann es zwar zu einer Annäherung kommen, die jedoch durch Belastungen erschwert werden kann. Besonders dann, wenn eine Hilfe- bzw. Pflegebedürftigkeit eintritt und die Kinder vor neue Aufgaben gestellt werden. Die Mediation befasst sich in diesem Feld mit dem Umgang mit Krankheiten, kognitiven Beeinträchtigungen, Hilfe- und Pflegebedürftigkeit sowie familiären oder professionellen Unterstützungen. Vereinbarungen in der Mediation können sowohl zwischen Kindern und ihren Eltern bzw. zwischen den älteren Partnern getroffen werden (ebd., 188).

*Beruf und Verrentung*
Die heutige Arbeitswelt ist durch rasante Entwicklungsschritte geprägt, die die ältere Generation zunehmend belasten. Ein Gefühl von Entfremdung und Beeinträchtigung kann entstehen. Technische Weiterentwicklungen und organisatorische Umstrukturierungen können eine Haltung „innerer Kündigung" provozieren. Auf inter-personeller Ebene entstehen Konflikte zwischen Mitarbeitern

unterschiedlicher Generationen. Ein Bedürfnis nach Ruhestand kann ein Interesse an Wiedereingliederung verdrängen. Der Einsatz von Elder Mediation mit dem damit verbundenen respektvollen Umgang kann eine Anpassung des Arbeitsplatzes bzw. den Übergang in den Ruhestand begleiten (ebd., 190).

*Wohnsituation*
Ein wichtiges Thema der Elder Mediation ist häufig die Wohnsituation des älteren Menschen. Das eigene Haus ist zu groß, die Instandhaltung wird zur Belastung, das Steigen der Treppen fällt schwer. Dennoch verschafft die Bindung an die Wohnung, das Lebensumfeld, die Nachbarn, Ärzte und Geschäfte ein Gefühl von Heimat und Verwurzelung. Das Wohnumfeld wird dann zum Symbol eigener Freiheit und eigener Identität (ebd.). In der Mediation werden materielle Umstände und das Thema Wohnen besprochen. Diese Themen sind in hohem Maße von Emotionen begleitet (ebd.).

### 5.7.2 Konfliktvorsorge bei Nachlassplanung und Erbschaft

Obwohl durch den Wirtschaftsaufschwung während der Nachkriegsjahrzehnte umfangreiche Vermögen vererbt werden, trifft in Deutschland nur ungefähr ein Drittel aller Bürger eine Nachlassvorsorge (vgl. Hohmann 2013, 181). Hat der Verstorbene kein Testament hinterlassen oder zu Lebzeiten keine Vorsorge getroffen, tritt die gesetzliche Erbfolge des BGB (§§ 1922 ff.) an die Stelle der selbst gestalteten Erbfolge. Da gesetzliche Regelungen im konkreten Fall oft nicht passend bzw. interessensgerecht sind, ist das Erbrecht dispositiv formuliert und lässt großen Gestaltungsspielraum zu (vgl. Töben/Schmitz-Vornmoor 2014, 15 f.).

*Konfliktvorsorge*
Wer die eigene Erbfolge aktiv gestalten will, sollte zunächst an eine juristische Beratung denken, die interessensorientiert alle Familienmitglieder mit einbezieht. Mediation kann als „präventive Klärung" eingesetzt und empfohlen werden. Erfahrungsgemäß führen unklare Testamente, die in Eigenregie aufgesetzt wurden, zu Konflikten. Ein weiteres juristisches Instrument der Konfliktvorsorge ist eine Testamentsvollstreckungsklausel. Dabei wird eine Person benannt, die den letzten Willen des Erblassers vollzieht (§ 2203 BGB) und die sowohl Entscheidungs- als auch Verfügungsbefugnis besitzt. Der Testamentsvollstrecker fungiert als Verwalter und Verteiler des Nachlasses (§§ 2205 S. 1, 2204 Abs.1 BGB). Er stellt einen für jede Partei zugänglichen Ansprechpartner dar. Dritte sowie einzelne Erben können als Testamentsvollstrecker eingesetzt werden.

Mit einer Schiedsgutachterklausel bekommt man die Möglichkeit, eine Person zu benennen, die Entscheidungen darüber trifft, welchen Wert einzelne Nachlassgegenstände besitzen, wenn dies notwendig ist. Darüber hinaus können Erblasser Wünsche und Hinweise erstellen, die den Erben ohne rechtliche Wirkung als Wegweiser dienen sollen. Damit kann man die Erben zu einer gemeinsamen Kommunikation bewegen und Eskalationspotenzial mindern (ebd., 16 f.).

*Konfliktvorsorge durch Mediationsklausel*
Mediationsklauseln werden in Erbregelungen verankert, wenn familiäre Konflikte nicht zu Lebzeiten des Erblassers bewältigt werden konnten. Idealtypisch besitzt die Mediationsklausel zwei Kernelemente: zum einen die Verpflichtung vor Einleitung des Rechtswegs, eine Mediation durchzuführen, und zum anderen die Sicherstellung, dass diese Verpflichtung berücksichtigt wird (ebd., 17). Es bestehen diverse Möglichkeiten, eine Mediation verpflichtend zu verankern. Als erstes sei die Auflage nach § 1940 BGB zu nennen. Ziel ist es, die Beteiligten anzuhalten, ihre Konflikte mit Hilfe einer Mediation zu lösen. Nachteilig an einer Auflage ist der fehlende beiderseitige Anspruch zur Durchführung einer Mediation.

Effizienter sei eine Beschränkung der Klagbarkeit, durch die der Rechtsweg rechtlich blockiert wird, bis die Beteiligten einen Mediationsversuch gewagt haben. Sollte einer der Erben gegen den anderen ein gerichtliches Verfahren einleiten, so hat der Betroffene das Recht, dieses Verfahren als unzulässig abzuweisen, bis eine Mediation durchgeführt wurde. Gerichtliche Teilungsversteigerungen über Nachlassgrundstücke und Erbteilungsklagen sind typische Anwendungsbereiche einer Beschränkung durch Klagbarkeit, so Töben und Schmitz-Vornmoor (ebd., 17 f.).

Bei der dritten Variante handelt es sich um die Testamentsvollstreckung. Konflikte entstehen hier bezüglich der Verteilung des Nachlasses. Trotz des erheblichen Ermessensspielraumes des Testamentsvollstreckers sei es sinnvoll, vorab ein Mediationsverfahren einzuleiten. Die Möglichkeit, eine Mediation zu implementieren, besteht aufgrund einer Verwaltungsanordnung gemäß § 2216 Abs. 2 BGB. Der Erblasser verordnet, dass die Verteilung durch den Testamentsvollstrecker erst nach Durchführung eines Mediationsverfahrens erfolgt, falls Streitigkeiten entstehen (ebd., 18).

*Erbstreitigkeiten*
Meist wird ein Nachlass zwischen mehreren Erben aufgeteilt. Diese bilden kraft Gesetzes eine Gemeinschaft, die nicht auf Freiwilligkeit beruht. In vielen Fällen bestehen zwischen Erben lange persönliche (vgl. Hohmann 2013, 181 ff.) zum Teil negative Beziehungen und/oder jahrelanger Kontaktabbruch (vgl. Beisel 2009, 489 ff.). Familien können auf eine Vielzahl gemeinsamer Konflikte zurückblicken. Nachlassgemeinschaften können über das Erbe jedoch nur gemeinsam verfügen, was idealtypisch auf Kooperation beruht. Barvermögen lässt sich noch einfach nach Anteilen aufteilen. Schwieriger wird es bei der Aufteilung von Grundstücken und Unternehmen, vor allem wenn die Erstellung des Testamentes einige Zeit zurückliegt und die Wertverhältnisse sich geändert haben. Häufig entstehen Konflikte zwischen Geschwistern, besonders wenn ein Kind die Pflege der Eltern bzw. eines Elternteils übernommen hat (vgl. Hohmann 2013, 181 ff.).

Streitschlichtend würde sich eine gerichtliche oder außergerichtliche Mediation als Instrument anbieten.

## 5.8 Mediation im Gesundheitswesen

Das Gesundheitssystem, repräsentiert durch Krankenhäuser, Rehabilitationskliniken, Arztpraxen und Krankenversicherungen, verkörpert gegenüber einem Patienten unwillkürlich ein Machtgefälle. Der Einfluss dieser Institutionen auf den einzelnen Patienten kann dessen Entscheidungsautonomie unter Umständen erheblich beeinträchtigen. Funktion der Krankenhaussozialarbeit ist es, eine vermittelnde Rolle zwischen der Institution und dem Patienten einzunehmen. Der Sozialarbeiter widmet sich den psycho-sozialen Aspekten der Behandlung, den Auswirkungen der Krankheit auf den Patienten und seine Familie sowie den Implikationen nach dem Krankenhausaufenthalt.

### 5.8.1 Interessengruppen im Gesundheitssystem

Strukturen, Akteure und Interessengruppen im Gesundheitssystem bilden ein interdisziplinäres Netzwerk, dessen Aufgabe es ist, Gesundheit zu erhalten bzw. herzustellen. Die Bedeutung als Wirtschaftsfaktor ist unübersehbar. Mit circa 4,7 Mio. Tätigen beschäftigt der Sektor 11 % der Erwerbstätigen in Deutschland (vgl. eucon 2014). Daneben bewegt sich das System in einem Spannungsfeld aus „Wissenschaft, Ethik, Politik und Ökonomie" (Weber 2009, 19).

Diverse Interessensgruppen, komplexe Strukturen und eine Großzahl von Dienstleistern birgt erhebliches Konfliktpotenzial (vgl. eucon 2014). Konfliktursachen liegen im Verhältnis Arzt und Krankenversicherung, Krankenhauspersonal und Patient bzw. seinen Angehörigen, Patient und Krankenkasse sowie in innerbetrieblichen Auseinandersetzungen. Strukturelle Veränderungsprozesse verschärfen die Konfliktdynamik (vgl. Ewig 2009, 764).

Ein grundlegendes Konfliktmuster stellen „Veränderungskonflikte" dar, bedingt durch Umstrukturierungsprozesse sowie zunehmenden Wirtschaftlichkeits- und Wettbewerbsdruck. Gleichzeitig reduzieren gesetzliche Rahmenbedingungen die Gestaltungsfreiheit. Ein weiteres Konfliktpotenzial tritt durch „Rollen- und Hierarchie-Denken" auf. Konsequenzen sind Konkurrenzdenken, abgestufte Entscheidungsbefugnis und verringerte Eigenverantwortung (vgl. Böhm 2009, 8). Konflikte im Gesundheitssystem berühren grundlegende das Leben betreffende Themen von großer Tragweite. Häufig beschränkt sich eine Konfliktbearbeitung auf den sichtbaren strittigen Fakt, Abhängigkeiten und Kommunikationsstörungen jedoch werden übersehen (vgl. Weber 2009, 20).

Abgesehen von der Zusammenarbeit zwischen Krankenkassen, Krankenhäusern und Kassenärztlichen Vereinigungen sind effektive Konfliktlösungsmethoden in Krankenhäusern nur sehr selten und in Praxen so gut wie gar nicht anzutreffen. Die meisten Streitfälle werden durch außergerichtliche Verhandlungen und Schlichtungen oder durch Gerichte entschieden bzw. geklärt (vgl. Ewig 2009, 772). Wegen der häufig im Konfliktfall gestörten Beziehungen ruft das Gesundheitssystem geradezu nach Mediation. Neben kollegialer Beratung und Supervision dient Mediation dazu, die Zusammenarbeit auf den unterschiedlichsten Ebenen neu zu gestalten (vgl. Smion 2009, 7). Vorteile eines Mediationsverfahrens liegen in einer schnellen und unbürokratischen Bearbeitung, einer gründlichen Konfliktbeilegung, Wertschätzung, im Ausschluss der Öffentlichkeit sowie in der Möglichkeit, Beziehungen aufrechtzuerhalten. Gleichzeitig können die Kosten gesenkt werden.

Typische Konfliktsphären liegen im Verhältnis zwischen Krankenhauspersonal und Patient bzw. seinen Familienangehörigen sowie zwischen dem Patienten und seiner Familie. Besondere Schwierigkeiten birgt die Entlassungsberatung, wenn ein Patient pflegebedürftig wird und seine Rehabilitation und Pflege zu planen sind. Mediation (caregiving-mediation) will die Beteiligten in diesem Entscheidungsprozess unterstützen, wobei vorwiegend Probleme zwischen dem Patienten und seinen betreuenden Familienangehörigen konstruktiv bewältigt werden (Kruk/Martin/O'Callaghan 1998, 192). Mediation schafft eine Verhandlungsbasis, die den Beteiligten medizinische, soziale, psychologische, rechtliche und ethische Fragen transparent machen will, damit eine Lösung gefunden werden kann, die die Interessen aller Beteiligten berücksichtigt. Dabei darf ein etwaiges Machtungleichgewicht im Verhältnis Patient-Familienangehörige oder Institution nicht übersehen werden.

### 5.8.2 Typische Konfliktkonstellationen

**Arzt versus Patient**

Häufige Konflikte im Arzt-Patient-Verhältnis beruhen auf dem Vorwurf eines Behandlungsfehlers mit daraus resultierenden Schadens- und Schmerzensgeldansprüchen (vgl. Ewig 2009, 755). Auf der Arztseite wird der Vorwurf oft als Angriff auf die eigene Person verstanden. Der Konflikt wird in der Regel an Anwälte abgegeben. Eine Entschuldigung oder ein Schuldeingeständnis des Arztes wird von dessen Versicherung nicht gewünscht (vgl. Smion 2009, 4). Demgegenüber haben Patienten oft eine hohe Erwartung an ihre Genesung, losgelöst von ihrer eigenen Verantwortung, die Gesundung aktiv zu unterstützen (vgl. Ewig 2009, 766).

Weitere Konflikte entstehen durch Unzufriedenheit auf Patientenseite. Im Zuge dessen wechseln die Patienten häufig den Arzt. Dieser bekommt das entweder gar nicht mit oder erfährt erst später davon (ebd., 755). Wegen der Intransparenz der Abrechnungen für gesetzlich Versicherte führen Honorarrechnungen nur in wenigen Fällen zu Streitigkeiten (ebd.). Budgetierungsvorschriften, Wirtschaftlichkeitsprüfungen und Regressforderungen bei Mehrausgaben von Arznei-, Hilfs- und Heilmitteln über den festgelegten Richtwert hinaus begründen eine Besserstellung von Privatpatienten gegenüber gesetzlich Versicherten. Teure Leistungen und Medikamente werden für Kassenpatienten nur eingeschränkt verschrieben. Privatpatienten werden bei der Terminvergabe bevorzugt. Belastungen entstehen sowohl auf Patienten- als auch auf Arztseite. Letztere sind in ihrer Therapiefreiheit eingeschränkt. Konflikte treten hier vor allem zwischen Patient (gesetzlich versichert) und Arzt, aber auch zwischen Arzt, Krankenkasse und Kassenärztlicher Vereinigung auf (vgl. ebd., 756).

Werden Patienten im Krankenhaus aufgenommen, erwarten sie erhöhte Zuwendung und Heilung. Objektive sowie subjektive Verschlechterungen des Gesundheitszustandes werden intensiver und bewusster wahrgenommen. Die Verantwortung dafür wird den Ärzten zugeschoben. Dies führt zu vermehrten Konflikten zwischen Arzt (insbesondere leitender Arzt) und Patient (ebd., 760).

Für die außergerichtliche Schlichtung von Auseinandersetzungen zwischen Arzt und Patient existiert die Beschwerdeabteilung der Ärztekammer. Diese bearbeitet Beschwerden von Patienten, die sich meist auf Abrechnungsprobleme beziehen. Das Verfahren findet ausschließlich schriftlich statt. Nachdem der Arzt Stellung bezogen hat, entscheidet die Ärztekammer, ob die Beschwerde berufs- oder gebührenrechtlich relevant ist. Der Patient erhält keine weiteren Informationen. Dabei findet keinerlei Kommunikation zwischen Arzt und Patient statt. Hinzu kommt die Rolle der Ärztekammer als Institution und Interessenvertretung der Ärzte. Ein zweites Modell ist die Gutachterkommission in Arzthaftungsfällen. Das Verfahren ist kostenlos, Fristen müssen nicht beachtet werden, und es dient der außergerichtlichen Beilegung von arzthaftungsrechtlichen Streitigkeiten. Auch dieses Verfahren findet ausschließlich in schriftlicher Form statt. Es ermöglicht dem Patienten ein kostenloses ärztliches Gutachten, das sowohl zu einer außergerichtlichen Lösung beitragen als auch in ein gerichtliches Verfahren einbezogen werden kann. Das Verfahren dient lediglich der Prüfung von Behandlungsfehlern und zur Entscheidung über Schmerzensgeld und Schadensersatz (ebd., 769 f.). Qualität und Dauer des Verfahrens hängen primär vom Gutachten ab und enden bei einer fehlenden Einigung vor Gericht (vgl. Colberg/Steiner 2013, 40).

Durch die Reduzierung beider Verfahren (Beschwerdestelle und Gutachterkommission) auf ein schriftliches Verfahren kommt keine wirkliche Konfliktbearbeitung zwischen den Parteien zustande. Es findet keine Konfrontation von Angesicht zu Angesicht statt, die gegenseitiges Verständnis generieren könnte. Wahrscheinlicher wäre es, dass die meisten Patienten den entstandenen Schaden akzeptieren könnten, wenn der Arzt die Situation persönlich erklärt, eine Nachbehandlung anbietet, Anteil an der Situation des Patienten nimmt und/oder sich für sein Handeln entschuldigt. Erfährt der Patient etwas über Arbeitsbedingungen und Belastungen des Arztes, kann er Verständnis für dessen Situation aufbringen. Der Arzt braucht sich nicht mehr persönlich angegriffen zu fühlen (vgl. Ewig 2009, 773). Die beschriebenen außergerichtlichen Konfliktlösungsmodelle können diese Aspekte weder aufgreifen noch behandeln. Die Chance auf eine echte Lösung kann nur durch eine direkte Kommunikation hergestellt werden. Ewig (ebd., 773 f.) favorisiert die Möglichkeit, ein Gespräch zwischen Patient, Arzt und einem neutralen Dritten nach der ersten Stellungnahme einzuschieben. Der Patient könnte sich dazu freiwillig entscheiden. Für den Arzt sollte dieses Gespräch obligatorisch sein. Mediative Elemente und eine mündliche Form könnten so in das Verfahren einfließen (ebd.).

**Patient versus Krankenversicherung**

Wie oben beschrieben, basiert ein großer Teil der Konflikte im Gesundheitssystem auf dem Vorwurf von Behandlungsfehlern. Erhebt ein Patient diesen Vorwurf, schaltet sich die Versicherung des Arztes im Rahmen der Arzthaftung ein. Arzthaftungsprozesse sind in aller Regel langwierig und komplex durch schwierige Tatsachenfeststellungen und Beweisprobleme. Eine schnelle Hilfe für den Patienten wird durch einen zeitintensiven Prozess verdrängt und das Patient-Arzt-Verhältnis völlig zerstört. Eine sinnvolle Anwendung von Mediation als außergerichtliches Konfliktlösungsmodell wird vielfach kritisch beäugt, was jedoch auf mangelndem Wissen beruht (vgl. Colberg/Steiner 2013, 40 f.).

> **Pilotprojekt: BKKen Niedersachsen und Bremen**
> Krankenkassen sind durch „verbindliche, gesetzlich festgelegte Kataloge" in zahlreichen Leistungsbereichen stark eingeschränkt. Besteht nach Einschätzung der Kassen kein Anspruch, so müssen die Leistungen abgelehnt werden. Patienten reagieren häufig mit Klagen und Widersprüchen. Gleichzeitig sind die Krankenkassen massivem Wettbewerbsdruck ausgesetzt. Kundenzufriedenheit ist ein „Leistungsindikator" (vgl. Schoop/Rüssel 2008, 68). Insofern haben Krankenkassen Interesse daran, Konflikte zu beheben und einvernehmliche Lösungen mit ihren Kunden zu erreichen.

Auf dieser Ausgangslage initiierte der BKK-Landesverband Niedersachsen-Bremen und das Contarini-Institut für Mediation der Fernuniversität Hagen ein Pilotprojekt, um die Durchführung der Mediation im Gesundheitswesen voranzutreiben. Nach einem ersten Gespräch mit einigen BKKen einigte man sich auf Fälle, die sich im Widerspruchsverfahren befinden (ebd., 68). Einschränkungen ergaben sich dadurch, dass die Lösungsoptionen anhand des Sozialgesetzbuches, der Vertragsvorschriften, der Durchsetzbarkeit und der Finanzierung auf ihre Machbarkeit überprüft wurden. Die Ergebnisse wurden schriftlich festgehalten. Konnten neue Fallerkenntnisse im Verfahren festgestellt werden, formulierte der Mediator einen Bericht zum Verfahrensverlauf. Den Patienten sei es vor allem auf die direkte Kommunikation angekommen und das Gefühl, erst genommen zu werden. Ihnen lag ferner daran, ihre Enttäuschung zu vermitteln. Die BKK wollte aufzeigen, dass die Probleme der Patienten ernst genommen werden. Außerdem wollten Sie Verständnis bei den Patienten für die Situation der Versicherungen erzeugen.

Auch in diesem Konfliktfeld können Einsparungen und Zufriedenheit durch Mediation erreicht werden. Zudem besteht die Chance, Lösungsmöglichkeiten zu erarbeiten, die vorher nie bedacht wurden (ebd., 68 f.).

**Arzt versus Krankenversicherung**

Niedergelassene Ärzte sind in den meisten Fällen Vertragsärzte und im System der gesetzlichen Krankenversicherungen tätig. Will ein Arzt eine Praxis übernehmen oder neu einrichten, so entscheidet die Krankenversicherung im Rahmen der Bedarfsplanung, ob der Bereich versorgt ist oder ob dem Anliegen des Arztes nachgegangen werden kann. Wenn sich mehrere Ärzte bewerben, verläuft die Zulassungsentscheidung nach gesetzlichen Kriterien. Die abgelehnten Ärzte können Widerspruch gegenüber der Krankenversicherung einreichen. Diese wird im Verwaltungsverfahren vor dem Sozialgericht verhandelt. Der zugelassene Arzt kann in dieser Zeit seine berufliche Tätigkeit nicht aufnehmen. Finanzielle Verluste in hohem Maße sind die Folge. Ein Konfliktfeld entsteht vor allem in Ballungsgebieten mit Zulassungsbeschränkungen. Grund für die Konflikte ist die Attraktivität städtischer Gebiete (vgl. Ewig 2009, 756). Wird eine Praxis in einem zulassungsbeschränkten Raum übergeben, so wird oftmals eine überteuerte Abfindung verlangt. Die Krankenversicherungen unterbinden diesen Wettbewerb nicht und öffnen damit ein Konfliktfeld zwischen Praxisinhabern, Bewerbern und Mitbewerbern (ebd.).

Durch die ständigen gesetzlichen Veränderungen bei der Budgetierung können viele Ärzte das Vergütungssystem nicht mehr nachvollziehen. Das System ist so unverständlich, dass überwiegend Volkswirte hinzugezogen werden müssen. Das führt vor allem dazu, dass die Krankenkassen eine Vielzahl von Streitigkeiten im Verwaltungsverfahren bearbeiten müssen (ebd., 757).

Konflikte entstehen ebenfalls in der Zusammenarbeit mit privaten Krankenversicherungen. Hierbei stellt sich meist die Frage, ob die dem Patienten in Rechnung gestellte Leistung im Rahmen der Gebührenordnung der Ärzte (GOÄ) abgerechnet werden kann. Im Gegensatz zu gesetzlich Versicherten können die privat Versicherten ihre Patientenakten einsehen und die Abrechnungen der einzelnen Ärzte hinterfragen. Die Ärzte sehen hier einen Eingriff in ihre fachliche Kompetenz (ebd., 758). Weiterhin können Ärzte im Rahmen ihres Liquidationsrechtes Leistungen für Privatpatienten selbst abrechen, wenn das zuständige Krankenhaus dies gestattet. Ebenso besteht die Möglichkeit, Honorarvereinbarungen abzuschließen, über Leistungen, die nicht in den Regelsätzen der GOÄ festgelegt sind. Übertrieben hohe Abrechnungen, beispielsweise von sechsfachen Sätzen (üblich ist der 2,3-fache Satz der GOÄ), konnten durch die Rechtsprechung zurückgedrängt werden.

**Arzt versus Arzt**

Die tägliche und langjährige Zusammenarbeit von Ärzten in einer Gemeinschaftspraxis (seit 2007 Berufsausübungsgemeinschaft genannt, begründet sich durch gleiche Berufsausübung) oder Praxisgemeinschaft (Einzelpraxen, die gemeinschaftlich Räume, Einrichtungen und Personal nutzen) kann konfliktträchtig sein, besonders wenn das Motiv der Kostensenkung primär ist. Konflikte entstehen durch unterschiedliche Vorstellungen zu Themen wie Arbeitszeiten, Gewinnverteilung und Abfindungsansprüchen (vgl. Ewig 2009, 758 f.). Es kommt teilweise zu langjährigen Prozessen, einstweiligen Verfügungen, Rufschädigung oder dem Einbehalten von Behandlungskarteien. Wenn Arztpraxen fusionieren, weitet sich das Konfliktfeld auf die Mitarbeiter der Praxen aus, die nun als Team kooperieren müssen. Zwei Arbeitskulturen stoßen aufeinander und müssen zusammengefügt werden (Changemanagement) (vgl. Pühl 2013, 581).

Beim Eintritt in eine Praxisgemeinschaft treten Juniorärzte in der Regel in die bestehenden Gesellschaftsverträge und Strukturen ein. Beim Ausscheiden erhält der Juniorarzt im gleichen Bezirk meist keine neue Zulassung und verliert die meisten Patienten (vgl. Ewig 2009, 758 f.). Das sog. „Oberarzt-Syndrom" ist oft Auslöser von Konflikten zwischen Chef- und Oberärzten in Krankenhäusern. Das Syndrom kann entstehen, wenn ein Oberarzt zu lange auf einer Position bleibt, keine Aufstiegsmöglichkeiten mehr bestehen und dies zu Frustration führt. Gleichzeitig ist der Chefarzt beleidigt, wenn sich Patienten vom Oberarzt behandeln lassen wollen. Die Spannungen können immense Auswirkungen auf die gesamte Abteilung bis hin zur Kündigung haben (ebd., 762).

Bei Streitigkeiten zwischen Ärzten ist die Ärztekammer gesetzlich zur Konfliktbearbeitung aufgerufen. In den Gesellschaftsverträgen der Praxisgemeinschaften sind überwiegend Schlichtungsversuche oder Entscheidungen durch die Ärztekammer vorgesehen. Einige Landesärztekammern haben Schlichtungsausschüsse eingerichtet. Dabei werden in den meisten Fällen Themen wie Praxisbewertung und Ausgleichszahlungen behandelt. Das Angebot wird jedoch von vielen Ärzten nur skeptisch angenommen. Wenn die Schlichter ehrenamtliche Kollegen des gleichen Kammerbezirks sind, offenbaren sich die Ärzte nur ungern (ebd., 771).

Mediation bietet sich besonderes bei Streitigkeiten zwischen Ärzten in Berufsausübungsgemeinschaften an, da der Streit oft erhebliche persönliche und materielle Auswirkungen hat, etwa Verlust des Ansehens bei den Patienten oder ruinöse Ausgleichszahlungen. Eine Mediation erscheint dort besonders sinnvoll, da die Kommunikationsfähigkeit wiederhergestellt wird und nicht primär rechtliche Fragen im Vordergrund stehen (ebd., 774).

### 5.8.3 Systematisches Management innerbetrieblicher Konflikte

Innerhalb von Krankenhäusern bestehen diverse Konfliktherde. Ein hohes Streitpotenzial entsteht durch die Zusammenarbeit einer Vielzahl von Mitarbeitern auf unterschiedlichen Ebenen. Ärzte und Pflegepersonal stehen unter ständigem Druck und müssen mit Kollegen und anderen Abteilungen kooperieren. So entstehen beispielsweise Konflikte aufgrund von fachlichen Abgrenzungen, besseren oder schlechteren Ausstattungen oder Änderungen des Arbeitsablaufes (Ewig 2009, 762). Konflikte mit und innerhalb des Pflegepersonals können erhebliche Auswirkungen auf die Funktionsfähigkeit einer ganzen Abteilung haben. Meist spielen hier vor allem Arbeitsbelastungen und fehlende Anerkennung der pflegerischen Leistungen eine Rolle (vgl. ebd., 761 f.). Weiteres Konfliktpotenzial verbirgt sich in der Kooperation zwischen Mitarbeiten im Krankenhaus und Mitarbeitern in freien Praxen. Auslöser kann ein Ungleichgewicht beim Einkommen sein, weil Mitarbeiter im öffentlichen Dienst häufig besser bezahlt werden (ebd., 760).

Grundsätzlich geht es bei Konflikten innerhalb eines Krankenhauses oftmals um „die Verteilung von Ressourcen, um neue Anschaffungen, Nutzung von Betten oder Operationsräumen, Personalstellen oder Arbeitszeitfragen und Arbeitsinhalte" (ebd., 770). Ungelöste Konflikte können Betriebsstörungen und Imageschäden verursachen. Ein institutionalisiertes Konfliktlösungsmodell ist trotzdem nicht vorhanden. Um einigen Konflikten zu begegnen, werden in manchen Krankenhäusern Schlichter herangezogen. Diese Schlichter sind oft ausgeschiedene Chefärzte. Vorteilhaft ist ihr Wissen über den Krankenhausbetrieb; fachliche Schlichtungs- oder Gesprächsführungskenntnisse besitzen sie in den meisten Fällen jedoch nicht. (Je nach Krankenhausgesetz des Landes können zusätzliche oder abweichende Regelungen getroffen sein.) Konflikte zwischen dem Träger und dem Betriebsrat werden – wie in anderen Unternehmen – durch eine Einigungsstelle (§ 76 BetrVG) bearbeitet. Innerbetriebliche Angelegenheiten werden nicht einbezogen. Gemäß § 18a KHG entscheidet eine Schiedsstelle über Pflegesätze, falls es zu keiner Einigung zwischen Krankenhausträger und Sozialleistungsträger kommt (ebd.).

Vorteile der Mediation liegen in der Diskretion des Verfahrens und der Berücksichtigung individueller Interessen sowie der persönlichen Beziehungen der Parteien. Die Einführung eines *systematischen Konfliktmanagements* in eine Klinik ist ein wirksames Instrument konstruktiver Konfliktbearbeitung. Dazu braucht man eine oder mehrere „zentrale Anlaufstellen". Diese Funktion könnte die Personalabteilung, die Gleichstellungsbeauftragte, der Mobbingbeauftragte oder die Betriebssozialarbeit übernehmen. Ein „interner Mediatorenpool (Konfliktlotsen)" müsste aufgebaut werden, was erfahrungsgemäß ein langwieriger Prozess ist. Betriebsrat oder Personalabteilung sind prädestiniert, diese Entwicklung zu initiieren (vgl. Pühl 2013, 578).

*Projektbeispiel – mehrstufiges internes Konfliktmanagement in einem Berliner Krankenhaus:*
Im Rahmen einer vollständigen Umstrukturierung des städtischen Krankenhauses in Havelhöhe zu einem frei-gemeinnützigen Krankenhaus für anthroposophisch erweiterte Heilkunst fand eine Mitarbeiterumfrage statt, die ergab, dass Konflikte ein bedeutendes und belastendes Thema darstellten. Das Projekt wurde von Friedrich Glasl (Trigon Entwicklungsberatung Graz) begleitet. Man entschied sich dafür, ein „internes Konfliktmanagementsystem" zu erarbeiten, das auf drei Ebenen wirkt: „1. Stärkung der Konfliktfähigkeit des Einzelnen; 2. die Betrachtung der zwischenmenschlichen Ebene, der Interaktion in Interessens- und Beziehungskonflikten; 3. Organisationsebene, also die Kritikfähigkeit des Unternehmens" (Splinter/Weber 2005, 98).

Einen wichtigen Baustein stellte die Ausbildung von Konfliktlotsen und Konfliktberatern dar. Die Konfliktlotsen erlernten Methoden, um sich vermittelnd und deeskalierend zu verhalten. Dabei geht es besonders um Konflikte, die informell angesprochen werden. Konfliktberater dagegen bieten Einzel-Konflikt-Beratungen an. Die Rahmenbedingungen des Konfliktmanagements fixierte das Krankenhaus in einer Betriebsvereinbarung. Eine erneute Mitarbeiterbefragung ergab eine deutlich größere Zufriedenheit im Umgang mit Konflikten (ebd., 98 ff.).

## 5.9 Konfliktmanagement bei Mieter- und Nachbarschaftsstreit

Die Mediationsmethode wird mittlerweile von einigen Wohnungsbaugesellschaften bei Mieterkonflikten eingesetzt. Vorwiegend werden Auseinandersetzungen innerhalb von Hausgemeinschaften behandelt, wobei meist wiederholte Beschwerden einzelner Mieter über andere Mieter der Ausgangspunkt sind. Beschwerdesachbearbeiter waren in der Regel an dem Konflikt gescheitert, bevor sie diesen an die Mediation überwiesen. Häufig waren die Auseinandersetzungen schon recht weit eskaliert und ein „Störenfried" von einem Teil der Mietergemeinschaft identifiziert, der die Rolle des „Schuldigen" zugeschrieben bekam. Anlass sind meist Integrationsschwierigkeiten in eine bestehende Mietergemeinschaft, unterschiedliche Lebensstile und Werte der Mieter, Differenzen über Regeln und Ordnungskonzepte der Mietergemeinschaft oder auch emotionale Barrieren.

Auseinandersetzungen, Streitigkeiten und Unruhe in Hausgemeinschaften lassen die Wohnqualität spürbar sinken. Mieterkonflikte produzieren zudem erhebliche Kosten. Wiederholte Beschwerden einzelner Mieter über andere Hausbewohner binden überproportional viel Arbeitszeit der Kundenberater. Bei einer Eskalation des Konflikts kommt Schriftwechsel mit dem Mieterbund und Rechtsanwälten hinzu. Eine Mietminderung droht, gegebenenfalls wird das Mietverhältnis – vom Vermieter oder dem Mieter – gekündigt. Es entstehen Rechtsanwalts- und Gerichtsgebühren, ein kostenträchtiger Mieterwechsel steht an. Unter Umständen ist ein Leerstand zu verbuchen (Marx/Prell 2006, 59).

### 5.9.1 Typische Mieterkonflikte

Mieterkonflikte sind in der Regel emotional eingefärbt. Der eigentliche Beziehungs-, Werte- oder Strukturkonflikt zwischen den Mietern wird vorwiegend auf der Sachebene ausgetragen. Die Hausgemeinschaftsordnung oder Mieterpflichten nach dem BGB werden als Maßstab für Verhalten herangezogen. Der Vermieter ist gezwungen, sich der Problematik anzunehmen. In Beschwerdeschreiben werden Störquellen beschrieben, wie:

- lärmende Kinder in der Nachbarwohnung, die die Ruhe stören, und junge Eltern, die mit der Erziehung der Kinder überfordert sind;
- laute Musik in den Abendstunden;
- Kinderwagen, die im Hausflur Wege behindern;
- der neue Nachbar, der sich nicht in gewohntem Umfang um die regelmäßige Hausreinigung kümmert;
- Rentner, die andere Nachbarn ausspionieren;
- ausländische Nachbarn, die durch ihr Kochen das Haus in ein Geruchschaos stürzen;
- der Hund von nebenan, der zu jeder Tages- und Nachtzeit bellt und im Hausflur Haarbüschel verliert;

- Nachbarn, die ihre Kinder auf dem Rasen unter den Balkonen spielen lassen etc.

(vgl. Marx/Prell 2006, 60)

Oft vermeidet es der Beschwerdeführer, den Nachbarn anzusprechen und mit ihm eine gemeinsame Basis des Zusammenlebens zu finden. Der „störende" Nachbar wird nur noch negativ wahrgenommen. Er verursache eine Minderung der Wohnqualität oder sogar die Störung des Hausfriedens. Nur durch ernste mietrechtliche Konsequenzen könne für den Beschwerdeführer eine Befriedung hergestellt werden.

### 5.9.2 Nachbarschaftliche Dynamik

Wie entstehen Konflikte zwischen Nachbarn, die scheinbar keine engere Beziehung zueinander haben? Hintergrund sind gruppendynamische Prozesse. Jede Hausgemeinschaft ist eine eigene Gruppe mit eigenen Regeln. Kommt es zu Veränderungen in der Hausgemeinschaft, wird das System gestört, das bisher gut funktioniert hat. Solche Veränderungen können sich sowohl auf die gesamte Hausgemeinschaft als auch auf einzelne Nachbarn beziehen.

In der Regel kommt es durch langjährige nachbarschaftliche Beziehungen zu Routine und Gewohnheiten. Die Nachbarn kennen die Geräusche und die Gerüche im Haus, sie können die Besuche zuordnen, sie haben eine Vorstellung von dem Tagesablauf des Nachbarn anhand seiner Gewohnheiten, und sie haben sich miteinander arrangiert. Bei einem Mieterwechsel bringen die neuen Mieter ihrerseits Routine und Gewohnheiten mit. Sie machen zu ungewohnten Zeiten Geräusche, die von den Nachbarn als Störungsquelle empfunden werden. Sie erledigen die Hausreinigung anders, kochen mit ungewohnten Gewürzen usw. Die Nachbarn fühlen sich gestört und erwarten von den „Neuen", dass sie so leben sollen, wie die Hausgemeinschaft es gewohnt ist.

Neben den persönlichen Folgen für die Mieter produzieren gestörte nachbarschaftliche Verhältnisse betriebswirtschaftliche Kosten für den (gewerblichen) Vermieter. Eine Untersuchung bei einem kommunalen Wohnungsunternehmen ergab, dass Kosten für soziale Probleme auf Rang zwei der Kostenpositionen rangieren (vgl. Die Wohnungswirtschaft 6/2004, 44).

Um eine Eskalationsspirale aufzuhalten, ist professionelles und effektives Konfliktmanagement gefragt.

*Projektbeispiel (vgl. Marx/Prell 2006):*
In einer Wohnungsbaugesellschaft in Wolfsburg, die einen Bestand von ca. 12.000 Wohnungen vermietet, wird die Mediationsmethode seit 2001 erfolgreich praktiziert, um Mieterkonflikte zu lösen. Andauernde Beschwerden und gerichtliche Auseinandersetzungen konnten weitestgehend vermieden werden. In etwa 90 % der Fälle, in denen Mediation angewandt wurde, fanden die konfliktbelasteten Hausgemeinschaften wieder eine gemeinsame Basis für ein nachbarschaftliches Zusammenleben.

Im Rahmen des *Konfliktmanagementkonzepts* wird Mediation eingesetzt, wenn das Beschwerdemanagement keine Aussicht auf Erfolg mehr verspricht und die nächsten Stufen der Intervention ergriffen werden müssten, wie Abmahnung, Kündigung, Räumungsklage und Mieterwechsel. Mediation bietet in diesem Stadium eine Möglichkeit, die Mietergemeinschaft wieder zu befrieden und neue Regeln aufzustellen, die von der Hausgemeinschaft getragen werden.

Die Ergebnisse der durchgeführten Mieter-Mediationen sind durchweg ermutigend. In fast jedem Fall ist bisher eine Einigung der Mieter erzielt worden. Anschließend durchgeführte Evaluationen haben ergeben, dass die Zufriedenheitsrate der Mieter mit dem Verlauf und den Ergebnissen der Sitzungen sehr hoch ist. Weiterhin ließ sich ein drastischer Rückgang der Beschwerden in den mediierten Fällen verzeichnen.

### 5.9.3 Ablauf einer Hausgemeinschafts-Mediation

Da es sich bei Hausgemeinschaften in der Regel um größere Gruppen handelt, soll an dieser Stelle der *Ablauf einer Mediation mit einer Hausgemeinschaft* skizziert werden:

*1. Einzelgespräche mit den Mietern*
Um eine tragfähige Vereinbarung zwischen den Mietern zu erzielen, ist es notwendig, die gesamte Hausgemeinschaft in den Mediationsprozess mit einzubeziehen. Es wird nicht nur mit den beiden „Hauptkontrahenten" verhandelt, sondern mit allen Mietparteien einer Hausgemeinschaft. Der Mediator vereinbart mit jedem Mieter einen Gesprächstermin, wo dieser Gelegenheit bekommt, seine persönliche Sichtweise des Konflikts darzustellen. Diese Gespräche können zwischen 10 und max. 45 Minuten dauern und werden stichwortartig protokolliert. Schon in diesem Stadium zeigt sich, dass die Beziehungs- und Konfliktdynamik innerhalb der Hausgemeinschaft ganz unterschiedlich wahrgenommen wird. Nachdem alle Mietparteien gehört wurden, entwickeln die Mediatoren eine Arbeitshypothese über die Art des Konflikts und die am stärksten involvierten Personen. Die Mietparteien werden zu einer Mieterversammlung, die die Form einer Mediationssitzung hat, eingeladen.

*2. Mieterversammlung/Konfliktvermittlungsgespräch*
Die Mediationssitzung mit den Mietern folgt grundsätzlich einer bestimmten Struktur, die aus folgenden Phasen besteht: Zunächst fasst der Mediator die Einzelgespräche mit den jeweiligen Mietern zusammen. Danach werden von dem Mediator die klärungsbedürftigen Punkte benannt (Themensammlung). Später werden die Mieter einzeln aufgefordert, ihre Interessen (Wünsche, Bedürfnisse und Befürchtungen) zu benennen, welche visualisiert werden. In der nächsten Phase werden die Lösungsoptionen in einer Art Brainstorming gesammelt. Diese werden danach verhandelt. Die Ergebnisse werden in einer Vereinbarung zusammengefasst. Solche Konfliktvermittlungsgespräche nehmen in der Regel einen Zeitraum von 90 bis 180 Minuten ein.

## 3. Ergebnisprotokoll der Mieterversammlung

Der Mediator hält die *getroffenen Vereinbarungen* in einem *Mieterprotokoll* fest, das den einzelnen Mietparteien zur Unterschrift zugesandt wird. Dieses Ablaufschema kann nur einen groben Abriss einer Mediation darstellen. Es gehört einiges Fingerspitzengefühl und Qualifikation des Mediators dazu, den Gesprächsverlauf in der Hand zu behalten, gleichzeitig Emotionen zuzulassen, und immer wieder auf die Sachebene zurückzuführen. Der Mediator setzt dabei Kommunikationstechniken ein, wie Spiegeln, Normalisieren, konstruktiv Umformulieren oder Perspektivenwechsel.

Das folgende Praxisbeispiel soll exemplarisch den Verlauf, die Dynamik und den Weg der Lösungsfindung eines Mieterkonfliktes verdeutlichen.

*Fallbeispiel Tierhaltung (Marx/Prell 2006, 61f.):*
In ein Acht-Parteien-Haus zogen vor etwa zwei Jahren neue Mieter ein, Herr Eff, 22 Jahre, mit seiner Lebensgefährtin Frau Emm, etwa im gleichen Alter. Äußerer Anlass waren mehrfache Beschwerden der Eheleute Kaa sowie von Frau Bee über die Mieter Eff und Emm. Inhalt der Beschwerden waren Lärmbelästigung und die Art und Weise der Haltung von Haustieren.
In Mietergesprächen, die in den jeweiligen Wohnungen stattfanden, erfuhren die Mediatoren die individuellen Sichtweisen der Mieter: Die Parteien Wee und Kaa warfen den Parteien Eff und Emm vor, ihr Hund belle häufig den ganzen Tag und lasse seinen Speichel auf die Terrasse von Frau Bee tropfen. Des Weiteren besäßen die Parteien Eff und Emm eine erhebliche Anzahl von Schlangen und Waranen (Echsen), die sie mit Lebendfutter ernähren. Es handelt sich dabei um Grillen, die durch den Lüftungsschacht in die Wohnung der Eheleute Kaa und Frau Bee gelangt seien. Vergangenes Jahr habe Herr Eff weiße Mäuse im Keller gezüchtet. Dadurch sei es zu einer Geruchsbelästigung gekommen. Frau Bee hat zu verstehen gegeben, dass sie eine ausgeprägte Angst vor Schlangen habe.
In der Wohnung der Mieter Eff und Emm waren mehrere Terrarien aufgebaut, in denen sie insgesamt 28 Nattern (ungiftige Schlangen), 6 australische Bartagamen (Echsen) und 5 Leopardgeckos hielten.

| Ehel. Haa | Fr. Emm/Hr. Eff |
| Fr. Ell | Fr. Vau |
| Ehel. Wee | Ehel. Kaa |
| Fr. Jot | Fr. Bee |

Alle Mieter waren zu einem gemeinsamen Mediationsgespräch bereit und erschienen zu der Sitzung der Hausgemeinschaft. Im Laufe der Verhandlung konnten sich die Mieter darauf einigen, dass die Mieter Eff und Emm ein Dokument einer Veterinärbehörde einholen, das die sichere und artgerechte Haltung der Schlangen attestieren soll. Die Mieter Eff und Emm erklärten sich ebenfalls bereit, keine Grillen mehr zu züchten. Bei einer etwaigen Belästigung durch den Hund sollte Herr Eff über Handy direkt benachrichtigt werden, um die Störung abzustellen. Außerdem erhalte der Hund einen Maulkorb, wenn er alleine in der Wohnung ist. Herr Eff und Frau Emm boten den Mitmietern außerdem eine Wohnungsbesichtigung an, um sich einen Eindruck von den Terrarien und den Tieren zu verschaffen.

Auch nach einem Jahr wurde die Vereinbarung zwischen den Mietern eingehalten, und es kam zu keinen weiteren Beschwerden.

Professionelles Konfliktmanagement hilft, gestörte Mietverhältnisse zu befrieden und trägt so zum Erhalt der Wohnqualität bei. Die persönlichen Belastungen und materiellen Kosten, die ein eskalierter Mieterkonflikt ansonsten produziert, werden minimiert. Kosten- und zeitintensive juristische Auseinandersetzungen und Mieterwechsel werden vermieden.

## 5.10 Interkulturelle Mediation

Kulturspezifische Wahrnehmungen und Verhaltensweisen können eine Verhandlung und Konfliktdynamik maßgeblich beeinflussen. Dieses Phänomen wird umso bedeutsamer, als Migration und globale Wirtschaftsstrukturen Menschen aus diversen Kulturen zusammenführen. Da die meisten Menschen ihr kulturelles Erbe nicht einfach ablegen können, werden Vorurteile und Missverständnisse virulent.

In interkulturellen Familien, die durch Heirat von Partnern verschiedener Herkunft begründet werden, können kulturelle Prägungen den Alltag bereichern, aber auch verkomplizieren. Das Rollenverständnis der Ehepartner, Erziehungsvorstellungen oder die Einstellung zu Arbeit und Geld können erheblich voneinander abweichen. Interkulturelle Konflikte sind jedoch nicht auf Familien beschränkt, sondern können genauso in der Schule, am Arbeitsplatz, in der Nachbarschaft oder in politischen Auseinandersetzungen auftreten (Myers/Filner 1993).

Mediationen zwischen Konfliktparteien aus verschiedenen Kulturen sind besonders problematisch, da schon divergierende Vorstellungen über Konfliktbewältigung oder die Rolle eines Vermittlers eine Verhandlung erschweren können (LeBaron 1998). Mediatoren, die bei interkulturellen Konflikten vermitteln, sollten die kulturspezifischen Implikationen des Prozesses verstehen. Dies erfordert spezielles Training oder die Konsultation eines Experten. Als optimale Konstellation bietet sich eine Team-Mediation durch Mediatoren an, die die betroffenen Kulturkreise repräsentieren.

### 5.10.1 Begriffsbestimmung: „Interkultureller Konflikt"

Über eine allseits akzeptierte Definition des Begriffes „interkultureller Konflikt" ist man sich in der Literatur uneinig. Ist ein Konflikt schon dann „interkulturell", sobald die Parteien unterschiedliche Herkunftskulturen aufweisen? Oder rechtfertigt sich eine interkulturelle Sichtweise erst dann, wenn der Gegenstand des Konfliktes kulturelle Dimensionen aufweist? So stellen Toomey und Oetzel auf die Unvereinbarkeit von Werten und Anschauungen ab und definieren einen interkulturellen Konflikt wie folgt:

> *„Intercultural conflict is defined as the experience of emotional frustration in conjunction with perceived incompatibility of values, norms, face orienta-*

*tions, goals, scarce resources, processes, and/or outcomes between a minimum of two parties form two different cultural communities in an interactive situation."* (Ting-Toomey 1985, 72)

Karin Schwarz hingegen betrachtet die unterschiedliche kulturelle Herkunft der Parteien nicht als ausreichendes Merkmal eines interkulturellen Konflikts (vgl. Schwarz 2012, 50).

Nichtsdestotrotz stellt m. E. ein Konflikt zwischen Personen aus unterschiedlichen Kulturen eine besondere Situation dar, denn „Wahrnehmung, Kommunikation und Konfliktverhalten" sind höchstwahrscheinlich kulturell beeinflusst (vgl. Ramsauer 2007, 55). Da ein Konflikt immer mehrere Dimensionen aufweist, wie wir bei der Betrachtung der Konflikttypologien gesehen haben (siehe Kap. 3.5), muss ein Konflikt mit Parteien unterschiedlicher Kulturen kein primär interkultureller Konflikt sein. Vielmehr kann es sich um einen Konflikt mit einer kulturellen Dimension handeln. Diese sollte aus Unkenntnis nicht ausgeblendet werden.

Unterschiedliche Werte, innere Einstellungen und religiöse Bekenntnisse führen dazu, dass interkulturelle Konflikte oftmals sehr emotional ausgetragen werden. Auf der Ebene hinter dem Sachkonflikt fühlen sich die Konfliktparteien stärker „betroffen und persönlich angegriffen" (Schwarz 2012, 51). Sie verteidigen die eigene kulturelle Identität. Neben der Lösungsfindung sollte es dem Mediator um die Schaffung gegenseitigen Verständnisses gehen (vgl. Bundesverband für Mediation, Mediation im interkulturellen Kontext). Die unterschiedliche kulturelle Prägung sollte von Beginn anerkannt, jedoch nicht überbewertet werden (vgl. Azad/Strobel 2011, 44). Eine „Kulturalisierung" ist nach Kühner zu vermeiden, denn „nicht Kulturen, sondern Menschen geraten in Konflikte" (Heimannsberg 2013, 333). Der Einsatz der zirkulären Fragetechnik bietet sich an. Scheinbare sowie reale kulturelle Erwartungshaltungen können mit dieser Methode ermittelt werden (vgl. Azad/Strobel 2011, 44).

Die Mediationsmethode stößt in tradierten Kulturen zuweilen nicht auf Akzeptanz und kann unpassend sein. Anstatt einer neutralen Person wird eine Vertrauensperson gewünscht, ein weniger formalisierter Vorgang favorisiert oder eine ganzheitliche Betrachtungsweise statt einer themenspezifischen Ausrichtung bevorzugt (vgl. Schwarz 2012, 52).

Sprachbarrieren können etwa durch den Einsatz von Dolmetschern überwunden werden. Dennoch sollte die Filterfunktion des Übersetzers nicht unterschätzt werden. Weiterhin können kulturell bedingte Verhaltensmuster zu Vorurteilen führen, wobei der eigentliche Konflikt in den Hintergrund gerät (ebd., 53). Auch das Geschlecht eines Mediators kann eine Rolle spielen. Bei einem Konflikt zwischen Männern aus patriarchalischen Kulturen ist eine Frau gewiss nicht die geeignete Konfliktschlichterin. Daneben kann es vorkommen, dass jüngere Mediatoren von älteren Konfliktparteien nicht anerkannt werden (ebd.).

## 5.10.2 Familienkonflikte und internationale Kindesentführungen

Ein großer Teil familiärer und kindschaftsrechtlicher Konflikte, die sozialarbeiterischer oder familiengerichtlicher Intervention bedürfen, haben eine internationale Komponente. Mit ca. 7,5 Millionen ausländischen Mitbürgern hat Deutschland einen Ausländeranteil, der sich bedauerlicherweise weder in einer schlüssigen Migrationspolitik noch in einer sinnvollen Integrationspolitik widerspiegelt. Weiterhin betrifft etwa jede achte Heirat in Deutschland einen deutschen und einen ausländischen Partner; jedes fünfte in Deutschland geborene Kind hat einen oder zwei ausländische Elternteile. Umso wichtiger ist es, dass sich soziale Berufe den zusätzlichen Anforderungen internationaler sowie interkultureller Faktoren stellen.

Grenzüberschreitende Fallkategorien haben ihren Ausgangspunkt häufig in Trennungs- und Scheidungskonflikten, wobei Fragen des Sorge- und Umgangsrechts oder Unterhaltsleistungen im Vordergrund stehen. In hochstreitigen Fällen kann es zu einer Kindesentführung durch einen Elternteil kommen. Besonders spannungsreich sind interkulturelle Mediationen im Umfeld familiärer Kindesentführungen ins Ausland. Internationale Kindesentführungen liegen nach Schätzungen von Experten bei ca. 100.000 Fällen pro Jahr (global). Der entführende Elternteil sieht sich dabei oft im Recht und erkennt kein Unrecht (vgl. Kiesewetter 2013, 506). Der Schutz des Kindes vor Gefährdung steht im Mittelpunkt fachlicher Intervention und kann meist nur erreicht werden, wenn beide Elternteile sich grundlegend einigen. In einer Mediation können Lösungen von beiden Eltern gemeinsam erarbeitet werden (vgl. Carl/Erb-Klünemann 2011, 116).

> **Zur Terminologie: Internationale Kindesentführung**
> Unter „internationaler Kindesentführung" wird in dem hier beschriebenen Zusammenhang das grenzüberschreitende Verbringen eines Minderjährigen unter Verletzung des Mit- oder Alleinsorgerechts eines Elternteils oder einer anderen Person oder Institution verstanden (Marx 1998, 6).

In der überwiegenden Zahl der Fälle wird die Kindesentführung von einem Elternteil begangen, wobei er das Kind der Obhut des anderen Elternteils entzieht. Ebenso als Kindesentführung zu qualifizieren sind diejenigen Fälle, bei denen das Sorgerecht eines Pflegers (z. B. eines Aufenthaltsbestimmungspflegers) oder eines Vormundes, sei es ein Einzel- oder ein Amtsvormund, tangiert wird. Die hier gebrauchte Terminologie lehnt sich an die Begriffsdefinition der Haager Konvention über die zivilrechtlichen Aspekte internationaler Kindesentführung von 1980 an (Art. 3 HKÜ). Das Haager Übereinkommen verwendet die englischen Termini *international child abduction* und *wrongful removal or retention*.[9] Auch

---

9 In der amtlichen deutschen Übersetzung werden die Termini „international child abduction" mit „internationale Kindesentführung" und „wrongful removal or retention" mit „widerrechtliches Verbringen oder Zurückhalten" übersetzt; BT-Drucksache 11/5314.

im deutschen Strafrecht wird eine im Familienkreis vorgenommene Kindesentführung unter Strafandrohung gestellt (§ 235 StGB), wobei dort das Delikt fast harmloser anmutend als „Kindesentziehung" bezeichnet wird (vgl. ebd.).

Eine internationale Kindesentführung dokumentiert besonders drastisch das Scheitern einer Paarbeziehung und gemeinsam gelebter Elternverantwortung. Ein Beziehungskonflikt eskaliert bis zu einer Stufe, auf der ein Elternteil mit dem gemeinsamen Kind den familiären Lebensmittelpunkt verlässt und ins Ausland übersiedelt, meist das Heimatland des Entführers. Dies geschieht gegen den ausdrücklichen Willen oder klammheimlich ohne Einverständnis des mit- oder allein sorgeberechtigten Elternteils. Mit der abrupten Änderung des Lebensumfelds und dem Verlust wichtiger Bezugspersonen wird das Kind zum Objekt und Opfer dieses Familiendramas. Der zurückgelassene Elternteil wird meist gänzlich vom Umgang mit dem Kind ausgeschlossen, oder die Kontakte reduzieren sich auf telefonische oder schriftliche Mitteilungen.

Kindesentführungen im familiären Milieu ereignen sich ebenso innerhalb Deutschlands. Eine grenzüberschreitende Komponente verschärft jedoch die Lage. Die Chancen des zurückgelassenen Elternteils, mit gerichtlicher oder administrativer Hilfe die Beziehung zu seinem Kind wieder aufzunehmen und das Sorgerecht ausüben zu können, reduzieren sich, wenn das Kind im Ausland lebt. Besonders wenn der Aufenthaltsort des Kindes verschleiert wird oder das Kind vom Vater in ein Land mit islamischer Rechtsordnung verbracht wurde, sind die Rückführungsaussichten ungünstig.

In allen Fällen ist die Unterstützung von spezialisierten Fachleuten gefragt, die sich auf Erfahrungen mit grenzüberschreitenden Kindesentführungen stützen können und denen institutionalisierte Lösungsstrategien vertraut sind.

**Typische Konfliktmuster internationaler Kindesentführungen (nach Marx 1998, 8 ff.)**

Eine internationale Kindesentführung geschieht nicht aus heiterem Himmel. Die Dynamik eines Partnerkonflikts gipfelt erst in dem egozentrischen Akt, den Kontakt des Kindes mit dem anderen Elternteil gänzlich zu unterbinden. Eine Fallgeschichte setzt sich häufig aus einem schwer entwirrbaren Bündel individueller, aber auch kulturspezifischer Konflikte zusammen. Über den Streit um das Kind werden Enttäuschung über eine gescheiterte Partnerschaft, Verletzungen und Rachegefühle, ethnische Diskriminierungen, die Angst um den Aufenthaltsstatus, ein Verlust an Prestige und vieles mehr ausagiert. Aus der Berufspraxis lassen sich einige typische Konfliktmuster und Einstellungen, die Triebfeder für grenzüberschreitende Kindesentführungen sind, herauskristallisieren:

*Das Kind als selbstverständlicher Besitz*
Ein Partner leidet an den Folgen seiner Migration am Wohnort des ausländischen Partners und strebt in sein Heimatland zurück. Kulturelle Fremdheit, soziale Isolation, Statusverlust, Partnerkonflikte, geringe familiäre Akzeptanz, aber auch Xenophobie können Gründe für diesen Rückzug sein. Für fast alle deutschen Mütter, die im Ausland gelebt haben, ist es geradezu eine Selbstverständlichkeit, ihre Kinder bei einer Rückkehr nach Deutschland mitzunehmen, selbst wenn diese im Ausland geboren und aufgewachsen sind. Begünstigt wird dieses

Verhalten noch durch eine entsprechende Erwartungshaltung der deutschen Ursprungsfamilie. Einem noch gravierenderen sozialen Druck sind arabische Väter ausgesetzt, für die es undenkbar ist, ohne ihre Kinder in ihre Heimat zurückzukehren. Die erzwungene Umsiedlung ist für die betroffenen Kinder nicht selten verbunden mit einem Kulturschock, dem abrupten Abbruch fast aller sicheren emotionalen Bindungen, dem Verlust eines Elternteils und meist Sprach- und Schulschwierigkeiten.

> *Praxisbeispiel (nach einem Fall von Alfter o. J., 27):*
> Eine 18-jährige Amerikanerin und ein 24-jähriger Deutscher haben sich in den USA kennengelernt. Dort heirateten sie schon im darauffolgenden Monat. Ein Jahr später wurde der gemeinsame Sohn in den USA geboren. Als der Junge etwa ein halbes Jahr alt war, entschloss sich die Familie, nach Deutschland in den Heimatort des Ehemannes umzusiedeln. Der junge Familienvater war mit dem Hausbau auf dem großväterlichen Grundstück und seiner Berufstätigkeit so ausgelastet, ja überlastet, dass er die Einsamkeit und die inneren Nöte seiner Frau nicht bemerkte. In ihrer Sprachlosigkeit verlässt die Mutter mit dem Kind kurz vor Fertigstellung des Eigenheims Deutschland und kehrt zurück nach Amerika. Aus der Sicht des Vaters geschah diese Trennung völlig unerwartet.

*Das Kind als Kompensation für erlittene Diskriminierung*
Häufig erlebt sich der ausländische Partner in Deutschland in einer sozial und rechtlich schwächeren Position. Sein aufenthaltsrechtlicher Status ist an den Bestand der Ehe geknüpft; bei Behördengängen oder im Schriftverkehr mit Institutionen ist er meist auf die Unterstützung seines deutschen Partners angewiesen. Im Trennungs- und Scheidungskonflikt befürchtet er eine Ungleichbehandlung durch Gericht und Jugendamt. In der Tat trifft der ausländische Partner auf eine unterschwellig mutterorientierte Justiz und eine latent ethnozentrische Haltung (Inländerprivilegierung): „Man darf doch einer deutschen Mutter nicht das (auch) deutsche Kind wegnehmen." Der ausländische Elternteil tritt beim Streit um die elterliche Sorge die Flucht nach vorne an und entführt das Kind, weil er erwartet, vor Gericht sonst der Unterlegene zu sein. Außerdem ist er sich bewusst, dass das Kind der verwundbare Punkt, sozusagen die Achillesferse des deutschen Elternteils ist. Dort kann er sich für erlittenes Unrecht rächen.

*Das Kind als Faustpfand*
Gelegentlich wird eine Kindesentführung eingesetzt, um den Partner zu einem bestimmten Verhalten zu zwingen. Das Kind wird als Erpressungsobjekt benutzt, um den anderen zur Wiederaufnahme der abgebrochenen ehelichen Beziehung zu bewegen. Oder zwischen dem anderen Elternteil und dem Kind wird jeglicher Umgang vereitelt, was auch eine Form der Kindesentführung ist, um ausstehende Unterhaltsforderungen durchzusetzen. In diesen Fällen wird das Kind besonders drastisch als Objekt missbraucht und wie ein Handelsobjekt benutzt.

*Kindesentziehung als einziger Zugang zu dem Kind*
Auch ein abgeschlossenes Scheidungs- und Sorgerechtsverfahren bietet keine Garantie dafür, dass der Streit um das Kind nicht weiter eskaliert. Ist die Verteilung

des Sorge- und Umgangsrechts für einen Elternteil nicht akzeptabel, besteht die Gefahr, dass er Selbstjustiz übt und das Kind entführt. Wenn der alleinsorgeberechtigte Elternteil Besuchskontakte zwischen dem Kind und dem anderen Elternteil unterbindet, kann dies eine Kindesentführung geradezu provozieren. Zuweilen werden Besuchskontakte untersagt, um der Gefahr einer Kindesentführung zu begegnen. Stattdessen eignet sich m. E. bei der ernsthaften Gefahr einer Kindesentführung ein begleitetes Umgangsrecht, das in den Räumen einer Beratungsstelle oder beim Jugendamt ausgeübt werden kann.

*Kindesentführungen im trennungs- und scheidungsfreien Raum*
*(siehe Wuppermann o. J., 28)*
Nicht unerwähnt bleiben sollen diejenigen Konstellationen, die den Rahmen der Kleinfamilie überschreiten. Das sind Fälle von Pflegekinderentführungen, aber auch die gewaltsame Trennung von Großeltern oder anderen Verwandten, wenn diese das Sorgerecht für das Kind ausgeübt haben. Besonders gravierend ist der Beziehungsabbruch, wenn ein Kind von einem Elternteil bei Verwandten oder gar in einem Internat im Ausland untergebracht wird, um das Kind um jeden Preis vor dem Partner zu verstecken.

**Das Projekt MiKK e. V. (Mediation bei internationalen Kindschaftskonflikten)**
Die Mediationsverbände BAFM (Bundes-Arbeitsgemeinschaft für Familien-Mediation) und BM (Bundesverband Mediation) gründeten 2008 den gemeinnützigen Verein MiKK e. V., der sich mit Mediationen in Kindschaftskonflikten befasst. Im Rahmen dessen baute der Verein ein Netzwerk von spezialisierten Mediatoren im Bereich bi-nationaler Mediation auf.

Auf Grundlage verschiedener Erfahrungen durch deutsch-polnische, deutschfranzösische und deutsch-amerikanische Mediationsprojekte und unter Beachtung des HKÜ und der Brüssel IIa-Verordnung ist die sog. „Breslauer Erklärung" zustande gekommen, die folgende Empfehlungen zur Durchführung binationaler Mediationen beinhaltet:[10]

**Breslauer Erlärung**
1. Die Mediation soll als sogenannte binationale Co-Mediation durchgeführt werden.
2. Die Mediatoren sollen die gleiche nationale Herkunft wie die beiden Mediationsparteien haben. Bei einem deutsch-polnischen Entführungsfall sollen also ein Mediator aus Polen und ein Mediator aus Deutschland beteiligt sein. Auf diese Weise reflektieren die beiden Mediatoren den kulturellen Hintergrund der Eltern.

---

10 Neben der Breslauer Erklärung stellten Eberhard Carl und Martina Erb-Klünemann weitere Regeln für bi-nationale Mediationen in Verfahren auf. Diese basieren ebenfalls auf Vorerfahrungen. Nachzulesen in: Bi-nationale Mediationen bei grenzüberschreitenden Kindschaftskonflikten – Ein Bericht aus Deutschland 2011.

3. Bei den Mediatoren soll es sich um eine Frau und einen Mann handeln, damit beide Geschlechter repräsentiert sind.
4. Ein Mediator soll der psychologischen/pädagogischen Berufsgruppe angehören, der andere Mediator soll aus der juristischen Profession stammen. Die Verfahren bedürfen auf Grund ihrer hohen Konfliktdynamik besonderer psychologisch-kommunikativer Fähigkeiten eines Mediators. Der andere Mediator soll über die rechtlichen Besonderheiten von internationalen Kindesentführungsverfahren und anderen internationalen Kindschaftsverfahren (z. B. Sorge- und Umgangsrechtsverfahren) fortgebildet sein.
5. In Entführungsverfahren sollen beide Mediatoren bereit sein, nach Auftragserteilung möglichst innerhalb von ein bis zwei Wochen für die Durchführung einer Mediation zur Verfügung zu stehen.

(Quelle: http://www.mikk-ev.de/wp-content/uploads/breslauer-erklaerung.pdf)

Informationen über die Möglichkeit einer grenzüberschreitenden Mediation erhalten die Betroffenen in den meisten Fällen durch Rechtsanwälte, Richter, die Zentrale Behörde, Jugendämter oder internationale Sozialdienste (vgl. Kiesewetter/Paul 2009, 33). Die räumliche Distanz und der – durch das HKÜ-Verfahren – begrenzte Zeitraum (sechs Wochen) erfordern meist eine Mediation in Form einer „Blockmediation" innerhalb weniger Tage (vgl. Carl/Erb-Klünemann 2011, 116).

Ängste, das Kind zu verlieren oder nur noch selten zu sehen, spielen in internationalen Familien-Mediationen eine besondere Rolle (ebd.), da das HKÜ-Verfahren meist eine Rückführung des Kindes in sein gewohntes soziales Umfeld vorsieht (vgl. Kiesewetter 2013, 506). Gravierender wird der Konflikt noch durch ein aufkommendes „Alles-oder-nichts-Gefühl", da sich die Wohnorte der Eltern in verschiedenen Ländern befinden. Ängste entstehen wegen der weiten Entfernung zum Kind und der finanziellen Belastung (ebd., 508).

Bereits die Auswahl der Rahmenbedingungen stellt bei internationalen Familien-Mediationen ein Spezifikum dar. So muss eine Verständigung über den Mediationsort, das Mediationsteam, über die Sprache sowie über die Reisekosten getroffen werden (vgl. Wacker/Römer-Wolf 2009, 25). Auch bei der Vereinbarung müssen zusätzliche Gesichtspunkte berücksichtigt werden. Da bei internationalen Konflikten zwei Rechtssysteme involviert sind, ist die rechtliche Verbindlichkeit und Vollstreckbarkeit in beiden Ländern sicherzustellen (vgl. Kiesewetter 2013, 509).

Zur Optimierung des Wissens und der Kooperation im Bereich internationaler Kindschaftskonflikte finden Fortbildungen für Richter, Mediatoren, Mitarbeiter von Jugendämtern und andere Fachleute statt (vgl. Carl/Erb-Klünemann 2011, 117).

### 5.10.3 Interkulturelle Vermittlung im kommunalen Raum

Deutschland ist ein Einwanderungsland, auch wenn konservative Strömungen das nicht wahrhaben wollen. In einigen Kommunen beträgt die Rate der Bürger mit Migrationshintergrund bis zu einem Drittel der Bevölkerung. Es liegt auf der Hand, dass Politik und Verwaltung Integrationskonzepte für Einwanderer und ausländische Mitbürger entwickeln und umsetzen müssen. Wegweisend sind die Modelle von Frankfurt am Main, Münster und Bielefeld, um einige zu nennen. Frankfurt am Main war meines Wissens die erste Großstadt in Deutschland, die schon in den 1980er Jahren die Notwendigkeit erkannte und ein „Amt für multikulturelle Angelegenheiten (AmkA)" einrichtete. Bielefeld besitzt ein „Kommunales Integrationszentrum", Münster eine „Koordinierungsstelle für Migration und interkulturelle Angelegenheiten."

Zu den Aufgaben des Frankfurter Amtes zählen u. a. die Bereiche Konfliktvermittlung und Prävention. Mit seinem Projekt „Stadtteilvermittlung" bietet das AmkA Mediation bei Konflikten im Stadtteil und in der Nachbarschaft an. Darüber hinaus berät das Amt religiöse Gemeinden, vermittelt bei Konflikten mit Ämtern und koordiniert Bauvorhaben religiöser Gruppen. Im Rahmen des Projektes „Polizei und Migrantinnen und Migranten im Dialog in Frankfurt am Main" werben Polizeibeamte gemeinsam mit Vertretern von Migrantenorganisationen für mehr gegenseitiges Verständnis und Toleranz (www.frankfurt.de). Als erste Stadt in Deutschland hat Frankfurt am Main im Jahr 2003 eine Antidiskriminierungsrichtlinie für Beschwerden von Bürgerinnen und Bürgern gegen städtische Ämter und Betriebe erlassen, die im Wortlaut folgendes Diskriminierungsverbot festschreibt (www.frankfurt.de):

> **Diskriminierungsverbot**
> Niemand darf aus Gründen seines Geschlechts, seiner Abstammung, seiner Hautfarbe, seiner Sprache, seiner Heimat oder Herkunft, seines Glaubens, seiner Religion, seiner politischen Ansichten oder seiner Weltanschauung, seiner Behinderung, seines Alters oder seiner sexuellen Ausrichtung unmittelbar oder mittelbar diskriminiert werden.

Es wäre wünschenswert, wenn sich mehr Kommunen der Herausforderung stellen würden, gegenseitiges Verständnis und Toleranz in Stadtteilen zu fördern, indem sie Stadtteilvermittlungsstellen einrichten oder unterstützen. In den USA etwa sind kommunale Mediationszentren in zahlreichen Großstädten installiert.

### 5.10.4 Friedensmissionen bei Bürgerkriegen und zwischenstaatlichen Kriegen

Der Themenkomplex Krieg und Frieden scheint auf den ersten Blick wenig mit sozialer Arbeit gemein zu haben. Das täuscht, denn Sozialarbeiter sind häufig in mittelbaren Friedensmissionen tätig. Friedensdienste sind eine Form ziviler Krisenintervention, die von Nichtregierungsorganisationen oder Basisgruppen geleistet werden. Ihre Aufgabe ist es, das Kriegsleid in Flüchtlingslagern zu mildern oder verfeindete Gruppen miteinander ins Gespräch zu bringen. Die Arbeit steht meist in Verbindung mit zwischenstaatlicher Entwicklungszusammenarbeit. Die Mitarbeiter stammen überwiegend aus dem pädagogischen Kontext oder aus

Regierungs- und Nichtregierungsorganisationen und leisten mediative Arbeit in einzelnen Krisengebieten, beispielsweise in Form von Flüchtlingshilfe, der Ausbildung von Multiplikatoren und in der Toleranz- sowie Versöhnungsarbeit (vgl. Mattenschlager/Meder 2004, 497).

> *Beispiel – Der Zivile Friedensdienst:*
> „Gewaltprävention ist eines der wesentlichen Ziele des ZFD. Es ist kein Widerspruch zu diesem Ziel, dass ZFD-Projekte und Programme häufig in Post-Konfliktsituationen tätig werden: in Ländern, in denen ein bestenfalls fragiler Frieden herrscht, der wieder in bewaffnete Konflikte umschlagen kann. Zur zivilen Konfliktbearbeitung gehört auch die Idee der sozialen Gerechtigkeit. Denn Konflikte tragen immer auch das Potenzial in sich, einen Prozess der sozialen Veränderung einzuleiten. In dem Ausdruck der Konflikttransformation schwingt diese Idee mit. Der ZFD arbeitet überwiegend im Kontext der Entwicklungszusammenarbeit. Er unterstützt vorrangig zivilgesellschaftliche Kräfte, die als Akteure für Gewaltfreiheit in Konflikten auftreten, so dass sie ihre Positionen artikulieren und sich Gehör bei entscheidenden Stellen verschaffen können. Er zielt auf strukturelle Veränderung und setzt damit vor allem auf mittel- bis langfristige Wirkungen.
> Die Instrumente des ZFD sind so vielfältig wie die Konflikte und Krisenregionen. Menschenrechte, Medien, psychosoziale Betreuung – alles kann Thema der Arbeit des ZFD sein. Dialogforen oder Friedensverhandlungen, juristische Aufarbeitung von Menschenrechtsverbrechen oder Versöhnung mit dem ehemaligen Feind – die Projektpartner des ZFD richten ihre Arbeit auf die jeweilige Situation und deren Bedarf aus. Darin werden sie von ausländischen und einheimischen Fachkräften unterstützt."
> (www.ziviler-friedensdienst.org)

**Internationale Mediation und die UN-Charta**

Im Gegensatz zu den bisher beschriebenen Formen von Mediation handelt es sich bei der internationalen Mediation um die Vermittlung zwischen Nationalstaaten. Mit Hilfe von diplomatischen Mitteln (Gute Dienste, Vermittlung) des Völkerrechts findet eine Vermittlung zwischen den Konfliktparteien statt, die sich als Akteure politischer Systeme gegenüberstehen und deren Konflikt gesellschaftspolitische Interessen betreffen. Anders als Mediation, die strukturiert und nach den Prinzipien des Harvard-Konzepts erfolgt, umfasst die internationale Mediation jegliche Form von Vermittlung, besonders die sog. Guten Dienste als auch die Vermittlung im Rahmen des internationalen Völkerrechts (vgl. Keller 2013, 8 f.).

Ernsthafte Überlegungen, wie mit Konflikten zwischen Staaten umgegangen werden soll, wurden erstmals nach dem Westfälischen Frieden von 1648 angestellt, der den Dreißigjährigen Krieg beendete.[11] Eine wichtige Friedensvision entstand mit dem Haager Abkommen von 1907, wobei die Mitgliedstaaten die Vereinbarung trafen, Konflikte in Zukunft friedlich zu klären. Das Abkommen hatte jedoch keine verpflichtende Wirkung.

---

11 Entwicklung von Territorien mit praktischer Souveränität und die damit verbundene Entstehung von Staaten mit eigenen Staatsgrenzen und Souveränität (vgl. Keller 2013, 15 f.).

Heute ist die Charta der Vereinten Nationen das verbindende Abkommen der Völkergemeinschaft. Sie ist der Gründungsvertrag der Vereinten Nationen (United Nations). Ihre universellen Ziele und Grundsätze bilden die Verfassung der Staatengemeinschaft, zu der sich alle (mittlerweile 192) Mitgliedstaaten bekennen. Die Charta wurde gegen Ende des Zweiten Weltkrieges im Jahr 1945 in San Francisco von 50 Gründungsstaaten unterzeichnet. Mit Zeichnung der UN-Charta verpflichten sich die Vertragsstaaten auf den Verzicht von Angriffskriegen. Bei zwischenstaatlichen Konflikten werden die Staaten aufgefordert, sich um den Einsatz friedlicher Streitbeilegungsmittel zu bemühen, die exemplarisch in Art. 33 aufgezählt sind:

**Art. 33 UN-Charta**
Die friedliche Beilegung von Streitigkeiten:

1. Die Parteien einer Streitigkeit, deren Fortdauer geeignet ist, die Wahrung des Weltfriedens und der internationalen Sicherheit zu gefährden, bemühen sich zunächst um eine Beilegung durch Verhandlung, Untersuchung, Vermittlung, Vergleich, Schiedsspruch, gerichtliche Entscheidung, Inanspruchnahme regionaler Einrichtungen oder Abmachungen oder durch andere friedliche Mittel eigener Wahl.
2. Der Sicherheitsrat fordert die Parteien auf, wenn er dies für notwendig hält, ihre Streitigkeit durch solche Mittel beizulegen.

Die aufgeführten Streitbeilegungsmittel stützen sich primär auf Lösungsvorschläge Dritter, anders als die puristische Mediation. Schiedsgerichte greifen am stärksten in die staatliche Autonomie ein, die Vermittlung weniger. Im Rahmen einer Vermittlung formuliert ein neutraler dritter Staat inhaltliche Lösungsvorschläge auf Wunsch der Streitparteien (ebd., 20 f.).

Ein umstrittenes, aber Erfolg bringendes Verfahren ist die sog. „Power Mediation", die nicht explizit in die UN-Charta aufgenommen wurde. In diesem Fall gibt der Vermittler seine Neutralität auf und arbeitet sowohl mit Drohungen als auch mit Anreizen, etwa Waffenlieferungsstops oder Wiederaufbauhilfe. Meist suchen die vermittelnden Staaten die Kriegsparteien auf und nicht umgekehrt (ebd.).

## 5.11 Kommunale Mediationszentren

Community-Mediation-Zentren in den USA halten mit ihrem Mediationsservice ein Dienstleistungsangebot vor, das sich an das klassische Klientel der Sozialarbeit wendet, ja diesen Kreis noch erweitert. Die Programme umfassen kostenfreie von Ehrenamtlichen getragene Mediationsprogramme, die vorwiegend Alltagskonflikte abdecken, darunter auch Familien-Mediation, Nachbarschaftsmediation oder Elder Mediation. Die Zugangsbarriere für das Klientel sowie das finanzielle Engagement sind bewusst niedrig angesetzt. In Deutschland hingegen steckt die Gemeinwesenmediation noch in den Kinderschuhen. Können die Jahrzehnte langen Erfahrungen der kommunalen Mediationszentren in den USA als Modell für Deutschland herangezogen werden?

### 5.11.1 Das US-amerikanische Konzept

Kommunale Mediationszentren *(Community Mediation Center)* in den USA verstehen sich vorwiegend als eine Komponente im System sozialer Dienstleistungen mit ihrem Hauptgewicht auf alternativen Konfliktlösungsstrategien. Ihre Klientel entstammt in erster Linie Familien mit niedrigem Einkommen, wobei deren Konflikte noch durch schwierige Lebensumstände verschärft werden können. So belasten neben geringem Einkommen Probleme wie Arbeitslosigkeit, mangelnde Berufsausbildung, angegriffene Gesundheit oder ein wenig ausgebildetes soziales Netzwerk das familiäre Konfliktpotenzial noch zusätzlich (Della Noce 1997). Die kommunalen Mediationsprogramme wenden sich somit an das klassische Klientel der sozialen Arbeit.

Die Unterstützungsangebote intendieren, diesen benachteiligten Bevölkerungsgruppen einen möglichst gleichwertigen Zugang zu institutionalisierten Konfliktlösungsressourcen zu verschaffen. Die Barrieren, um Gerichte und Rechtsanwälte als primäre Konfliktlösungsinstanzen anzurufen, werden in diesem Milieu häufig als zu hoch eingestuft (ebd.).

Erste Experimente mit kommunalen Mediationszentren nahmen ihren Ausgang in den frühen 1970er Jahren (Kovach 1997). Mit dem Aufbau der Zentren in zahlreichen Großstädten der USA ab Mitte der 1970er Jahre gewann die Bewegung an Dynamik. Gemeinsames Anliegen der ersten sog. Nachbarschafts-Rechts-Zentren *(Neighbourhood Justice Center)* war es, Konfliktvermittlung kostenfrei anzubieten. Getragen wurden die frühen Zentren durch öffentliche Fördermittel sowie Spenden und beschäftigten nur wenige bezahlte Mitarbeiter. Sie zeichneten sich dadurch aus, dass die Mediatoren ehrenamtlich tätig und ganz unterschiedlicher beruflicher Herkunft waren (ebd.; Moore 2003).

Die erfolgreiche Arbeit der Community Mediation Center findet breite positive Resonanz, so dass mittlerweile mehr als 400 solcher Programme in den USA bestehen. Der Dachverband, die National Association for Community Mediation, weist 2013 eine beeindruckende Statistik zu den Aktivitäten der Verbände vor:

- Die Zahl der ehrenamtlich tätigen Mediatoren liegt bei mehr als 20.000 Aktiven.
- Ca. 1300 Vollzeitmitarbeiter sind dort beschäftigt.
- Mehr als 400.000 Fälle werden jährlich bearbeitet.
- Von der Dienstleistung profitieren rund 900.000 Klienten jährlich.

(National Association for Community Mediation 2013; www.nafcm.org)

Art und Umfang der Programme variieren, haben jedoch als gemeinsame Klammer, dass primär Alltagskonflikte sowie familiäre Auseinandersetzungen abgedeckt werden. Es wird bei Nachbarstreitigkeiten, bei Mietkonflikten oder in Verbraucherangelegenheiten vermittelt. Einige Zentren bieten spezielle Mediationsprogramme in Schulen an, andere wiederum reagieren auf die steigende Jugendkriminalität mit Täter-Opfer-Mediation (Ray 1997). Die Mehrheit der kommunalen Mediationszentren betreibt Familien-Mediation, wobei teilweise eine Fokussierung auf den Bereich der elterlichen Sorge und des Umgangsrechts vorgenommen wird (Reiniger/Tudy-Jackson 1997). Von anderen wiederum wird eine Beschränkung auf die Sorgerechtsfrage abgelehnt. Sie befassen sich mit einem weiten Spektrum von Familienkonflikten, beginnend mit den kompletten Scheidungsfolgen bis hin zu Pflegekindschaft, Generationenkonflikten, Disputen in Groß- oder Stieffamilien u. v. m. (Coates 1997; Della Noce 1997; McKnight 1997).

Community Mediation zeichnet sich durch gemeinsame Charakteristika aus, die von der National Association for Community Mediation vor etwa einem Jahrzehnt aufgestellt wurden:

---

**Characteristics of Community Mediation**

- A private nonprofit or public agency or program thereof, with mediators, staff, and a governing/advisory board representative of the diversity of the community served;
- The use of trained community volunteers as providers of mediation services, with the practice of mediation open to all persons;
- Providing direct access to the public through self-referral and striving to reduce cultural, economic, linguistic, physical, and programmatic barriers to service;
- Providing service to clients regardless their ability to pay;
- Providing service and hiring without discrimination on the basis of ethnicity, race, color, religion, gender, age, disabilities, national origin, marital status, personal appearance, gender and/or sexual orientation, family responsibilities, matriculation, political affiliation, source of income, or other important local measures of communal diversity;
- Providing a forum for dispute resolution and engagement at the earliest stages of conflict;
- Providing an alternative to the judicial system at any stage of a conflict;
- Advocating, initiating, facilitating, and serving as a resource for collaborative community relationships to effect positive systemic change; and
- Engaging in public awareness and educational activities about the values and practices of mediation.

(National Association for Community Mediation;. www.nafcm.org)

---

Während die traditionellen Justizinstanzen effizientes Fallmanagement und durch Recht und Gesetz gedeckte Entscheidungen in den Vordergrund stellen, unterliegt die Community-Mediation-Bewegung anderen Idealen und Motiven. An erster Stelle steht wohl soziale Gerechtigkeit, getragen von einem humaneren Prozess der Auseinandersetzung oder einfach das Interesse an parteiengerechten Lösungen. Darüber hinaus wird auf einen Lerneffekt in der Bevölkerung Wert gelegt. In der idealen Mediationssituation erlernen die involvierten Klienten für sie neuartige Konfliktlösungs- und Kommunikationsstrategien, die sie befähigen sollen, künftig mit ähnlichen Konstellationen eigenständig und sachgerechter umzugehen. Die Methode soll neue Ressourcen bei dem Klienten erschließen und das Handlungsspektrum erweitern *(empowerment)* (Ray 1997; McKnight 1997). Ein Paradigmenwechsel zu dem verkürzten Ansatz des Justizsystems, das den Bürger oftmals in eine Objektrolle drängt, wird angestrebt.

Die Einstellung der US-amerikanischen Bevölkerung zur Mediation hat sich im Laufe der vergangenen Jahrzehnte stark gewandelt. Zu den Anfangszeiten der Community-Mediation-Zentren wurde Mediation als *second-class justice* abgewertet, die als Zielgruppe primär Bevölkerungsteile anspreche, die sich den Gerichtsprozess als Konfliktlösungsmechanismus nicht leisten konnten (Kovach 1997). Als aber einige Jahre später Gerichte begannen, auf Mediation als Einigungsmethode zu reflektieren und Fälle an Mediatoren zu verweisen, gewann Mediation zusehends an Ansehen, zunächst in der Fachöffentlichkeit. Für die Anwaltschaft eröffnete sich gleichzeitig ein lukratives Betätigungsfeld, für das sich die üblichen Stundensätze abrechnen ließen. Trotzdem war der Mediationsprozess für die meisten Parteien kostengünstiger als ein kontrovers ausgetragenes Gerichtsverfahren. Damit trat neben den kostenfreien Mediationsservice der Community-Mediation-Zentren das kostenträchtige Mediationsangebot des privaten Sektors, vorwiegend abgedeckt von der Anwaltschaft.

Durch ihre unverkennbaren Erfolge und die direkte Partizipation der Parteien am Verhandlungsgeschehen mit einem selbstbestimmten Ergebnis genießt heute Mediation in weiten Teilen der USA den Ruf als *first-class justice.*

> „*Now that mediation, in some views, is seen as first-class justice, a current perception is that those left to fight it out in the court house will be getting second-class justice. It seems that fairness dictates that the same option be made available to everyone, particularly since for many lower-income individuals, the benefits of mediation, which are not available through the court system, are significant.*" (ebd., 23)

Da Mediation im Repertoire der Anwaltschaft fest verankert ist, laufen Community-Mediation-Zentren Gefahr, wiederum zum zweitrangigen Anbieter von Mediationsservice deklassiert zu werden. Das Charakteristikum der öffentlichen Mediationszentren ist bis heute immer noch ihr kostenfreies Mediationsangebot durch Ehrenamtliche *(volunteers).* In einer Gesellschaft, die den Wert einer Sache oder einer Dienstleistung maßgeblich an ihrem Preis misst, kann ein kostenfreies Angebot schnell an Wert einbüßen. Hinzu tritt noch die ungleiche Wahrnehmung von professionellem und ehrenamtlichem Service.

Unter diesem Gesichtspunkt gewinnen Qualitätssicherung und Qualitätskontrolle für den kommunalen Sektor eine tragende Funktion (Della Noce 1997). Bei der Mehrzahl der gemeindlichen Mediationsprogramme haben sich Qualitätsstandards im Wege der Selbstregulierung gebildet, die sich in Trainingsstandards und Anforderungen beim Erwerb von Erfahrungswissen für ehrenamtliche Mediatoren widerspiegeln.

## 5.11.2 Erste Ansätze der Gemeinwesenmediation in Deutschland

Das relativ neue und wenig verbreitete Gebiet der Gemeinwesenmediation in Deutschland vermittelt bei *Konflikten im sozialen Nahraum* und erfasst neben Nachbarschaftskonflikten allgemeine Streitigkeiten im Stadtteil sowie in den Bereichen Schule, Familie, Verein, Arbeit und ebenso den Täter-Opfer-Ausgleich (vgl. Trenczek 2013, 607). Dabei spielen weder die Art der Konflikte noch die Art des Arbeitsfeldes eine Rolle. Häufig werden Gemeinwesenmediation, Nachbarschafts- und Stadtteilmediation synonym betrachtet. Becker und Riedel weisen jedoch zu Recht darauf hin, dass Unterschiede bestehen. So bezieht sich, ihrer Auffassung nach, die Nachbarschaftsmediation primär auf die mikrosoziale Ebene privater Streitigkeiten. Gemeinwesenmediation dagegen beinhaltet Konflikte auf der meso- und makrosozialen Ebene und schließt strukturelle Rahmenbedingungen mit ein. Findet eine Konfliktbearbeitung zwischen Verwaltung, Politik und Bürgern statt, spricht man von einer Mediation im öffentlichen Raum (vgl. Becker/Riedel 2013, 425). Gemeinwesenmediation wird insofern, so Trenczek, als Teilgebiet der Mediation im öffentlichen Bereich verstanden (vgl. Trenczek 2013, 607) und gilt als verbindendes Glied zwischen der Mediation im öffentlichen und im privaten Raum (vgl. Trenczek 2005, 9).

Trotz der frühen Entwicklung der Gemeinwesenmediation (community mediation) in den USA in den 1970er Jahren steckt die Bewegung in Deutschland noch in den Kinderschuhen. Im Kern geht es um die Fähigkeit der Bürger, ihre Streitigkeiten mit eigenen Ressourcen konstruktiv zu bewältigen (vgl. Becker/ Riedel 2013, 425; Trenczek 2013, 607). Mediation im Gemeinwesen kann ein politisches Antriebsmoment besitzen und als Instrument aktiver Bürgerbeteiligung verstanden werden (vgl. Becker/Riedel 2013, 426).

Konflikte im Gemeinwesen wirken sich meist gravierend auf das Wohlbefinden der Betroffen aus, wecken starke Emotionen und besitzen ein hohes Eskalationspotenzial. Weniger sind Vermögenspositionen betroffen (vgl. Trenczek 2013, 607). Während die Trennungs- und Scheidungs-Mediation in Deutschland – mangels staatlicher Förderung – vorwiegend von einer aufgeklärten Mittelschicht wahrgenommen wird, trifft Gemeinwesenmediation auf armutsbedingte und psychosoziale Problemzusammenhänge. Mediatoren in diesem Feld werden häufig mit Wohnungsbaugenossenschaften oder der Polizei zusammenarbeiten. Sie hat dabei auch beratenden und sozialarbeiterischen Charakter. Wegen ihres Schwerpunktes auf sozialen Problemen der Betroffenen lässt sich hier der Begriff „Lebensweltorientierung" heranziehen. Eine Besonderheit der Gemeinwesenmediation besteht in der Vernetzung der Mediatoren im nachbarschaftlichen Leben (vgl. Becker/Riedel 2013, 427 f.). Um niedrigschwellige Zugänge im sozialen Nahraum zu schaffen, sieht Trenczek folgende drei Strategien als zielführend an:

- „*Bereitstellung von Mediationsdienstleistungen durch gemeinnützige Organisationen,*
- *Einbeziehung von Freiwilligen (volunteers/ehrenamtlichen Mitarbeitern) im Rahmen der Konfliktbearbeitung,*

- *Einbeziehung von lokalen Repräsentanten bei der Aufarbeitung von Konflikten."*

*(Trenczek 2013, 609)*

In Deutschland sind Anbieter der Gemeinwesenmediation – sofern überhaupt vorhanden – gemeinnützige Vereine oder kommunale Einrichtungen, oder die Dienstleistung ist in Organisationen mit einem vielfältigen Aufgabenprofil eingebettet (ebd., 610). Der Vorteil eigenständiger Stellen liegt in ihrer von außen wahrgenommenen größeren Neutralität. Die Neutralität von Mediationsstellen, die in eine Stadtverwaltung oder in eine Wohnungsbaugenossenschaft eingebettet sind, wird von dem Klientel oft hinterfragt. Andererseits ist ihre Finanzierung eher gesichert (vgl. Splinter 2005, 15 f.).

Die Ausbildung der ehrenamtlichen Mediatoren umfasst entweder Intensivkurse im Umfang von 40 Stunden oder auch umfassende Weiterbildungen von 200 Stunden. Damit eine qualitativ hochwertige Dienstleistung angeboten werden kann, finden häufig Co-Mediationen statt, wobei ein neu ausgebildeter Mediator mit einem erfahrenen Mediator kooperiert (vgl. Trenczek 2013, 611). Periodische Fortbildungen und Supervision sind selbstverständlich (vgl. Trenczek 2005, 10). Erfahrungen zeigen, dass besonders Einzelgespräche und Pendelmediationen zum Alltag der Gemeinwesenmediation gehören (vgl. Splinter 2005, 17; Becker/Riedel 2013, 425).

Durch die Ausbildung ehrenamtlicher Mediatoren entsteht ein „Pool von MediatorInnen, die vor Ort bekannt sind, Vertrauen genießen, verschiedene Bevölkerungsgruppen repräsentieren und dadurch einen guten Zugang zu potenziellen Konfliktparteien haben", so Splinter (2005, 14). Prädestiniert sind besonders anerkannte Personen der Gemeinde aus Stadtteilinitiativen oder dem Vereinsleben. Um eine breitere und höhere Fallzuweisung zu erlangen, bietet sich zudem eine Zusammenarbeit mit Stellen an, die selbst mit Streitfällen arbeiten oder regelmäßig Kenntnisse über bestehende Streitigkeiten besitzen. Dazu gehören etwa die Polizei, Schulen oder TOA-Stellen. Im Bereich Gemeinwesenmediation besteht in Deutschland noch hoher Entwicklungsbedarf.

## Weiterführende Literatur

Ballreich, R./Glasl, F. (2011): Konfliktmanagement und Mediation in Organisationen: Ein Lehr- und Übungsbuch mit Filmbeispielen auf DVD, Stuttgart.
Faller, D./Faller, K. (2014): Innerbetriebliche Wirtschaftsmediation, Frankfurt/Main.
Haft/Schlieffen (Hg.) (2009): Handbuch Mediation, 2. Aufl., München
Kaeding, P./Richter, J./Siebel, A./Vogt, S. (Hg.) (2005): Mediation an Schulen verankern, Ein Praxishandbuch, Weinheim u. a.
Kerntke, W. (2009): Mediation als Organisationsentwicklung: Mit Konflikten arbeiten – ein Leitfaden für Führungskräfte, u. a. Bern.
Krabbe, H. (2012): Elder Mediation: Konflikte und deren Lösung rund um die Lebensgestaltung im Alter, in: ZKM 2012, Heft 6, S. 185–191.
Marx, A./Prell, I. (2006): Mietermediation – Konfliktmanagement in der Wohnungswirtschaft, in ZKM 2/2006, S. 59 ff.
Proksch, S. (2014): Konfliktmanagement im Unternehmen, Mediation und andere Methoden für Konflikt- und Kooperationsmanagement am Arbeitsplatz, Berlin.
Trenczek/Berning/Lenz (Hg.) (2013): Mediation und Konfliktmanagement, Baden-Baden.

# 6 BERUFSBILD MEDIATION

**Was Sie in diesem Kapitel erfahren können**

Zum Schluss unseres Bandes führen wir Sie in diverse Optionen der beruflichen Tätigkeit als Mediator oder Mediatorin ein sowie in das Spektrum kompakter und umfangreicher Ausbildungen. Die wichtigsten rechtlichen Grundlagen, das Mediationsgesetz und das Rechtsdienstleistungsgesetz, werden kursorisch vorgestellt. Ein Blick auf die Berufsstandards und ein Ausblick auf die Zertifizierung als Mediator komplettieren das Kapitel.

## 6.1 Mediation als Beruf

Mediation als Beruf ist noch jung, aber als Berufung gleichzeitig sehr alt. Als Anfang der 1990er Jahre die ersten Mediatoren in Deutschland ausgebildet wurden, wurde um die Anerkennung der Methode in der Fachöffentlichkeit gerungen. Noch lange war nicht an ein etabliertes Berufsbild zu denken. Als wir Ende der 1990er Jahre Studierende eine spontane Bürgerbefragung auf der Straße machen ließen, hatte lediglich jeder Vierte vage Vorstellungen von dem Begriff Mediation. Das hat sich 15 Jahre später radikal geändert. Heute hat fast jede Rechtsschutzversicherung Mediation in ihrem Portfolio, weiterführende Schulen haben flächendeckend Konfliktlotsen eingeführt, und Mediation ist auch in der Wirtschaft angekommen.

Dennoch ist Mediator/in kein Beruf wie andere. Nahezu alle Mediatoren in Deutschland üben Mediation als zusätzliches Standbein neben ihrem Hauptberuf aus. Mediatoren in Betrieben sind für ihre Tätigkeit als Konfliktbearbeiter teilweise freigestellt, Sozialarbeiter in Behörden oder Organisationen nutzen Mediation als Bereicherung ihres Methodenspektrums, und Konfliktlotsen in Schulen werden von Schulsozialarbeitern oder Beratungslehrern angeleitet. Andere Mediatoren wiederum sind in eigener psychotherapeutischer Praxis, in einem Anwaltsbüro oder in einer Bürogemeinschaft tätig.

Die Agentur für Arbeit führt Mediation als gelisteten Beruf auf und beschreibt die Tätigkeit als Unterstützung von Streitparteien, um zu einer außergerichtlichen Lösung zu gelangen. Aktuell erwartet das Mediationsgesetz vom Mediator (§ 5 Abs. 1 MedG) – im Gegensatz zum zertifizierten Mediator (§ 5 Abs. 2 MedG) – lediglich eine Aus- und Fortbildung. Überwiegend wird der Beruf von berufserfahrenen Sozialarbeitern, Sozialpädagogen, Juristen oder Psychologen ausgeübt, die eine Zusatzausbildung absolviert haben. Nach ihrer Ausbildung stehen Mediatoren vor der Herausforderung, die erworbenen Mediationsfähigkeiten anzuwenden, sich ein professionelles Profil zu erarbeiten und Marketing zu betreiben. Sich einem Netzwerk von Mediatoren anzuschließen ist ein wichtiger Schritt hin zu einer Professionalisierung. Das können etwa Peers aus der eigenen Ausbildung sein oder regionale Zusammenschlüsse von Mediatoren. In fast jeder Großstadt existieren solche Arbeitsgruppen.

Um erste Erfahrungen zu sammeln – der Sprung ins Wasser – eignet sich Co-Mediation mit einem (versierten) Mediator. Das hilft, eigene Unsicherheiten zu überwinden und die jeweiligen Fälle und Strategien zu reflektieren. Übung kann auch bei Konfliktmoderationen beim eigenen Anstellungsträger erworben werden, wenn einzelne Elemente der Mediation eingesetzt werden.

Welche Einsatzgebiete eignen sich für einen Mediator/eine Mediatorin mit dem Grundberuf Soziale Arbeit oder Sozialpädagogik? In Abbildung 6.1 sollen einige Anregungen gegeben werden.

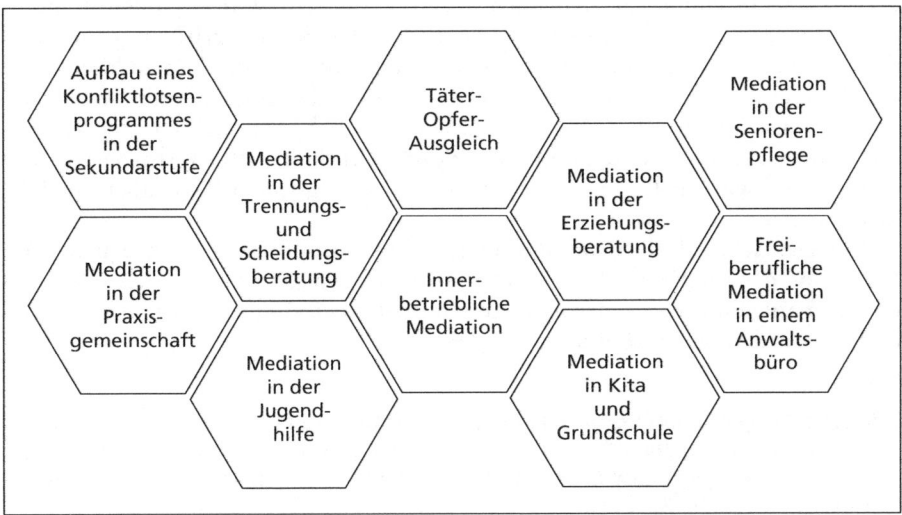

**Abb. 6.1:** Professioneller Einsatz von Mediation in sozialen Arbeitsfeldern

Mediation ist weit mehr als bloße Methode, die Anwendung von Kommunikations- und Fragetechniken, eine Struktur mit klaren Phasen. Vielmehr ist sie eine Haltung von Respekt, Toleranz und Wertschätzung dem anderen gegenüber. Eine Mediatorenausbildung wirkt daher nicht nur auf der kognitiven Ebene, sondern ist in besonderem Maße Selbsterfahrung und fordert den ganzen Menschen heraus. Wer eine Mediationsbildung durchläuft, arbeitet damit auch an seinem eigenen Wachstumspotenzial.

## 6.2 Rechtliche Grundlagen

### 6.2.1 Mediationsgesetz

Das im Jahr 2012 in Kraft getretene Mediationsgesetz (MedG) ist von der damaligen Justizministerin Zypris als große Errungenschaft für eine zivile Streitkultur der Öffentlichkeit angepriesen worden (vgl. Kap. 3.2). Dennoch bleibt es nur ein halbherziges Gesetz, das die Mediation nicht wirklich fördert. Markige Worte ohne greifbare Konsequenzen. Die anfängliche Euphorie der Mediatoren ist einer Ernüchterung gewichen.

Zum einen fehlt es an einer finanziellen Förderung der Mediation, vergleichbar der Prozesskostenhilfe in zivilgerichtlichen Verfahren. Warum sollen einkommensschwache Parteien eine außergerichtliche Mediation vorziehen, wenn doch das Gerichtsverfahren nahezu zum Nulltarif angeboten wird? Zum anderen sollte die Qualität des Berufsbildes Mediator durch Schaffung eines „Zertifizierten Mediators" gesichert werden (§§ 5 u. 6 MedG) (vgl. Kap. 3.2). Eine Verordnung des Bundesjustizministeriums mit Ausbildungsrichtlinien zum zertifizierten Mediator liegt zwar im Entwurf vor.[12] Die Umsetzung jedoch lässt auch im Jahr 2015 noch auf sich warten.

Will Deutschland als finanzstarkes Land im europäischen Vergleich bei der Förderung der Mediation zu den Schlusslichtern gehören? Unterstrichen werden die oben aufgeführten Forderungen durch die Ludwigsburger Erklärung zur Mediationskostenhilfe der Bundesverbände:

**Ludwigsburger Erklärung zur Mediationskostenhilfe Teil II**
Im Dezember 2012 haben die Mediationsverbände BM, BAFM und BMWA ihre Erklärung zur Mediationskostenhilfe in Ludwigsburg mit folgendem Wortlaut veröffentlicht:

*„Der Sprung des Mediationsgesetzes in die Realität ist zu kurz geraten, weil Bundesregierung und Bundestag – anders als die meisten unserer Nachbarländer (NL, Österreich, UK, FR, ITA, ESP) – keinerlei finanzielle Hilfen zur Verfügung gestellt haben. Das ist kurzsichtig, zumal ein erhebliches Einsparpotential zur ‚Refinanzierung' einer solchen Anschubfinanzierung in Gestalt unserer hohen Ausgaben zur Finanzierung der Prozess- und Verfahrenskostenhilfe, insbesondere auf dem Gebiet des Familienrechts, vorhanden ist. Die Finanzkrise ist nur auf den ersten Blick eine verständliche Erklärung für diese vermeintliche Sparsamkeit. Wir sind heute mehr denn je auf intelligente und kreative Schritte angewiesen, um die öffentlichen Ausgaben zu begrenzen, ohne die notwendigen Investitionen in zukunftsträchtige Maßnahmen zu unterlassen.*

---
12 Verordnungsentwurf des Bundesministeriums der Justiz und für Verbraucherschutz, Verordnung über die Aus- und Fortbildung von zertifizierten Mediatoren (Zertifizierte-Mediatoren-Ausbildungs-Verordnung – ZMediatAusbV, www.bmjv.de).

> *Der Bund und die Länder werden aufgefordert, unverzüglich die Voraussetzung für die Bewilligung von Mediationskostenhilfe zu schaffen. Ludwigsburg, den 16 November 2012"*
>
> (Spektrum der Mediation Ausgabe 48/IV. Quartal 2012, Sonderbeilage Dezember 2012, 6)

Primär enthält das Mediationsgesetz Standards zum Mediationsverfahren, wie Kriterien, die einen Mediator prägen, die Prinzipien einer Mediation sowie Hinweise zur Verschwiegenheit.

Mediationsklauseln wurden in zahlreiche Verfahrensordnungen aufgenommen, wie die Zivilprozessordnung (ZPO), das Familienverfahrensgesetz (FamFG), das Arbeitsgerichtsgesetz (AGG), das Sozialgerichtsgesetz (SGG) sowie das Verwaltungsgerichtsgesetz (VerwGG). Damit soll Mediation als Alternative zum streitigen Gerichtsprozess gestärkt werden. Parteien müssen etwa im Familien- oder im Zivilverfahren angeben, ob sie bereits einen Mediationsversuch unternommen haben und ob einem solchen Verfahren Gründe entgegenstehen (§ 23 Abs. 1 S. 2 FamFG, § 253 Abs. 3 Nr. 1 ZPO). Neben der Mediation, die primär von freien und zertifizierten Mediatoren durchgeführt wird, soll weiterhin gerichtsinterne Streitschlichtung durch Güterichter im sog. „Güterichtermodell" möglich sein.

Was den Beruf des Mediators angeht, wird zunächst zwischen dem „einfachen" Mediator (§ 1 Abs. 2 i. V. m. § 5 Abs. 1 MedG) und dem „zertifizierten" Mediator (§ 5 Abs. 2 u. 3 i. V. m. § 6 MedG) differenziert. Der Unterschied ergibt sich aus der umfangreicheren Ausbildung des „zertifizierten" Mediators. Wie oben ausgeführt, lässt die Rechtsverordnung des BMJV (§ 6 MedG) noch auf sich warten, so dass es solange keinen „zertifizierten Mediator" nach dem Mediationsgesetz geben wird. In der Begründung des Bundestages zum Gesetzentwurf (vgl. BT-Drucksache 17/8058, 18 f.) sind Ausbildungsinhalte sowie eine mindestens 120-stündige Ausbildung vorgeschlagen.

*Der Mediator/die Mediatorin (§ 1 Abs. 2 MedG)*
*„Ein Mediator ist eine unabhängige und neutrale Person ohne Entscheidungsbefugnis, die die Parteien durch die Mediation führt."* Das MedG verknüpft mit dem Mediator vier Kriterien:

1. Unabhängigkeit
2. Neutralität
3. keine Entscheidungsbefugnis
4. Prozessverantwortung

Schwierigkeiten bereitet es einem Mediator, Unabhängigkeit und Neutralität zu bewahren, wenn er Angestellter einer Organisation oder eines Unternehmens ist und dort eine Mediation zwischen Mitarbeitern durchführen soll. Wegen der Weisungsgebundenheit und Systemzugehörigkeit ist er nicht mehr unabhängig, es sei denn er hat von der Leitung eine besondere Stellung übertragen bekommen.

*Das Mediationsverfahren (§ 1 Abs. 1 MedG)*
„*Mediation ist ein vertrauliches und strukturiertes Verfahren, bei dem Parteien mithilfe eines oder mehrerer Mediatoren freiwillig und eigenverantwortlich eine einvernehmliche Beilegung ihres Konflikts anstreben.*" Nach dem MedG unterliegt das Mediationsverfahren fünf Prinzipien:

1. Vertraulichkeit
2. Struktur
3. Freiwilligkeit
4. Eigenverantwortlichkeit
5. Einvernehmlichkeit

*Rechte und Pflichten des Mediators (§§ 2–5 MedG)*
Daneben enthält das Mediationsgesetz Rechte und Pflichten des Mediators.

- Rechte:
  - Recht zur Beendigung der Mediation (§ 2 Abs. 5 S. 2 MedG)
  - Zeugnisverweigerungsrecht im Zivilprozess (§ 383 Abs. 1, Ziff. 6 ZPO i. V. m. § 4 MedG)
- Pflichten:
  - Informationspflicht in Bezug auf den Ablauf und die Grundsätze des Mediationsverfahrens (§ 2 Abs. 2 MedG)
  - Pflicht zur Vergewisserung über Freiwilligkeit (§ 2 Abs. 2 MedG)
  - Pflicht zu allparteilichem Verhalten (§ 2 Abs. 3 MedG)
  - Hinweispflicht in Bezug auf die Möglichkeit, die Vereinbarung durch externe Berater überprüfen zu lassen (§ 2 Abs. 6 S. 2 MedG)
  - Offenbarungspflicht in Bezug auf eigene Unabhängigkeit und Neutralität (§ 3 Abs. 1 MedG)
  - Tätigkeitsbeschränkungen (§ 3 Abs. 2 u. 3 MedG)
  - Verschwiegenheitspflicht (§ 4 MedG)
  - Aus- und Fortbildungspflicht (§ 5 MedG)

*Tätigkeitsbeschränkungen (§ 3 Abs. 2 u. 3 MedG)*
Praxisrelevant sind Tätigkeitsbeschränkungen gem. § 3 MedG. Ein Mediator darf einen Fall nicht annehmen, wenn entweder er selbst (Abs. 2) oder eine mit ihm zur Berufsausübung verbundene Person (Abs. 3) in derselben Sache vor der Mediation für eine Partei tätig war. Das Verbot gilt sowohl für Mitglieder einer gemeinsamen Praxis als auch für Kollegen aus einer Bürogemeinschaft. Bedeutsam wird dies, wenn ein Mediator gemeinsam mit Anwälten, Steuerberatern oder Wirtschaftsprüfern praktiziert. Sollte ein Mediator trotz allem einen solchen Klienten übernehmen, muss er die Parteien darüber aufklären, dass ein Kollege schon früher mit dem Fall befasst war. Erst wenn die Parteien ausdrücklich ihr Einverständnis erklärt haben – am besten schriftlich –, kann der Mediator den Auftrag annehmen.

*Aus- und Fortbildungspflicht (§ 5 MedG)*
Solange die Rechtsverordnung mit Ausbildungsrichtlinien für einen „zertifizierten" Mediator nicht erlassen wurde, gelten lediglich vage Hinweise zur Aus- und

Fortbildung für den „einfachen" Mediator gem. § 5 Abs. 1 MedG. Jedem Mediator ist es in Eigenregie und Eigenverantwortung selbst überlassen, sich aus- und fortbilden zu lassen. Eine Mindeststundenzahl ist nicht vorgeschrieben. Es sind lediglich einige, m. E. unzureichende Inhalte aufgeführt (§ 5 Abs. 1 S. 2 MedG):

- Kenntnisse über Grundlagen der Mediation sowie deren Ablauf und Rahmenbedingungen,
- Verhandlungs- und Kommunikationstechniken,
- Konfliktkompetenz,
- Kenntnisse über das Recht der Mediation sowie über die Rolle des Rechts in der Mediation sowie
- praktische Übungen, Rollenspiele und Supervision.

*Verschwiegenheitspflicht (§ 4 MedG)*
Ein wirklicher Fortschritt ist die Regelung der Verschwiegenheit des Mediators und der Medianten im Mediationsgesetz und dem daraus resultierenden Zeugnisverweigerungsrecht des Mediators. Der Mediator und die in die Durchführung des Mediationsverfahrens eingebundenen Personen sind zur Verschwiegenheit verpflichtet (§ 4 S. 1 MedG). Diese Pflicht bezieht sich gem. § 4 S. 2 MedG auf alles, was ihnen in Ausübung ihrer Tätigkeit bekannt geworden ist. Ausnahmen gelten gem. § 4 S. 3 Ziff. 1–3 MedG, wenn

1. *„die Offenlegung des Inhalts der im Mediationsverfahren erzielten Vereinbarung zur Umsetzung oder zur Vollstreckung erforderlich ist,*
2. *die Offenlegung aus vorrangigen Gründen der öffentlichen Ordnung (ordre pubilc) geboten ist, insbesondere um die Gefährdung des Wohles eines Kindes oder eine schwerwiegende Beeinträchtigung der physischen oder psychischen Integrität einer Person abzuwenden oder*
3. *es sich um Tatsachen handelt, die offenkundig sind oder ihrer Bedeutung nach keiner Geheimhaltung bedürfen."*

Dadurch haben alle Mediatoren – auch die „einfachen" – ein Zeugnisverweigerungsrecht, denn nach § 383 Abs. 1 Nr. 6 ZPO steht Personen, denen kraft ihres Amtes Tatsachen anvertraut werden, ein Zeugnisverweigerungsrecht zu. Wenn ein Mediator also im Zivilprozess als Zeuge für Tatsachen und Umstände, die ihm aus einer Mediation bekannt wurden, benannt wird, muss er sich auf sein Zeugnisverweigerungsrecht berufen und die Aussage verweigern. Eine Ausnahme besteht, sofern alle Parteien der Mediation den Mediator von seiner Verschwiegenheitspflicht entbinden (vgl. § 385 Abs. 2 i. V. m. § 383 Abs. 1 Nr. 6 ZPO). Entsprechendes gilt auch für andere Gerichtszweige:

- Arbeitsgerichtsprozess (§ 46 Abs. 2 ArbGG)
- Familiensachen und freiwillige Gerichtsbarkeit (§ 29 Abs. 2 FamFG)
- Verwaltungsgerichtsbarkeit (§ 98 VwGO)
- Sozialgerichtsbarkeit (§ 118 Abs. 1 SGG)

Im Strafprozess hingegen besteht für Mediatoren lediglich ein eingeschränktes Zeugnisverweigerungsrecht (§ 53 Abs. 2 Nr. 3 StPO). Dort können nur die dort genannten Berufsgruppen (Rechtsanwälte, Steuerberater, Wirtschaftsprüfer, Notare, psychologische Psychotherapeuten …) von ihrem Zeugnisverweigerungsrecht Gebrauch machen. Mediatoren anderer Berufsgruppen müssen im Strafprozess aussagen. In diesem Zusammenhang ist darauf hinzuweisen, dass die Verschwiegenheitspflicht nur für die Mediatoren und andere Mitarbeiter (etwa Gutachter, Rechtsanwälte oder Steuerberater) gilt, nicht jedoch für die Parteien. Zum Schutz der Parteien sollte in den Mediationsvertrag eine Vertraulichkeitsklausel aufgenommen werden.

### 6.2.2 Rechtsdienstleistungsgesetz

Zuweilen besteht Unsicherheit bei Mediatoren, wie mit auftretenden Rechtsfragen in der Mediation umgegangen werden soll und darf. Das ist für soziale Berufe eine grundsätzliche Frage, die sich nicht nur auf den Bereich Mediation beschränkt. Rechtsfragen treten in fast sämtlichen sozialen Arbeitsfeldern auf, ob in der Jugendhilfe, bei Trennung und Scheidung, bei Fürsorgeleistungen etc. Nicht umsonst enthält die Ausbildung zum Sozialarbeiter eine Reihe von Rechtslehrveranstaltungen.

Das Augenmerk sollte darauf liegen, nicht mit den originär rechtsberatenden Berufen, wie Rechtsanwälten und Notaren, sowie dem Rechtsdienstleistungsgesetz in Kollision zu geraten. Zu unterscheiden ist zwischen zulässiger rechtlicher Information und unzulässiger Rechtsberatung im Sinne des Rechtsdienstleistungsgesetzes (RDG). Das RDG will Ratsuchende vor unqualifizierter Rechtsberatung schützen (§ 1 Abs. 1 RDG), was wirklich Sinn macht. Denn das deutsche Recht kommt einem zuweilen vor wie ein Labyrinth, in dem man sich trefflich verirren kann. Rechtsdienstleistungen dürfen nur Personen oder Organisationen erbringen, die entsprechend qualifiziert und im RDG dafür vorgesehen sind. Unter Rechtsdienstleistung versteht das Gesetz *„jede Tätigkeit in konkreten fremden Angelegenheiten, sobald sie eine rechtliche Prüfung des Einzelfalles erfordert"* (§ 2 Abs. 1 RDG).

**Mediation als Ausnahmetatbestand**

> Eine Mediation stellt keine Rechtsdienstleistung dar, wenn sie nicht durch rechtliche Regelungsvorschläge in die Gespräche der Beteiligten eingreift (§ 2 Abs. 3 Nr. 4 RDG).

Mediatoren, die keine Rechtsanwälte sind, dürfen also allgemeine rechtliche Hinweise geben und auch mit Medianten Einigungsinhalte anstreben, die rechtliche Konsequenzen haben. Sie müssen allerdings darauf achten, dass sie

- in keine rechtliche Prüfung des Einzelfalles einsteigen,
- keine Rechtseinschätzung im konkreten Fall vornehmen bzw.
- keine eigenen rechtlichen Regelungsvorschläge unterbreiten.

Zulässig sind allgemeine Hinweise auf formbedürftige Rechtsgeschäfte, etwa den Grundstückskaufvertrag, den Ehevertrag oder den Erbvertrag, für welche eine notarielle Beurkundung vorgeschrieben ist. Sie können auch darüber aufklären, dass der Verzicht auf künftige Kindesunterhaltsansprüche nicht erlaubt ist. Wenn die rechtliche Bewertung von Lösungsideen der Medianten ansteht, sollte der Mediator seine Klienten auffordern, diese mit ihren jeweiligen Beratungsanwälten zu erörtern. Sollten die Klienten bis dahin noch keinen anwaltlichen Kontakt aufgebaut haben, ist es hilfreich, wenn der Mediator ein Netzwerk von Rechtsanwälten mit einer positiven Einstellung gegenüber Mediation kennt, an die er seine Klienten verweisen kann. Sobald der Mediator von seinen Klienten beauftragt wird, die erreichte Abschlussvereinbarung schriftlich zu fassen, sollte er darauf achten, keine juristischen Formulierungen zu verwenden:

- *Nicht:* XY verpflichtet sich, am jeweils Dritten des Monats Geschiedenenunterhalt an AB in Höhe von 1000,- € zu leisten.
- *Besser:* XY und AB haben sich darauf geeinigt, dass XY monatlich zum dritten Werktag einen Betrag von 1000,- € überweist, bis diese wieder eine angemessene Arbeitsstelle gefunden hat.

Außerdem sollte die erreichte Einigung der Parteien nicht als „Abschlussvereinbarung", „Vertrag" oder nur als „Vereinbarung" überschrieben werden, sondern den Titel „Protokoll einer Mediationsvereinbarung" tragen (vgl. Kap. 3.8.9). Daraus wird ersichtlich, dass es sich um eine Zusammenfassung der in der Mediation von den Parteien erarbeiteten Lösungen handelt.

### 6.2.3 Mediationsvertrag

Die zweite Phase der Mediation schließen der Mediator und die Parteien mit einem Mediationsvertrag ab. Der Vertrag bildet die Grundlage ihrer gegenseitigen Geschäfts- und Rechtsbeziehung. Ein Muster eines Mediationsvertrages befindet sich in Kapitel 3.8.2. Damit es später zu keinen Unklarheiten und Missverständnissen kommt, sollten dort einige Punkte aufgeführt sein:

- die Parteien und der Mediator
- der Gegenstand der Mediation (z. B. Umgang mit den Kindern, Zusammenarbeit im Team etc.)
- Grundsätze der Mediation (Freiwilligkeit, Vertraulichkeit, Fairness, Offenlegung von Informationen)
- Rolle des Mediators (Neutralität/Allparteilichkeit, keine Rechtsberatung)
- Verschwiegenheitspflicht des Mediators
- Rolle der Parteien, Umgangs- und Gesprächsregeln
- Bedingungen für eine Beendigung der Mediation
- Honorar und Zahlungsbedingungen
- Aussetzung bzw. Nichteinleitung von Gerichtsverfahren

Bei Arbeits- und Teammediationen gilt eine Besonderheit. In der Regel wird ein Mediationsvertrag mit dem Auftraggeber, dem Unternehmen, der Organisation abgeschlossen, ein zweiter Mediationsvertrag mit den Konfliktparteien. Es empfiehlt sich auch, vorab zu klären, welche Informationen zum Verlauf und zum Ergebnis der Mediation schließlich der Arbeitgeber erhalten soll. Bewährt hat sich im Verhältnis zu den Medianten eine Formulierung, die vorsieht, dass sich die Parteien am Ende der Mediation über den Umfang der Informationsweitergabe verständigen.

## 6.3 Berufliche Standards für Mediatoren

### 6.3.1 Europäischer Verhaltenskodex für Mediatoren

Der *Europäische Verhaltenskodex für Mediatoren*[13] (European Code of Conduct for Mediators) von 2004 stellt Grundsätze für Mediatoren in Zivil- und Handelssachen auf, die zwar nicht verbindlich sind, an die sich Mediatoren und Organisationen jedoch freiwillig binden können. Da der Verhaltenskodex allgemein akzeptierte Standards aufführt, nimmt er eine herausragende Stellung in der europäischen Mediationslandschaft ein. Die wichtigsten Bundesverbände für Mediatoren haben sich auf den Europäischen Verhaltenskodex für Mediatoren verpflichtet.

Im Europäischen Verhaltenskodex wird besonders auf eine qualifizierte Ausbildung der Mediatoren und deren Neutralität im Mediationsprozess Wert gelegt. Dort heißt es u. a.:

*„Mediatoren müssen eine einschlägige Ausbildung und kontinuierliche Fortbildung sowie Erfahrung in der Anwendung von Mediationstechniken auf der Grundlage einschlägiger Standards oder Zulassungsregelungen vorweisen.*
*Die Mediatoren haben in ihrem Handeln den Parteien gegenüber stets unparteiisch zu sein und sich darum zu bemühen, in ihrem Handeln als unparteiisch wahrgenommen zu werden, und sind verpflichtet, im Mediationsverfahren allen Parteien gleichermaßen zu dienen."*

Weiterhin werden Prinzipien und ethische Standards zu den Themen Unabhängigkeit, Fairness, Beendigung des Verfahrens, Vergütung, Marketing und Vertraulichkeit aufgezeigt. Wegen der besonderen Bedeutung des Verhaltenskodex für alle Mediatoren ist die amtliche deutsche Übersetzung im Anhang abgedruckt. Der Europäische Verhaltenskodex verdrängt jedoch nicht das deutsche Mediationsgesetz. Als Regelung des Tätigkeitsrahmens der einfachen und später der zertifizierten Mediatoren geht das Mediationsgesetz in jedem Fall vor.

### 6.3.2 Standards der Bundesverbände

Zu den Aufbauzeiten der Mediation in Deutschland haben sich, wie schon im 3. Kapitel erwähnt, Bundesverbände etabliert, die als Berufs- und Lobbyvereini-

---

13 www.ec.europa.eu/civiljustice/adr/adr_ec_code_conduct_de.pdf

gungen der „Mediatorenzunft" eine wichtige Funktion zur Anerkennung und Verbreitung der Mediation innehaben. Dies sind

- Bundesverband Mediation e. V. (BMeV)
- Bundesarbeitsgemeinschaft für Familien-Mediation (BAFM)
- Bundesverband für Mediation in Wirtschaft und Arbeitswelt (BMWA)

Daneben soll noch auf die Centrale für Mediation (CfM) und die Bundesrechtsanwaltskammer (BRAK) hingewiesen werden, deren Rolle für die Förderung der Mediation ebenso unverzichtbar war und noch ist und die eigene Anerkennungs- und Ausbildungsstandards für Mediatoren zusammengestellt haben, die sich vom Umfang her erheblich von den Standards der drei Bundesverbände unterscheiden.

Den Leser mag sicher interessieren, welche Voraussetzungen zu erfüllen sind und welche Ausbildung zu absolvieren ist, um später den Beruf eines Mediators ergreifen zu können. Die Ausbildungs- und Anerkennungsstandards der drei Bundesverbände werden im Anschluss schematisch dargestellt.

**Tab. 6.1:** Berufliche Standards BMeV, BAFM und BMWA

|  | **Bundesverband Mediation e. V. (BMeV; www.bmev.de)** | **Bundes-Arbeitsgemeinschaft für Familien-Mediation e. V. (BAFM; www.bafm-mediation.de)** | **Bundesverband für Mediation in Wirtschaft und Arbeitswelt (BMWA; www.bmwa-deutschland.de)** |
|---|---|---|---|
| **Ausbildungsvoraussetzungen** | Die Zertifizierung zum/zur MediatorIn BM steht allen offen, unabhängig von beruflicher Qualifikation. Die Zugangsbedingungen für die einzelnen Ausbildungen werden von den AnbieterInnen festgesetzt. | • abgeschlossenes psychologisches, sozialwissenschaftliches Hochschulstudium (Dipl.-Psych., Dipl.-Soz.-Päd., Dipl.-Soz.-Arb., Dipl.-Päd.), juristische Ausbildung oder vergleichbare Qualifikation<br>• zweijährige einschlägige Berufserfahrung, die in der Regel nach Studienabschluss absolviert sein sollte<br>• Möglichkeit, bereits während der Ausbildung Mediation zu praktizieren; hierfür haben die Teilnehmer selbst Sorge zu tragen | Persönliche Voraussetzungen:<br>• Vollendung des 28. Lebensjahres<br>• Abgeschlossenes Studium oder vergleichbare berufliche Qualifikation<br>• mindestens dreijährige Berufserfahrung |

**Tab. 6.1:** Berufliche Standards BMeV, BAFM und BMWA – Fortsetzung

| | Bundesverband Mediation e. V. (BMeV; www.bmev.de) | Bundes-Arbeitsgemeinschaft für Familien-Mediation e. V. (BAFM; www.bafm-mediation.de) | Bundesverband für Mediation in Wirtschaft und Arbeitswelt (BMWA; www.bmwa-deutschland.de) |
|---|---|---|---|
| **Umfang der Ausbildung** | Die Ausbildung hat einen Umfang von mind. 200 Stunden:<br>• Grundlagen und allgemeine Methoden der Mediation, 120 Std.<br>• Mediation in mind. zwei ausgewählten Anwendungsbereichen, 30 Std.<br>• Supervision, davon mind. 10 Stunden Fallsupervision, 30 Std. Intervision oder zusätzliche Supervision, 20 Std. | Mind. 200 Zeitstunden:<br>• Seminare mind. 140 Std., davon mind. 120 Std. zu Kernbereichen der Mediation<br>• Teilnahme an angeleiteter Supervision, mindestens 30 Std.<br>• 30 weitere Std. wahlweise als Seminar, angeleitete Supervision und/oder Covision/Hospitation<br>• Vier dokumentierte Fälle | • Mind. 200 Zeitstunden. Darin enthalten sind:<br>• 20 Stunden in angeleiteter Gruppen- und/oder Einzelsupervision<br>• 30 Stunden angeleiteter Selbsterfahrung/Selbstreflexion<br>• Zusätzlich sind zu absolvieren:<br>• 30 Stunden Arbeitsgemeinschaft oder vergleichbare Gruppenarbeit in peer groups<br>• Abschlussarbeit<br>• Vier Falldokumentationen |
| **Zertifizierung als Mediator/in** | BM:<br>• Mindestens 200 Zeitstunden Mediationsausbildung bei vom BM anerkannten AusbilderInnen (u. a. Seminare, Supervision, Intervision)<br>• Mindestens vier Mediationen<br>• Mitarbeit in einem Netzwerk von MediatorInnen (Erfahrungsaustausch, Weiterbildung, Intervision, Netzwerkarbeit) | BAFM:<br>Abgeschlossene Mediatorenausbildung bei einem BAFM-Institut, oder Grundausbildung von 120 Std. plus Teilnahme am Mentorensystem | BMWA:<br>Teilnahme an einer Ausbildung über 200 Std. nach BMWA-Standards<br>Abschlussarbeit<br>Erfolgreiche Teilnahme am Abschlusskolloquium/Testing<br>Vier Falldokumentationen |

Wie wir gesehen haben, können sich Mediatoren, die eine Ausbildung nach den Standards der drei Bundesverbände abgeschlossen haben, als Mediator BMeV, BAFM oder BMWA zertifizieren lassen. Diese Ausbildungen und Zertifizierungen werden von den Bundesverbänden gegenseitig anerkannt. Sie dokumentieren einen hohen Qualitätsstandard. Daneben werden von Mediationsinstituten auch weniger umfangreiche Mediatorenausbildungen angeboten. Jeder Aspirant muss letztlich selber für sich entscheiden, mit welcher Intensität und finanziellem Engagement er oder sie sich in der Mediationsmethode weiterbilden möchte. Die Kosten für eine Mediatorenausbildung liegen etwa zwischen 1500,- € und ca. 8000,- €. Als Zeitrahmen müssen Interessierte mind. ein halbes Jahr bis zu zweieinhalb Jahren (mit Abschlussprüfung) einkalkulieren. Einige Hochschulen bieten Mediation und Konfliktmanagement mit einem Masterabschluss an.

Eine Basisausbildung von 60–90 Stunden reicht m. E. aus, um zunächst im eigenen Arbeitsfeld, in dem jeder Experte ist, Konflikte mit genügend methodischem Wissen zu bearbeiten. Wer jedoch professionell als Scheidungs- oder Wirtschaftsmediator – beides ausgesprochen anspruchsvolle Tätigkeiten – freiberuflich oder in eigener Praxis auftreten will, sollte eine Qualifizierung anhand der Standards eines der drei Bundesverbände vorweisen. Dies ist man seiner eigenen Professionalität und seinen Klienten schuldig. Eine Mediatorenausbildung mit dem Schwerpunkt auf sozialen Arbeitsfeldern bietet das iko-Institut für Konfliktlösungen an (www.iko-info.de).

## 6.4 Der zertifizierte Mediator

Das Mediationsgesetz von 2012 sieht als Qualitätsmaßstab für professionelle Mediationen den „zertifizierten Mediator" vor (§ 5 Abs. MedG). Das Bundesjustizministerium (BMJV) wurde ermächtigt, eine entsprechende Verordnung zu erlassen, die Inhalte und Umfang der Ausbildung für den zertifizierten Mediator festlegt. Einen „Entwurf einer Rechtsverordnung über die Aus- und Fortbildung zertifizierter Mediatoren (ZMediatAusbV)" hat das BMJV im Februar 2014 veröffentlicht.[14] Der Verordnungsentwurf sieht zwei Eckpunkte vor, Qualitätssicherung und Markttransparenz für den Verbraucher. Um den Titel „zertifizierter Mediator" nach § 5 Abs. 2 Mediationsgesetz tragen zu können, sollen bestimmte Mindeststandards für die Aus- und Fortbildung angehender oder praktizierender Mediatoren nachgewiesen werden. Der Anhang zur ZMediatAusbV sieht eine 120-stündige Ausbildung mit definierten Inhalten, eine abgeschlossene Berufsausbildung bzw. ein abgeschlossenes Hochschulstudium sowie zwei Jahre Berufserfahrung vor.

Nach einer Verlautbarung des Bundesjustizministers wird sich das BMJV im Jahr 2015 nicht mehr mit dem Thema Mediation und der Verordnung auseinandersetzen. Vorrang hätten die Umsetzung der ADR-Richtlinie und die Einführung von bundesweiten Schlichtungsstellen (Lühring 2015). So müssen sich die ausgebildeten und praktizierenden Mediatoren weiterhin in Geduld üben; eine zähe Angelegenheit, die erst einmal viele ausgebildete Mediatoren enttäuscht zurücklässt. Dem steht jedoch nicht entgegen, dass die nach den Richtlinien der

---

14 Verordnungsentwurf des Bundesministeriums der Justiz und für Verbraucherschutz, Verordnung über die Aus- und Fortbildung von zertifizierten Mediatoren (Zertifizierte-Mediatoren-Ausbildungs-Verordnung – ZMediatAusbV); www.bmjv.de.

Bundesverbände ausgebildeten Mediatoren weiterhin die Ihnen verliehene Bezeichnung „Zertifizierter Mediator BM, BAFM oder BMWA" verwenden.

## 6.5 Die Weisheit eines Mediators

Als Mediatoren sind wir bestrebt, eine Sitzung oder eine Konfliktbearbeitung mit einem konstruktiven Ausblick in die Zukunft abzuschließen. Diese Tradition soll in diesem Lehrbuch fortgesetzt werden. Wir beenden es mit einer Inspiration durch ein Rollenvorbild, einem weisen Mediator.

> **Volkserzählung aus Trinidad: „Weisheit eines Mediators" (aus Marx 2012, 71)**
> Es war einmal ein armer frommer Mann mit einer alten blinden Mutter und einer verbitterten, unfruchtbaren Ehefrau. Sein Leben war elend, so dass er jeden Morgen früh aufstand und zur Kirche ging, um durch Gebete Gottes Segen zu empfangen und das Leid seiner Familie zu lindern.
> Nach zwölf Jahren des Betens hörte er eine Stimme – Gottes Stimme: „Welch eine Sache begehrst Du?" „Ich weiß es nicht", sagte er, „ich erwartete nicht, dass Du fragen würdest. Würde es Dir etwas ausmachen, wenn ich nach Hause ginge, um meine Mutter und meine Frau zu Rate zu ziehen?"
> Nachdem er die Erlaubnis bekommen hatte, lief er nach Hause und traf zuerst auf seine Mutter. „Sohn, wenn Du Gott bittest, mir meine Augen zu heilen, so dass ich wieder sehen kann, wirst Du mir gegenüber nie wieder zu irgendetwas verpflichtet sein." Danach ging der Mann zu seiner Frau und berichtete ihr von Gottes Versprechen. „Vergiss Deine Mutter. Sie ist alt und wird ihre Augen bald für immer schließen. Bitte um einen Sohn, der sich um uns kümmern kann und uns vielleicht Reichtum beschert." Die Mutter hörte dies und kam mit ihrem Gehstock herbei und begann, die Ehefrau zu schlagen. „Nein, es soll mein Augenlicht sein!" Die Ehefrau wehrte sich, zog sie an den Haaren, und ein schrecklicher Kampf entbrannte.
> Der arme Mann rannte aus dem Haus zu einem weisen Ratgeber, einem alten Mann, der bereits zahlreiche Konflikte geschlichtet hatte, und berichtete ihm von seinem Dilemma. „Meine Mutter will ihr Augenlicht, meine Frau einen Sohn, und ich, ich wünsche mir ein bisschen Geld, damit wir jeden Tag etwas zu essen haben. Worum soll ich bitten? Wessen Bedürfnisse sind vorrangig?"
> Der Ratgeber überlegte einen Moment, dann antwortete er: „Ah, mein Freund, Du darfst nicht zugunsten einer Person Deiner Familie wählen, sondern zugunsten aller. Obwohl Du nur eine Sache von Gott erbitten darfst, bitte weise. Morgen früh solltest Du sagen ‚Lieber Gott, ich erbitte nichts für mich, meine Ehefrau verlangt nichts für sich, aber meine Mutter ist blind, und ihr Wunsch ist es, ihren Enkel Milch und Reis von einer goldenen Schüssel speisen zu sehen, bevor sie stirbt.'"

📖 *Weiterführende Literatur*

Trenczek/Berning/Lenz (Hg.) (2013): Mediation und Konfliktmanagement, Baden-Baden

# Literaturverzeichnis

Alderfer, C. (1969): in Psychological Review, An Empirical Test of a New Theory of Human Need, Weckert, 2011, Die ultimative Bedürfnisliste, in: Spektrum der Mediation 2011, S. 30 ff.

Alfter, U., (o. J.): Erfahrungen des ISD aus der Mitarbeit in Fällen internationaler Kindesentführung, broschiert.

Allen, E. A./Mohr, D. D. (1997): Affordable Justice, Encinitas.

Azad, S./Strobel, T. (2011): Mediation in einer binationalen Ehe: Eine Fallstudie, in: Spektrum der Mediation 2011, Heft 44, S. 42–45.

BAFM/BM/BMWA (2012): Ludwigsburger Erklärung zur Mediationskostenhilfe Teil ll, in: Spektrum der Mediation 2012, Heft 48, Sonderbeilage Dezember 2012.

Ballreich, R./Glasl, F. (2011): Konfliktmanagement und Mediation in Organisationen: Ein Lehr- und Übungsbuch mit Filmbeispielen auf DVD, Stuttgart.

Ballreich, R./Glasl, F. (2012): Mediation in Bewegung ein Lehr- und Übungsbuch mit Filmbeispielen auf DVD, Stuttgart.

Bals, N./Hilgartner, Ch./Bannenberg, B. (2005): Täter-Opfer-Ausgleich im Erwachsenenbereich: Eine repräsentative Untersuchung für Nordrhein-Westfalen, Mönchengladbach.

Bastine, R./Nawrot, N. (2007): Familienmediation in unterschiedlichen Praxisfeldern – Eine bundesweite Untersuchung –, in: ZKM 2007, Heft 1, S. 16–20.

Beck, R./Schwarz, G. (2008): Konfliktmanagement: Grundlagen und Strategien, Augsburg.

Becker, F./Riedel, S. (2013): Gemeinwesenmediation, in: Handbuch Gemeinwesenarbeit, u. a. Opladen, S. 425–430.

Behn, S./Kügler, N./Lembeck, H.-J./Pleiger, D./Schaffranke, D./Schroer, M./Wink, S., (2006): Mediation an Schulen, Eine bundesdeutsche Evaluation, Wiesbaden.

Beisel, D. (2009): § 20 Mediation im Erbrecht, in: u. a. Haft/Schlieffen (Hg), 2009, Handbuch Mediation, München, S. 495–513.

Belardi, N. (2002): Supervision – Grundlagen, Techniken, Perspektiven, München.

Besemer, C. (1995): Mediation – Vermittlung in Konflikten, 3. Auflage, Königsfeld.

Biesenkamp, R./Buck, G. (2006): Konflikt und Kooperation in sozialen Organisationen, Freiburg im Breisgau.

Birkenbihl, V. F. (1997): Kommunikationstraining. Zwischenmenschliche Beziehungen erfolgreich gestalten, Landsberg am Lech.

Böhm, B. (2009): Gibt es „die Mediation" im Gesundheitswesen?: Anforderungen an die Mediationsmethoden, in: Spektrum der Mediation 2009, S. 8–11.

Bollen, K./Kollenhof-Bruning, M. B. (2011): Online Dispute Resolution – Was haben wir aus der Praxis gelernt?, in: ZKM 2011, Heft 3, S. 74 ff.

Braun, G./Püttmann, U. (2005): Kinder bauen Brücken zueinander, Bensberg.

Breidenbach, S. (1995): Mediation – Struktur. Chancen und Risiken von Vermittlung im Konflikt, Köln.

Briem, J. (2011): Professionelles Konfliktmanagement für innerbetriebliche Konflikte, in: ZKM 2011, Heft 5, S. 146 ff.

Canori-Stähelin, S./Schwendener, M. (2006): Mediation macht Schule, Der Weg zu einer konstruktiven Konfliktkultur, Zürich.

Carl, E./Erb-Klünemann, M. (2011): Bi-nationale Mediation bei grenzüberschreitenden Kindschaftskonflikten, in: ZKM 2011, Heft 4, S. 116–119.

Cierpka, M. (2005): Faustlos – Wie Kinder Konflikte gewaltfrei lösen lernen, Freiburg.

Coates, C. A./Damas, K. (1997): Family Mediation by the Community Mediation Service in Boulder, Colorado, in: Mediation Quarterly (15/1) 1997, S. 29 ff.

Colberg, S./Steiner, T. (2013): Mediation im Medizinrecht – Zugleich Zwischenbericht der Evaluation des Pilotprojektes des Centrum für Verhandlungen und Mediation (LMU München), in: ZKM 2013, Heft 2, S. 40–43.

Cordes, D./Hillenstedt, V. (2004): Täter-Opfer-Ausgleich – ein justiznahes Mediationsverfahren?, in: Spektrum der Mediation 2004, Heft 17, S. 22–25.

Cunningham, R. B./Sarayah, Y. K. (1993): Wasta – The Hidden Force in Middle Eastern Society, Westport, Connecticut/London.

Danzig, R. (1973): Toward the Creation of a Complementary, Decentralized System of Criminal Justice, in Stanford Law Review, 1973, S. 1 ff.

Deegener, G. (2002): Aggression und Gewalt von Kindern und Jugendlichen, Göttingen.

Della Noce, D., (1997): Mediation and Society in Microcosm: Providing Family Mediation Services to Low-Income Families, in: Mediation Quarterly (15/1), 1997, S. 5–12.

Diez, H./Krabbe, H./Thomsen, C. S. (2009): Familien-Mediation und Kinder, Grundlagen-Methodik-Techniken, Köln.

Dittrich G./Dörfler, M./Schneider, K. (2001): Wenn Kinder in Konflikt geraten, Neuwied.

Dörfler, M./Dittrich, G./Schneider, K. (2002): Konflikte unter Kindern, Teil A.

Dörfler, M. (2002): „Du darfst nicht mitspielen", in: Dörfler, M./Dittrich, G./Schneider, K., Konflikte unter Kindern, Heft 4, S. 4 ff.

Dörfler, M. (2002): Konflikte in der Sackgasse, in: Dörfler, M./Dittrich, G./Schneider, K., Konflikte unter Kindern, Heft 5, S. 9 ff.

Dörfler, M. (2002): Streiten Mädchen anders als Jungen?, in: Dörfler, M./Dittrich, G./Schneider, K., Konflikte unter Kindern, Heft 4, S. 4 ff.

Duve, C./Eidenmüller, H./Hacke, A. (2003): Mediation in der Wirtschaft: Wege zum professionellen Konfliktmanagement, Frankfurt/Main.

Essau, C. A./Conradt, J. (2004): Aggressionen bei Kindern und Jugendlichen, 2. Auflage, München.

Etter, J. (1998): Applying Mediation to the Field of Adoption, in: Kruk, E. (Hg.), Mediation and Conflict Resolution, Chicago 1998, S. 141 ff.

Ewig, E. Th. (2009): §31 Mediation im Gesundheitswesen, in: Haft/Schlieffen (Hg), 2009, Handbuch Mediation, 2. Auflage, München, S. 753–780.

Faller, K. (2013): Mediation in Schulen – peer-mediation, in: Trenczek, T. (Hg.), Mediation und Konfliktmanagement, 2013, Baden-Baden, S. 555–560.

Faller, K. (2014): System Design, Die Kunst, passgenaue Konfliktmanagementsysteme zu entwerfen und im Unternehmen zu implementieren, in: ZKM 2014, Heft 4, S. 121 ff.

Fisher, R./Patton, B./Ury, W. (2011): Getting to Yes Negotiating Agreement Without Giving In, New York.

Fisher, R./Patton, B./Ury, W. (2014): Das Harvard-Konzept (Jubiläumsausgabe), Der Klassiker der Verhandlungstechnik, Frankfurt/Main.

Folberg, R./Taylor, A. (1984): Mediation – A Comprehensive Guide to Resolving Conflicts Without Litigation, San Francisco/Washington/London.

Füchsle-Voigt, T. (2004): Verordnete Kooperation im Familienkonflikt als Prozess der Einstellungsänderung: Theoretische Überlegungen und praktische Umsetzung, in: FPR 2004, S. 600 ff.

Funk, T./Malarski, R. (1999): Mediation im Ausbildungsalltag – Konstruktiv streiten lernen, Heidelberg.

Gamber, P. (1995): Konflikte und Aggressionen im Betrieb – Problemlösungen mit Übungen, Tests und Experimenten, München.

Glasl, F. (2011): Konfliktmanagement: Ein Handbuch für Führungskräfte, Beraterinnen und Berater, 10. Auflage, Bern/Stuttgart.

Gläßler, U./Kirchhoff, L. (2005): Lehrmodul 2 Interessenermittlung, in: ZKM 2005, S. 130 ff.

Gobodo-Maikizela, P. (2006): Das Erbe der Apartheid. Trauma, Erinnerung, Versöhnung, Leverkusen – Opladen.
Goldberg, S. B./Green, E. C./Sander, E. A. (1985): Dispute Resolution, Boston, Toronto.
Gordon, T. (2010): Familienkonferenz, 49. Auflage, München.
Greger, R. (2013): Schiedsgutachten: Konfliktmanagement mit Sachverstand, in: ZKM 2013, Heft 2, S. 43 ff.
Grüner, T. (2013): Der Täter-Opfer-Ausgleich, in: Schröder, A. (Hg.)/Rademacher, H. (Hg.)/Merkle, A. (Hg.), Schwalbach [u. a.], 2013, S. 121–133.
Gührs, M./Nowak, C. (1991): Ein Leitfaden für das konstruktive Gespräch. Beratung, Unterricht und Mitarbeiterführung mit Konzepten der Transaktionsanalyse, Limmer.
Haci-Halil, U. (2010): Erziehungsstile und Integrationsorientierung türkischer Familien, in: Hunner-Kreisel/Andresen (Hg.), Kindheit und Jugend in muslimischen Lebenswelten. Aufwachsen und Bildung in deutscher und internationaler Perspektive, Wiesbaden, S. 195 ff.
Haft, F./Schlieffen, K. (2009): Handbuch Mediation, München.
Hartmann, A./Haas, M./Eikens, A./Kerner, H.-J. (2014): Täter-Opfer-Ausgleich in Deutschland: Auswertung der bundesweiten Täter-Opfer-Ausgleichs-Statistik für die Jahrgänge 2011 und 2012: Bericht für das Bundesministerium der Justiz und für Verbraucherschutz, Berlin.
Haug-Schnabel, G. (2009): Aggressionen bei Kindern, Freiburg.
Haumersen, P./Liebe, F. (2005): Wenn Multikulti schief läuft? Trainingsbuch Mediation in der interkulturellen Arbeit, Mühlheim an der Ruhr.
Haynes, J. M./Bastine, R./Link, G./Mecke, A. (2002): Scheidung ohne Verlierer – Familienmediation in der Praxis –, München.
Haynes, J. (1994): Fundamentals of Family Mediation, New York.
Hayungs, J. (2013): ADR-Richtlinie und ODR-Verordnung – Was haben der Rat und das Europäische Parlament an den Entwürfen der Kommission geändert?, in: ZKM 2013, Heft 3, S. 86 ff.
Heimannsberg, B. (2013): Interkulturelle Mediation, in: Psycho-soziale Beratung von Migranten, Körner/Irdem/Bauer (Hg.), Stuttgart, S. 328–337.
Hennig, C./Ehinger, W. (2012): Das Elterngespräch in der Schule. Von der Konfrontation zur Kooperation, Donauwörth Auer.
Henssler, M./Schwackenberg, K. (1997): Der Rechtsanwalt als Mediator, in: MDR 1997, S. 409 ff.
Herzog, B. (2007): Unsere Schule streitet mit Gewinn, Alltagskonflikte und ihre Mediation, Göttingen.
Hirsch, G. (2013): Schlichtung: ADR-Verfahren im Vergleich, in: ZKM 2013, Heft 1, S. 15 ff.
Hohmann, J. (2013): Erbstreitigkeiten und Mediation, in: ZKM 2013, Heft 6, S. 181–185.
Holler, I. (2010): Mit dir zu reden ist sinnlos! ... Oder?. Konflikte klären durch Mediation mit Schwerpunkt GFK, Paderborn.
Hösl, G. (2002): Mediation – die erfolgreiche Konfliktlösung, München.
Hösl, G. (2011): Das Potenzial der Transformativen Mediation, in: ZKM 2011, S. 136 ff.
Irving, H./Benjamin, M. (1995): Family Mediation – Contemporary Issus, Thousand Oaks/London/New Delhi.
Jeschke, K. (2010): Systemisches Arbeiten, in: Möbius, T./Friedrich, S. (Hg.), Ressourcenorientiert arbeiten. Anleitung zu einem gelingenden Praxistransfer im Sozialbereich, Wiesbaden, S. 51–62.
Kaeding, P./Richter, J./Siebel, A./Vogt, S. (Hg.) (2005): Mediation an Schulen verankern, Ein Praxishandbuch, Weinheim u. a.
Kain, W./Bukovics, M./Edtinger, B./Reithmayr, S./Scharf, M. (2006): KLIK – Konflikte lösen im Kindergarten, Weinheim.

Kaplan, N. M. (1998): Mediation in the School System; Facilitating the Development of Peer Mediation Programs, in: Kruk, E. (Hg.), Mediation and Conflict Resolution, S. 247 ff.

Kasten, H. (2005): Entwicklungspsychologische Grundlagen, Weinheim.

Kasten, H. (2008): Soziale Kompetenzen, Berlin.

Keller, M. (2013): Wenn Nationalstaaten sich streiten – Poltische Mediation als ein Mittel der Konfliktlösung auf internationaler und nationaler Ebene, Studienarbeit, München.

Kerntke, W. (2009): Mediation als Organisationsentwicklung: mit Konflikten arbeiten – ein Leitfaden für Führungskräfte, u. a. Bern.

Kienbaum, J. (2008): Entwicklungsbedingungen von Mitgefühl in der Kindheit; in: Malti, T./Perren, S., Soziale Kompetenz bei Kindern und Jugendlichen, Stuttgart, S. 35 ff.

Kiesewetter, S./Paul, C. C. (2009): Mediation bei internationalen Kindschaftskonflikten: Handwerkszeug und Besonderheiten, in: Paul/Kiesewetter, 2009, Mediation bei internationalen Kindschaftskonflikten, München, S. 33–50.

Kiesewetter, S. (2013): Mediation bei internationalen Familienkonflikten, in: u. a. Trenczek, T. (Hg.), 2013, Mediation und Konfliktmanagement, Baden-Baden, S. 506–510.

Kievel, W./Knösel, P./Marx, A. (2013): Recht für soziale Berufe: Basiswissen kompakt, 7. Aufl., Köln.

Knechtel P. (2003): Effektive Kommunikation und Kooperation – Ein Trainingshandbuch, 1. Auflage, Bielefeld.

Koglin, U./Petermann, F. (2006): Verhaltenstraining im Kindergarten, Göttingen/Bern.

Kohnstamm, R. (2006): Praktische Kinderpsychologie, Bern.

Köllner, E. (1996): Beratung in der sozialen Arbeit. Übungsbuch zur Klientenzentrierten Gesprächsführung, Stuttgart [u. a.].

Kovach, K. K. (1994): Mediation – Principles and Practice, St. Paul, MI.

Kovach, K. K. (1997): Costs of Mediation: Whose Responsibility?, in: Mediation Quarterly (15/1), 1997, S. 13–27.

Krabbe, H./Thomsen, C. S. (2011): Werksattbericht Familienmediation, in: ZKM 2011, Heft 4, S. 111–115.

Krabbe, H. (2012): Elder Mediation: Konflikte und deren Lösung rund um die Lebensgestaltung im Alter, in: ZKM 2012, Heft 6, S. 185–191.

Kreyenberg, J. (2005): Handbuch Konfliktmanagement, Berlin.

Kruk, E. (Hg.) (1998): Mediation and Conflict Resolution in Social Work and the Human Service, Chicago.

Kruk, E./Martin, F. B./O` Callaghan, J. (1998): Caregiving Mediation in Health Care Settings, in: Kruk, E. (Hg.), Mediation and Conflict Resolution, Chicago 1998, S. 179 ff.

Laerum, S. (2004): Kleine Kinder – große Sorgen, Freiburg/Basel/Wien.

Lange, C./Didaktisches Zentrum (Hg.) (2002): Schulmediation, Oldenburg.

Lang-Sasse, R. (2013): Mediationsstile und deren Merkmale, in: ZKM 2013, Heft 2, S. 54 ff.

Leymann, H. (1993): Mobbing: Psychoterror am Arbeitsplatz und wie man sich dagegen wehren kann, Reinbek.

Lowry, L. R./Harding, J. (1997): Mediation –The Art of Facilitating Settlement, An Interactive Training Program, Malibu.

Mähler, H.-G./Mähler, G. (1995): Zur Geburt einer neuen Streitkultur bei Trennung und Scheidung, in: Duss-von Werdt/Mähler/Mähler (Hg.), Mediation Die andere Scheidung, Stuttgart, 1995, S. 13 ff.

Mähler, H.-G./Mähler, G., (1997):, Streitschlichtung – Anwaltssache, hier Mediation, in: NJW 1997, S. 1262 ff.

Malti, T./Bayard, S./Buchmann, M. (2008): Mitgefühl, soziales Verhalten und prosoziales Verhalten; in: Malti, T./Perren, S., Soziale Kompetenz bei Kindern und Jugendlichen, Stuttgart, S. 53 ff.

Marx, A. (2011): Konstruktive Konfliktlösung mit Kindern, in: Kindergarten heute, 2011, Heft 4, S. 8–15.
Marx, A./Prell, I. (2006): Mietermediation – Konfliktmanagement in der Wohnungswirtschaft, in: ZKM 2006, Heft 2, S. 59 ff.
Marx, A. (1998): Internationale Kindesentführung – Ursachen, Prävention, Rückführung, Institut für Fort- und Weiterbildung sozialer Berufe (Hg.), Braunschweig.
Marx, A. (2000): Mediation (Konfliktvermittlung) bei Adoptionen, in: Paulitz (Hg.), Adoption – Positionen, Impulse, Perspektiven, 2000, München, S. 302 ff.
Marx, A. (2010): Obligatorische Sorgerechtsmediation? Überlegungen nach kritischer Analyse des kalifornischen Modells, in: ZKJ 2010, S. 300 ff.
Marx, A. (2012): Alle sollen siegen, Stuttgart.
Marx, A. (2012): Eine positive Konfliktkultur entwickeln, in: Kita aktuell Recht, S. 129 ff.
Marx, A. (2014): Familienrecht für soziale Berufe, 2. Aufl., Köln.
Maslow, A. (1981): Motivation und Persönlichkeit, Originaltitel Motivation and Personality, 12. Auflage, Reinbek bei Hamburg.
Mattenschlager, A./Meder, G. (2004): Mediation, in: Sommer/Albert (Hg.), 2004, Krieg und Frieden: Handbuch der Konflikt- und Friedenspsychologie, u. a. Weinheim, S. 494–507.
McKnight, M. S. (1997): Access to mediation services for rural, low-income, and culturally diverse populations. in: Mediation Quarterly (15/1), 1997, S. 39–50.
Miller, R. (2000): „Das ist ja wieder typisch". Kommunikation und Dialog in Schule und Schulverwaltung. 25 Trainingsbausteine, Weinheim/Basel.
Möbius, T./Friedrich, S. (Hg.) (2010): Ressourcenorientiert Arbeiten. Anleitung zu einem gelingenden Praxistransfer im Sozialbereich, Wiesbaden.
Möbius, T. (2010): Ressourcenorientierung in der Sozialen Arbeit, in: Möbius, T./Friedrich, S. (Hg.), 2010, Ressourcenorientiert Arbeiten. Anleitung zu einem gelingenden Praxistransfer im Sozialbereich, Wiesbaden, S. 13–30.
Moore, C. W. (2003): The Mediation Process, Practical Strategies for Resolving Conflict, 2. Aufl., San Francisco/London.
Mosten, F. S. (1997): The Complete Guide to Mediation, American Bar Association, Chicago.
Mund, P. (2011): Soziale Kompetenz, in: Fachlexikon der sozialen Arbeit, 7. Auflage, Baden-Baden, S. 855 ff.
Myers, S./Filner, B. (1993): Mediation Across Cultures: A Handbook about Conflict & Culture, San Diego.
Nickel, H./Schmidt-Denter, U./Ungelenk, B. (1980), Sozialverhalten von Vorschulkindern, München.
Parsons, R. J./Cox, E. O. (1998): Mediation in the Aging Field, in: Kruk, E. (Hg.), Mediation and Conflict Resolution, Chicago 1998, S. 163 ff.
Plate, M. (2013): Grundlagen der Kommunikation. Gespräche effektiv gestalten, Göttingen [u. a.].
Pörnbacher K./Wortmann, D. (2012): Schiedsgerichtsbarkeit: Eine wertvolle Alternative zu staatlichen Gerichtsverfahren, in: ZKM 2012, Heft 5, S. 144 ff.
Proksch, R. (1989): Scheidungsfolgenvermittlung, Divorce Mediation – ein Instrument integrierter familiengerichtlicher Hilfe, in: FamRZ 1989, S. 916 ff.
Proksch, R. (1990): Konfliktmanagement durch Vermittlungsverfahren, Mediation – ein kooperatives Interventionsmodell in der sozialen Arbeit, in: NDV 1990, S. 2 ff.
Proksch, R. (1998): Mediation in Deutschland, in: Konsens 1998, S. 8 ff.
Proksch, S. (2014): Konfliktmanagement im Unternehmen, Mediation und andere Methoden für Konflikt- und Kooperationsmanagement am Arbeitsplatz, Berlin.

Puderbach, K. (2003): Täter-Opfer-Ausgleich im Ermittlungs- und Hauptverfahren: Versuch einer Bestandsaufnahme aus der Sicht der staatsanwaltlichen Praxis, in: Homepage Servicebüro für Täter-Opfer-Ausgleich und Konfliktschlichtung.
Pühl, H. (2013): Mediation im Gesundheits- und Pflegebereich, in: u. a. Trenczek, T. (Hg.), 2013, Mediation und Konfliktmanagement, Baden-Baden, S. 578–581.
Raumsauer, C. (2007): Interkulturelle Konflikte. Entstehung – Verlauf – Lösungsansätze, Frankfurt/Main/London.
Ray, L. (1997): Community Mediation Centers: Delivering First-Class Services to Low-Income People for the Past Twenty Years, in: Mediation Quarterly (15/1), 1997, S. 71–77.
Redlich, A./Schrader, E. (2009): Konflikt-Moderation in Gruppen: Eine Handlungsstrategie mit zahlreichen Fallbeispielen und Lehrfilm auf DVD, Hamburg.
Reiniger, A./Tudy-Jackson, J. (1997): Court-annexed child custody mediation in New York City: A collaboration among three organizations, in: Mediation Quarterly (15/1), 1997, S. 61–70.
Ricci, I. (1992): Implementing a Legislative Mandate for Service und Coordination to California´s Court-connected Family Mediation and Conciliation Courts, in: Family and Conciliation Courts review, 30, 1992, S. 169 ff.
Rogers, C. (1995): Die nicht-direktive Beratung, Frankfurt/Main.
Rosenberg, M. (2001): Gewaltfreie Kommunikation, Paderborn.
Rosenberg, M. (2012): Gewaltfreie Kommunikation – Eine Sprache des Lebens, 9. Auflage, Paderborn.
Rosenhahn, S. (2004): Konflikte in der Grundschule, Marburg.
Rössner, D. (2004): § 10 S. 3 Nr. 7 JGG: Macht der TOA als Erziehungsmaßregel Sinn?, in: TOA-Magazin 2014, Heft 3, S. 11 f.
Sacher, W. (2008): Elternarbeit. Gestaltungsmöglichkeiten und Grundlagen für alle Schularten, Bad Heilbrunn
Saposnek, D. T. (1998): Mediating Child Custody Disputes, San Francisco.
Scheithauer, H./Bondü, R./Mayer, H. (2008): Förderung sozial/emotionaler Kompetenzen im Vorschulalter; in: Malti, T./Perren, S., Soziale Kompetenz bei Kindern und Jugendlichen, Stuttgart, S. 146 ff.
Schoop, A./Rüssel, U. (2008): Mediation im Gesundheitswesen – Bericht über ein Pilotprojekt in Niedersachsen und Bremen –, in: ZKM 2008, Heft 3, S. 68 ff.
Schreyögg, A. (2002): Konfliktcoaching, Frankfurt/Main/New York.
Schroth, K. (2011): Die Rechte des Opfers im Strafprozess, 2. Auflage, Heidelberg [u. a.].
Schulz, M./Dippl, Z./Fuleda, S./Schulz, A. (2006): Grundlagen der Weiterbildung. Arbeitshilfen. Kommunikation aktiv. Basiswissen, Beispiele und Übungen für das selbstorganisierte Training, Augsburg.
Schulz, O. (2012): Kinderschutz in der Familienmediation (?!), in: Spektrum der Mediation 2012, Heft 45, S. 10–13.
Schwarz, G. (2001): Konfliktmanagement, Konflikte erkennen, analysieren, lösen, 5. Auflage, Wiesbaden.
Schwarz, K. (2012): Interkulturelle Mediation in der Sozialen Arbeit, in: Spektrum der Mediation 2012, Heft 48, S. 50–54.
Senghaas, D. (1995): Frieden als Zivilisierungsprozess. in: Senghaas, D. (Hg.), Den Frieden denken. Frankfurt am Main, S. 196 ff.
Servicebüro für Täter-Opfer-Ausgleich und Konfliktschlichtung (Hg.)/Bundesarbeitsgemeinschaft Täter-Opfer-Ausgleich e. V. (Hg.) (2009): Standards Täter-Opfer-Ausgleich, 6., überarbeitete Auflage, Frankfurt/Main.
Simon, I. (2009): Mediation im Gesundheitswesen, in: Spektrum der Mediation 2009, S. 4–7.
Sparrer, I. (2007): Einführung in Lösungsfokussierung und Systemische Strukturaufstellungen, Heidelberg.

Splinter, D./Weber, B. (2005): Mehrstufiges internes Konfliktmanagement im Krankenhaus, in: ZKM 2005, Heft 3, S. 98–101.
Splinter, D. (2005): Gemeinwesenmediation – Projektlandschaft und State of the Art, in: Spektrum der Mediation 2005, Heft 19, S. 14–17.
Strätz, R. (1992): Die Kindergartengruppe, Berlin.
Sturzbecher, D./Grossmann, H. (2003): Praxis der sozialen Partizipation im Vor- und Grundschulalter, München.
Thomsen, C. S. (2009): Familienmediation, in: ZSTB 2009, Jg. 27 (4), S. 197–205.
Tilman, L. (2011): Wiedergutmachung statt Strafe?: Restorative Justice und der Täter-Opfer-Ausgleich, in: Dollinger/Schmidt-Semisch (Hg.), Wiesbaden 2011, S. 405–413.
Töben, J./Schmitz-Vornmoor, A. (2014): Konfliktvorsorge bei der Nachlassplanung: Vorschläge für die rechtliche Beratungs- und Gestaltungspraxis, in: ZKM 2014, Heft 1, S. 15–19.
Törnig, U. (2009): Täter-Opfer-Ausgleich, in: Kilb, R./Baldus, M,, München [u. a.] 2009, S. 224–227.
Trenczek/Berning/Lenz (2013): Mediation und Konfliktmanagement, Baden-Baden.
Trenczek T. (2005): Alternatives Konfliktmanagement in der Bürgergesellschaft, in: Spektrum der Mediation 2005, Heft 19, S. 4–13.
Trenczek, T./Delattre, G. (2004): Mediation und Täter-Opfer-Ausgleich, in: Spektrum der Mediation 2004, Heft 17, S. 14–17.
Trenczek, T. (2013): Vermittlung im Gemeinwesen, in: Trenczek, T. (Hg.), 2013, Mediation und Konfliktmanagement, Baden-Baden, S. 607–613.
Troja, M./Stubbe, C. (2006): Lehrmodul 5: Konfliktmanagementsysteme. in: ZKM 2006, Heft 4, S. 121 ff.
Umbreit, M. S./Kruk, E. (1998): Parent – Child Mediation, in: Kruk, E. (Hg.), Mediation and Conflict Resolution, Chicago 1998, S. 97 ff.
Wacker, U./Römer-Wolf, B. (2009): Transkontinentale Eltern – Fallstudie einer internationalen Familienmediation, in: ZKM 2009, Heft 1, S. 25–29.
Walker, J. (Hg.) (2001): Mediation in der Schule, Konflikte lösen in der Sekundarstufe I, Berlin.
Weber, A. (2009): Mediation trifft Medizin, in: Spektrum der Mediation 2009, S. 19 ff.
Weber, W. (1991): Wege zum helfenden Gespräch. Gesprächspsychotherapie in der Praxis, München.
Weinberger, S. (2006): Klientenzentrierte Gesprächsführung. Lern- und Praxisanleitung für psychosoziale Berufe, Weinheim/München.
Wiesner, R. (Hg.) (2006): § 17 Rz. 36, SGB VIII, Kinder- und Jugendhilfe, Kommentar, 3. Auflage, München.
Wuppermann, M. o. J., Zur Problematik der internationalen Kindesentführung, broschiert.
Ziegenhain, U./Fries, M./Bütow, B./Derksen, B. (2004): Entwicklungspsychologische Beratung für junge Eltern, in: Reichle, B., Familienbildung und Beratung, Weinheim/München, S. 35 ff.

**Internetquellen**

AWO Bezirksverband Braunschweig e. V. (o. J.), Lösungsorientierter Ansatz in der Beratung, in: http//www.awo-bs.de/fileadmin/downloads/Beratungszentrum_GF/Loesungsorientierter_Ansatz_2012.pdf, Stand: 14.12.2014.
BAFM (2008): Richtlinien der BAFM für die Mediation in Familienkonflikten, in: http://www.bafm-mediation.de/verband/organisation/richtlinien-der-bafm/, Stand: 14.04.2015.
Bundes-Arbeitsgemeinschaft für Familien-Mediation e. V. (2008): Grundsätze 2.3.3; Grundsätze 2.3.2, in: http//www.bafm-mediation.de/verband/organisation/richtlinien-der-bafm/, Stand: 14.12.2014.

Bundesministerium der Justiz und für Verbraucherschutz (2014): Verordnungsentwurf über die Aus- und Fortbildung von zertifizierten Mediatoren, in: http://www.bmj.de/SharedDocs/Downloads/DE/pdfs/Verordnungsentwurf_ueber_die_Aus_und_Fortbildung_von_zertifizierten_Mediatoren.pdf?_blob=publicationFile, Stand: 01.03.2015.

Bundesministerium für Familie, Senioren, Frauen und Jugend (2006): Siebter Familienbericht. Familie zwischen Flexibilität und Verlässlichkeit. Perspektiven für eine lebenslaufbezogene Familienpolitik, in: http://www.bmfsfj.de/RedaktionBMFSFJ/Abteilung2/Pdf-Anlagen/7.-familienbericht,property=pdf,bereich=bmfsfj,sprache=de,rwb=true.pdf, Stand: 15.12.2014.

Bundesregierung.de (2013): Interview mit Rühl, G., in: http://www.bundesregierung.de/ContentArchiv/DE/Archiv17/Artikel/2013/09/2013-09-09-interview-mit-prof-ruehl-zu-adr-odr.html, Stand: 01.03.2015.

Bundesverband für Mediation (o. J.), Mediation im interkulturellen Kontext, in: http://www.bmev.de/index.php?id=interkulturell, Stand: 22.03.2015.

Bundesverband Mediation in Wirtschaft und Arbeitswelt e. V. (2012): Verfahrensordnung, in: http//www.will-mediation.de/download/verfo_mit_zahlen_2012_11_12_ro.pdf, Stand: 14.12.2014.

Bundesverband Mediation (2005): Standards und Ausbildungsrichtlinien für Schulmediation, in: http://act4transformation.net/fileadmin/templates/dokumente/downloads/bm_schulstandards.pdf, Stand: 21.03.2015.

Dienstvereinbarung bei Mobbing und Schikane (DV-Mobbing) zwischen der Landeshauptstadt München und dem Gesamtpersonalrat, in Broschüre, DV Mobbing, 3. Fassung, Landeshauptstadt München, in: https://www.muenchen.de/rathaus/dms/Home/Stadtverwaltung/Personal-und-Organisationsreferat/presse/Broschueren/broschuere_mobbing.pdf, Stand: 24.03.2015.

eucon, Europäisches Institut für Conflict Management e. V., Mediation im Gesundheitswesen -Ein Plädoyer für neue Wege und konstruktive Lösungen: Pressemitteilung, in: http://www.medizinanwaelte.de/assets/files/PM-EUCON&Lyck_Okt11_Final.pdf, Stand: 21.03.2015.

European Code of Conduct for Mediators, amtliche Übersetzung, in: www.ec.europa.eu/civiljustice/adr/adr_ec_code_conduct_de.pdf, Stand: 01.03.2015. Die Originalversion ist abgedruckt in ZKM 2004, Heft 4.

Hamm.de (2011): Lösungs- und ressourenorientierte Beratung, in: http//www.hamm.de/familie/eltern/erziehungsberatung/angebotearbeitsformen/methode/loesungs-und-ressourcenorientierte-beratung.html, Stand: 14.12.2014.

Heidelberger Institut für Internationale Konfliktforschung, www.hiik.de, Stand: 01.03.2015.

Herbsteiner Erklärung: http://www.toa-servicebuero.de/sites/toa-servicebuero.de/files/bibliothek/herbsteiner_erklaerung.pdf.pdf, Stand: 20.03.2015.

Hötker-Ponath, G. (2008): Scheidungskinder im Blick – Wo bleiben die Kinder und Jugendlichen in der Trennungs- und Scheidungsberatung, in: Beratung Aktuell, Fachzeitschrift für Theorie und Praxis der Beratung 2008, http://www.beratung-aktuell.de/Scheidungskinder%20im%20Blick.pdf. Stand: 14.04.2015.

Konsens plus, Institut für Konfliktmanagement und Kommunikation, Mediation im Gesundheitswesen, in: http://www.konsens-plus.de/mediation_im_gesundheitswesen.htm, Stand: 21.03.2015.

LeBaron, M. (1998): Mediation and multi-cultural reality, Peace and Conflict Studies, Online Journal, George Mason University 5(1), in: http.//www.gmu. Edu/academic/pcs/lebaron.htm, Stand: 22.03.2015.

Litzke, S. M. (2003): Sozialer Stress durch Mobbing, in: http://www.olev.de/publikationen/Litzcke_Mobbing.pdf, Stand: 24.03.2015.

Lühring, N. (2015): Welt im Wandel wie das Recht antwortet, Von der Zukunft der Konfliktbeilegung und der Rettung des Syndikusanwalts, Interview mit dem Bundesminister der Justiz und für Verbraucherschutz Heiko Maas, in: http://anwaltsblatt.anwaltverein.de/anwaltsblatt-datenbank.html, Stand: 14.04.2015.

Rohrmann, T. (2003): Konflikte mit Kindern verstehen, in: www.wechselspiel-online.de, Stand: 15.12.2014.

Schäfer, C. D. (2014): Elder Mediation, in: Mediation aktuell 2014, https://www.mediationaktuell.de/news/elder-mediation, Stand: 21.03.2015.

Schweizerischer Verein für Collaborative Law, www.svcl.ch, Stand: 01.03.2015.

TOA-Standards, http://www.konfliktschlichtung.de/wb/media/download_gallery/toa-standards_6.pdf, Stand: 20.03.2015.

www.bafm-mediation.de.
www.bmev.de.
www.bmwa-deutschland.de.
www.effekt-training.de.
www.faustlos.de.
www.iko-info.de.
www.kindergartenplus.de.
www.mediationsaktuell.de.
www.mikk-ev.de.
www.nafcm.org.
www.palaverzelt.de.
www.papilio.de.
www.paulwatzlawick.de/axiome.html.
www.schulz-von-thun.de.
www.ziviler-friedensdienst.org.

# ANHANG
# EUROPÄISCHER VERHALTENSKODEX FÜR MEDIATOREN[15]

Der vorliegende Verhaltenskodex stellt Grundsätze auf, zu deren Einhaltung einzelne Mediatoren sich freiwillig und eigenverantwortlich verpflichten können. Der Kodex kann von Mediatoren in den verschiedenen Arten der Mediation in Zivil- und Handelssachen benutzt werden.

Organisationen, die Mediationsdienste erbringen, können sich ebenfalls zur Einhaltung verpflichten, indem sie die in ihrem Namen tätigen Mediatoren zur Befolgung des Verhaltenskodexes auffordern. Organisationen können Informationen über die Maßnahmen, die sie zur Förderung der Einhaltung des Kodexes durch einzelne Mediatoren ergreifen, zum Beispiel Schulung, Bewertung und Überwachung, zur Verfügung stellen.

Für die Zwecke des Verhaltenskodexes bezeichnet Mediation ein strukturiertes Verfahren unabhängig von seiner Bezeichnung, in dem zwei oder mehr Streitparteien mit Hilfe eines Dritten (nachstehend „Mediator") auf freiwilliger Basis selbst versuchen, eine Vereinbarung über die Beilegung ihrer Streitigkeiten zu erzielen.

Die Einhaltung des Verhaltenskodexes lässt die einschlägigen nationalen Rechtsvorschriften oder Bestimmungen zur Regelung einzelner Berufe unberührt.

Organisationen, die Mediationsdienste erbringen, möchten möglicherweise detailliertere Kodexe entwickeln, die auf ihr spezielles Umfeld, die Art der von ihnen angebotenen Mediationsdienste oder auf besondere Bereiche (z. B. Mediation in Familiensachen oder Verbraucherfragen) ausgerichtet sind.

### 1 Fachliche Eignung, Ernennung und Vergütung von Mediatoren sowie Werbung für ihre Dienste

#### 1.1 Fachliche Eignung

Mediatoren müssen in Mediationsverfahren sachkundig und kenntnisreich sein. Sie müssen eine einschlägige Ausbildung und kontinuierliche Fortbildung sowie Erfahrung in der Anwendung von Mediationstechniken auf der Grundlage einschlägiger Standards oder Zulassungsregelungen vorweisen.

#### 1.2 Ernennung

Die Mediatoren müssen mit den Parteien die Termine für das Mediationsverfahren vereinbaren. Mediatoren müssen sich hinreichend vergewissern, dass sie ei-

---

[15] www.ec.europa.eu/civiljustice/adr/adr_ec_code_conduct_de.pdf; amtliche Übersetzung des European Code of Conduct for Mediators. Die Originalversion ist abgedruckt in ZKM 4/2004.

nen geeigneten Hintergrund für die Mediationsaufgabe mitbringen und dass ihre Sachkunde in einem bestimmten Fall dafür angemessen ist, bevor sie die Ernennung annehmen, und müssen den Parteien auf ihren Antrag Informationen zu ihrem Hintergrund und ihrer Erfahrung zur Verfügung stellen.

### 1.3 Vergütung

Soweit nicht bereits verfügbar, müssen die Mediatoren den Parteien stets vollständige Auskünfte über die Vergütungsregelung, die sie anzuwenden gedenken, erteilen. Sie dürfen kein Mediationsverfahren annehmen, bevor nicht die Grundsätze ihrer Vergütung von allen Parteien akzeptiert wurden.

### 1.4 Werbung für Mediationsdienste

Mediatoren dürfen für ihre Tätigkeit werben, sofern sie dies auf professionelle, ehrliche und redliche Art und Weise tun.

## 2 Unabhängigkeit und Unparteilichkeit

### 2.1 Unabhängigkeit

Gibt es Umstände, die die Unabhängigkeit eines Mediators beeinträchtigen oder zu einem Interessenkonflikt führen könnten oder den Anschein erwecken, dass sie seine Unabhängigkeit beeinträchtigen oder zu einem Interessenkonflikt führen, muss der Mediator diese Umstände offenlegen bevor er seine Tätigkeit wahrnimmt oder bevor er diese fortsetzt, wenn er sie bereits aufgenommen hat. Zu diesen Umständen gehören

- eine persönliche oder geschäftliche Verbindung zu einer oder mehreren Parteien,
- ein finanzielles oder sonstiges direktes oder indirektes Interesse am Ergebnis der Mediation,
- eine anderweitige Tätigkeit des Mediators oder eines Mitarbeiters seines Unternehmens für eine oder mehrere der Parteien.

In solchen Fällen darf der Mediator die Mediationstätigkeit nur wahrnehmen bzw. fortsetzen, wenn er sicher ist, dass er die Aufgabe vollkommen unabhängig durchführen kann, so dass vollkommene Unparteilichkeit gewährleistet ist, und wenn die Parteien ausdrücklich zustimmen.

Die Offenlegungspflicht besteht während des gesamten Mediationsverfahrens.

### 2.2 Unparteilichkeit

Die Mediatoren haben in ihrem Handeln den Parteien gegenüber stets unparteiisch zu sein und sich darum zu bemühen, in ihrem Handeln als unparteiisch wahrgenommen zu werden, und sind verpflichtet, im Mediationsverfahren allen Parteien gleichermaßen zu dienen.

## 3 Mediationsvereinbarung, Verlauf und Ende des Verfahrens

### 3.1 Verfahren

Der Mediator muss sich vergewissern, dass die Parteien des Mediationsverfahrens das Verfahren und die Aufgaben des Mediators und der beteiligten Parteien verstanden haben.

Der Mediator muss insbesondere gewährleisten, dass die Parteien vor Beginn des Mediationsverfahrens die Voraussetzungen und Bedingungen der Mediationsvereinbarung, darunter insbesondere die einschlägigen Regelungen über die Verpflichtung des Mediators und der Parteien zur Vertraulichkeit, verstanden und sich ausdrücklich damit einverstanden erklärt haben.

Die Mediationsvereinbarung kann auf Antrag der Parteien schriftlich abgefasst werden.

Der Mediator muss das Verfahren in angemessener Weise leiten und die jeweiligen Umstände des Falls berücksichtigen, einschließlich einer möglichen ungleichen Kräfteverteilung und eventueller Wünsche der Parteien, sowie des Rechtsstaats- prinzips, und der Notwendigkeit einer raschen Streitbeilegung. Die Parteien können unter Bezugnahme auf vorhandene Regeln oder anderweitig mit dem Mediator das Verfahren vereinbaren, nach dem die Mediation vorgenommen werden soll.

Der Mediator kann die Parteien getrennt anhören, wenn er dies für zweckmäßig erachtet.

### 3.2 Faires Verfahren

Der Mediator muss sicherstellen, dass alle Parteien in angemessener Weise in das Verfahren eingebunden sind.

Der Mediator muss die Parteien davon in Kenntnis setzen und kann das Mediationsverfahren beenden, wenn

- er aufgrund der Umstände und seiner einschlägigen Urteilsfähigkeit die vereinbarte Regelung für nicht durchsetzbar oder für rechtswidrig hält oder
- er der Meinung ist, dass eine Fortsetzung des Mediationsverfahrens aller Voraussicht nach nicht zu einer Regelung führen wird.

### 3.3 Ende des Verfahrens

Der Mediator muss alle erforderlichen Maßnahmen ergreifen, um sicherzustellen, dass eine Vereinbarung der Parteien in voller Kenntnis der Sachlage einvernehmlich erzielt wird und dass alle Parteien den Inhalt der Vereinbarung verstehen.

Die Parteien können sich jederzeit aus dem Mediationsverfahren zurückziehen, ohne dies begründen zu müssen.

Der Mediator muss auf Antrag der Parteien im Rahmen seiner Sachkunde die Parteien darüber informieren, wie sie die Vereinbarung formalisieren können und welche Möglichkeiten bestehen, sie durchsetzbar zu machen.

## 4 Vertraulichkeit

Der Mediator muss die Vertraulichkeit aller Informationen aus dem Mediationsverfahren und im Zusammenhang damit wahren, einschließlich des Umstands, dass die Mediation stattfinden soll oder stattgefunden hat, es sei denn, er ist gesetzlich oder aus Gründen der öffentlichen Ordnung (ordre public) zur Offenlegung verpflichtet. Informationen, die eine der Parteien dem Mediator im Vertrauen mitgeteilt hat, dürfen nicht ohne Zustimmung an die anderen Parteien weitergegeben werden, es sei denn, es besteht eine gesetzliche Pflicht zur Weitergabe.

# Stichwortverzeichnis

**A**

Abschluss 99
Agentur für Arbeit 216
Aggression 112-113
Aktives Zuhören 44
Akzeptanz 41
analoge Kommunikation 47
Anwaltsmediatoren 73
Anwaltsprozess 160
Appell 49
Arbeitsgerichtsprozess 221
Arbeitsplatz 146
Arzthaftungsfälle 192
Arzt-Patient-Verhältnis 191
Aufteilung des Vermögens 159
Auftragsklärung 89
Aus- und Fortbildungspflicht 220
Ausbildung 216

**B**

BATNA 83
Bedürfnispyramide 96
Bedürfnisse 54
Behörden 146
Bensberger Mediations-Modell 141
Beobachtungen 54
Berufsbild Mediation 216
Betriebsrat 153
Betriebsverfassungsgesetz 153
Beziehung 49
Beziehungsebene 31
Beziehungskonflikte 18
Bezugspersonen 121
Bitten 54
Breslauer Erklärung 206
Bundesarbeitsgemeinschaft Familien-Mediation (BAFM) 72
Bundesjustizministerium 227
Bundesverband Mediation 72
Bundesverband Mediation in Wirtschaft und Arbeitswelt 72

**C**

Coaching 156
Cochemer Modell 162
Co-Mediation 103
Community Mediation Center 211

**D**

Darstellungen der Parteien 92
Deeskalationstechniken 24
digitale Kommunikation 47
Directive Style 100
Diskriminierungsverbot 208
distributives Verhandlungsmuster 82
Doppeln 61
Du-Botschaften 58

**E**

EFFEKT 139
Ehegattenunterhalt 159
Eigenverantwortung 78
Eisbergmodell 33
Elder Mediation 185
elterliche Sorge 159
Eltern-Kind-Mediation 167
emotionale Kompetenz 118
Emotionen 129
Empathie 42
Empathisches Zuhören 46
Erbstreitigkeiten 189
ERG-Theorie 96
Erwachsenenstrafrecht 180
Europäische ADR-Richtlinie 37
Europäischer Verhaltenskodex für Mediatoren 224
Europarat 163
Evaluative Style 102

**F**

Facilitative Style 100
Fairnesskontrolle 98
Familiengericht 159
familiengerichtliches Verfahren 161
Familienkonferenz 42
Familiensachen und freiwillige Gerichtsbarkeit 221
Faustlos 137
Fragetechniken 56
Freiwilligkeit 77, 161, 184
Friedenserziehung 106
Friedensforschung 15
Friedensmissionen 208
fünf Axiome 46

## G

Gefühle 54, 131
Gemeinwesenmediation 214
geschlossene Frage 62
Geschwister- und Verwandten-Mediation 167
Gesundheitssystem 190
Gesundheitswesen 190
Gewalt 112
Gewaltfreie Kommunikation 53
Grundschule 134

## H

Haltungs-Dreieck 125
Harvard-Konzept 81
Hausgemeinschafts-Mediation 199

## I

Ich-Botschaften 58
indirekte/reflexive Fragen 63
Informationen 94
Informationskonflikte 19
Informiertheit 78
Interessen 89, 95
Interessenkonflikte 20
interkulturelle Mediation 201
interkultureller Konflikt 201
internationale Kindesentführungen 203
internationale Mediation 209
islamisches Kopftuch 144

## J

Jugendstrafrecht 179
Juristen 216

## K

Kalifornien 163
Kindergarten 134
Kindergarten plus 136
Kindesunterhalt 159
Kindeswohlgefährdung 165
Kita 134
kommunale Mediationszentren 210
kommunaler Raum 207
Kommunikations-Störungen 133
Kommunikationstechniken 56
Konflikt 75

Konfliktanalyse 16
Konfliktauslöser 110
Konfliktbearbeitungsstrategien 86
Konfliktfeld Schule 172
Konfliktformen 109
Konfliktkultur 16
Konfliktlösungs-Kompass 130
Konfliktlotsen 141, 155
Konfliktmanagement 14, 143
Konfliktmanagementsysteme in Organisationen (KMS) 153
Konfliktnavigatoren 155
Konfliktpädagogik 106
Konfliktsphären 145
Konfliktvermeidung 27
Kongruenz 43
Konsenssuche 30
konstruktiv umformulieren 60
konstruktive Gesprächsführung 39
kooperative Rechtspraxis 34
Krankenhaus 192
Krankenversicherung 193

## L

lineares Verhandlungsmuster 82
Lose-lose-Strategie 87
Lösungs- und Ressourcenfokussierung 54

## M

Machtkampf 29
materielles Recht 75
Matrix der Konfliktdiagnose 150
Mediation 74
– Adoptions- 170
– Eltern-Kind- 168
– Mediator 74
– Stieffamilien 167
Mediation bei Adoption oder Pflegekindschaft 167
Mediationsgesetz 73, 218
Mediationsklauseln 189, 219
Mediationskostenhilfe 218
Mediationsprojekt 175
Mediationsvereinbarung 100
Mediationsvertrag 91
Mediatorenverbände 72
Mieter- und Nachbarschaftsstreit 197
Mieterkonflikte 197
Mieterversammlung 199
Migrantenfamilien 117

Mitarbeitergespräch 154
Mobbing 149
Moderation 154
Motivationsfrage 62

**N**

Nachgeben 30
National Association for Community Mediation 212
Negative Kommunikation 43
Neighbourhood Justice Center 211
neutrale Gutachten 34
neutraler Dritter 75
Neutralität 77

**O**

ODR-Verordnung 37
offene Frage 62
Oktagon der Konflikttypen 16
Ombudsleute 34
Optionen 84, 89
Organisationsentwicklung 156

**P**

Paarkonflikte 187
Paar-Mediation 167
Pädagogen 108
Palaverzelt 134
Papilio 138
Paraphrasieren 45
Parteien & Emotionen 89
Parteiinteressen 98
Patient 193
Peermediation 173
Pendel-Mediation 103
Persönlichkeitskonflikte 22
Perspektivenwechsel 60
Phasen-Modelle der Mediation 87
Politischer Konflikt 15
Positionen 95
Prinzipien der Mediation 77
Prozessrecht 75
Psychologen 216

**R**

Reality testing 98
Rechtsdienstleistungsgesetz 222
Reframing 59

Richter 75
Rolle des Mediators 79
Rollenkonflikte 22

**S**

sachbezogenes Verhandeln 83
Sachebene 31
Sachinhalt 49
Schichtenmodell 148
Schiedsgerichtsverfahren 34
Schlichter 75
Schlichtung 34
Schulmediation 171
Schwangerschaft 144
Selbstkundgabe 49
Seniorenzentrum 65
sexuelle Belästigung 149
Skalierungsfragen 63
Sorgeentscheidungen 166
Sozialarbeiter 216
Soziale Arbeit 143
soziale Arbeitsfelder 145
soziale Kompetenz 118
soziale Organisationen 146
Sozial-emotionale Kompetenzen 117
sozialer Konflikt 15
Sozialgerichtsbarkeit 221
Sozialpädagogen 216
Spiegeln 45
Standards der Bundesverbände 224
Stieffamilien-Mediation 167
Störung des Sozialverhaltens 115
streitiges Gerichtsverfahren 76
Streitparteien 75
Streitschlichter 141
Stufenmodell der Eskalation 24
Stuhltausch 61
Supervision 155
Systematisches Management innerbetrieblicher Konflikte 195
Systemdesign 153, 157

**T**

Täter-Opfer-Ausgleich 179
Teamentwicklung 156
Temperament 121
TOA-Standards 184
Transformative Style 102
Trennungs- und Scheidungsberatung 158

Trennungs- und Scheidungs-Mediation 158, 167
Trotzphase 108
Türöffner 45

**U**

Umgang und Besuch 159
Umgangsregelung 104
UN-Charta 209-210

**V**

Vereinbarungen 90
Verfahren 180
Verhandeln 34
Verhandlungstheorie 82
Vermeiden 29
Vermittler 75
verordnete Kooperation 162
Verschwiegenheitspflicht 221
Versöhnung 34
Verteilung des Hausrats 159
Verteilungskonflikte 21

Vertrauensschutz 78
Verwaltungsgerichtsbarkeit 221
vier Grundformen der Abwehr 51
vier Seiten einer Nachricht 48

**W**

Wertekonflikte 20
Wertschätzung 41
Wiedergutmachungsvereinbarung 181
Win-lose-Strategie 86
Win-win-Formel 85
Win-win-Strategie 87
Wunderfrage 55, 63

**Z**

zertifizierter Mediator 227
Zielkonflikte 19
zirkuläres Fragen 63
Ziviler Friedensdienst 209
Zivilisatorisches Hexagon 16

Bettina Bretländer
Michaela Köttig
Thomas Kunz (Hrsg.)

# Vielfalt und Differenz in der Sozialen Arbeit

Perspektiven auf Inklusion

2014. 260 Seiten
Kart. € 29,99
ISBN 978-3-17-022252-6

auch als EBOOK

*Grundwissen Soziale Arbeit, Band 15*

Der Umgang mit Vielfalt und Differenz markiert in der Sozialen Arbeit eine zentrale Herausforderung. Das vorliegende Lehrbuch dient der Standortbestimmung und Weiterentwicklung der gegenwärtigen Diskussion in diesem Spannungsfeld. Nach einer grundlegenden Einführung in zentrale Fachbegriffe werden die Differenzkategorien Geschlecht, ethnische Herkunft, Behinderung, Alter und sexuelle Orientierung in ihren historischen und sozialpolitischen Kontext eingebettet sowie eine intersektionale Betrachtung von Differenzlinien vorgestellt.
Im Anschluss werden Arbeitsfelder, Ansätze und Konzepte der Sozialen Arbeit diskutiert, die diese Differenzkategorien und entsprechende Erfahrungshintergründe in den Mittelpunkt gestellt haben, um gesellschaftliche Teilhabechancen zu verbessern. Die Autorinnen und Autoren diskutieren Reichweite, Begrenzungen und Kritikpunkte dieser Ansätze. Ein Augenmerk liegt auf der Frage, ob das in der Diskussion stehende Paradigma der Inklusion anknüpfungsfähig sein könnte und inwieweit es bisherige Zielgruppenfixierungen zu irritieren vermag.

Leseproben und weitere Informationen unter www.kohlhammer.de

W. Kohlhammer GmbH · 70549 Stuttgart
vertrieb@kohlhammer.de

Bernd Stickelmann

## Provokation Jugendgewalt

Sozialpädagogisches Handeln
in Krisen und Konflikten

2014. 204 Seiten
Kart. € 27,99
ISBN 978-3-17-018544-9

auch als EBOOK

Was geht in den (meist männlichen) Jugendlichen vor, wenn sie zuschlagen, Konflikte mit Gewalt austragen? Wie kann es Sozialpädagogik gelingen, die Hintergründe von Gewalthandeln Jugendlicher zu erkennen und zu bearbeiten? Zentrale Aufgaben sozialpädagogischen Handelns sind dabei, drohenden oder manifesten Eskalationen Grenzen zu setzen und gemeinsam mit Jugendlichen Wege aus Konflikten und Krisen zu finden. Der schwierige Zugang zu gewaltorientierten Jugendlichen wird durch theoretisch fundierte Überlegungen und nachvollziehbare Übungen, Spiele, Arbeitsaufgaben und Anregungen für die eigene Praxis in der Jugendarbeit, der Jugendhilfe und im Heim sowie in der Schule gestützt. Anhand praktischer Fälle werden methodische Möglichkeiten vorgestellt, die sich in der Praxis bewähren und professionelle Eingriffsmöglichkeiten in krisenhafte Situationen zeigen.

Leseproben und weitere Informationen unter www.kohlhammer.de

W. Kohlhammer GmbH · 70549 Stuttgart
vertrieb@kohlhammer.de

**Kohlhammer**

Ursula Hochuli Freund
Walter Stotz

# Kooperative Prozessgestaltung in der Sozialen Arbeit

Ein methodenintegratives Lehrbuch

3., überarbeitete und erweiterte Auflage 2015
348 Seiten. Kart. € 29,99
ISBN 978-3-17-028656-6

auch als EBOOK

Kooperative Prozessgestaltung ist eine Methodik für professionelles Handeln in der Sozialen Arbeit. Sie versteht sich als methodenintegrativer, kooperativer Ansatz und ist für den praxisfeldübergreifenden Einsatz konzipiert. Im ersten Teil des Lehrbuches werden die professionstheoretischen Grundlagen dargestellt, u.a. Strukturmerkmale des Handelns, Professionsethik, Kooperation mit allen am Hilfeprozess Beteiligten. Vor dieser Hintergrundsfolie wird im zweiten Teil das Prozessmodell Kooperativer Prozessgestaltung entwickelt. Dabei wird unterschieden zwischen Situationserfassung, Analyse, Diagnose, Ziele, Interventionsplanung, Interventionsdurchführung und Evaluation. Die Bedeutung jedes Prozessschritts wird herausgearbeitet, und es werden ausgewählte Methoden beschrieben. In einer kritischen Diskussion wird jeweils erörtert, auf welche Art und Weise diese Methoden für die gemeinsame Arbeit mit KlientInnen und für die Kooperation unter Professionellen verwendet werden können. Das Buch ist ein Studien- und Handbuch für Studierende wie für langjährige Fachkräfte und eine Arbeitsgrundlage für Organisationen der Sozialen Arbeit.

Leseproben und weitere Informationen unter www.kohlhammer.de

W. Kohlhammer GmbH · 70549 Stuttgart
vertrieb@kohlhammer.de